CHRONIQUE

DE METZ

DE JACOMIN HUSSON

CHRONIQUE
DE METZ
DE JACOMIN HUSSON
1200 — 1525

PUBLIÉ

D'APRÈS LE MANUSCRIT AUTOGRAPHE DE COPENHAGUE ET CELUI DE PARIS

PAR

H. MICHELANT

Bibliothécaire au département des manuscrits de la Bibliothèque impériale
Membre du Comité des travaux historiques
Membre honoraire de la Société d'archéologie et d'histoire de la Moselle
Correspondant de l'Académie impériale de Metz, etc., etc.

METZ

ROUSSEAU-PALLEZ, ÉDITEUR

IMPRIMEUR DE LA SOCIÉTÉ D'HISTOIRE ET D'ARCHÉOLOGIE DE LA MOSELLE

14, RUE DES CLERCS

M.D.CCC.LXX

INTRODUCTION

La chronique de Jacomin Husson complète à peu près l'historiographie messine pour la fin du quinzième siècle et le commencement du seizième; mais il faut avouer qu'elle n'y ajoute rien d'essentiel ni de neuf; si l'on se demandait pourquoi elle est parfois dénuée de l'intérêt que l'on trouve dans d'autres documents analogues, on verrait qu'il faut attribuer ce défaut à l'infériorité relative de l'écrivain que la date de sa naissance a placé entre deux hommes supérieurs sous plus d'un rapport; ils nous ont en effet laissé des relations plus importantes et plus complètes que la sienne, sur laquelle elles ont eu en outre le privilége d'une publicité antérieure. De ces rivaux, le premier était Jean Aubrion que ses contemporains nous peignent comme : « *ung tres élo-*
» *quent homme, saige et discret, tout plein de bon conseil...*
» *bien renommé, grand coutumier, et toujours plein de*

» *bonnes nouvelles.* » Son *Journal* nous donne le récit exact et détaillé de tous les événements qui se sont passés à Metz et dans le pays Messin depuis 1464 jusqu'en 1501. Malgré les incorrections du style, c'est une des sources les plus précieuses pour cette époque, source à laquelle n'ont pas manqué de puiser ses successeurs, notamment Jacomin Husson, qui, venu immédiatement après lui, avouait n'avoir fait que le reproduire, bien qu'il ait plus tard cru devoir supprimer ce témoignage, consigné de sa propre main [1]. Il n'a pas à la vérité copié servilement Jean Aubrion; il l'abrége en beaucoup d'endroits ou n'ajoute que des détails de peu de valeur; mais tout en tenant compte d'un aveu, sur lequel il a pensé avec raison pouvoir revenir, il ne faut pas perdre de vue que Jacomin Husson, qui faisait remonter sa chronique jusqu'au douzième siècle, a rempli toute la période antérieure à 1464, par des récits empruntés à d'autres chroniqueurs, parmi lesquels nous citerons plus particulièrement le doyen de Saint-Thiébaut, qui lui-même reproduisait Guillaume de Nangis et ses continuateurs. Cette partie de sa rédaction forme environ le tiers de son ouvrage; en outre, depuis 1501, Jacomin Husson ne suit plus Aubrion qui avait cessé de vivre; à partir de là sa compilation prend un caractère plus original; et comme cette partie comprend à peu près le dernier tiers de sa chronique, nous ne pouvons pas le considérer comme un simple plagiaire; nous irons même plus loin, en supposant qu'il a pu

---

[1] Voir la note 222, p. 343.

fournir quelques matériaux à un autre chroniqueur que son génie naturel a mis à la tête de tous les écrivains d'un pays peu lettré à la vérité ; mais ces emprunts seraient insignifiants, et Philippe de Vigneulles, malgré l'infériorité de son origine et le manque d'instruction première, grâce à ses heureuses dispositions, nous a laissé dans ses Mémoires et plus tard dans ses grandes Chroniques, un monument bien plus curieux que le travail de son prédécesseur.

Pour n'avoir pas la même importance, ce dernier n'est cependant pas sans valeur ; d'abord il nous fournit quelquefois des indications omises par d'autres chroniqueurs et qui peuvent servir à contrôler leurs allégations ; ensuite, et c'est là un de ses principaux mérites à nos yeux, il nous offre un nouveau type de cette bourgeoisie du quinzième siècle, qui commençait à s'intéresser aux affaires du pays et croyait utile de consigner les événements qui la frappaient ; les observations malignes qu'elle y ajoutait nous montrent un nouveau réveil de l'esprit public et en quelque sorte une renaissance du mouvement historique. En effet, ce ne sont plus des clercs, des religieux, des chanoines comme Froissart qui s'emparent du domaine de l'histoire. Elle est descendue d'un degré : ceux qui l'écrivent sont des marchands, des gens de métier, bons bourgeois, exerçant une certaine influence dans leur voisinage, dont il faut quelquefois prendre l'avis dans des circonstances délicates pour leur faire embrasser plus chaudement les intérêts de la cité. Tel avait été, à un degré supérieur, Aubrion qui avait occupé le poste de secrétaire dans diverses ambassades et avait participé à des affaires importantes comme jurisconsulte : tel Philippe de Vigneulles que ses voyages, sa fortune et surtout son esprit et son humeur avaient introduit dans une sphère plus élevée que celle où l'aurait appelé sa naissance ; tel enfin Jacomin Husson, qui fut délégué à diverses reprises par sa paroisse pour discuter des intérêts graves et qui forme comme un trait d'union entre les deux autres dont il reproduit le type à un degré inférieur, autant que nous pouvons en juger d'après le peu d'indications qu'il nous a laissées sur lui-même. Soit par modestie ou par toute autre cause, il évite de se mettre en scène et c'est à peine si de son livre nous pouvons tirer quelques renseignements sur sa personne.

Il naquit sans doute à Metz, et il ne faut pas le confondre avec un Jacomin Husson, originaire de Pont-à-Mousson, qui d'après une communication de M. Aug. Nicolas, archiviste de la ville, aurait en 1500 prêté le serment exigé des étrangers lorsqu'ils voulaient se faire recevoir dans la bourgeoisie messine. A quelle époque faudrait-il placer la naissance de notre chroniqueur ? Bien qu'on ne puisse se baser que sur des hypothèses assez vagues, en la fixant de 1455 à 60, on ne s'écarterait pas beaucoup de la vérité. En effet, il signale en 1475 une escarmouche entre les Français de Gorze et les gens de Marange, dans le voisinage de Saint-Ladre, d'où il se sauva à grand'peine. Sans prétendre tirer des conclusions positives de ce fait, nous pouvons admettre qu'il ne devait guère avoir moins de quinze à vingt ans, ce qui, en 1494, lui en donnerait de trente-quatre à trente-neuf, lorsqu'il accompagna chez le doyen de la ville le Maître-échevin qui venait solliciter pour une femme nommée Belsebonne, démarche qui semble établir qu'il possédait une certaine influence. En 1501, il relate la mort de Jean Aubrion, dont il continue en quelque sorte le journal en abrégé; en 1509 et 1516, le Conseil de la ville voulant offrir un joyau de valeur à l'évêque de Liége et à la duchesse de Lorraine, en fait l'acquisition chez Jacomin Husson, sans doute comme étant un des marchands les plus en renom et les mieux fournis à cette époque; en 1512, il est élu avec les trois autres délégués de la paroisse Sainte-Croix à laquelle nous savons qu'il appartenait, comme habitant une maison en Rimport, près de la porte de Moselle, pour délibérer sur une demande de subsides réclamés par l'empereur; et sans doute la considération personnelle dont il jouissait et son âge avaient motivé le choix de ses concitoyens. Nous ignorons à quelle époque il mourut; mais comme sa chronique s'arrête brusquement à l'année 1518, nous pouvons placer sa mort à peu près à cette date; il devait avoir de cinquante-huit à soixante-trois ans.

Si d'un fait isolé nous pouvions tirer quelque indication sur son caractère, l'obligeance avec laquelle, dans une année de cherté, il céda du bois à un pauvre boulanger avec faculté de le lui rendre lorsqu'il serait à bon marché, dénote un homme humain et désintéressé. Sa devise *Trop est trop* annonce un esprit modéré; enfin quelques légers traits de malice, des réflexions sensées jetées au milieu des événements qu'il raconte, complètent le portrait et offrent un type assez rapproché de Philippe de Vigneulles que l'on peut regarder comme le dernier chroniqueur messin. Celui-ci a poussé son récit jusqu'en 1525, et vingt-sept ans plus tard, le roi de France s'emparait de la ville de Metz. Depuis la perte de son indépendance, Metz, comme République, n'a plus d'histoire proprement dite, ou plutôt elle se rattache à celle du pays dont elle fait partie. Cependant la fusion ne s'est pas faite immédiatement; avant que l'assimilation soit complète, traitée en ville conquise, la Cité a enduré de longues souffrances, de rudes vexations qui sont consignées çà et là dans les Mémoires du temps, sans qu'il ait été permis d'élever trop haut la voix pour faire entendre des plaintes.

Sa chute était du reste facile à prévoir : deux causes surtout l'ont amenée. Metz n'avait pas trop de toutes ses forces pour résister à des voisins dont la puissance avait peu à peu pris un accroissement considérable, tandis que la sienne, même en restant stationnaire, déclinait par le fait. La prolongation du pouvoir dans certaines familles dont le nombre allait toujours en diminuant, avait amené des luttes violentes avec le peuple, qui, fatigué de la tyrannie et des exactions de l'aristocratie, s'était soulevé à diverses reprises. Il avait même, au quinzième siècle, réussi à secouer le joug; mais la noblesse, revenue après quelque temps d'anarchie, avait abusé de son triomphe et par là perdu en partie l'affection et surtout la confiance du peuple, si essentielle pour le maintien de la chose publique. Dans cet état de décadence, Metz devait tôt ou tard échoir, soit à l'Empire, soit à la France, vers laquelle la poussaient plus vivement sa langue, sa position géographique et ses relations, tandis que ses intérêts et ses affections auraient dû la rattacher plus intimement à l'Empire, seul capable de la protéger efficacement ; mais trop heureuse de s'exempter des charges que lui aurait imposées un lien plus étroit, elle voulait veiller seule à sa défense et ce n'est qu'à regret qu'elle accordait de temps en temps, sous le titre de cadeau ou d'emprunt, des subsides que l'empereur sollicitait sans oser les imposer. Fatale insouciance qui devait ruiner l'indépendance d'un petit peuple si jaloux de ce bien, qu'il n'avait jamais pu supporter nulle intervention, nulle immixtion dans ses affaires intérieures. Mais ce n'est pas ici le lieu d'entrer dans de semblables considérations et nous avons à nous occuper exclusivement de la chronique de Jacomin Husson et des divers manuscrits qui nous l'ont conservée.

Le manuscrit original de la Chronique de Jacomin Husson est un petit in-folio ou grand in-quarto, de 180 feuillets cotés, écrit en cursive ; le papier fort, pour l'époque, porte pour marques, sur quelques feuillets seulement, la lettre P, ou une étoile à six ou huit branches grossièrement dessinée. Ces filigranes désignent-ils la fabrique de Metz, c'est ce que nous ne pouvons décider, faute de termes de comparaison, mais on peut le suppposer. Ce volume relié en parchemin, avec coins et fleurons en or sur le dos et sur les plats, porte à l'intérieur la vignette bien connue de l'intendant Foucault avec ses armes et la légende : « *Ex bibliotheca Nicolai Joseph Foucault, comitis consistoriani.* » Une grande partie de sa bibliothèque entra dans celle de Colbert ; mais la Chronique de Metz[*], après avoir passé par les mains de Ludewig, arriva au comte Otton de Thott, qui sur la fin du dix-huitième siècle, légua sa riche collection, qui ne comptait pas moins de 4154 manuscrits[**], à la Bibliothèque de Copenhague, où elle est conservée sous le n° 369, fonds de Thott[***]. Le premier feuillet, sur la marge inférieure duquel on lit : *A. Jourdain, 1642*, et le second contiennent diverses séries de sentences rimées, proverbes ou apophthegmes, sans valeur, et les trois suivants, plusieurs ballades qui, plus que médiocres sous le rapport de la versification, méritent cependant d'être publiées en raison des indications historiques qui s'y rencontrent. A la suite vient un récit abrégé des origines fabuleuses de Metz, qui n'est que la translation en prose du début de la Chronique rimée ; il est intitulé : « *Coment la cité de Mets fuit premier comensée et de qui et coment.* Il occupe les feuillets 6 à 8 ; au 9° se trouve la délibération prise par les quatre délégués de la paroisse de Sainte-Croix : « *asseavoir Michiel Cheversson, Jehan Nol, clerc des Tresse, Franssoy Calat, Jacomin Husson,* » chargés d'examiner une demande d'impôts faite

[*] Citée par le P. Lelong, t. III, p. 593, n° 38,773.

[**] Catal. Bibliothecæ Thottianæ, tomus VII, Havniæ 1795, 8°.

[***] Description des manuscrits français du moyen âge de la bibliothèque royale de Copenhague, par L. Abrahams. Copenhague, 1844, in-4°.

par l'empereur en 1512. Au bas de la page on lit d'une écriture du dix-septième siècle : « *Metis avara scientiarum noverca.* » Le feuillet 10 porte au recto ces indications : « *Croniques appartenant à Jacomin Husson, le merchampt,* » accompagnées de son monogramme, et d'une main plus récente : *et depuis à Jaicques Anthoine Escripvain demeurant en la haulte pier, 1598* » suivie de la signature *Anthoine* avec paraphe. Au-dessous on lit : « L'an mil IIe fuit abattue
» ly maistre tours de Port Muzelle qui estoit où est à present
» la mason Jacomin Husson, car on y ait trouvés des
» fermettez enmuriée où les serre solient elstre et les
» chennes où solloit estre d'ancienneteit l'une des fort
» entrée de la Cité, devant qu'elle fuit agrandie ; et quand
» on l'abattont, on trouvont ung escriptures en l'abyme de
» la tours, en escript, atours d'ung pille[r]s ccellés de plom
» en lestre d'or : Vesy ung edifflement edifflez de gens
» noble, lequel une foy par faultes de justice serait gou-
» vernée et vanrait en main de gens non noble en tempz
» à venir & cetera. » Plus bas est transcrit le huitain qui donne la date de la guerre de Lorraine, 1490. Comme cette pièce a été publiée par Huguenin[*] et par Larchey[**], nous croyons inutile de la reproduire ici, car l'orthographe en est tellement défectueuse qu'il est impossible de la restituer pour y trouver le millésime qu'elle doit indiquer. Le verso jusqu'au feuillet 16 contient une liste des Maîtres-échevins,

---

[*] Chron., p. 516.
[**] Journal d'Aubrion, p. 257.

commençant à 1170, qui n'est autre que celle qu'a donnée D. Calmet, en tête de la Chronique du doyen de Saint-Thiébault. La suite du manuscrit, f. 17 à 180, contient la Chronique écrite de la main de l'auteur avec des ratures et quelques additions sur les marges ; celles du haut portaient la date en titre courant, ce qui facilitait les recherches, mais le ciseau du relieur en a enlevé une partie. Chaque article commence par un alinéa dont l'initiale se confond avec des vignettes, à l'encre, occupant toute la marge intérieure ; elles représentent des visages grotesques, des animaux vus à mi-corps, des fleurs et des feuillages de divers genres d'un goût et d'une exécution médiocres. Enfin sur le verso du dernier feuillet on lit les noms de *Jean de Viller, Johannes de Viller, Didier de Viller, Johannes Gérardin*, et au bas, tracé au crayon, le nom d'*Anthoine*, avec paraphe, déjà inscrit au feuillet 10.

Le second manuscrit n° 5395 F. Fr. (ancien Cangé 49 et ensuite 102, olim Regius 9861), est un petit in-folio couvert en basane, contenant 113 feuillets cotés, de 38 à 47 lignes ou environ, à la page, sur papier mince, portant pour filigrane un chameau. Jusqu'au folio 99 il contient une copie assez incorrecte de la Chronique de Jacomin Husson ; le reste comprend une petite Chronique attribuée par M. Prost, à François Le Gournaix [1]. M. Maréchal, dans le curieux travail qu'il a donné avec M. Didion sur les épidémies dans

[1] Voir l'excellente notice qu'il a publiée dans les Mémoires de l'Académie de Metz. Année 1859, p. 215.

le pays messin, avait cité fréquemment ce manuscrit [1]. A cette époque on avait perdu la trace de celui de Foucault, que l'on n'a su à Copenhague que par une indication incomplète de Pertz et surtout par le catalogue d'Abrahams. C'est d'après cette dernière version que nous nous étions proposé d'établir notre texte ; malheureusement les événements survenus en Danemarck et en Allemagne n'ayant pas permis alors d'obtenir la communication de l'original, il a fallu se contenter de la copie de la Bibliothèque Impériale dont la pagination a été soigneusement indiquée. Cependant l'orthographe en est si irrégulière et s'écarte tellement de la bonne langue en usage à Metz à cette époque, que nous avons cru pouvoir ramener ce texte à une meilleure leçon, en prenant pour type les écrits les plus corrects de Philippe de Vigneulles ; et l'original transmis plus tard avec la plus grande facilité par le gouvernement danois, au Ministre de l'Instruction publique, a démontré que la version de Jacomin Husson, moins défectueuse que celle du copiste, se rapprochait beaucoup du texte, tel que nous avions tenté de l'établir, aussi l'avons-nous suivie exactement à partir de la feuille 10 ; néanmoins nous ne croyons pas qu'on puisse employer ce texte pour des travaux de philologie qui demanderaient une grande précision ; sous ce rapport on ne connaît que la translation en prose de Garin le Loherain, par Philippe de Vigneulles, ses contes, et sa grande chronique qui

---

[1] Tableau historique, chronologique et médical des maladies endémiques, épidémiques et contagieuses qui ont régné à Metz, dans et le Pays-Messin depuis les temps les plus reculés, etc. Metz, 1863, in-8°.

puissent avec les chartes donner un spécimen de la langue écrite du Pays-Messin au seizième siècle. Un travail grammatical et lexicographique semblait donc inutile. La chronique de Jacomin Husson n'offre aucune difficulté à quiconque à étudié les documents historiques de cette époque, et en cas de besoin le lecteur trouvera toutes les explications désirables dans le glossaire que M. Larchey a placé à la fin de son excellente édition du Journal de Jean Aubrion. Les notes, quoique nombreuses, paraîtront peut-être insuffisantes à quelques lecteurs; on n'a pas cherché à les multiplier pour étaler une érudition assez facile après tout. Les index, qui auraient pu être réunis, ont été scindés dans le but d'intercaler dans celui des noms géographiques tous les faits qui intéressent les localités désignées, afin de faciliter l'emploi de ces indications à ceux qui s'occupent de l'histoire du pays; l'index des noms de personnes, aussi complet que possible, a semblé pouvoir dispenser d'une table chronologique, qui n'aurait été qu'un abrégé de la chronique. A la suite de ces explications, l'éditeur ne se dissimule pas que son travail ne puisse encore donner lieu à de nombreuses et de justes critiques; aussi s'arrêtera-t-il, et s'adressant comme Jacomin Husson, au lecteur, il lui dira en toute humilité: « Se il heust mieulx sceu faire, tres voullentiers l'eust fait. Prenez en grez son petit sens. »

H. MICHELANT.

CRONIQUE qui commence du temps de S¹ Bernay de plusseurs chouses noutoires et admiratives advenues permey le monde, et principalement des Papes de Rome, des Roys de France et de plusseurs des seignours d'Almaigne et des Maistres-eschevins de Mets et de plusseurs chouses advenues en Mets principalement.

Et premier l'an de graice Nostre Seigneur mil cent et xiii. S¹ Bernard, en l'aige de xxii. ans, entrait en l'orde de Citial. L'an de graice mil cent et xv. l'abaiée de Clerval fuit fondée, et fuit Sainct Bernard le premier abbey, et en celle dite année fuit fondée l'abaiée de Pontigney ¹.

En celluy temps fuit fondée l'abaiée de Premonstrés ².

En celluy temps les Romains firent ung pape appellé Jehan; maix pour ceu que l'empereur n'avoit point esteit à l'election, il en fit ung aultre qui fuit appellé Burdin ³.

En celluy temps florissoit maistre Hugue de S¹ Victour, docteur qui fit moult de belle escripture.

En celluy temps avoit. ii. papes à Rome : l'ung appellé Inocent et l'autre Pierre Léon ¹; maix por ceu que ledit Pierre Léon estoit plus puissant d'amys que Inocent, ledit Inocent s'en vint en France et fuit receu comme pape des princes et seignours de France et d'Almaigne.

L'an de grace mil cent et xxxi. le roy Loys de France estant fort ancien, considérant qu'il n'avoit guaire à vivre, avoit. ii. filz, Loys et Philippe; ledit roy fit coroner et sacrer roy Philippe son filz à Rains en moult sollempne triumphe et à retorner pour faire son entrée à Paris, en chevalchant parmey Paris en moult grant magnificence, ung pourcial se boutait entre les jambes de son cheval et tellement tresbucha qu'i morut, qui fuit une mervilleuse adventure; et bientost après pape Inocent tint ung concille à Rains auquel fut coroné Loys l'autre filz, vivant encor son père.

L'an mil cent et xxxii. l'empereur Luther ¹ avecque plusseurs barons, seignours de France et d'Almaigne, espirituelz et temporelz menait pape Innocent à Rome et le remint en son siège et fuit demis Pierre Léon.

En celluy temps florissoit par bonne œuvre le comte Thiebault de Champaine qui fut père et deffendeur dez vefves femmes et des orphenins; lequel Thiebault engendra Odille qui fut femme au roy Louys de France et mère de Philippe le grant qui conquist maint belle terre et adjoustait au roialme de France.

En celluy temps florissoit aussy Guillame, comte de Navaire, qui fuit homme de moult grant perfection; car il laissait les honnours de ce monde et entra en l'ordre des Chautrieux pour servir à Dieu.

L'an mil cent et xxxvii. fit si grande sacheure en France que les rivieres, les puis, les fontaines tellirent en plusseurs lieux, de quoy olt grant necessiteit d'yawes pour bestes et pour gens.

En celluy temps les Juifs qui estoient en Engleterre, prinrent ung enfant et le crucifièrent '.

En celluy temps Loys roy de France retorna de la Terre-saincte; pour jalosie il répudiait sa femme Aliénor et jurait qu'elle estoit sa cousine, de quoy il perdit la duchié d'Acquitaine qu'il tenoit de Aliénor sa femme; maix apres ceste répudiation, Henry, le duc de Normandie la print à femme, per quoy moult grande discension fut entre le roy et le duc; de laquelle Alienor nacquist iiii. filles, dont l'une fuit donnée au roy de Castille, de laquelle nacquist Blanche qui depuis fut royne de France, et l'autre fut donnée à Alexandre ' empereur de Constantinoble et l'autre au duc de Sansonne, de laquelle nacquist Othe qui depuis fut empereur de Rome ; et l'autre fut donnée au comte de Tolouse '; et après la répudiation de la dite Aliénor, le roy print à femme la fille de l'empereur d'Espaigne; maix assez tost après elle moirut, et puis il espousa Odille, la seur de Thiebault, comte de Blois.

Apres la mort de Conraid l'empereur tint l'empire Fidry. '

En celluy temps estoit Pierre Lombay qui fut evesque de Paris, lequel compila le volume de sentence qui se lissent maintenant aus escolles et fit les grants glozes sur le Psaultier et les glozes sur les Espitres de st Paul ;

Et en celluy temps estoit celluy Pierre qui fist l'Istoire scolastique.

En celluy temps furent esleu ii. Papes, pour laquelle chouse grand tribulation fut en l'esglize ; car les ungs obéissoient à l'ung et les aultres à l'aultre.

En celluy temps furent faits les grants miraicles à Nostre Dame de Rochemadour '.

L'an mil cent lxxii. l'empereur Fidry (fol. 2) destruit Milam.

En celluy temps l'Arsevecque de Colongne translata les corps des iii. Roys à Colongne, qui estoient à Milam.

En celluy temps pape Alexandre vint en France pour une grande discension qui estoit d'ung qui vouloit estre pape.

L'an mil cent et lxv nacquist Philippe, filz du roy Loys.

En celluy temps avoit ung prevost à Arras, filz d'une poure femme de Chattres, appellé Robert[10], qui tenoit en son gowernement l'esvechié de Tornais et celle d'Arras et disoit on qu'il avoit ung diable privez qui l'avoit mis en si grant honneur.

En l'an mil cent lxxix., le jour de la Toussaints, Philippe, filz Loys le debonnaire[11] fut coronez à Rains, vivant son père qui avoit esteit rois xl. ans, auquel coronement estoit le roy Henry d'Angleterre, qui tint d'une part la corone du josne roy qui n'avoit d'aage que xiiii. ans. Celluy Philippe olt en moult grant réverance le nom de Dieu et des Saincts et fist crier partout son royalme que tous ceulx qui jureroient villainnement seroient griefment pugnis. L'année après son père morut et fut ensevelit en l'esglise de Verbel[12] qu'il avoit fait fonder, et Odille sa femme fit faire ung moult noble tombel sur luy.

L'an mil cent iiii. xx. il avint à Orliens, ainsy comme ung prebstre avoit sacrez le corps de noustre Seigneur et il le vouloit user, le sainct Sacrement apparut tout rouge de sang; si vint le roy Philippe qui le vit aussi vermeil comme sang et le corporal tout taiché de rouge, et tout ensamble manière avint à teritoire de Vandomes et d'Arrais.

En celluy temps estoit sainct Pierre de Clerval.

En celluy temps fist paver le roy Philippe la ville de Paris et fit cloire de murs le boix de Vincenne.

L'an mil cent iiii. xx. et vi. Salhadin submest à luy tout Orient et print la cité de Jherusalem.

En celluy temps le roy Philippe fit chasser tous jengleurs, flateurs, battelours, tout telle manière de gens qui ont grant dons des grants seignours, qui estoient très mal emploiés et les avoit plus chier donner aux pouvres gens pour l'amour de Dieu.

L'an mil cent iiii. xx. et x. le roy Philippe de France et Richair, le roy d'Angleterre, avec leur compaignie, allèrent Oultre mer pour deffendre la Terre-Saincte contre Salhadin, roy de Surie.

L'an dessus dit moururent en Aicre le comte de Flandre, le comte Thiebault et le senechal de France. Et pour ceu que le comte de Flandre n'avoit point de hoirs de son corps, la comté encheut à Baudowin, son nepveu, filz du comte de Henalx; lequel Baudouin fut depuis empereur de Constinoble.

En celluy temps le roy de France envoiait en Danemark pour avoir l'une des seurs du Roy.

Et celluy temps maintes villes ardirent de la fouldre du ciel et ncipallement la cité de Chastre avecq l'esglize fut tout arse

L'an mil ii. c. et ii. ceulx de Rowant et de Normandie considérant que nul secours n'avoient du roy d'Angleterre et que les François les tenoient assigiez, se rendirent au roy de France.

L'an mil ii. c. et vii. sainct François establit l'ordre de l'Observance des Frères mineurs.

Après la mort de Fydri fut coroné Oth empereur par pape; et l'année aprez le roy Phelippe fit fermer de murs la cité de Paris.

L'an mil ii. c. xiiii. Loys, filz du devant dit roy Phelippe ot victoire en Anjoulx contre le roy d'Angleterre, et Phelippe son père ot victoire en Flandre contre Oth l'empereur et contre les Flamans.

L'an mil ii. c. et xxi. aprez que ledit roy Phelippe olt heu mainte belle victoire contre les Angloys, les Flamans, les Poitevins, les Normans et mains aultres, il rendit l'ame à Dieu et est ensepvelit à Sainct Denis. Il conquist et adjoustait au royaulme de France les comtez cy aprez : la comté de Normandie, Acquitaine, Poitoul, la comté de Veremendois, de Cleremont, de Pontif, d'Alanson, du Mainne, de Tours, d'Angien et de Vallois.

En celle année, le premier dimanche d'Aoust, Loys son filz fut coroné roy à Rains et Blanche, sa femme à royne.

L'an mil ii. c. xxxvi. fut coroné roy à Rains Sainct Loys, le premier dimanche des Advents et n'avoit d'aige que xiiii. ans. En l'encommencement de son royame, il olt moult d'adversaires, maix par l'ayde de Dieu, il les sormontait tous.

L'an mil ii. c. et xliiii. ans il espousa Mergueritte, fille du comte de Provence.

L'an dessus olt si grant sécheresse en France qu'i ne plut dès lo Dimanche aprez Noël jusqu'à la Saincte-Croix en Septambre, et furent les vins si boins et si forts que en grant temps n'avoient esteit pareils.

En celle année fut Maistre-eschevin Zambay Maquerel de Mets. (fol. 3.)

L'an mil ii. c. et lvii. fut Maistre-eschevin le sire Nicolle Govion. Adonc furent ordonné que on les appelleroit Sire.

En celluy temps cheut une merveilleuse tempeste et cheut entre les aultres une si grousse pierre, en laquelle pierre estoit entaillée l'ymaige d'un crucifit et escript dessus *Jehesus Nazarenus, rex Judeorum.*

En celluy temps furent prins ii. hommes d'armes de France en Sarazinemme; maix les Sarazins qui desiroient à veoir la vaillance des François, pour veoir la maniere de combaittre à la mode françoize ordonnirent qu'i se combateroient, et celluy qui gaingneroit eschapperoit: et vont bien armés et enbaittonés lesdits ii. François, et incontenant eulx armez commencirent à frapper sus ces Sarazins; car eussy l'avoient ils promis l'ung l'autre et en tuèrent tant que ce fut grand merveille.

L'an mil ii. c. et xlv. pape Innocent tint ung concille à Lyon.

En celluy temps St Loys print la croix pour aller Oultre mer.

En celluy temps florissoit Sainct Amant qu^i fut evesque de Canturbie.

L'an mil ii. c. xlviii. le vanredy après la Panthecouste, Sainct Loys se pertit de Paris pour aller Oultre mer, avecque luy. ii. de ses frères: Robers comte d'Artois et Charles comte d'Angien.

En celluy temps estoit Sainct Dominicque des Frères Proichours.

En l'an mil ii. c. et lii. s'asamblirent tant de Pastorialx » pour aller Oultre mer et tousjours multiploient, qui furent en sy grant nombre qu'i commencirent à faire beaulcoup d'oultraige en paissant païs. A la fin ceulx de B[o]urges, avecque aultres, les assaillirent et tuèrent leur maistre qui estoit de Honguerie et furent ces miserables Pastorialx deconfis.

En l'an ii. c. et lii. ot une mervilleuse discension entre les escolliers séculiers de Paris et les religieulx.

En l'an ii. c. et lxiii. que St Loys fut retornez d'Oultre mer pour cause de la mort de sa mère, il mariait son filz Phelippe à Yzabelz, fille du roy d'Aragon. Adoncques le roy d'Aragon ly quictait tout ceu qu'il avoit en Carcasonne, en Bigora, en Bercelonne et en Cathelonne.

Après la mort Alexandre fut pape de Rome Orban qui fut de Troyes, lequel donnait à Charles la comté d'Angier et à ses hoirs jusque à la iiiie. génération le royalme de Cezille, la duchiez de Poulles et toute les terres qu'il avoit usurpez à Manfroy, filz de l'empereur Fidry, qui estoit condempnez comme hérite.

L'an mil ii. c. lxvii. Sainct Loys fist son filz Phelippe chevalier ; et l'année après Ysabel, femme dudit Phelippe, olt ung enffant qui olt nom Phelippe, que depuis fut roy de France.

L'an mil ii. c. et lxix. Sainct Loys et. iii. de ses enfans s'en allirent la seconde fois Oultre la mer ; et l'année après de mil ii. c. et lxx. Sainct Loys devint mallaide, et quant il olt son filz Phelippe bien informé de vivre en l'amour de Dieu et du gouvernement du royalme, le lendemain de feste Sainct Burthemin il morut, et fut son corps aporté à Sainct Denis en France.

En celle année Ysaibel, femme au noviau roy Phelippe morut, et son oncle le comte de Poitiers et la comtesse de Toulouse, sans hoirs de leur corps ; et ainsy ces deux comtez enchurent au roy Phelippe, lequel fut coroné à Rains, l'an mil ii. c. et lxxi. ans, le jour de la Nostre Dame en my-aoust et tint l'espée devant luy Charle son oncle, comte de Valois.

L'an mil ii. c. lxxiiii. le concille general fut à Lion, on temps Pape Gregoire et durait dez Maye jusque à la Magdalene, onquel concille olt v. c. qu'avesques, qu'arcevesques et plus de cent et l. abbeys et là furent condempnez les Sachier [1] et les Bigames et privés de tous previlaiges.

L'an mil ii. c. et lxxv. le roy Phelippe print à femme Marie, fille à duc de Brabant; et l'année après Loys, l'ainé filz dudit roy morut, pour laquelle mort ung grant maistre de la court du roy appellé Pierre de la Brousse [2] commançait à maxiner contre la royne Marie, disant qu'elle désiroit la mort de ceulx qui n'estoient point ses enffans, afin que les siens rengnassent. Cestui Pierre n'amoit point la royne pour ceu [que] la royne ne faisoit point de feste de sa femme et ce faisoit la royne portant que sa femme portoit autant d'estat que faisoient les grants dames de la court. Et doncque le roy enquist bien diligemment de la vérité; maix la royne fut trovée innocente. Ledit Pierre qui estoit grant consillier et gouvernour du royalme, fut pendus par la gorge au gibet de Paris, l'an mil ii. c. lxxviii. le lendemain de la St Pierre et St Paul, en (fol. 4) la présence de gens sans nombre, qui ne se povoient assez esmerveillier d'ung si grant homme venir à telle fin.

En celluy temps ung pape espaignoille, appellé Jehan, se cuidant estre grant astronomien, regardant on corps des estoilles trovait que debvoit vivre bien longuement; maix sa science ne luy valut gaire, car en resgardant on corps des estoilles, en une gallerie, la traweur de dessus cheut dessus luy et fut tué ainsy. Il fallit bien de son entendement et aprez luy fut pape Gaienten, que fut appellé Nicolle. Aprez cestuit Nicolle qui ne vesquit que iii. ans fut fait pape Martin.

L'an mil ii. c. et iiii. xx. le roy d'Aragon avecque grant ost entra on royalme de Secille et olt mult grant guerre entre luy et le roy Charles.

Item, pape Mertin en celle année envoiait en France ung cardinal pour mestre le royalme d'Arragon en la main Charle, comte de Vallois, le second filz de France, auquel le pape l'avoit donné, et a retourné.

En celle dite année le roy Philippe morut à Verbomie.

L'an mil ii. c. iiii. xx et x. Aicre fut prinse et i. olt mult grant occision de crestiens.

En celle année Charles, le comte de Valois, frère au nowal roy Phelippe, print à femme la fille Charles, roy de Secille et pour ledit mariage luy donnait la comté d'Angier et la comté du Maine.

L'an mil ii. c. iiii. xx. xiii. Odars, le roy d'Angleterre, quitait au roy Phelippe de France quanqu'il tenoit de luy ; car bien le cuidoit gaingnier par force d'armes et qu'i deust tout recowerer ; et ainsy commençait la guerre en Gascongne.

L'an mil ii. c. iiii. xx. xvi. Guy, le comte de Flandre se rebellait contre le roy Phelippe, ly refusant fielté et hommage, pour laquelle chouse grant guerre commençait en Flandres. L'année après le comte de Bar qui avait à femme Alienor, fille du roy d'Angleterre, comença à gaster la comté de Champaigne ; maix contre luy fut envoyé Gauthier de Chastillon, qui destruit et gastait tout le comté de Bar.

Item, en ladite année fut Maistre-eschevin de Mets ly S^{gr} Jaicque Goulle ; et en celle année, la vigille de St Jehan Baptiste, le roy de France s'en allait en Flandre, enmenait grant ost de gens d'armes et assigeait Lille, laquelle se randait bientost et le comte demanda trewes.

En celle année Sainct Loys fut canonisié.

L'an mil ii. c. iiii. xx. xix. le pape Boniface fit la paix entre le roy de France et le roy d'Angleterre, et pour estre la paix plus ferme, il fit pranre à femme le roy d'Angleterre Mergueritte, suer du roy de France, Ysaibel. "

L'an mil ii. c. iiii. xx. xix. fut Maistre-eschevin de Mets le S^{gr} Jaicques, filz S^{gr} Philippe le Gornaix.

En celle année s'assemblèrent à Waucollour le roy de France et Abers, le roy d'Allemaigne pour faire alliance perpétuelle ensamble. "

L'an mil iii. c., le S⁰ʳ Symon de Chambre fut Maistre-eschevin de Mets et adoncques defaillirent les Maistres-eschevins qui se faisoient par escord et les commençait on à faire par les Paraiges. "

En ladite année les villes de Flandres qui s'estient rendues au roy de France, ledit roy plaiçait ses garnisons, desquelles estoit capitaine et gouverneur Jaicques de Sainct Pol. Maix portant qu'il les tenoit plus rudement qu'il ne leur plaisoit, la ville de Bruge et les aultres se rebelloient et de nuit, comme ils dormoient, les tuèrent et murtrirent en leur lit.

En ladite année fut mult grande allée de pellerins à Rome. Je ne sçay quelles gens avoient semé permy le monde qu'il y avoit à Rome plenier remission.

En celle dite année olt mult grand discension entre le pape et le roy de France pour ceu que le pape Boniface avoit fait aulcune constitucion pour submettre à soy contre le royalme de France, de laquelle chouse le roy fut mult forment corocié, et mandait au pape qu'il luy pleust à rappeller ceste constitution, maix le pape n'en voult rien faire. Adoncque le roy deffendit que or ne argent ne fut portez hors de son royalme ; se fut le pape courroucié plus que de devant, et envoiait ung sollempnez messaigier au roy, qu'il laissait ceste deffense, laquelle le roy n'en volt rien faire et fist commander à messagier que bientost se departist du royalme. Quant le pape sot les nouvelles, fit citer les prélas du royalme de France personelment, et (fol. 5) le roy leur deffendit qu'i n'y allaissent point, et appellait ledit roy encontre le pape pardevant le concille, auquel appel se consentirent les prélas de France ; et quant le pape le sot, il gettait sentence que tous lesdis prélas fussent deposez de tout degrey et bénéfice. Adoncque le roy qui se doubtait d'aulcune sentence venue on royalme, fit très estroitement garder les passaiges, que nulz messagier de Rome n'entrassent on royalme.

L'année après, environ la Penthecoste, le roy envoyait à

Rome ung chevallier de Provence appellé Guillame de Mongaret [17], lequel chevallier par l'ayde d'aulcuns des nobles de Lombardie entra à Rome, à toute la banière du roy déploiée, et vint en la chambre du pape; et tantost les gens du pape s'enfouyrent excepté ung cardinal d'Espaigne et ung homme lai et print tout le tresor du pape. Incontinant le bruit se levait et fut crié *alarmes;* adoncq monta ledit chevallier et ses gens bien hastivement à chevalz et s'en retorna de Rome, et à bout de v. jours ledit pape morut et fut esleu pape frère Nicolle, evesque d'Ostie qui estoit de l'ordre des Freres Preschours, et se fist appeller Benedic. [18]

L'an mil iii. c. et ii. on moy de Septembre le roy envoiait en Flandre le comte d'Artois avecque grant ost de gens d'armes, et quant il vinrent devant Cortrais, les Flamans allirent en l'encontre et fut ledit comte et la pluspart des François deconfûts et tuez des Flaimants.

En ladite année fut Maistre-eschevin de Mets le SꝾ Jacques de Heu, par mil. iii. c. et ii. ans. Après la mort de Benedicq qui ne vesquit que environ ung an, les Cardinalx esleurent papé Biertran, ercevesque de Bourdiaulx et fut appellé Clement, et fut l'an mil. iii. c. et iiij et tint la court longuement per deça les mons. [19]

En celluy temps avoit à la court du roy Phelippe de France ung chevalier de Normandie appellez Enjoran de Maregney, duquel le roy creoit tout son consille et se gouvernoit totallement du consille dudit Enjorant; et combien qu'i fut de pouvre lieu attrais, il fut en sy grant graice devers le pape qu'il fist ung sien frère arcevesque de Cambray et puis arcevesque de Sens, et un aultre frère evesque de Bravay et ung sien cousin cardinal. [20]

En l'an mil iii. c. vi. et les Juifz furent chassiés hors du royalme de France, et l'année après les Temples furent prins tous en ung jour, de laquelle prinse ils ne se prenoient garde, car ils estoient si fort et en si grand nombre; car s'ils eussent sceu, on ne les eust sceu prenre si de légier ; car le Grant-Maistre de l'Ordre leur congnitte que tantost qu'i recevoient ung homme on luy faisoit faire serment qu'i garderoit les secrets du Temple, et luy faisoit-on renier Jhesu Crist et marchier contre la croix et baisier lo dariere de celluy qui lo recepvoit en profession ; et adoncque on luy donnoit congiet de faire son ordure avecque les hommes comme avecque les femmes.

En ladite année de mil iii. c. et vi. fuit Maistre-eschevin de Metz Ser Estenne Fessaulx.

En l'an mil iii. c. et viii. fuit esleu Henry comte de Lucembourg et confermé de pape Clement à Poittier. [21]

En l'an mil iii. c. et xiii. le glorieux empereur morut, laquelle mort fut moult plainte par toute Cristienté : aussi fut-ce dommage. [22]

En celluy temps avoit en France une béguine moult subtive que on appelloit Mairgueritte de Henault [23] laquelle fist ung livre de moult de faulseté, de sorcerie et disoit c'on debvoit user de son corps tout ensy que la voulonté venoit et sans péchié. Maix ladite béguinne fut condaimpnée à Paris et son livre brulé par l'ordonnance du pappe Clement.

En celluy temps. ii. chevaliers, l'ung avoit à non Gaulthiez d'Anoy et l'autre Philippe d'Anoy, on mois de May furent trové l'ung avecque Mairgueritte royne de Navaire, femme à Loys, l'ainné filz du roy de France, et l'autre avecque Blanche, femme du frere le roy de Navarre, appelé Charle; pour lesquelz crimes lesdis chevalliers furent escorchiés tout vifs, et puis pandus à Pontoize et les genitoires coppées et trayenés au gibbet et les dames morurent en prixon en grant misere.

L'an mil iii. c. xiii. fuit Maistre-eschevin de Metz Ser Thiebault de Heu.

En ladite année mourut le roy Phelippe de France, qu'on appelloit le biaulx roy Phelippe, et Loys son filz rengnait après luy et ot à femme la fille du roy de Honguerie, et fuit moult grant mortaliteit. [24]

En l'an mil iii. c. et xv. fut Maistre-eschevin ly sire Nicolle Baudoche. Enjoran fut pendu au gibet de Paris, de qui nous avons fait ci-devant mention qui estoit le (fol. 6) second aprez le roy. Il fut apellé devant le noviaul roy et accusé de plusieurs excusations auxquelles il ne sot respondre ; pour laquelle chouse il fut condempné à estre pendu au gibbet de Paris, la vigille de l'Ancension, en la présence de plus de I. mille personnes.

En celle année commencèrent les plus grandes pluies en France que durèrent presque. ii. ans ; pour laquelle chouse fut moult grant chier temps, que grant pueple et grant beste moururent.

En l'an mil iii. c. et xvi. fut Maistre-eschevin de Mets S^{gr} Jehan Lacourt, et adoncq revint le boin mairchié de vivre.

En celle ditte année le sabmedi apres la Penthecouste morut Loys, roy de France ; et pour ceu qu'il n'avoit point d'hoirs mailes de son corps, Philippe son frere, comte de Poitiers, fut fait roy, qui fut de boin gouvernement et ramenait à concorde beaulcoup de discords qu'i trovait en son royalme. ^{25}

En l'an mil iii. c. et xvii. fut Maistre-eschevin de Mets S^{gr} Poince Chameurs du paraige de Porsailly, et adoncque furent mins les Maistres eschevins en butte de bois.

En l'an mil iii. c. xviii. il pleust à Dieu oster les grant famines qui avoient troup duré et la grant mortalité de gens et de bestes, et fut encommancée en ladite année à faire la *feste et sollempnitez du Sainct Sacrement* en France que jamais on n'avoit fait per avant.

En ladite année fut Maistre-eschevin de Mets S^{gr} Pierre Paillat, en l'an mil iii. c. xviii. ; et en ladite année fut fait le palais de Mets et valloit la quarte de bledz xvi. sols et la quarte de vin x. deniers.

En l'an mil iii. c. et xx. fut Maistre-eschevin de Mets S^{gr}...

. . . . ^{26}

En ladite année ne sçay de quel esperit ot en France si grant commotion de Pastorialx que voulloient aller oultre mer et d'aultres gens qui avecque eulx s'asamblirent, qui furent ung grand host et s'en allirent jusque à Languedoch et là firent grant domaige aux Juifz et en tuèrent plussours, et puis ne sçay comment ils se despartirent et esvanuirent comme fumée. [17]

Et en ladite année furent les grants feux à Mets le jour d'une Sainct Salvour; les corbelz portoient brandon de feu en l'air et brulait Salnerie.

En l'an mil iii. c. xxi. fut Maistre-eschevin de Mets, Pier Bouquin dit Chielaron.

Eu ladite année, en France, en Aquitenne, les Musiaulx [18] furent ars, car les trahites vouloient empoisonner les fontaines et les puits affin que les gens devenissent muziaulx ou ils molrient, et avoient jay comme on disoit divisez les royalmes d'un chacun comte et aultres signouries dez païs et debvoit l'ung estre roy de France et l'autre d'Angleterre et fut longtemps que nulz n'osoit boire de nulle yawe, se ce n'estoit yawe de rivière courant, et disoit-on que les Juifs en estoient consentant, aussy on en ardit plussours avec les Musiaulx; et en ladite année fut pendus Jordain de Lille qui avoit espousé la niepce du pape Jehan. [19]

En celle année ung maistre en divinité proichait que tous ceulx qui s'estoient confessez à religieulx à Pasque, il convenoit qu'i se confessent de rechief a leur curé des mesmes peschiés ou ilz n'estoient point absolz. Cela venu à la congnissance du pape le mandait par commandement et luy dit dont ly venoit ceste folie de proichier tel heresie, et se le pape, les evesques avoient point autant de puissance de confesser que les curez; respondit que oy. Or donc, plus que religieux ont leur puissance, porquoy ne porront-ils confesser, aussy bien comme les curez et encor sanz congié pour cause de la puissance qu'il ont des papes et des evesques, encore absordre d'aulcuns cas que les curez ne porroient; lequel maistre ne pout nier la proposition du pape ne repliquer. Le pape le contredit de révoquer et se desdire publiquement en ses sermons et en ses escolles à Paris, lequel maistre le fist, combien que moult luy en despluit. [30]

En celluy temps ung fluxo de ventre print en Auoust à Philippe le Debonnaire, roy de France, de quoy il molrut; et pourtant qu'il n'avoit point d'hoirs mailes de son corps, Charle son frere qui estoit comte de la Marche fut esleu, lequel tint moult bien justice au commancement de son royalme, et fit pandre de Gascogne et trayner au gibet pourtant qu'il avoit oultragié maintes femmes et desflorer plussieurs vierges, ung qui s'appelloit Jordain de Lille. [31]

L'an mil iii. c. xxiv. fut maistre eschevin de Mets S[gr] Joffroy Grognat.

En celle année fut canonisié Saint Dominique des Preschours.

Item, l'année après morut d'enffant la femme le roy de France Charle, et après print (fol. 7) ledit roy Charle à femme, jeune fille du comte d'Avreux, Loys, qui estoit sa cousine germaine. [32]

En celluy temps avoit à la cour dudit roy de France ung qui avoit à nom Pierre Remy [33] qui estoit estrait de pouvres gens et estoit son pere moistriers en une dez moitresse de Sens et depuis il gardoit les bestes, et depuis qu'i fut mort, ledit Pierre les gardit v. ans et depuis il fut vignerons; et néanmoins il devint en si grant prospérité qu'il gouvernoit le realme de France et en faisoit quasi à sa volontey. Il estoit fort bel homme et faisoit de luy plus que mestier ne luy fust esteit, et néanmoins il fut pendu et trayné au gibet de Paris pour ses forfaits et desmerites.

Item en ladite année de mil iii. c. xxiv. fut la cité de Mets assigiée par le roy Jehan de Behaigne empereur, Badowin ersevecque de Trewe, Ferry, duc de Lorenne, Edowars, comte de Bar. [34]

Item, en ladite année firent ceulx de Mets ung statut que toutes les censes qu'on debveroit aux esglizes ne qu'il acquesteront par quelque manière que ce fuit, seroient à rachait.

L'année après ceulx de Bruge prinrent le comte de Flandres leur seigneur et le tindrent longuement prisonnier. [33]

En l'an mil iii. c. xxv. fut Maistre-eschevin de Mets Sr Hugues Hunebojat et adonc faillont les Proudons.

En celle année fut si grant sacheresse en France qu'i n'estoit homme que jamais l'eust veu pareille, et le temps d'yver fut sy aispre et sy angousseux de froit que la rivière de Seine fut sy fort engellée que on chaurioit à grant puissance par dessus, et au degeller les glaices furent sy impetueux qu'elles rompirent les. ii. pons de Paris.

En celluy temps morut le noble Charles, comte de Vallois et d'Angier, père à Philippe, le comte du Mans, qui depuis fut roy de France.

En l'an mil iii. c. et xxvi. conspiration fut faite contre Edowart, roy d'Angleterre. Ledit roy avoit en se court ung chevallier appellé Huet le despenciers, per le concelle duquel le roy se gouvernoit du tout et la royne qui estoit suer au roy de France n'amoit point ledit chevalier. Et pour abrégier l'estoire, ledit Huet vint à tel fin que la royne le fist prendre et mettre en prison ; après le fit prenre et ly fist tirer tous les boiaulx de son corps et les faire ardre devant ses yeulx, luy encor vivant, et puis ly fit copper la teste et mettre en iiii. quartiers et puis pandre aux iiii. villes principalles d'Angleterre et fist coper la teste à son père et ung evesque qui estoit son oncle. [36]

Et en celle année fut Maistre-eschevin de Mets Sr Gilet le Belz.

En l'an mil iii. c. xxvii. fut Maistre-eschevin de Mets Sr Thiebault Feriat, et adoncque on fit les Grant-maistres de chacun mestier de Mets.

En ladite année morut, la vigille de la Purification Nostre Dame, Charle le roy de France et de Naple, et pour ce que ledit roy n'avoit point de hoirs males de son corpz, le royalme escheut à son cousin germain, Philippe le comte de Vallois et d'Angier, que fut filz au vaillant prince dont nous avons dessus fait mention; et fut cestui Philippe coroné à Rains en l'an mil iiie. XXVIII, le Dimanche après la Penthecouste, et incontinent fut accusé per devant le novial roy Pierre Remy de quoy nous avons fait mention, qui estoit trésorier maistre et gouverneur du royalme, pour laquelle chouse ledit Pierre fut amené en prison à Paris; la main mise az siens, fut trowé, sans les grants rantes, biens meubles, vaissellement précieux en plus grant nombre que nulz princes n'en polroient avoir, fut trovez d'or et d'argent la somme de xii^c. fois mil livres sans les aultres biens dont nulz n'en sçauroit estimer la vallue. Et portant que ledit Pierre Remey ne soit mie suffisamment respondre az articles que on ly opposoit, il fut condempné au gibbet de Paris à estre pendus le lendemain de la sainct Marke en ladite année; ledit Pierre Remey l'avoit fait faire tout nouvellement; et fut le premier qui fut pendu et avoit ledit Pier fait entaillier en l'un des pillers : « *Qui plus hault monte qu'i ne doibt, de plus hault chiet qu'i ne voiroit.* » Et pourtant ly eust-il esteit plus convenable d'ensuyvir plus moyen estat que tant amasser et sy hault monter pour finer si misérablement.

En l'an mil iii. c. et xxviii. S^{gr} Burtrand du Juric fut Maistre-eschevin de Mets.

En ladite année olt moult grant guerre en Flandres pour ce que les Flamans ne voulloient mie obéir à comte leur seignour; ledit comte mins la comté en la main du roy Philippe, pour laquelle chouse ledit roy y allait et menait avecque soy le roy de Navarre, le roy de Boesme, le duc de Bourgonne, le duc de Burtaine, le duc de Borbon et le duc de Lorenne avecq plussours aultres princes (fol. 8) et seignours en grant nombre, et fut fait adoncque moult grandes occisions de Flamans, pour laquelle chouse toutes les bonnes villes de Flandres se rendont au roy, et puis rendit au comte le païs et la comté; lequel comte depuis que le roy fut retournez en France fit pendre une grant quantité des plus grânts pour ceu qu'ils avoient esté cause de la guerre.

En l'an mil iii. c. et xxx. fut Maistre-eschevin de Mets Sr Nicolle Boitalle.

En ladite année une chouse moult merveilleuse avint à Lygney sus Marne, d'une dame qui morut, de laquelle l'arme revint par plusseurs fois et parlait en la présence de plusieurs personnes, en requerant suffraiges, especialement messes à sa mère, à sa fille et à son genre, et dixoit que messes vallent singulierement à armes de purgatoire et moult d'aultres chouses qu'elle leur dit.

L'an mil iii. c. et xxxi. fut Maistre-eschevin de Mets. Sr Hanry Roucel.

En ladite année fuit messire Robert d'Artois banis du royalme de France.

L'an mil iii. c. et xxxiii fut Maistre-eschevin de Mets Sr Poince Cunemans.

L'an mil iii. c. xxxiiii. fuit Maistre-eschevin de Mets Sr Grant Borchon.

L'an mil iii. c. xxxv. fut Maistre-eschevin de Mets Sr François Tompat. Adoncques furent ars les bigots et fut abbatuz le Grant-maistre des mestiers de Mets.

Item en ladicte année la duchié de Guienne tremblait si fort et si terriblement que les gens ne sçavoient où fouyr de paour de la mort, et fut le jour St Thomas.

En l'an mil iii. c. xxxvi. fut Maistre-eschevin de Mets Sr Philippe Marcoul et mourut dans la dite année et on en fit ung aultre ondit paraige de Port Muselle.

En l'an mil iii. c. et xxxviii. fut Maistre-eschevin Sr Jehan Noiron; adoncques fit rayer les gouz en vignes partout[37].

En ladite année le roy Philippe fit parfaire la tour du bois de Vincennes.

L'an mil iii. c. xxxix. li Sr Jehan de Mariculle fut Maistre-eschevin de Mets. Adonc furent mis les Maistres-eschevins en butte d'argent on chappiron.

L'an mil iii. c. xl. fut Maistre-eschevin Sr Jehan Baudouche, l'amant.

L'an mil iii. c. xli. fut Maistre-eschevin S{sr} Nicolle Piédéchaulx.

L'an mil iii. c. et xlii. fut Maistre-eschevin S{sr} Poince de Vy.

L'an mil iii. c. xliii. S{sr} Thiébault de Metry fuit Maistre-eschevin.

En celle année furent pendus les Tort soutenne, faulx seellours.

En laditte année ot messire Ollivier de Clisson la teste couppée à Paris ez haulle et plussours aultres seignours chevaliers et escuiers.

Item encor en ladite année fut le roy d'Angleterre à Poissy et à St Germain, et ardit tout le paiis et s'en vint per Normandie et print la ville de Cheu.

Item en ladite année fut la cruelle baitaille de Crécy, du roy Philippe de Valois et des Flamens, où il y olt une piteuse tuerie.

L'an mil iii. c. xliiii. fut Maistre-eschevin S{sr} Thibault Herbel et ly escheut iiii. eschevinaiges.

L'an mil iii. c. xlv. fut Maistre-eschevin de Metz S{sr} Willaume Willambey.

L'an mil iii. c. xlvi. fut S{sr} Jehan Baudoiche, chevalier, Maistre-eschevin de Metz. En celle année furent les roisins engellés as seps on moys de septembre, le samedy après la Exultation Ste-Croix.

Item, en celle dite année fut le roy de France deconfis en Abeville, en Poitiers[34], par le roy d'Angletere et fut une mouit mervilleuse bataille et y fut mort le roy Jehan de Bahaigne, le duc Rawou de Lorenne, le comte de Flandre, le comte d'Allençon, le comte de Blois, le comte de Salm et plussours signours et sans nombre d'aultres, et y furent aussy morts des seignours de Metz; S{sr} Rougiez de Heu, chevallier fut prins des Anglois et enmoiné prisonnier en Angleterre.

Item, en celle meyme année fut prins Calais, mais devant

qu'elle fut prinse, le siège y fut ung an et par terre et par mer et fut adoncq la grant bataille de Crecy dessusdite.

En ce le année fut coroné roi des Romains Charles de Behengue et empereur d'Alemaigne.

L'an mil iii. c. xlvii. fuit Maistre-eschevin de Mets, S⁺ʳ Willame le Hungre.

En celle année fut noié Uguegnon le Belz, bouchier de Viez-boucherie et ung sien frère avecques ly, por ceu que luy et son frère volrent rebeller contre la Cité, le Maistre-eschevin et contre les Treize et plusieurs aultres bouchers avecque eulx, pour ce que les Treize avoient jugié ledit Uguegnon à xxx. livres et bani xx. ans pour aulcunes malvaises parolles qu'il avoit dit et aulcuns maulvais traitez qu'il queroit contre les Treize, la Justice et les bourjois de traïsons, dont tous les Treize s'en allont en Viez-boucherie avecq plussours aultres gens pour prenre ledit Uguignon (fol. 9), son frère et plussours aultres bouchiers qui s'estoient alliez avec luy et en trovèrent plussours desarmez ensamblez enmy Viez-boucherie et fut prins le dit Uguignon et son frère et menés on pallais. Et tantost s'assamblèrent les bourjois de Metz armés et embastonnés pour mener noier ledit Uguignon et son frère au Moyen-pont des Mortz, à la portainne de cousté l'Ospitault S⁺ Jehan en Chambre. Et les aultres frères dudit Uguignon et plussours aultres bouchiers s'en fuyont, Gereirdin Chaussy, Jaicomin Lambellin, Clement Haultain, le filz Callait le bouchier, Collin Besainge et plussours aultres. Et tantost la Justice les banist, les ungs xx. ans et les aultres xl. ans, et y olt aussy plussours paxours banis avec, pour ceu qu'ilz savoient ledit jour, secretement armés, cuidant aidier ledit Uguignon.

En l'an mil iii. c. xlviii. fut Maistre-eschevin S⁺ʳ Poince le Gronnais de Mets.

En celle année fut noié Collin de Boussange, le bouchier pour ceu qu'il brisait son banement.

En ladite année fut grant mortalité en France et durait ung an et demy; et morut en Paris bien lx. mille personnes et fut aussi si grande en Avignon qu'il y moiroit tous les jours plus de iiii. ou v. c. personnes pour une espaice de temps et saison.

En l'an mil iii. c. xlix. fut Maistre-eschevin de Mets S⁵ʳ Thiebault Lambert; et en celle année fut abaittue per ceux de Mets la maixon de Sainct Eve, l'une dez maixons Damelecourt, Thilycourt, l'ostel de Rodde delez Moustier en Allemaigne, la maison de la garde delez Vy, la maison dez Dudelange, près de Forpach, et furent prins dedans xiiii. que maistre que vairlet, et en y olt. xii. des pendus tout devant la maison et ii. la teste coppée et furent pendu par un de leur compaignon..... ³⁹ qui estoit leur menestre; et celle année fut grande mortalité de peste, et furent en celle année par le monde les Battans gens en grand nombre qui se baittoient tous nudz jusque à sang collant ⁴⁰.

En l'an mil iii. c. et li. Sᵍʳ Gillet le Bel fut Maistre-eschevin de Mets.

En celle année furent les vins si boins et si forts qu'à merveille.

En celle année olt moult grant guerre en Mets contre la duchesse de Lorraine et des Allemans, et vinrent devant Mets à grant puissance par ii. fois, l'une jusque Flevey et l'autre jusque Chamenat, et en rallont sans rien faire, fors qu'il ardont plussour villes; mais ceulx de Mets yssirent fuers et saillirent après jusqu'à devant Nancey et ardirent le paiis en l'entour et gaingnirent les ii. forts maixons de Rozires et brulirent ladite Rozires, et assalirent Froway et gaingnirent le bourg et y prinrent plussours prisonniers et furent tout devant le Gay et le debriserent et jeurent on paiis ii.ʳ jours et ii. nuittiés. Ceulx de Mets estoient bien iii. c. hommes d'armes, desquels estoit condusseur chief et capitaine Sᵍʳ Thiebault de Blamont chevalier; et au retourner rencontrent bien vii. c. hommes, qu'à pied qu'à chevalx, qui les combatirent et desfirent, et en y olt.

vii. xx. des mors des Lorains et de ceulx de Mets que ung tont soulz; maix il y ot plusseurs dez blessez et navrez.

En l'an mil iii. c. et lii. S⁏ Nemmery Baudoche fut Maistre-eschevin de Mets.

En celle année cessait la guerre et en ladite année fut la duchié de Bar en grant guerre.

En l'an mil iii. c. et liii. fut Maistre-eschevin de Mets S⁏ Jehan Drowin.

En celle année vint en Mets Charles de Behaigne, roys de Romains et s'en allait à Rome pour estre empereur.

Encor en celle meysme année il vint en Mets luy et sa femme, les vii. elisours et moult d'aultre grant seignorie avecque, et fut receupt comme empereur de ceux de Mets, et ly allait à devant l'esvesque de Mets Edowars [1], avecque toutes les ordres en noble prosassion, jusqu'à la croy devant le Ponthieffroy.

Celluy jour fist ledit empereur duc le comte de Jullet, et fu ledit empereur en Champaissaille tenir sa court et y fut servis à tauble.

En l'an mil iii. c. et liiii. S⁏ Baudoche Nicolle fut Maistre-eschevin de Mets.

En celle année fut gaingnié Conflant par ceulx de Mets.

En l'an mil iii. c. et lv. S⁏ Thiebault Bugle fut Maistre-eschevin de Mets.

En celle année fut prins le roy de Navaire on chastel de Rowant [2], et y morurent plussours chevaliers de Normandie.

En ladite année fut comptés à Mets cent et xv. mil meuds de vin, chacun meuds xii. deniers pour la Maltoste, comme on paiont maintenant pour la cowe xii. deniers.

En l'an mil iii. c. lvi. fut Maistre-eschevin de Mets S⁏ Joffroy Nimes.

En celle année fut déconfis le roy Jehan de France devant Poittiez et mis en prison; et fut le jeudy devant la Toussaint.

En celluy an commensait la Jacquerie en Bialvoisin.

Et en ladite année furent les grants croillements en Mets et en plussours paiis le jour de la Saint Luc, qu'i cheut plus de xxviii. forteresses devers Baille et à long du Rin.

En l'an mil iii. c. et lvii. fut Maistre-eschevin de Mets S⁽ʳ⁾ Jehan Ablecourt.

En celle année fut tué Jehan, verlet monseigneur d'Orliens; après cela fait, Estenne Maircel (fol. 10) prevost de Paris et ses alliez s'en alloient en la Chambre on Pallais et tuèrent le merchault de Chanpenne et celluy de Cleremont; et celluy jour fut tué messire Regnalt Dasy, le jeudi devant la sainct Denis.

En l'an mil iii. c. et lviii. S⁽ʳ⁾ Burthe Faxin fut Maistre-eschevin de Mets, et en ladite année furent pandus iiii. charées de pillars, et fut Lagney sus Marne prinse et pilliée des Anglois.

En l'an mil iii. c. et lix. fut Maistre-eschevin de Metz Abert Boullais, et adoncq furent perdus les buttes de quoy on faisoit le Maistre-eschevin de Mets ⁴⁵.

En l'an mil iii. c. et lx. fut Maistre-eschevin de Metz S⁽ʳ⁾ Pierre Delaitte et ly escheut ii. eschevinages.

En l'an mil iii. c. lxi. fut Maistre-eschevin de Mets S⁽ʳ⁾ Girard Paperel.

En ladite année fut mors l'esvecq Edowars de Mets.

En celle année furent les verjus si groz, viii. jours devant la sainct Jehan, comme groz poys et pour piller.

En l'an mil iii c. et lxii. fut Maistre-eschevin de Mets S⁽ʳ⁾ Pierre Renguillon.

En ladite année morut le roy Jehan de France en Angleterre et fut Charles, son filz, roy de France apres ly.

En l'an mil iii. c. et lxiii. fut Maistre-eschevin S⁽ʳ⁾ Pierre Fessaul et ly cheut iiii. eschevinages.

En celle année furent les grants Bretons en vaulx de Mets et ardont iii. villaiges et furent sus S⁽ᵗ⁾ Quentin.

En l'an mil iii. c. et lxiiii. fut Maistre-eschevin de Mets S⁽ʳ⁾ Nicolle François.

En celle année le comte de Blamont olt grant guerre contre

l'evesque de Strasbore et contre Monseigneur de Salme, seigneur de Viviers et contre Sr Thiebault de Halmestenne, lequel menait les Bretons à son ayde et puis retornèrent en l'ayde de Pier de Bray contre ceulx de Mets.

Item, advint en ladite année d'une proude femme et sa bru qui demoroient de costé St Mamin, furent tuées et murtries de nuit et leur fut prins ce qu'elles avoient d'or et d'argent et fut le fait incognu jusqu'à xx. sepmaines après, que celuy qui avoit fait le crime se mariait, et s'apelloit Estenne, filz maistre Ferry; mais au donner les jualz à sa fiancée furent recognus; lequel fut incontinant prins, traÿné on pillorcy et mis sus la roue.

Item, en ladite année olrent débat ceulx de Mets encontre Sr Jehan de Vienne, esvesque de Mets, pour Jehan le filz Plantesaulge, pour ce que le saellour et les officiers avoient pris pour aulcun meffait dont les Trezes le requerirent az Ordinaires, qu'i leur voulsissent délivrer; lesquels respondirent qu'ils n'oseroient faire sans leur soverain. Adoncq tout en l'houre s'en allont les Trezes en la Court-l'evesque et le prinrent et amonèrent dehors malgré le saellour. Incontinant s'en allait le saellour et emportait le seel et cessait la grant Court et la petite plus d'ung an. "

En l'an mil iii. c. et lxv. fut Maistre-eschevin Sr Nicolle Drowin.

En celle année olt grant guerre entre ceulx de Mets et Pierre de Bay[r] pour la ville de Noweroy que Seigneur Poince de Vy avoit achatté à S^r duc Robert de Bart. "

Item, en ladite année fit le plus grant vent devant l'Assumption Noustre Dame que ce fut mervuilleuse chouse, tellement que une partie du til de Sainct Pierre-az-Ymaiges cheut; le gibbet cheut à terre; les grand ormes de Sainct Vincent furent rayés et plusours aultres édifices et arbres sans nombre.

En ladite année fut Sr Jehan de Vienne, esvecque de Mets, translaté en l'aveschiez de Vermoixe " par permutation, à la requeste de l'empereur Charle, et l'eveschiez de Mets fut pour Thiedry Bayer.

Item en ladite année fut prins ung homme de Maigney qui s'appelloit Lowillairt; fuit traigné en pillory et mis sur la roue.

Item, encour en ladite année apres la sainct Remy vinrent les Burtons on pais de Lucembourch, de quoy le comte de Brabant les rechaussait jusqu'à delà Bar-le-Duc; mais aulcuns furent prins et pendus.

En cellé année vint en Mets l'esvecque Thiedry, le dimanche après la Toussainct, après ce qu'il olt diné à Nomeny.

En l'an mil iii. c. et lxvi fut Maistre-eschevin de Mets Sr Lowy Crouellot et ly eschent le iiie. jour l'eschevinaige S^{er} Nicolle Drowin qui avoit esté Maistre-eschevin l'année devant.

En celle année destlait Palmaire ^{17} la cité de Mets pour ce qu'il avoit donné à comte de Xpalheim aulcun don des héritaiges Jennat Baitaille, qui disoit qu'i[ls] ly estoient escheu à Pentecouste sa femme, pour ce qu'elle avoit sorvequit ung filz qu'elle avoit dudit Jennat Baitaille.

Item, en ladite année ledit Palmaire olt sa paix. Encor en ladite année esplait ledit Palmaire Burtrand le Hungre qui alloit ouyr messe à Nostre Dame aux Champs et là le print et l'anmenait per force en ung jairdin devant, et voulloit qu'i ly crantait de venir où qu'i ly plaroit; laquelle chose il ne voult rien faire, mais pour paour du peuple, il le laissoit et s'anfouyt.

Item, en celle année olt Joffroy de Lutange la teste coppée et Hanri d'Anserville estmes pour plussours mesfaits qu'ils avoient fait contre la Cité et as bonnes gens.

En ladite année fut prins le chaustel de Very, la partie Jehan de Very, per ceulx de la comté de Bars.

En l'an mil iii c. lxvii fut Maistre-eschevin S^{er} Arnoult Lambert.

En ladite année orent ceulx de Mets grant guerre contre Pierre de Bay[r], et fut prins le chaustel de Merchault le sabmedy devant la s^t Denoy, et ne tint à guere que on heust prins

Bocconvilles et le seigneur (fol. 11) de Bay[r] dedans, se ne furent esté les Allemans qui firent ung grant cry, de quoy ils furent avertis; lequel S⁌ʳ Hanry se retirait vistement on chastel, car il estoit en la basse court, on baille.

Item, ceulx de Mets allont asigier le lundi devant la saint Jehan le chastel de Metz, onquel Hanry de Helz estoit encloz pour plussours mesfaits qu'il avoit fait contre la ville et y estoit aussy ung sien frère, moine de Gorse, et la femme dudit Hanry avec luy encloz; lequel ne se voult point randre, synon que saulfz son corps et ses biens. Mais au darien, quant il vit dressier les eschielles et que tout se perdoit, les artilleries prests, se randit à ceulx de Mets, son corps, ses biens, son chastel, à leur volonteit, et le lendemain devant le grant moustier de Mets, il olt la teste coppée.

En l'an mil iii. c. lxviii. fut Maistre-eschevin Sᵉʳ Nicolle Noiron.

En celle année fut prins le chaustel de Musy par ceulx de Mets, le jeudi apres l'Anunciation Notre-Dame et fut tout ars et la ville desoubz.

En celle année Sᵉʳ Robert de Henviller qui alors estoit borjois de Mets et estoit seigneur de Gravilette olt debat encontre Sᵉʳ Jean de Mallatour, chevalier; et disoit ledit Sᵉʳ Jehan que Sᵉʳ Robert estoit aulcunement traistre. Et adonecques ledit Sᵉʳ Robert ly presentait son corpz et fut la journée le iii⁰. jour d'Apvril en la court du comte de Sᵗ Pol, et fut la journée à Ligney en Baroy. Et quant ledit Sᵉʳ Robert vint à la journée et au lieu assigné, acompagnié de vi. xx. hommes de Mets, josnes seigneurs et bourjois, pour luy faire honnour, et qu'i virent que Sᵉʳ Jehan de Mallatour ne se comparoit ne aultre por luy, l'eure passée s'en retournèrent pour s'en venir devers Mets, pasiblement avecque leurs compaignons, sans ce qu'ils craindaissent personne. Et veci venus en l'encontre d'eulx le duc Robert de Bar, Sᵉʳ Jehan de Salme le josne; à tout grant puissance vinrent courir sus ceulx de Mets, criant: *tue, tue*;

maix il trouverent à qui parler, car ils se desfandirent comme lyons et, pour abrégier, couppirent les polenne, gaingnont la place et prinrent et amonirent en Mets le duc Robert de Bar ; le S⁺ᵉ de Petite pierre, le comte de Salmen y fut tué avec plussours aultres.

    Et pour sçavoir quant que so fuit,
    L'an mil III. C. et LXVIII.
    Fut mort le Salme à grant bruit,
    Et le Barbez prins per ceulx de Mets
    Et ses bourjois menez à Mets :
    Et si vous dit sans nulle glouse,
    Ce fuit le jour Sainct Ambrose⁴⁷.

Item, en ladite année valloit la quarte de bleds en Mets XXXII. s. et la quarte de soille XV. s. Et tantost en la moxon la quarte de froment ne valut que X. s. et le soille VI. s., et le vin qui avoit esteit bien chier devint à boin merchiez et ne valoit le meudz que XX. s.

En celle année ceulx de Mets allont avecque le comte de Saint Pol assigier une place près de Gondrecourt, en laquelle Callait dez Hermoizes, Francque de Lautel et plussours malfaitours estoient, et y furent ceulx de Mets XV. jours. Au darien se prinrent à la miner, et quant ils se virent ainsy contraits, se randont à ceulx de Mets et au comte de Sainct Pol ; et tantost en firent pandre XIII. tout devant la porte et firent abattre la tour, et aussitost qu'elle fut cheut, firent coupper la teste à Callais des Hermoixes, tout devant où les aultres estoient pandus.

En l'an mil III. c. lxix. S⁺ᵉ Nicolle Marcoulx fut Maistre-eschevin de Mets. En ladite année les prisonniers qui avoient estoit prins avec le duc Robert, s'en rallont sur leur foy.

Item, en ladite année furent prins iiii. gentilhommes qui estoient à Philippin Des Armoixe à Laidonchant per ceulx de la Teppe et amenés à Mets la vigille de la Pantecouste, et tantost il en y olt ii. des pandus à gibbet de Mets.

Item, encor en ladite année s'en allont ceulx de Mets avec le duc de Lorenne abattre Belville, et à bout de iii. sepmaines elle fut prinse et abattue par ceulx de Mets, et fut le premier qui entrait Jacomin, filz Genat Simon et Maheu son frère.

En ladite année le roy de France assigeait Callais et bientost le roy d'Angleterre à grant puissance les alloit secourir; maix le roy de France s'an fouyt.

Encor en ladite année, devers la sainct Remy, le duc de Lorenne avecques ceulx de Mets et le S^{gr} de Fenestrange assigèrent Pierfort, mais on ne scet à quelle occasion ils laissirent la place et s'en allèrent et laissirent leur artillerie.

Item, en ladite année ceulx de Mets gaingnont et ardont le Nuefbourch de Brii, la vigille de la Toussaint et le bourc desoubz Mouson.

Item, la vigille de la saincte Lucie après, ceulx de Mets abatirent Cheresy.

En l'an mil iii. c. et lxx. S^{gr} Jehan Baudouche, filz S^{gr} Nemmery Baudouche, fut Maistre-eschevin de Mets.

En cette année, ii. chevaliers salvaiges jostèrent en Champaissaille à fer amollu, tout à pied et bien armés et se ferurent de daigue sy mortellement, et si fort se navrèrent qu'il se fuissent tués, se n'eust esté la Justice qui les despairtait; et y avoit à celle heure plus de xv. mil personnes.

Item, en celle dite année ne plust point on moix de Mars, on moix d'Aupril ne on moix de Maye et fit si froy qu'à merveille.

En ladite année le duc Robert de Bars olt son accord à ceulx de Mets, parmy lx. mil franc qu'il debvoit paier et que jamais n'en paiait rien, comme je croy, et furent aussi deliverés les aultres prisoniers.

En celle année le boin pappe Urbain vint en Avignon. Tantost devers Noel il molrut dont ce fut grand (fol. 12.) dopmaige, car on disait que on l'avoit enherbé.

En celle année fut tué d'une lance Poincignon Herborjat d'ung Picquay[r].

En l'an mil iii. c. et lxxi. fut Sr Joffroy Cuerdefer Maistre-eschevin de Mets.

En celle année vint atour de Mets xiiii. chevals avecque le duc de Lorenne pour aller en l'ayde du comte de Xpalinem ; maix il retornont, ne sçay pourquoy, et firent moult grant domaige on paiis de Mets.

En celle meyme année vint le jour s^t Pier et sainct Pol ung Albanoy de Galle^18 avecque vii. xx. chevalx et iiii. xx. piétons en l'aide de ceulx de Mets contre le duc de Lorenne et Pier de Bars. Item vint encor en leur ayde Jehan Rollant et Biaulx Rius avecq ii. c. chevaulx et cent piétons, lesquelz avecque ceulx de Mets corurent en Lorenne et brulirent beaucoup de paiis et y firent ung mervilleux domaige et ardont le bourc don Nueufz-chaustel et la moitié de Rouzire et furent on paiis l'espace de xxii. jours, sans rien perdre, et prinrent le Sr Tiedry de Graulx par force et son filz, dedans son chaustel et brulirent ledit chaustel.

En celle année encour, se combatirent le duc de Brabant encontre le marquis de Jullet et le duc de Guelres, entre Dure Nostre Dame d'Aicz, et perdit les champs le duc de Brabant. Le S^r de St Pol y fuit tués, le duc de Guelres et y fut prins le filz dudit conte de St Pol, le comte de Naimurs et plusieurs aultres y furent prins et tuez.

Item, en celle année vint le duc de Lorenne devant Mets à grant puissance par devers Outresaille, et demandait la bataille à ceulx de Mets ; mais ceulx de Mets n'orent mie conseille d'eulx combaitre ; toutelfois ung Lorain et ung Messain se combaitirent de iii. coups de lance, iii. coups de daigue, iii. coups de hache et ne furent mie blessiez.

En ceste année, devers la Toussaint, furent faites trevves jusqu'à la Panthecouste et retournirent les Lorens, le vanredi après la Toussaint.

En ladite année fut prins Perrin de Fouleulx qui estoit en la chaisse de la ville, et ly fut couppée la teste le vanredi après la saint Luc.

En l'an mil. iii c. lxxii. Sʳ Jacques le Gournaix fut Maistre-eschevin de Mets.

En celle année Sʳ Pier Fessaulz estoit en la chambre des Trezes pour dire la vérité d'aulcunes chouses qu'i sçavoit, et en ses parolles il cheut tout mort à revers doz, sans jamais remuncier.

En celle année, le mardy après le Sainct Sacrement, fit si grant mouvement et crollement de terres en la cité de Mets que ce fut chouse bien espouvantable, et orent les gens grant paour; le dimanche après, vii. de ceulx de la garnixon de Pierfort vinrent par desoubz Saint Clement, corurent en Champapennes jusques à la barre de Sᵗ Thiebault.

En celle année fut gaingnié Sougne qui estoit plain des ennemys de Mets, de quoy on en couppont à v. les testes et xxix. dez pandus.

En celle annee fut Dietris, fille Symon de Halferdanges, son marit et ii. aultres femmes arsses entre les deux ponts, pour ce que se melloient d'ung cas deffandu en sainte esglize; et fut prins pour ledit cas Willamme de Chambre qui estoit nepvoulz à maistre Guillamme, le saiellour, lequel s'atranglait en la volte et fuit traigné jusques en l'Ille, là où il fut ars.

Et en celle année encour, furent mors d'ung trait de pouldre, devant Sampegny, Remion de Metrey et Joffroy Grongnat, ii. seignours de Mets, tout d'une seulle plumée et d'ung trait.

En celle année fut deliveré de la prison le duc de Brabant que le duc de Jullers tenoit, per le moien de l'empereur son frère et des vii. esliseurs.

Item, en celle année fut assomé en son lit le curé de Nostre-Damme-au-Martire, d'une haiche, per ung sien nepveulx qui demouroit avec ly et le gardait v. jours; maix au darien fut sceu, et fut prins, monné au pillory et traignié et mis sur la roue.

Item, vii. de la garnison de Pierfort vinrent corant jusque la baire de Sainct Thiebault, et blessirent Burtrand de Noviant,

Simonin Lowy, Joffroy Dex; maix il leur fut chier vendu, car la sepmainne après furent corre devant Pierfort où il en tuèrent vii. et plusseurs se noient en fuiant; et se ce ne fut esté la nuit qui leur survint, ils heurent fait une belle conqueste et les eussent tous desconfils.

En l'an mil iii c. et lxxiii. fut Maistre-eschevin de Mets Sʳ Jehan Dex. Il luy escheut l'eschevinaige Sʳ Jehan Baudouche chevallier, et fut adoncque déconfis en ung champ de baitaille à Boullay Willegrin.

En ladite année ceulx de Mets orent paix contre Pier de Bay[r] et tous ses aidants et en fut fait l'aiccord à Pont-à-Mouson per le moien de l'evesque de Mets, l'evesque de Toul et l'evesque de Verdun et estoient tous trois présents.

En ladite année le comte de Savoie brullait tous les bourcs de Millan.

Item, en ladite année le filz le roy d'Angleterre avec grant puissance vint parmey la France jusqu'à Rains pour combaitre au roy de France; maix il ne trowait ne le roy ne aultre qui vousist combaitre.

En celle année furent les yawes si grandes par tout le monde et n'avoient esté depuis le déluge pareilles; elles déracinont ville, villaige, maison, édilice, arbre et aultre chouses assizes sus rivière, car il plut depuis la sainct Remy jusque à Bures, excepté viii. jours qu'i gellait.

En l'an mil iii. c. lxxiiii. fut Maistre-eschevin de Mets Sʳ Jehan Simon Baroy.

En celle (fol. 13) année fuit Muselle et Saille sy très haultes que c'estoit chouse incredible, qui ne l'eust veu et y olt moult de domaige en plussours villes, vilaiges, chaustiaulx, maixons que furent enmonnés des rivières et yawes.

En l'an mil iii. c. lxxv. fuit Maistre-eschevin de Mets Sʳ Nicol Morel et ly escheut l'eschevinaige Sʳ Thiebault de Metry.

En celle année vint une grant compaignie de gens d'armes devant Mets, qui s'en alloient en Ostriche contre le duc d'Ostriche; s'arestont à Longeville et à Saint Mairtin et per tout le Vaulx, et estoient bien xx. mille, lesquelz menassoient de tout ardre le paiis et de fouldrier les raisins qui estoient doncque près de murir, s'ils n'avoient argent. Maix nous seigneurs conclurent qu'i valloit mieulx leur donner argent que de laissier faire ung tel dommaige et leur fut donné xxv. mil francs et ainsy les deschassirent et valut mieulx ainsy que pix.

En l'an mil iii. c. et lxxvi. fut Maistre-eschevin de Mets Sʳ Poince Lowe.

En celle année vint l'esveque Thiedry de Bopart en Mets et begnist l'esglize de Sainct Vincent et celle des Cordelliers et fist les ordres on grant moustier, tout pourveant, le sabmedi de *Scicientes* et visitant touttes les aibayes de Mets de moinnes et de nonnains, et fit faire une procession à Sainct Arnoult le diemange des Palmes et y fut fait ung sermon bien matin en la crowe de Sᵗ Arnoult.

En l'an mil iii. c. lxxvii. fut Maistre-eschevin de Mets Sʳ Jehan Bertrand.

En celle année l'esvecque Thiedry de Boppart olt debat aulx chanonnes de la grant esglize de Mets, de Sainct Salvour, portant qu'i les voulloit visiter; et il appellont à court de Romme et quant il portont les premiers croix, il leur framirent les huix de leur esglize et ne sonont nulles clouches et ne allirent ne les moinne ne les nonnains point à la procession, ne aussy les cureys.

Item, en ladite année ung chanonne de la grant esglise fut mis on Pallais pour ung homme qu'il avoit navré à mort et y fut iii. semennes. A la fin les Trezes le randont au chappitre et il jugèrent à estre x. ans en chartre.

En ladite année l'empereur Charle allait en pellerinaige à Sainct Maur des Foussez et de là à Paris, et le roy de France le receut à mont grant honnour; car il estoit filz de sa seure et ly fit de grants dons qui montoient à plus de lx. mil frans.

En l'an mil iii c. et lxxviii. fut Maistre-eschevin de Mets Sʳ Pierre Borgniers.

En ceste année morut le Saint-Père Urbain en mey-karesme, et fut fait ung pape nouvel don cardinalle de Genewre nommé Clément.

En celle année ii. seigneurs de Mets furent tués avecques les gens le seignour de Wernepeth; car il furent rancontrés de ceulx de Biche; lequel seigneur de Biche en prinrent et tuèrent plus de iiii. xx.; et s'appelloit l'ung Perrin Baudoche et l'autre Burthmon Paillat.

En l'an mil iii. c. lxxix. fut Maistre-eschevin de Mets Sr Nicolle de Ragecourt.

En celle année le cardinal d'Aigreville vint en Mets et y demourait ung an, et toutte la clergie de Mets, de Verdun et de Toul obéirent à luy, fors que l'evesque de Triewe et l'esvecque des Proichours [19].

En l'an mil iii. iiii. c. xx. fuit Maistre-eschevin Sr Arnould Noiron.

En ladite année fut commencée premier la Bullete à Mets, et fut ordonné de paier pour chascune livre vi. deniers comme on fait encor de présent.

En celle année le duc de Bars avecque ceulx de Verdun assigeait Chargney que Pier de Bay [20] tenoit par force et fuit prinse; et en l'année morut ledit Pier de Bay que ne fut mie grant dompmage et fut ensepvelit aux champs, et morut aussy le boin abbé de Gorsse qui estoit de Petitepierre, et estoit trésorier de la grant esglize de Mets et curé de Sainct Simplice, ung nommé maistre François.

En l'an mil iii c. iiii. xx. et i. fut Maistre-eschevin de Mets Sr Burthe Paillat.

En celle année les moinnes de Go[r]ze eslirent ung abbé et le Sainct-Père Clément y envoiait ung bourguinon et les moinnes ne le voulurent mie ressoire; touttesfois à la fin ils eurent accord ensamble.

Item, encor en celle année ceulx de Mets firent faire la grousse clouche que on appelle *Mutte*, laquelle il convint fondre par ii. fois, et firent faire ung clouchier de boix; et devant la ditte mutte faite, on sonnoit la grousse clouche de S¹ Hillaire, comme on fait à present Mutte.

En l'an mil iii. c. iiii. xx. et ii. S⁶ʳ Pierre Fessaulz fuit Maistre-eschevin de Mets.

En celle année furent abaitues touttes les fraries de Mets[51].

En celle année ceulx de Gant oirent grant discort encontre le comte de Flandre et ly abaitirent ung chaustel qui avoit costé plus de c. mil livres, pour une nouvelleteit qu'i vouloit eslever on païs; et firent une grande bataille le peuple et le comte tellement que le peuple entrait en la ville où le comte se tenoit, et s'en fouyt ledit comte par une posterne et n'y ozait demourer; et fist après le comte une grande malvistiet, car il y avoit à Gant ung boin merchant lequel ly exurait par ses lettres scellés et qu'i venist (fol. 14) parler à luy à Bruges, dont aulcuns grants seigneurs ly consillont qu'i n'y allait mye. Quant il fut venus devant le comte, icelluy comte fist pranre i. tonnelz fichié plain de brouches de fer et le fist getter tout nudz dedans et roillier aval la ville de Br...e; et ceu fust fait devant que la baitaille fut.

En l'an mil iii. c. et iiii. xx. et iii. S⁶ʳ Nicolle Drowin fut Maistre-eschevin de Mets.

En celle année fist le roy de France une chevalchiée en Flandre et là y furent faicts vi. chevalliers de Mets: S⁶ʳ Nicolle de Heu, S⁶ʳ Lorant le Gornaix, S⁶ʳ Jehan Drowin, S⁶ʳ Wiry le Gornaix, S⁶ʳ Jaicque Burtrant et S⁶ʳ Jehan Braidy.

En celle année fut mort Wesselin, le duc de Brabant.

En celle année morut l'evesque Thiedry, esvecque de Mets, xv. jours devant la Chandellour; et en celle année firent les viefz Trezes des nowels Trezes, pour ceu qu'i n'y avoit point d'esvesque.

En l'an mil iii. c. et iiii. xx. et iiii. fut Maistre-eschevin de Mets S⁶ʳ Joffroy de Varixe.

En celle année fut reçeu pour esvecque Pierre de Lucembourch, frère à comte de Saint Pol et de Liney et fut receu de Messeigneurs de Chappitre le jour de la Pentecouste et ly firent Messeigneurs de la Cité ung présent de iii. c. francs en boin vaixellement d'argent et nomait avecque lui ledit evesque plussours capitaines de Burtons que gaisterent tout le paiis de Mets bien v. sepmaines durant qu'il y furent; et y avoit bien de Burtons iii. c. bassenats que ces iiii. capitaines conduxoient. Ces iiii. capitaines, quant il se volurent départir dou paiis de Mets, demandèrent argent à la Cité pour ung compaignon que Jehan Loivey dexives, qui avoit esté tué on Champpaissaille, et il y avoit bien ix. ans, et dont il avoit fait bonne acquitance; mais la Ville ne leur volt riens donner, dont il deffiont la Ville et bouttont le feu à Loweny et en plussours lieux; et dont Messeigneurs de la Cité lowont iiii. xx. soldieurs et les tuixentes iiii. mois, dont plusours bonnes gens en paiont c. sous pour paier les soldiours et pour dechaussier nos ennemis.

En celle année vint à Lucembourch le roy des Romains et roy de Behaigne; avec ly le duc de Taixey [1] et plussours grants seigneurs et corrurent en la duchié de Bars devers Louwy, où ils firent moult grants dommaiges, tant que le duc de Bairs envoiait per devers luy le comte de Legney, pour faire tractié avecque ledit roy; et fit tellement qu'il ott escord, et fit venir ledit duc de Bair devers luy à Lucembourch et reprint de luy ses armes, ce que faire ne vouloit par avant.

Item, ceulx de Mets envoyèrent à Lucembourch devers ledit roy des Romains Ser Nicolle François, Ser Jehan le Gournaix, Ser Arnoult Baudoche, Ser Jehan Genetel pour les affaires de la Cité; lesquelz iiii. seigneurs enmoinnèrent avecques eulx Ser Olrey de Fenestrange et Ser Hanry de Morhange pour eulx aidier et consillier, et firent tant que de plussours entrefaits et debats qui estoient entre la Cité et la duchié de Lucembourch, il olrent bonne paix, qui fut ung grand bien pour la Cité.

En ladite année, le diemange apres la sainct Mairtin, vint en Mets ledit roy des Romains et n'y demourait que ii. jours; et la Cité luy fit don de bien la value de ix. livres, et le chancellier olt cent francs pour scceller une lettres que ceulx de Mets ont de luy, qu'i ne povoit ne ne debvoit jamaix rien demander sur leur franchisse.

Item, la Ville donnait aux serviteurs du roy des Romains messaigiers, menestrez xlv. florins de Mets, et le roy fit donner au sergent des Trezes xx. frans.

Item, quant ledit roy des Rommains entrait à Mets, les Trezes qui pour l'eure estoient, avoient fait faire chescun ung rolle de wellouwey, partie noire et partie rouge.

Item, les Trezes avoient commandé à tous les eschevins des parouches de Mets, qu'i fissent sonner touttes les clouches de Mets, dès que ledit roy des Romains entreroit en Mets et jusqu'à qu'i seroit en son logis, et fut ensy fait.

En l'an mil iii. c. et iiii. et v. fut Maistre-eschevin de Mets Sr Jaicque Burtrand, chevallier.

En celle année vint en Mets l'esvecque de Mets, Pierre de Lucembourch, lequel fit faire une procession generalle à Sainct Vincent et la Ville ly fit present de cent quartes d'awoinne, de deux cowes de vin et de ii. grais buefz.

En celle année fut commencée à faire la tour pres du pont Rengmont et fut amandée ladite porte du pont Rengmont [33].

En ladite année vint devant Mets le comte de St Pol et se lougèrent sur Sr Nicol de Heu à Annery et y demouront iiii. jours, et mandait à la Cité que on vousist desfaire les xiii. Wardours, pour ceu qu'ilz empechoient la justice que son frère l'evesque de Mets avoit fait, qui s'appeloit Pierre de Lucembourc.

En l'an mil iii. c. iiii. xx. et vi. fut Maistre-eschevin de Mets Sr Joffroy Lohiers.

En celle année le duc de Lorenne maria sa fille au Sr de Coissy [34].

En celle année deffiait S^{gr} Girard de Belzchem, et pour et on nom de luy, defflait la Cité le duc de Jullet, et vinrent devant Mets à grant armée et puissance et plussours aultres Allemans et boutirent le feu à Hauconcourt et Tallange à la Follie, et de là allirent logier on Vaulx [55] et ardont Mollin et Chauzelle et Ste Ruffine, Scey, Chaustel, Rouzerieulle et Longeville, et adoncques se delougièrent et allont lougier à Ars sur Muzelle et à Ancey; et adoncques firent Messeigneurs les Trezes huchier sur la pierre devant le moustier, qu'i ne fût nulz clerc ne lay qui ransonnaixent nulle de lour ville, ne que nulz ne prestait argent pour les ransonner sus la peine de c. livres d'émende, s'il y olt plussour qui ne le tinssent mye. Et adoncques se delogeont les Allemans, sy allont passer Muzelle à Belleville et à Dieuleway, et passèrent la rivière de Saille et ardont plussours villaiges sur ceulx de Mets, que je ne sçay nommer, et boutont le feu à Maigney, on Hault chemin et Nowesseville et Servigney et Choibey et aultre part, et de lay il en allont oultre et retraiont vers leur païs. Et quant il furent retrait, ceulx de Mets partirent ung mardy et orent deux bombardes et s'en aillèrent devant le Neufchaistel devant Thionville et y boutont le feu, et aussy en plussours villes autour de Boullay.

En l'an mil III. c. III. xx. et vII. fut Maistre-eschevin de Mets S^{er} Jean de Vy.

En celle année moirut Pierre de Lucenbourch, evesque de Mets.

En celle année furent prinses les trois maisons de Loweney per le comte de Sainct Pol, qui estoit seigneur de Leney.

Item, en celle année, le xxvI^e jour de Maye vint le comte de St Pol devant l'abbaye Gorze, et envoyait à ceulx de Mets, s'il vouloient point donner argent à comte de St Pol. Les seigneurs de la cité ly mandirent qu'i ne luy donneroient point d'argent et donc, comme enragé, il se vint logier à Wauppey, devant Mets et demandait la baitaille et y fut I. jour ou II., puis se delougeait et s'en allait à Leney.

En celle année vint en Mets, le jour des Roys, Raulz de Coussy pour evesque de Mets " et fut receut des seigneurs de Chappitre et vinrent avecq luy le Sʳ de Coucy, le viels comte de Miaulx; et la ville fit present à l'esvecque de iii. c. florins et au Sʳ de Coucy de ii. c.; et v. jours aprez il pertirent de Mets.

En l'an mil iii. c. iiii. xx. vii. fut Maistre-eschevin de Mets Sʳ Nicolle Baudouche et ly escheut. iii. eschevinaiges, l'un de Sʳ Jaicques le Gournaix, le grant mardy de Pasque, l'autre de Sʳ Joffroy de Varixe, le viᵉ jour d'Apvril, et l'autre de Sʳ Nicolle Baudouche.

En l'an mil iii. c. iiii. et ix. fut Maistre-eschevin de Mets Sʳ Burthe Pappemiatte.

En celle année, la vigille de Noel fit le plus grant vent que depuis cent ans n'en avoit fait le pareille.

Le propre jour fut prinse Verton par le seigneur de Leney en Barroy; et en ladite année avoit grant division en l'Esglise, car on faisoit pappe sur pappe, per force des parties que on tenoit.

En l'an mil iii. c. iiii. xx. et x. fut Maistre-eschevin de Mets Sʳ Nicolle le Gournaix.

En l'an mil iii. c. iiii. xx. et xi. fut Maistre-eschevin de Metz Sʳ Nicolle Gronat l'anney, père de Sʳ Nicolle Grongnat que fut ung boin joutteur.

En l'an mil iii. c. iiii. xx. et xii. fut Maistre-eschevin de Mets Sʳ Jehan Renguillon.

En ladite année le Turcq rescripvit à Pappe, tout ainsy qu'il est cy apres escript:

« Morbasians à Arestin filz du riche roy Olofernus, per la grace du grant Mahon, descendus de la lignée du grant prophete Jhesu de Nazaret, dispon de Babillonne, grant can de Tartarie, baron de Turquie, prince des environ, empereur d'Argonne, de Persse, de Honguerie, seigneur de Belle moryne et de la terre des Juifs jusque en paradis terrestre, conquesteur de touttes Crestientés, tenant en subjection l'empereur de Constantinoble, seigneur de Tarse Tasperone, la haulte Morée et aussy de la basse, ayant esperance de brief conquester tous les royaulmes qui se disent Crestiens.

» A toy, grant prestre de Romme, mandons et faisons assavoir que de novel est venus à nostre congnissance que toy et ung qui se nomme Lowy Lowis de Vaillois, Roy de France, Vous voulles faire guerre et ait donné et donne plainniere remission à tous ceulx qui prenront armes contre Nous et Nous feront guerre, laquelle chouse ne creons point que le hault Dieu de nature t'a donné ycelle puissance. Sy te mandons très expressement et incontinent que tu te veulles désister d'icelle grant foullie, et aussi faire cesser à Lowis ton allié et à tes iiii. chevaliers de Rodde, de Pize, d'Offanise et de Grèce, ou sy non, saiche que Nous te yrons veoir en brief temps, acompaigné de lxvi. roys, eulx et toutte leur puissance, et si feront de ton temple comme ait esté fait de celluy de Saincte Suflie de Constantinoble, Et avecq ce te mandons et à celly Lowy de Vallois, roy de France, ton allié que nous ly ferons copper la teste en le milleur ville ou cité de son royalme, et affin que tu saiche que nous avons puissance de ce faire, Nous te envoyons dons insuperable, or, pierres précieuses et drap d'or. Plus rien ne te mandons pour le present; nostre grant Dieu te gart. Escripte en nostre grant riche [cité] du Kaire le x°. de septembre, l'an de Mahomet ii. c.; de nostre rengne le v°. et signée par le hault en la marine, maistre Bastin et du secretaire Jasper [57]. »

En l'an mil iii. c. iiii. xx. et xiii fut Maistre-eschevin Sr Wiriat Bouchatte.

En l'an mil iii. c. iiii. xx. et xiiii. fut Maistre-eschevin de Metz Sr Jaicque de Laitre.

En celle année fut faite la grande baitaille en Honguerie devant Pollin [58] en païs des Sarrazins, en laquelle baitaille furent mort les ii. fils le duc Robert de Bair, Monseigneur Henry et

Jehan, Monseigneur et plusieurs des vaillants seigneurs de Mets ; S⁊ʳ Lorent Grongnat, S⁊ʳ Jehan Braidit, S⁊ʳ Jehan Corbelz ; et y fut prins S⁊ʳ Jehan, duc de Bourgonne, lequel fut amené devant Baisaicle pour le décapiter. Mais il sorbvint ung Juif ou ung Sarrazin qui recriait que on ne le fit point molrir, et que per ly seroit encor encore une grant partie de la Crestienteit destruite, et il y molrut plus de cent mil personnes.

En l'an mil iii. c. iiii. xx. et xv. fut Maistre-eschevin de Mets S⁊ʳ Nicolle de Melry.

En celle année furent les grants feus à Sainct-Vincent, si grants que les clouchiers furent ars et touttes les clouches fondues et fut en la grant sepmaine de Pasque.

Item en ladite année vint en la terre de Mets le comte de Sainct Pol et vint boutter le feu en plussours bleds per devant les Ponts, et en celle année fut esleu pappe Pier de la Lune qui fut appelez Benedicq[59].

En l'an mil iii. c. iiii. xx. xvi. fut prise la ville de Danviller per les François, et fut Maistre-eschevin de Mets S⁊ʳ Willame Faulquenelz en ladite année.

En l'an mil iii. iiii. xx. et xvii. fut Maistre-eschevin de Mets S⁊ʳ Thiebault Baitelle.

En celle année le jour du grand jeudi S⁊ʳ Aymé de Salbruche et Callait de Mexey firent ung champ de bataille en la ville d'Yvoixe[60] et fut ledit S⁊ʳ Aymé deconfflt et mené en prison, et depuis le roy d'Almaine le fit quicter et ly fit randre ses armes et fit depuis mainte chevalchié.

En l'an mil iii. c. iiii xx. et xviii. fut Maistre-eschevin de Mets S⁊ʳ Nemmery Bauldoche.

En celle année furent prins plussours gendarmes qui souvent pilloient et roboient sur le païs de Mets et n'en povoit on avoir aultres raisons, sinon de belles parolles, et ne avoit que faire la Ville à eulx, entre lesquels furent prins les deux principaulx, Cornement Russe de Blanche Esglize et Jehan de Waudrevenge, ii. gentilshommes, lesquels olrent la teste coppée devant la grande esglize de Mets et le lendemain en y olt xi. de pendus, et en molrut en prison qui estoient naverés xviii. et furent pendus la vigille de Noël.

Item, en ladite année Jehan Emblecol et Hannes de Sainct-Jullien, son genre, qui estoient de Paraige et estoient tous ii. amans furent bannis et fourjugiez à tousjours mais de Mets et et leurs biens conflsquez à la ville, pour ceu qu'i s'en estoient allés, fuyant nuytamment, pour plussours faulz escripts qu'i se faisoient l'ung et l'autre et mettoient en leur arche; de quoy les gens sur qui ils faisoient lesdits faulx escripts se complaindoient à Dieu et au monde; et fut trouvé qu'ils en avoient fait pour plus de iii. mil et v. c. livres, c'on debvoit à l'un et à l'autre. Jehan Emblecol, qui estoit viez, morut à Pont à Mousson où il estoit, fuyant de cousté le Sr du Vergiez, et voulloit faire guerre; mais les seigneurs de Mets tousjours saiges firent tant qu'il fut prins et amené à Mets, et tantost fuit traingnez on piloris et pendus as gibets de Metz.

Item, ancor en ladite année ii. moynes de Sainct Clement et ii. clersons volrent enherber leur abbé qui s'appelloit Sr Thiebault Lowe. Le cas fut sceu, furent prins et molrut l'ung des moynes en prixon et l'autre s'en fouit et fut deschassié plus de xv. ans et fut à la fin absolt à Romme don pappe et olt sa paix, et les deux clerssons furent pandus as gibbets.

En l'an mil iii. c. iiii. xx. et xix., le jour de la s^{te} Katherine pertirent de Mets ces seigneurs cy apres nommez pour aller en Prusse : premier Sr Jacques Dex chevallier, Jehan Noiron, Jehan de Vi, Lowy Paillat, Jehan de Waudrewange, Perrin le Gournaix, Jehan Faquenel, Guexeriat, Guichard, Boullay et Morisco de la Tour, et s'en alirent à Nancey pour s'en aller en la compaignie du duc Charles de Lorenne; et en ladite reze furent faits trois chevaliers novels des seigneurs de Mets: Sr Jehan Noiron, Sr Guexere Bollay et Sr Jehan de Waudrewange. Et avoient les seigneurs de Prusse lxx. mille chevalx et le duc Witasso iiii. xx. mil chevaulx, qui estoit ung duc

Sarazin qui servoit les Prussois, lesquels jussent à la gellée et en la nege à ciel descouvert; et conquestirent xl. luées de païs du païs de Samech [1] et de Caldée.

En l'an mil iiii. c. fut Maistre-eschevin de Mets S^{er} Jehan Faxins.

En ladite année le sabmedy des Palmes revinrent de Prusse, les seigneurs devant dits, et en celle année furent les grans perdons à Romme.

Item, en ladite année fut grande mortalité.

En ladite année fut fait empereur Ruppert, comte palantin et duc de Baiwiers [2].

En l'an mil iiii. c. et i. fut maistre-eschevin de Mets li sire Jehan Abrion.

En ladite année fut prinse la forteresse de Dudelange per le duc Robert de Bars et ly firent ceulx de Mets grant ayde de vivre et de aultres chouses.

Item, en ladite année fut Symon Chevallat bien grant entre les seignours de Mets et estoit Treze et amant; fut forjugiés et banni de Mets et ses biens confisqués à la Cité pour aulcuns meffais qu'il avoit perpetrez.

En l'an mil iiii. c. et ii. fut Maistre-eschevin de Mets S^{er} Pierre Fessaulx.

Et le vanredi apres la Magdellaine, [Collair] [3] de Merchey et Philippe de Noweroy venoient de Courrent en Allemaigne et enmenoient une grant pance, avint que le sire de Boullay, le S^{er} de Bruncq et messire Conraid Baier avecq de leurs amys et prièrent des seigneurs de Mets qu'i les voulsissent acompaignier; et y allait S^{er} Nicolle Grongnat chevalier, S^{er} Thiebault de Vy, Pierre de Tournay, Baudowin Dex et plusseurs aultres et les chassirent jusques Grehier et là mirent pied à terre; et furent desconfis et le pant rescous et Callait de Mexy fut tuez bien pres du parel Calard Mergoten Piat.

En l'an mil iiii. c. et iii. fut Maistre-eschevin de Mets S^{er} Jaicque Dex, et ne se fit rien dez Noel en ladite année, qui fût digne d'escripre.

En l'an mil iiii. c. et iiii. fut Maistre-eschevin de Mets S⁽ʳ⁾ Jehan Renguillon, le jonne.

En l'an mil iiii. c. et v. se fit une Jaicquerie en la cité de Mets, laquelle commençait le lendemain de la sainct Jehan-Baptiste qui estoit le jour de la sainct Elloy. Se elleverent tellement contre les seigneurs de Mets qu'i prinrent tous ceulx qu'i polrent avoir et les menont on Pallais; et ceulx qui polrent fouyr, s'en fuyont où ils polrent mieulx, en leurs forteresses et après de leurs amys. Et yceulx mutins firent le jour de la sainct Pierre, sans cause et sans raison, coupper la teste d'ung des nobles seigneurs chevaliers de Mets, qui s'appelloit S⁽ʳ⁾ Nicolle Grongnat. Dieu ly faice mercy! Et gouvernont iceulx mutins par lour mavaistié la cité de Mets ung an, v. sepmaines moins; mais Dieu ne les benoits saincts ne voulrent plus souffrir ceste grant malvistié; car le jour de l'Anscenssion les seigneurs de Mets rentrerient en Mets bien maitin et regaingnont la Cité avecq l'ayde de leurs amis et n'y olt que ung homme tué, maix ils en prindent plussours et les mirent on Pallais. Et tantost en y olt des noiez au Pont des Morts xxxi. qui avoient esté des plus maulvaix, car à eulx n'apertenoit le gouvernement [15].

Item, en ladite année iiii. grants seignours prinrent guerre contre la cité de Mets, sans cause et sans nulles raixons; lesquelz bien abusez la cuidoient bien destruire, c'est assavoir : le comte de Salverne, le comte de Nausowe, le comte de Salmes, le S⁽ʳ⁾ de Boullay et Jehan d'Aulrez, lesquels s'assamblerent en baitaille à Genetroy contre la Cité; en laquelle baitaille furent prins plussours de nos seigneurs de Mets et plussours aultres de la Cité par la maulvaise conduitte et gouvernement de plussours des Jaicques devant dits, qui voulrent tout conduire et gouverner et n'en sçavoient du tout rien. Et fut celle dite baitaille faicte la vigille de la sainte Katherine, ung jeudi.

Item, en ladite année furent faictes alliences de ceulx de Mets et du duc Charle de Lorenne et du S⁽ʳ⁾ Regnal Raoul de Coucy, evesque de Mets, le second jour de Janvier.

En l'an mil iiii. c. et vi. on mois de Jung, le mercredy après sainct Sacrement, environ les vi. heures devant midi, il fist eclipse et bien fort nuit, et estoit le ciel bien estellé et bien clair. Et fut en ladite année Maistre-eschevin de Metz S*r* Jehan le Gournaix.

En l'an mil iiii. c. vii. fut Maistre-eschevin de Metz S*r* Jehan Cuer de fer.

En ladite année furent les gellées moult merveilleusement grandes et duront xii. sepmaines.

En ladite année fut tué le duc d'Orliens per ung appelé Rollet à la faveur du duc Jehan de Borgonne, à Paris, la nuit de la sainct Clément en yver, en revenant de l'ostel du roy, dont moult de mals en sont advenus on royaulme de France; et depuis en fut prins la cité de Paris, et il y fut tué le comte d'Arminacle et furent faictes plussours baitailles, l'une à Pont-S*t*-Clouz et aultre part. Et quant la cité de Paris fut prinse, le comte de Nerbonne, messire Ennequin, prevost de Paris et S*r* Barbazan emportent le Daffin en Daffiné et le servirent bien et loyallement; et depuis les dessus dits trois seigneurs firent tant qu'i firent tuer le duc de Borgonne. Pour sçavoir quant le duc d'Orliens fut tué, *Contere brachium peccatoris.*

En l'an mil iiii. c. et viii. les Liegeois prinrent grant guerre contre Jehan de Balviers, leur evesque, pourtant qu'il ne voulloit mye estre prestre, et firent les dits Liégois ung aultre evesque; et tantost ledit Jehan de Balviers fist une grant armée et olt en son ayde le duc Jehan de Bourgonne, avec grant puissance. Et incontinent que les Liégeois sorent qu'ils estoient aux champs, comme mal consilliés et mal advisés, saillirent dessus eulx à leurs grants despens, leur estandart desployé; frapirent sur eulx et orent telle baitaille qu'i molrut des Liegeois en la plaice plus de xxxiiii. mil. Et depuis fut mariez ledit Jehan de Balviers à la duchesse de Brabant et de Lucembourch et ne vesquit gaire depuis⁴⁴. Et estoit pour icelle année Maistre-eschevin de Metz S*r* Nicolle Lowe.

Item, en celle dite année oirent grant alliance ensemble contre tous et envers tous le duc Charles de Lorenne, S⁏ Raoul, evesque de Mets, le duc Robert de Bair, son annez filz, Edowars, mairquis du Pont et seigneur de Dun-le-Chastel, et ceulx de Mets, laquelle alliance devoit durer " vi. ans sans contredire ; ne sçay qu'il en advint.

En l'an mil iiii. c. et ix. fut Maistre-eschevin de Mets S⁏ Poince le Gournaix.

En ladite année fut fait en Avignon pape Alexandre et ne fut pape que ung ans.

En l'an mil iiii. c. et x. ans fut Maistre-eschevin de Mets S⁏ Nemmery Renguillon. En ceste dite année ne se fit rien de nouveaulx pour mettre en escript.

En l'an mil iiii. c. et xi. ans fut Maistre-eschevin de Mets S⁏ Arnoult Fessault.

En celle année [fut] fait pape en Avignon Baltasar, que fut appellé Jehan, lequel ne rengnait que iiii. ans ".

En l'an mil iiii. c. et xii. fut Maistre-eschevin de Mets S⁏ Pierre le Gournais.

En ladite année, le xiiii. jour de Septembre, fut fait le jeus de saint Jehan ewangeliste, c'on dit l'Apocalice, que durait iii. jours en Chainge, en haulte et magnificque triomphe; et fut S⁏ Joffroy, menistre de la Trinité, sainct Jehan, qui merveilleusement fit bien son debvoir, et Fourelle, clerc des vii., portait l'original des personaiges ".

En l'an mil iiii. c. et xiii. fut Maistre-eschevin de Mets S⁏ Nicolle Drowin, le jeune.

En ladite année, le viii. jour d'Aoust, vint en Mets le cardinal de Cambroy, maistre en saincte Théologie, passé par l'Université de Paris, pour reformer les religieulx et religieuses de Mets; et furent les chanonnes et la clairgie à procession au devant de luy jusque à sainct Arnould ".

En l'an mil iiii. c. xiiii. fut Maistre-eschevin de Mets S⁏ Joffroy de Varixe.

En l'an mil iiii. c. et xv. fut Maistre-eschevin de Mets Sr Warin de Toul.

En ladite année, le diemange, vigille de la Magdelene, qui estoit le jour de la s^t Victour, fut receu pour evesque de Mets Sr Conraid Baier pour ung change qu'il avait fait de son eveschié de Noion à Sr Raoul de Coucy contre celle de Mets.

En celle année fut grant guerre de Henri de la Tour contre les seigneurs de Mets et n'avoient que faire avec luy, sinon qu'ils avoient aydié à abaître le Saulcy [**]; et tantost apres il deffiait la cité de Mets et amenoit grant armée de Bourguignons et s'en vinrent gesir on Vaulx de Mets, à Mollins, à Ste Ruffine, et y jurent trois jours et abatirent le gibet et prinrent la forteresse de Mollins, et puis s'en allirent bouttans le feu en plusseurs lieux, et fut le jour de la s^t Augustin.

Item, encor en ladite année le jour de feste sainct Creppin et sainct Creppinet, on moys d'Octobre, fut faite la grant bataille à Agincourt [**] des Anglois contre les Franssoys, en laquelle la plus grant partie des grants seigneurs de France furent tuez et prins, entre lesquels furent prins le duc d'Orliens, le duc d'Angoleme, le comte de Vertus et plussours autres, et y furent tuez le duc Edowars de Bair et ses freres, le duc de Braibant, le comte de Wauldemont, les enffans de Blamont et plus lx. mil autres; et per ainsy fut la duchiez de Bair sans hoirs, excepté Sr Lowy, filz le duc Robert de Bair, lequel estoit cardinal et evesque de Verdun, qui se mist en la possession de la duchiez de Bair. Et tantost vint le duc des Monts [70], qui avoit espousé l'une des filles dudit duc Robert, qui demandoit et voulloit avoir ladite duchiez, lequel olt plussours des nobles qui ce consentoient et ly firent grant fauveur, car ilz ne faisoient point grant estime du cardinal, car ils l'appelloient presbstre. Et quant il vit qu'il ne polvoit mie joyr de son fait, il mandait Regné, filz du duc Regné, filz du roy Lows, son cousin, qui estoit filz de la plus ainée fille du duc Robert son pere, et ly donnait la duchiez de Bair en mariage, faisant dudit Regné et de l'ainnée fille du duc Chairle de Lorenne. Maix le duc des Montz entreprint moult grant [guerre] pour cestuit et à la fin en fut prins prisonier et monné à Nancey, et ly fallut quicter tout le droit qu'il y povoit avoir et que son filz y pretendoit avoir, luy et tous ses hoirs.

En l'an mil iiii. c. et xvi. fut Maistre-eschevin de Mets S[er] Jehan Renguillon

En l'an mil iiii. c. et xvii. fut Maistre-eschevin de Mets le sire Andreu de Wauldrewrange.

En l'an mil iiii. c. et xviii. S[er] Nicolle Drowin, filz S[er] Johan Drowin fut Maistre-eschevin de Mets.

En ladite année rengnoit pappe Mairtin, lequel fut fait pappe à concile de Constance et rengnait xiii. ans, et on dit temps avoit grants scismes en saincte Esglize; et on dit concile de Constance furent condempnés à estre brulés ii. heretiques: Husson et Gerome [71]; lequel pappe Mairtin gouvernait moult bien la papaliteit et fut trowé apres sa mort xiii. millions de ducats en son tresor; et pour sçavoir quant il molrut, *Laus ejus ecclesia sanctorum.*

En l'an mil iiii. c. et xix. fut Maistre-eschevin de Mets S[er] Arnoult Cuer de fer.

En ladite année fut tué le duc Jehan de Bourgogne à Monterwals [72] sus Senne par ung appellé Phillippe Josquin et S[er] Tenneguin, et puis s'en allirent demourer en Provence. Pour sçavoir la date que ledit duc Jehan de Bourgogne fut tué, vous le trouverez-cy, *Crucifige, crucifige eum.*

Item, en ladite année on avoit iiii. femmes pour ung œuf, ung œuf valloit ung gros; c'estoit iiii. deniers pour une femme. Je croy que encore les y ait on bien.

En l'an mil iiii. c. et xx. fut Maistre-eschevin de Mets S[er] Arnoult Baudouche, le jonne, qui demouroit darien Sainte Croix.

En ladite année fut tué le duc de Clarance [75] et deconffis avecque x. mille Anglois par les François.

En ladite année fut fait le jeus de sainct Vy par frère Joffroy, ministre de la Trinité, la vigille de la sainct Privez, et y fit le curé de Sainct Vy xl. sols d'avantaige.

Item, environ iii. ans devant avoit esté grant guerre entre ceulx de Mets et Sʳ Ferry de Chambley, pourtant qu'il avoit esté consentant de prenre la forteresse d'Annery, laquelle fut prise furtivement par ung trahistre, appelé Hanry le Bahignon de qui on ne se gardoit mie; car Collignon de Heu à qui ladite maison appartenoit, se fioit si fort de luy qu'il avoit commandé que toutes fois qu'i venroit, que la place ly fut ouverte. Celluy Hanry vint et fit semblant d'amonner des chairs pour chairgier du vin et sus lesdits chairs estoient gendarmes, et Wainchelins de la Tour estoit tout prest à grant compaignie, qui entroit dedans, et ainssy la prinrent et la delivrèrent en la main du duc Charles de Lorrenne; [malgré] que pour le temps avoit pension en Mets ledit Wainchelins pour estre amis et pour aidier la Cité en tous ses affaires et le païs et avoit ainssy saellé; et souffrit plussours mals faire sur la Cité, cloiant l'oieul toute la guerre durant, qui durait iii. ans jusque l'an iiii. c. et xxiii. que paix en fut faite. Et en faisant ladite paix fut quittée ladite pension, les lettres rendues, et la forteresse rendue aux seigneurs de Mets; et bientost après fut ledit trahistre Hanri rencontré des soldiours de Mets, fut prins, amonné à Mets, mis on pillory et trainé à Pont des Mortz et desquartellé et mis les pièces per les portes.

En l'an mil iiii. c. et xxi. fut Maistre-eschevin de Mets Sʳ Nicolle Grongnat.

En ladite année furent les yawes si grandes que on ne veoit point les arches du Pont des morts.

En ladite année commençait la guerre du duc des Monts ad cause de la duchié de Bair, comme nous avons dit ci-devant, contre Rengné, duc de Bair et genre de Charles de Lorenne; et y fut la garnison de Briey tantost de conffite.

Item, en ladite année de la guerre fut ledit duc des Monts prins par la garnison de Louwy et mené en prison à Nancey.

Item, en ladite année fut assegiée la cité de Toul per le duc Charles de Lorenne, et à bout de trois sepmaines il oirent accord per une penssion qu'il olt chesqu'an, que encor dure.

En l'an mil iiii. c. et xii. fut Maistre-eschevin de Mets Guexire Hurel.

En ladite année molrut Hanry qui se disoit roy de France et d'Angleterre, et genre du roy Charles de France.

Item, en ladite année molrut aussy ledit Charles de France.

En ladite année la cité de Miaulx en Brie fut assigiée des Anglois; finallement elle fut prinse.

En ladite année fut le duc de Mont delivré de prison.

Item, en ladite année fut ung chamoys que ung chescun paiot ung denier por le veoir.

En l'an mil iiii. c. et xxiii. fut Maistre-eschevin de Mets Sr Nicolle Roucel.

En ladite année fut le vin à boin mairchié, c'on avoit une cowe de vin pour xii. sols et ung tonnelz d'une cowe coutoit xii. sols et donnoit on une cowe de vin pour ung tonnel vendange, et fut ladite année bien pluvieuse et grant mortaliteit de peste, de bosse et de xantelle qui durait plus de ii. ans.

Item, en ladite année desrobait et print la cité de Marsalle le roy d'Aragon, lequel la fourageait et brullait toutte.

Item, en ladite année Charles, duc de Lorenne, contraindit tellement S^{er} Robert de Commexy et le S^{er} de Chastelvilain qu'i se vinrent rendre à ly.

En l'an mil. iiii. c. et xxiiii. S^{er} Jacque Rollegnat fut Maistre-eschevin de Mets.

En ladite année le xviie. jour de Febvrier, Madame de Bair, fille de Charle, duc de Lorenne, fit sa première venue au Pont à Mousson et à sa venue y olt une moult noble joutte de plusieurs seigneurs.

Item, en ladite année furent les yawes si petites dedans bien iiii. mois qu'y n'y avoit mollin mollant sus Muzelle; et adoncque furent mis et appliqués les mollins à proufit et utiliteit de la Cité.

En l'an mil iiii. c. et xv. fut Maistre-eschevin de Mets Sʳ Nicolle de Rachecourt.

En ladite année le premier jour d'Aoust [fut] fait le jeu de sainct Victour en Chainge, qui duroit trois jours.

Item, encore en ladite année, le vᵉ. jour d'Octobre, Piersson Froway, escripvain du Pallais, fut mis on pillory et trayné au gibbet de Mets et mis sus une r[o]ue, pourtant qu'il avoit vollu trahir le chastel de Mousson et aultres demerites qu'il avoit ai ts.

En l'an mil iiii. c. et xxvi. fut Maistre-eschevin de Mets Sʳ Willame Chaverson.

En ladite année, le premier jour de May, vii. hommes de Servigney battoient ung homme en la voie de Sᵗ Jullien, desquelz vii. on en print iiii. et menés enchiez le Doien et le sabmedi après furent menés à Pont des morts, chescun un sac sur l'espalle et fussent estés noiés, se n'eust esté à la prière et requeste de Sᵉʳ Willame Chaversson qui estoit Maistre-eschevin de Mets et de Collignon de Heu; maix ils orent chescuns les ii. oreilles couppées et banis.

Encor en ladite année furent les yawes si grandes par ii. fois que ce fut grant merveille, le jour de la sainct Remy et le jour de la sainct Jehan.

En l'an mil iiii. c. xxvii. fut Maistre-eschevin Sᵉʳ Pierre Deudeny.

En ladite année, la vigille de la Pantecouste fut fait en Mets une grant sollempniteit et triumphe d'une coronne de cire de plussours coullours de cire, fleurs et ymaiges, qui pesoit iiii. xx. x. livres. de cire, qui fut portée aval la cité de Mets par les escollaistres de la grant esglise de Mets, lesquelz estoient tous en propoint de rouge drapt damas, chevachant à haulte selle en grant triumphe, acompaignez de leurs amis, c'est assavoir; de Aburtin Boulay, Collignon Dex, Perrin Dudenys, Ferry de Bourch et Ferry de Boudange et Lerdenoy, tous à esperons dorez.

Item, le xvi⁰ jour de Julet furent noiez Simonin Lanonne et sa femme, le pauxour pour leurs demerites [74].

Item, en ladite année, vii⁰ jour du mois de Septembre, S⁽ʳ⁾ Nicolle Chaullon, abbé de Sainct Martin devant Mets, fit cuillier environ une hottée de pommes en ung gerdin on ban S⁽ᵗ⁾ Mairtin dont moult de mal en advint; car le duc Charles de Lorenne en fit requeste à la Cité que randue et restitution ly en fut faitte, per l'information des bons moinnes dudit S⁽ᵗ⁾ Mairtin, portant que les dites pommes avoient esté aportées à Mets. Maix les seigneurs de Mets n'en volrent rien faire; lequel duc Charles fit faire guerres per dessoubs le chapperon par ung appellé Dedier de Chauffour, lequel deffiait la Cité; et souffrit tous ses gentilhommes de deffier à l'instance dudit Dediet de Chauffour, et les soustenoit par toutes ses bonnes villes, chaustialz et forteresses contre la Cité, quel dommaige qu'i ly fissent. Et quand les seigneurs de Mets virent l'oustraige que on leur faissoit, trouvèrent manière de eulx revengier; trouvèrent ung gentilhomme d'Almaigne auquel ceulx de Mets acompagnont la moitié de Very; [il] entreprint guerre ouverte contre le duc de Lorenne et fut incontinant destruite la ville de S⁽ᵗ⁾ Mairtin devant Mets.

En l'an mil iiii. c. et xxviii. fut Maistre-eschevin de Mets S⁽ʳ⁾ Jehan Paperel.

Durant la guerre devant dite le duc de Lorenne, voiant qu'i ne joieroit mie de son intencion, fit clorre les paiis de Lorenne et de Bair et de l'eveschié de Mets, qu'i n'y eust si hairdis, sur perdre la vie, que nulz n'amenaist aulcuns vivres en Mets ne on paiis, et requist la dame de Lucembourch; maix elle commendait tout le contraire.

Item, en ladite année Jehan George, amant de Mets, fit encommancier l'esglize des Freres en grant Meze; et y avoit devant ung frere appellé frere Guillaume qui proichoit merveilleusement bien [75].

En ladite année Regney, duc de Bair, et ceulx de Verdun

reprinrent le chastel appellé Nueweville que ung capitainne de France, appellé Guillaume de Flevey, avoit heu prins furtivement.

Item, en ladite année fut moinné S¹ Soibey ⁷⁸ à Nancey pour la double de la guerre.

Encor en ladite année fut prins le chastel de Paisseavant⁷⁷ per le duc Renney de Bair, où que se tenoit ung tiran appellé Utaisse de Wernoncourt, le pire de tous aultres homes.

Item, en ladite année, le xe. jour de Decembre, S^{gr} Nicolle Lowe, chevallier, Mairtin George, amant et citain de Mets revinrent du sainct voiaige de Jherusalem et y fut fait ledit S^{gr} Nicolle Lowe chevalier.

Les noms des Paraiges qui ont rengné et gowerné en Mets depuis l'an mil ii. c. jusques à présent ⁷⁸.

Premier. Legoulz.	ceulx de Chastel.
les Faulcon.	les Maquerel.
les Corbelz.	les Govions.
les Pietdechaulz.	les Benoy.
les Brixepain.	les Bellegraie.
ceulx de Portmuzelle.	les Jottal.
ceulx de la Court.	les Gemel.
ceulx de Porcelly.	les Baudouche.
ceulx de la Portainne.	les Chamures.
les Noxe.	les Wittier.
les Tegnemenne.	ceulx de Laitre.
les Bellegraie.	les Paillat.
les Barons.	les Grognat.
les Amgeborch.	les Axel.
les Clinote.	les Bel.
ceulx de la Fousse.	les Barbez.
les Salvaige.	les Raichecourt.
ceulx de Gorse.	ceulx dessus le murs.
les Gournaix.	ceulx de S¹ Jullien.

ceulx de Chambre.
les dit le Roy.
les Merciez.
les Brullevaiche.
les Bonneamis.
les Chappelle.
les Poloize.
les Collon.
les Reton.
les Truant.
les Falquel.
les Noviant.
les Lowe.
les Faxin.
les Facolz.
les Chevallat.
les Humborjat.
les Bel.
les Fairiat.
ceulx de Jurue.
les Lohiers.
les Cunemant.
les Bourchon.
les Toupat.
les Marcoulx.
ceulx de Sempecourt.
les Cheving.
ceulx de Cologne.
les Graicechaire.
les Baitelle.
les Moelen.
les Mariens.
les Fourat.
les Goulle.

les Hancque.
les Chadron.
les Hesson.
les Heu.
les Chielairons.
ceulx de la Court.
les Reffault.
les Bergue.
les Roucol.
les Bouquin.
les Ruecol.
les Trebuchet.
les Froideviande.
les Noiron.
les Marville.
les Bellebarbe.
les Renguillon.
les Willambault.
les Hongre.
les Barbel.
les Rollegnat.
les Boullait.
ceulx de Laitre.
les Chavigne.
les Drowin.
les Bugley.
les Mynne.
les Culecol.
les Paperel.
les Pappemiatte.
les Fessault.
les Corbella.
les Cuerdefer.
les Dex.

les Mortel.	les Boujous.
les Borgniere.	les Brenequin.
les Warixe.	les Chevallat.
les Serrire.	les Chaversson.
les Burtrant.	les Traval.

En l'an mil iiii. c. xxix. fut Maistre-eschevin de Mets S⁀ʳ Jaique le Hungre.

En ladite année le duc Charles de Lorenne vit bien qu'i n'aueroit point de recreance des seigneurs de Mets pour le fait de la houttée de pommes. Le darien jour de Maye il envoiait son hural qui apportait les deffiances à Mets et tantôt le viii⁀ᵉ. jour de Jung après, il envoiait bien xv. c. chevalz et v. mil hommes de pied devant Mets et abatirent le gibet et vinrent fauchier les bledz dez Sainct Andreu jusques à Augny et retournirent en leur palis; et puis il fit deffier coulx de Mets par le duc Rennel de Bair et per le mairquis de Baulde, ses ii. genres et per le duc Steffz de Bawiere et per l'archevesque de Collonne ⁀⁀; et s'en vinrent le lundi, xi⁀ᵉ. jour de Juillet, avec grant multitude de gens d'armes, cuidant destruire tout le palis de Mets. Aussi y firent ilz ung bien grant dommage et prinrent Creppey, Maigney, Coin, et vinrent copant vignes, arbes, faulchant bledz jusques à perdevant le bourg de Maizelle, vinrent ez vignes de Malleroy et firent dressier en hault de Chastillon ii. grousses bombairdes qu'i firent traire dedens Mets bien xxix. cops pour ung jour. Et durait ladite guerre pour le fait de la male houttée de pommes bien trois ans. Ledit duc commandait c'on chargeait la bombarde que trayt jusque la grant esglize; elle fut tellement chairgiée qu'elle rompit et plus n'en tirait on.

Item, en celle dite année iii. prestres de Nancey cuidant que leur seigneur duist bientost gaingnier Mets, s'en venoient devers luy pour luy demander des grans benefices de Mets; furent rencontrés des piétons de Mets, lesquels les despoullirent en chemise et les envoient quérir des bénéfices devers le duc, mais ils en oirent en leur sanglante estrainne.

En ladite année, le xviie. jour de Juillet, fut sacré à Rains Charles, roy de France et serorge à duc Regné de Bair et y fut fait chevalier S^{er} Lowe de Mets.

Item, en ladite année advint une moult merveilleuse chouse d'une jeune fille native de pouvres laboroux de la ville de Donremey, près de Wacollours, laquelle, ne sçay en quel vertu, s'en vint parler au roy de France et ly dit qu'elle l'ayderoit à ravoir son royaulme et fit tant per sa force et boin gouvernement avec les gens d'armes de France, qui estoient à demy decouragés, que en moins de iiij. mois ledit roy recovrait une grant partie de son royalme qu'il avoit perdu par la force des Anglois; et s'apelloit Janne, la pucelle de France.

Item, en la dite année, durant la guerre devant dite, nos gens d'armes de Mets chevacholent à grant puissance bien près du wey. le Hotton, et là furent rencontrés des Lorens, de laquelle rencontre il y en ott des prins de ceulx de Mets cent et xvii. hommes; qui fut une bien grande perdie, la plus grande que la Cité fit jamais, au moins depuis ii. c. ans.

Item, encore en ladite année, le jour de la sainct Lorant, ceulx de Mets yssirent hors et s'en allirent bruler et fouraigier la ville de Moyeuwre et retournirent ledit jour, tous chairgiés de tous baigues.

Encor en ladite année ceulx de Mets prinrent, ardirent et fourageont [les environs] de Rodemack, le jeudi xve. jour de Septembre.

Item, encor en ladite année, la vigille d'une s^t Michiel, les gens d'armes de Lorenne vinrent bien xx. mil en Vaulx de Mets et y firent moult de mal et de dommages: mais nos gens d'armes, environ iiij. c. les volurent aller courre et donner une escarmouche; mais les Lorains leur donnèrent la chaisse et les chaissirent jusques à la porte St Symphorien, et là mirent ceulx de Mets pied à terre pour eulx desfendre et y fut tué ung noble S^{er} de Mets, appellé Collin Paillat.

Item, en ladite année couroit ung malvaix loup qui estranglait beaucoup d'enffans.

Encor en ladite année il fut ordonné, le sabmedi après la s¹ Luc, que toutes manieres de gens menans en Mets depuis xii. ans en amont, y paieroient per chacun sabmedi ung denier qu'i failloit porter en la maixon d'ung des Eschevins de la paroche, qui estoit comis pour le recepvoir.

Item, en ladite année S⁽ʳ⁾ Conraid Baier, evesque de Mets, vint pour faire alliance avec ceulx de Mets contre tous leurs ennemis, et olt xv. mille frans qui furent très mal emploiés, car il fit mal son debvoir, comme il avoit promins.

Encor en ladite année fut fait le biloway en Anglemur, les II. tours de cousté et d'aultre et le petit baille devant [10].

Item, en ladite année, le jour de la S¹ Benoy, S⁽ʳ⁾ Jehan [11] Deuamy, le jonne, fut Maistre-eschevin de Mets. Et faullont adoncques les escuelles de pouxon que on soulloit donner à Princier et aux abbeys et les x. livres des Trezes et des Amans.

Item, encor en ladite année, per la prouuesse et vaillance de Jalne la pucelle fut levé le siége des Anglois qui estoient devant Orliens, là où il y olt un grant muerte d'Anglois. Adoncque estoit ladite Jalne en grant autorité et per son consille et puissance elle amenait le roy en Champaigne et prinrent Troyes, Reins, et Challons; et plusseurs aultres villes se rendirent. Et tantost ce fait, ladite pucelle, le jour de la Nostre Dame en Septembre, s'en vint assigier Paris; mais elle n'y fit pas bien son prouffit, car elle y fut fort blecièe, maix elle fut bientost guérie.

Item, en ladite année, la sepmaine apres Noel, Philippe, duc de Bourgogne, espousait la fille le roy de Portingal [12].

Item, en ladite année fut prins le S⁽ʳ⁾ de Chastelvillain par ung capitaine de France appellé Fort-apice [13].

En l'an mil iiii. c. et xxx. fut Maistre-eschevin de Mets S⁽ʳ⁾ Jehan Deuamy, le jonne.

En ladite année furent engellées les vignes, le jour de la

sainct Clement, en Maye ii⁰ jour, qui estoient de mont belle apparence, et fallut faire serwoize pour ceu que les vins furent fort chiers.

Item, le curé de S¹ Hillaire molrut et se fit merveille en la maixon et atour de rompre les vaurrieres, tulles, ruer pierres, ung hutin merveilleux qui durait bien ung mois.

En ladite année, le darien jour du mois de May, S⁶ʳ Michie Patenoustre, curé de Sainct Victour, S⁶ʳ Demange Pingot, curé de Lubey et Jehan le vicaire, channone de Sainct Saulvour, furent tous trois prins et menés on Pallais et furent jugiés à vi. xx. livres et banis v. ans, pour une jonne femme qu'ils prinrent neutament et enmenont où bon leur plust.

Item, en ladite année, le diemange vii⁰ jour de Septembre, les seigneurs de Mets firent annuncier per les parouches que nulz des menans de Mets ne du pais ne paiessent rien à nulz des iiii. Ordres mendians de Mets de nulles censives quelconques de maixons ne de heritaiges, sus x. livres d'amende ; et furent certains clercs ordonnés pour les lever.

Item les vins furent mis à porte à lx. sols.

En l'an mil iiii. et xxxi. fut Maistre-eschevin de Mets S⁶ʳ Nicolle Lohiers.

En ladite année furent rendus as dites iiii. Ordres touts leurs censives.

Item, en ladite année, le diemanche viii⁰. jour de Juillet, environ les viii. heures apres midy, fut revelé aux seigneurs de Mets·per ung merchant de Mets, appelé maistre Jehan Flavevantre, une faulce et bien malvaise trahison que aulcuns malvais borjois avoient conspiré et entreprins de faire contre les seigneurs de Mets et la clergie, dont il en y olt plussours de banis et forjugiés, Jehan de Toloy, amant et sauchiez de Mets, Collignon Bonamy escripvain ; et en y olt plussours des nolés, tels que Jehan Thirion, le merchant et plussours aultres et leurs biens confisqués ; et fut donnée audit maistre Jehan la prébende de l'hospital, pour qu'il avoit révélé la malvistié aux seigneurs et ly donnèrent v. frans, que bien l'avoit deservi.

Item, en ladite année, le xxiiie. jour de Janvier, molrut Charles, le duc de Lorenne, et fit iii. jours ung mervilleux temps et horrible. Et tantost apres le duc Rengnié de Bair, qui avoit à femme l'année fille de Lorenne, se mit en possession de la duchié et se fit faire hommaige comme leur souverain seigneur.

Item, tantost après, le jour de la chiaire sainct Pierre, Anthone comte de Wauldemont print les armes de Lorenne, comme le plus prochain de la duchié ; par quoy en vint grant guerre, comme vous orres ci après.

Item, encor en ladite année fut la piteuse journée de Bulnéville [14] du duc Rengnié de Lorenne et de Bair et du comte de Vauldemont, Anthonne, laquelle baitaille le duc de Vauldemont gagnait ; et si avoit bien iii. hommes pour ung, et fut faicte le second jour de Juillet, environ viii. et ix. heures du matin ; en laquelle journée en y olt des tués plus de xxvii. c. et des prins sans nombre ; et y fut prins ledit duc Rengné, messire Conraid Baier, evesque de Mets, S[er] Thiedry Baier son frère, le S[er] de Rodemake et plus de mil autres ; et y fut tué S[er] Jehan, comte de Salmes, le comte de Saverne, S[er] Darbasan et tant d'aultres seigneurs, chevalliers, esculers, sans nombre.

Item, en ladite année les vins furent boins et à bon marchié et avoit-on une cowe de blanc vin ou rouge et bien bon pour xx. sols et pour moins, qu'estoit bien ce que plussours demandent.

Item, en ladite année, le sabmedi devant Noël furent mis jus les deniers qu'on paioit chescune sepmaine, chescune teste, comme dit est, de quoy on fut bien joieulx.

Item, en ladite année vint en Mets le duc de Brunexowisse [15].

Item, en ladite année fut fait pape Eugène et coronné à Rowen [16].

En ladite année fut le prince d'Oirange desconffy par Rodigo et plussieurs aultres de ses nobles [17].

En l'an mil iiii. c. et xxxii fut S[er] Jaicque de Miraubel Maistre-eschevin de Mets.

En ladite année fut tenu ung concille à Baille pour la reformation ne nostre mère saincte Eglise, et tantost après fut envoyé à Metz l'officiaul d'Amiens qui avoit la commission du concille de Baile d'enquérir du fait de frère Guillaume des frères Baudes, qui avait fait plussours sermons en Mets, de quoy aulcuns avoient envie et en murmuront [88].

Encor en ladite année fut faite la paix entre le duc Renné et le comte de Wauldemont [89], per ainsy que l'anney filz du comte prenoit la fille ainée en mariage du duc Robert. Et tantost le duc Renné et le comte de Wauldemont avec leurs amys s'en allèrent assigier une forteresse pleine de lairons, appellée Affincourt que tantost fut prinse, et tous les lairons pendus et leur capitaine appellé Perrin de Mondevez fut mené en la geolle à Bair, et là y moirut misérablement en grant confusion.

Adoncques furent trowés les faulx gros que Blaise faisoit; fut prins, mené en palais et par plussours fois gehenné, mais jamais ne voult congnoistre.

En l'an mil IIII. c. xxxIII. fut Maistre-eschevin de Mets S^{er} Aubert Boullay.

En ladite année, on mois d'Avril, Monseigneur de la Marche avecque les Liegeois allèrent assigier La Tour en Airdenne qui estoit à S^{er} Wainchelin de La Tour, en laquelle avoit plussours lairons qui prenoient sur tout le monde; et bientost fut prinse et abatue; mais les compaignons furent prins à mercy, salve leur vie.

En ladite année furent abattues les II. Wennepert on mois d'Avril, pour ceu qu'il y avoit gens qui faisoient grant dompnage en l'eveschié de Mets.

Item, le premier jour de Jung après fut ordonné que on ne paieroit d'or en advent pour chescune quarte de bledz que vi. deniers au mollin.

Item, y fut ordonné à Johan Lasne qu'i rendit à ung chescun le tiers quart de l'argent pruté; et pourtant peut on bien dire: *Beati qui habitant urbes*, c'est assavoir, en Mets.

Le xvi°. jour de Janvier jottirent les enfants des seigneurs et gainnait Perrin George la jouste.

Le mercredi après, devant le saint Sacrement de l'autel, y fit eclipse et fort neutz environ les ii. heures apres midy, et veoit on les estoilles on ciel.

Item, en ladite année, on moys de Jung, S^{er} Rengné, duc de Bair, fit ung mandement pour aller devant Grandpré avec le comte de Waudemont et plussours des seigneurs de Mets : S^{er} Nicolle Xapel, S^{er} Gillat Baitaille, Perrin Renguillon, Le Warel et plussours aultres gens de bien de Mets, vi. xx. chevalx.

Item, le vii°. jour d'Aoust après, S^{er} Robert, evesque de Xpire et ersevecque de Triewes, vint en Mets accompaignié de vii. xx. hommes d'armes et ly fit la Cité présent de ii. grais buefz, xxx. chaustrons, ii. cowes de vin et de l. quartes d'awoinnes. Et celluy jour on menoit pandre ung homme et fut tout haut sus la xuelle du gibbet, et pour l'amour dudit seigneur qui le demandait, il fut ramené en Mets et deliveré audit S^{er} Robert.

Item, on mois de Novembre après furent commis aulcuns des seigneurs de Mets pour aller à Baile de coste l'empereur Sigismundus, pour reconformer les droits, franchises et statuts de la Cité: S^{er} Jaicques Dex, S^{er} Nicolle Lowe, tous ii. chevaliers, S^{er} Nicolle Xappey, maistre Dominic de Noweroy et Jehan de Lucembourch, clerc des vii.

Item, encore en ladite année, ung diemange, xxi°. jour de Décembre, fut baptizé ung jeune homme sarrazin de xviii. ans que l'abey de Morimont avoit amonné, et fut Le Warel son parain et fut nommé Gillet.

En l'an mil iiii. c. et xxxiiii. fut Maistre-eschevin S^{er} Jehan Erowin.

Item, en ladite année, le vii°. jour d'Avril, furent les vignes engellées qui estoient de grant et belle apparence, et fut la [re]nomée que ce fut pour le pechié que on avoit owré le grant vanredy et les iii. festes de Paisques, car en ces iii. jours les gens plussours firent foyer, ficher et ploier.

En ladite année, le xiie. jour d'Avril fut faite une grant feste et jouste à haute selle on Champessaille et firent leur monstre avaul la Cité le diemanche meyme et firent grant feste on hault pallais par iii nutiés; et avoit es dites jouttes xxii. jouttants des bourjois de Mets, et xiiij. estraingers que chevaliers que ecuiers, c'est assavoir : le comte de Salme, le S^{gr} de Fenestrange, le S^{gr} de Harquestainne et son filz et y furent plusseurs dames estrainges.

En ladite année, le iie. jour de Maye aprez, à heures de vespres cheut une merveilleuse et grosse grelle, et fit ung terrible temps et cheut à Saint Lorent la tempeste.

Le mardi après, xie. jour de Maye, fut crié une grant joutte à Pont à Mousson et y furent plusseurs des seigneurs de Mets, entre lesquels estoit S^{gr} Nicolle Grougnat qui olt le pris et gaingnait les jouttes tous les ii. jours. Et quant nous seigneurs de Mets volurent retourner, xlv. soudiours de Mets leurs allirent à devant ; le S^{gr} Robert de Comercy qui estoit à gaige et pensionaire de la Cité et avoit [fait] serment d'estre fidelle et léal à la Cité, et si avoit on en ly grant fiance, s'en vint embouxier en ung boix avec vii. xx. hommes d'armes, et vinrent courir sur nous souldiours, lesquels se deffendirent si vaillamment qu'ils en navrirent plusseurs et en tuont ung et en prinrent. Maix à la fin il y olt desdits souldiours prins xiii. et xii. chevals et en furent menez à Comercy. Et le xxviie. jour dudit mois les souldiours furent recrus et rendus sur une journée.

En ladite année, le jour de la Pentecouste vint à Mets Anthonne, comte de Wauldemont, et y fut bien ix. jours qu'i n'en ousoit pertir pour ceu c'on tenoit sur ly.

Item, y fut ordonné à Jehan Laisne qu'i rendit l'argent que on avoit presté à la guerre, ung quart, du duc Charles pour le fait de la male hottée de pommes. Tel seigneur fait il boin servir.

Item, en ladite année, le xve. jour de Jung, fut fait en Chainge le j[e]us de saincte Katerine [fol. 24] qui durait trois jours; et fut Jehan Dediet, le notaire, saincte Catherine et Jehan Matheu, le pladioulx, empereur, et firent bien leur debvoir.

Le xxiie. jour après, maistre Guillaume Houwin archediacre de Metz, tint son senne à la petite Court et y [manda] des cureys pour ouyr la collation; maix ils ne voulrent mie respondre; si les fit contumax et excommunier; de quoy à la fin il en paiont cent viii. frans, sans les despens.

En ladite année fut ordonné à Jehan Laisne, le chaingeour, de rendre à ung chescun le presté qu'il avoit presté pour le fait de la guerre, ung quairt, que fut le tiers quairt.

Item, en ladite année fut receu pour chanonne en la grant esglize Henri Lowe, fils S^{er} Nicolle Lowe, le premier jour de Septembre; et fut la prébende de S^{er} Jennot, pourtant qu'il estoit serf de condition; et le xve. jour dudit mois, ledit jonne fils Henry Lowe molrut et ensy n'oit gaire de joie de sa chanoinnerie.

Item, encor en ladite année, Regné, duc de Bair et de Lorenne, ceulx de Metz, ceulx de Lucembourch, l'evesque de Metz, l'abbey de Gorse, ceulx de Toul, le comte de Salme s'assemblèrent et firent ung grant mandement pour aller devant Comexey. Et nous seigneurs de Metz pertirent à belle compaignie le jour de la Nativité Notre Dame; et y furent commis de part la Cité S^{er} Nicolle Xappel, Jehan Baltaille, Jehan de Waurixe, Jehan Bauldouche, Jehan de Banestroff qui estoit aux gaiges et portoit la banière. Et estoient ceulx de Metz ii. c. et lxx. hommes d'armes, plusseurs archiers, massons, cherpentiers, avec xxxv. chairs chairgiés d'artillerie, engins et aultres abillements de guerre; et se trouvèrent tous ensemble devant Comexey, pourtant qu'il y avoit ung malvais nid et plein de larrons qui prenoient sur tout le monde.

Or advint que Artus, comte de Richemont, serorge à duc de Bertaigne, conestauble de France, s'en vint à Chailons, à grant compaignie de gens d'armes, à la requeste du seigneur de

Comerxey et mandait à duc de Lorenne qu'i se voulsist
departir et lever le siége. Adoncq ledit duc avec S⁹ʳ Xappel et
plusieurs aultres s'en allirent parler audit conestaoble à
Chalon et firent ensemble certain traitié, per quoy ils levirent
le siége, onquel il s'en vint en Lorenne crier merci audit duc
et à tous les aultres, jurant et promettant que jamais ne feroit
mal ne dompmage à luy, son païs, ne à tous les aultres qui y
avoient esté; et mist son chaustel de Comerxy à leur voluntelt,
et furent tous prisonniers quittes.

Item, en ladite année, le xxiii° jour de Décembre, vint Poton
de Sainctetraille, un capitaine de France, avec bien xv. c.
chevalx logier on Vaulx de Mets et corrurent jusques à Scey,
la vigille de Noël, et retornirent permey toutes les villes du
Vaulx, prenant hommes, femmes et enffants et assallirent le
moustier d'Ars, d'Ancey, et de Nouviant, et leur fut force d'eulx
mettre à raison. Et le londemain nous souldiours en prinrent
v. à Mollin et en tuont ii., et estoit le Rouffoux leur capitaine.
Et tantost après s'en allirent à Xeuery et Arancey et Sainct
Supplat, et là firent ung dopmaige inumerable et s'en allirent
lougier à Perpon.

Item, en ladite année fit une moult merveilleuse gellée qui
commençait le jour de la saincte Katherine; et fit si très froit
que depuis cent ans n'avoit fait si froit, car les rivières et les
puis en plusseurs lieux furent engellés si terriblement que les
oysiaulx, les bestes salvaiges ne sçavoient où boire ne mainger
et moiroient de faim; car les neges estoient si haultes et sy
espesses que on ne sçavoit à grant peine passer permey les
rues, et charioit on per dessus toutes rivières aussy commu-
némont comme en pleine terre; et furent aulcuns oysiaulx
contraints de grant famine vouler per devant le grant moustier
et prenre des poixons ez gewe tout devant les gens; et durait
la gellée plus de xii. semennes.

En l'an mil iiii. c. xxxv. fut fait Maistre-eschevin de Mets
S⁹ʳ Dedier Wogenelz.

En celle année, ès festes de Pasques revinrent ces rotiers de France, Potton, Blanchefort et leurs gens logier à May la Tour, à Puxieulx, à Tronville, à Ville sur Yron et on païs en l'entour où y firent moult grant dopmage et puis s'en retornont en France.

En ladite année le comte de Chiffort anglais [fut] rancontré et naweré d'une colverine, dont il molrut.

En ladite année à cause de la grant froidière furent les vignes engellées; maix on fit beaulcoup de cidre de pommes, car il fut tant de pommes que depuis cent ans n'en avoit tant esté de saulvaiges et de domaixes [12].

Item, en ladite année morut ii. des plus grants chanoines de Mets et des plus riches seigneurs : Symon Noiron, trésorier qui estoit riche de plus de lx. mil francs [13] et Ser Jehan de Sainct Michiel, chancellier, que aussy estoit à merveille riche.

Item, le second jour de Mars après, les rottiers de France vinrent en Lorenne et faisoient biaulcoup de mal ; ilz furent deschaussiés desdits Loreins, du batard du Vergier, de maistre Lowy de Heraucourt, evesque de Verdun, jusque près d'Espinal et ratteints en une petite ville, là où ils furent brulés bien v. c. ; et si en olt xv. des prins [14].

En l'an mil iiii. c. xxxvi., Ser Philippe Marcoult fut Maistre-eschevin de Mets.

En ladite année, le xx⁰ jour de Maye, vint la pucelle Janne qui avoit esté en France, et par son moyen fut reconquesteit ledit royaulme et remis le roy en son royaulme et sacré et coronné à Rains, il y ait faulte [15], jusque la Grainge aux Ormes pour parler à aulcuns des seigneurs de Mets et se faisoit appeler Claude et puis s'en allait à Erlon et se tint après de la dame de Lucembourch [25 fol.] jusque ceu que le fils du comte de Wernembourch l'enmenait à Collogne decouste son père, le comte de Wernembourc, et l'amoit le comte mout fort. Et quant elle s'en voult venir, il ly fit faire une moult belle curasse et puis s'en revint à Erlon et là fut mariée à messire Robert des Armoises, chevalier, et l'amenait ledit seigneur à Mets en une maison qu'estoit à luy, après de Saincte Seguellene. Toutesfois on disoit qu'elle avoit esté prinse devant Compienne et mise en la main des Anglois qui la firent bruler sur le pont de Rowen, maix ce fut une fiction.

Item, en ladite année fut faite la grousse tour sur le Champ à panne.

On dit mois fut ramonné S⁸ʳ Robert de Comerxy qui estoit prisonnier à S⁸ʳ de Louppe, à Sierk, et puis à Dieuse, et après à Nancey.

Item, en ladite année, les seigneurs de Mets firent faire une moult grousse et noble bonbarde qui s'appelle la Redoubtée; et sont ces verses escripts dessus, qui ci après sont escripts.

> En l'an xxxvi., mil iiii. cent,
> Fut faite, pour user mon temps
> En la garde et pour la deffense,
> Qu'à ceulx de Mets feront offense,
> Pour les pugnir et justicier.
> Propice suis à tel mestier;
> Et qui voulroit sçavoir mon non,
> La Redoubtée m'appelle on.

Le jour des Bures les jonnes seigneurs de Mets firent une joste on Champaisaille, tous sus blancs chevaulx et tous abilliés de baut, sus petite selle d'Allemaigne; et touttes les fois qu'i se attaindoient, cheoyent per terre tous deux et fut une joste bien joieuse à veoir et y olt grant rire.

Item, en ladite année valoit la quarte de vin en Mets x. deniers et n'en povoit on finer pour le prix, et n'osoit on vendre le vin, le cercle pendant à l'uix, en Mets.

Item, on mois de Mars après, ondit an, S⁸ʳ Henri de Ville, evesque de Toul, moirut, et tantost fut prins Mangin de Ramberviller, son saiellour; fut mis coiement sur ung chair couchier sur de l'estrain, la teste dedans ung tuppin; maix il fut incontinent estouflé; et eust ledit Mangin bien paié pour sa rançon xii. mil salus⁷¹ que les dits qui l'enmonoient, cuidoient bien avoir.

En l'an mil iiii. c. xxxvii. fut Maistre-eschevin S⁹ʳ Pierre Renguillon.

En la sepmaine de Pasque S⁹ʳ Robert de Comerxy fut delliveré de prison permey certain compromis, que jamais ne dobvoit mal faire sur les païs de Bar, ne de Lorenne, de Metz, de Toul ne de Lucembourch.

En ladite année furent engellées les vignes Oultre Seille et ailleurs, dont ce fut grand dopmaige; car elles estoient de bien belle venue et apparence; et fit mervilleusement froy le xv⁰. jour de Maye, et le demeurant fut pluvieux et venteux très fort.

Item, en ladite année fut faite en Metz le Jeus de la Passion, le iii⁰. jour de Juillet, honorablement per iiii. jours.

En ladite année fut grant discorde entre le duc Philippe de Bourgonne et les Flamans tellement que ledit duc Philippe voult prenre la vigille ⁷⁸ [la ville] de Bruge et les bourgeois; maix il faullit et y perdit grant gent, et y fut tué le S⁹ʳ de L'Isle Adam et plussours nobles.

Encor en ladite année fut grant discort entre dame Ysabel de Bawiere, dame du Lucembourch, et S⁹ʳ Jehan de Rodemack, S⁹ʳ de Boullay; car ladite dame n'estoit pas bien obéie de ses gens.

Item, en ladite année, le xv⁰ jour de Septembre, fut fait le Jeu de la Vangence on propre parque de la Passion; et y fut faite moult gentement la cité de Jherusalem et le port de Jaffé, et durait iiii. jours, qui fut une chouse noble et joieuse à veoir.

Item, en ladite année, ung lundi, darrien jour de Septembre, pertirent Joffroy Dex, Jehan de Warixe, Jehan Baudouche pour aller avec S⁹ʳ Robert de Comexey au mandement du roy Charle de France qui tenoit le siege devant Montéral ⁷⁹; et y

demourient avecque S{sr} Wainchellin de la Tour et Gillet
Baitaille, escuiers de Mets, tant que ladite Monteralz fut prinse,
et y estoit le roy en personne. Et puis s'en revinrent en Mets,
lesdits seigneurs avec leur capitaine, S{sr} Wainchellin, le xvie
jour de Décembre.

Item, en ladite année fut pendu ung homme appellé maistre
Jenin le Racowatier, qui avoit desrobé ii. calices à Sainct
Simplice, et cogneust qu'il en avoit en son temps desrobé xxii.
En le menant au gibet en ung tumerel, chantoit à haulte voix :

« Hé, Robinet ! Tu m'as la mort donée. »

Item, encor en ladite année, on moix de novembre vinrent une
grant compaignie de France que on appelloit les Escorcheux [1],
qui estoient bien xxii. c. chevaulx, sur la rivière de Meuze et en
ladite duchié de Bair et incontinent les Bariciens, Lorains,
S{sr} Conraid Baier, evesque de Mets, maistre Lowys de
Heraulcourt, evesque de Verdun, avecq les fieds de Mets, leur
corrurent sus, si vigoureusement que à la première fois en y
olt que mors, que prins, iii. c. lx. et vii. Mais ils se rassam-
blèrent et encloirent plusseurs Lorains, desquels il en y olt
des prins et des tués plusseurs et y fut tué ung jouene seigneur
de Mets, environ de xv. ans, appellé Jehan de Varixe, et y fut
prins et fort navré Huttin de Serrier ; et tantost on fist en Mets
ung mervuilleux huchement, que chascun tiraist à forteresses.

Item, en ladite année, le xiiie. jour de Decembre, après la
porte clowant, xxi. gendarmes de Comexey s'en vinrent courre
par devant le Pont des morts et prinrent ung corchier de
cheval, appellé Jehan Fessault, et le tinrent iii. jours et puis le
ranvolèrent et ly firent dire qu'i ne demandoient rien as
seigneurs de Metz.

Or advint que lesdits de Comexey s'en vinrent courre à
Plaippeville, à la requeste d'ung qui s'appelloit Jaicomin
Pichon de ladite Plaippeville, et enmenirent xix. prisonniers
et rançonnont à xv. c. florins pour aulcuns cas que ledit
Symonin disoit que on luy avoit fait (fol. 20).

Le ixe. jour de Décembre moirut l'empereur Sigismundus et fut le duc Albert d'Ostriche esleu empereur, qu'estoit genre dudit Sigismundus, l'empereur trespassé.

Le xve. jour de Febwrier après fut fait une merveilleuse justice d'ung jonne compaignon de villaige et d'une vieille femme, qui avoit tué le mari de ladite vieille es festes de Noël et le gettait en ung aixement, tout nuds, près de la porte Serpenoise; de quoy le fait fut accusé par la puanteur du corps qui porrissait. Ils furent prins et fut ledit compaignon defrouxié sur la r[o]ue, chascun membre en deux lieux et la vieille arse entre les ii. ponts.

Item, en ladite année, le second jour de Karesme s'en vinrent courre prenre et enmener les pouvres gens qui estient ez vignes par devant les Ponts, à St Mairtin, en haut de Vaulcon, à Plappeville et Thignomont et firent grant dommage à Longeville; car ils fourageont les maisons et enmenirent xx. hommes et furent devant Scey; mais ils n'y ousont entrer pour le trait des gens qui s'avoient mis en deffense, et prinrent leur chemin par Ste Ruffine et y firent grant dompmaige, et s'en allirent logier et gesir à Ars, où il y firent moult grant dompmaige, et nonobstant qu'i fut Karesme, ils maingirent beaulcoup de baccon. Ce fut une piteuse entreprise et faisoit si bruyt c'on ne les veoit point, si n'oissient nous seigneurs et gens d'armes abandonner sur eulx, fors que à la cowe, et en prinrent vi. chevalchours qu'i congneurent que c'estoit le Sr de Comexey, le batard de Vertus, le grant Strech et le petit Strech, Charle de Servolle, plusseurs capitaines, en nombre d'environ v. c. chevals, de quoy les seigneurs de Mets furent moult esbahis, comment Robert, Sr de Comexey avoit fait ung tel outraige, lui qui gainnoit l'argent de la Cité et estoit pansionare et avoit sceellé et promis qu'i seroit pour la Cité partout où il la poiroit secourir et aidier; maix on dit que on nourrit bien tel chien qui depuis mord son maistre.

Item, en ladite année vint courre le Rouffoulx⁽¹⁾ qui estoit à Fayey, à Very, Goin, Prenoy et prinrent plusseurs bons hommes et mubles et les allirent butener à Pont à Mousson et firent cest wangier pour le Grant Tex d'Anowe. [102]

Item, toute ladite année fut fort pluvieuse et ne gellait comme rien.

En l'an mil iiii. c. xxxviii. fut Sr Jehan le Gournaix, dit Crepey, Maistre-eschevin de Mets, et ly escheut l'eschevinaige de Sr Albert Boullay on mois de Mars; et ondit mois fut esleu empereur le duc Albert d'Ostriche par les vii. eslisours et ne vesquit que ung an empereur.

Item, le xxviie. jour dudit mois furent pendus ii. compaignons: Jehan Baudowin, Jehan Pichon, le frère Simonin Pichon de Plappeville, pour lequel Simonin Pichon fit la guerre entre ceulx de Metz et le duc Robert de Comerxey; et le iiie. de Mets estoit, qui fut pendu pour larancin et les ii. aultres pour ceu qu'i favorisoient audit Sr de Comerxey contre les ordonnances de la Cité.

Item, en l'entrée du moys d'Apvril après fut prinse Harowel en la duchié de Lorenne et le seigneur dedens et sa femme, appelée Willamme de Dommairtin, per le comte Anthoine à l'aydé de Foraxice, un capitaine de France. [103]

Item, le xiie. jour de Maye après fut fait la paix de Grant Tex d'Anowe.

Item, en ladite année le Roufoux, avecque les provostés de la duchié de Bair, s'en vinrent courre entre les ii. yawes à Fayley, Cuverey, Flevy, Con, Loiville et vilaiges là entour et prinrent prisonniers, moubles, bestes et tout ce qu'ils povoient avoir et prenre et les furent butener à Pont à Mousson; et fut fait ladite course pour le fait du Grant Tex d'Anowe.

Item, en ladite année, le xviie. jour d'Octobre, de nuit furent derrobés Jehan d'Oultresaille, ung mairchant, par ii. mairchants de Xpire, bien la value de ii. mil livres; et reprins à Pont à Chaussy per le moyen d'un convers des Célestiens, qui estoit serouge audit Jehan d'Outresaille, et des gens Jaicoub de Banestroff; et enmenoient les ii. lairons à Raville. Ils voloient avoir le butin, maix nos seigneurs firent tant qu'il fut trové qu'ils avient estés rués jus en la seignorie de Mets et fut restitué audit Jehan d'Oultresaille, ceu que beaucoup d'aultres seigneurs n'eussent point fait. Bénis soient ils!

Il est bien vrai que ci devant est fait mention comment li sires Joffroys Mynne fut Maistre-eschevin en l'an mil iii. c. et lvi.; maix il n'est point fait mention de la venue de l'empereur Charles le Quart à mont honnorable compaignie, comme vous ores. Et premièrement l'arsevecque de Streves, l'arsevecque de Colongne, l'arsevecque de Mayence, le duc de Bawiere, le duc de Sasone, le marquis de Brandeborch; Rem, l'esvecque de Liege, l'esvecque de Strabork, l'evesque de Verdun, le cardinal de Portingal, l'ercevesque de Rowan, l'ercevesque de Sens, l'abbé de Clugny, le roy Jehan de France, le dalfin de France, le duc de Normandie, le duc de Bretaingne son filz, le duc de Lorenne, le duc de Brabant, le duc de Bair, le comte de Poithies, le comte de Grantprey, le comte d'Étampe, le comte de Catrebaille, le duc d'Anjois, le duc de Savoye, le comte de Dempar, le comte de Salme, le comte de Salbourch, le comte de Dallemerque, le comte de Nasowe, le comte de Navarre, le comte d'Espaigne, le duc de Votwam, seroge à l'empereur, le duc de Polenne, le comte de Xowarsenborch et de Starkenberch, qui estoit la plus excellente compaignie que on vit jamais en Mets pour une fois [104].

Item, on alloit à devant de lui jusque à la croix à Ponthieffroy en [fol. 27] moult belle ordonnance, car tous les religious de Mets, tous les chanonnes et generalement toute la congregation de l'esglise, tous revestus, en procession, et y avoit ii. c. torches, et y furent portés ii. ciels pour porter sus l'empereur et sus l'emperesse, sa femme; et fuit porté cellui de dessus l'empereur per vi. chevalliers de Mets, c'est assavoir: Sr Phillippe le Gournaix, Sr Poince Guererdins, Sr Poince de Laitre, Sr Poince le Gournaix, Sr Joffroy de Raichecourt, et Sr Joffroy Axiez.

Item, dessus l'emperesse fut porté le ciel par vi. esculers c'est assavoir : Gille le Belz, Perrin Xavin, Collignon Renguillon, le grant Jehan Renguillon, son frère, Jehan Lohier, et Jehan don Nuefbourch, jusque au grant moustier, et demouralt ledit empereur en Mets jusque à l'Aparition et fut à la messe à minuit la vigille de Noel, en la grant esglize, acompaignié du cardinal des archevesques et evesques et des aultres princes dessus nommés ; et estoient lesdits arcevesques et evesques tout revestus, les *pallion* en la teste ; Item, l'empereur vestu en habit impérial d'empereur, la haulte corone d'or en la teste et chantait la vii*e*. leçon de matine, l'espée toute nue en la main ; et le lendemain, jour de Noël, il tint court plenière en Champaissaille en ung grant parcq clous de palisses que on luy avoit fait faire ; et fut assis à une table tout seul ledit empereur en triumphant habit impérial et l'emperesse sa femme à une aultre tauble avec le cardinal et les arcevesques et evesques et les aultres, princes, ducs, comtes, chevalliers à plusseurs aultres taubles et furent tous servis moult richement sans fin.

A celle fois fit l'empereur duc le marquis de Jullet ; item fit encore duc le comte de Lucembourch et fit encore duc le comte de Bair.

Item ledit empereur fit faire et forgier de la monoie en Mets coursable et de bon argent, qui valloit son pris, et y avoit d'ung cousté ung aigle et de l'autre l'ymaige de l'empereur.

En ladite année, le jour du saint Sacrement de l'autel fut la Vigille de la Sainct Jehan, et fut en ladite année le roy Jehan de France prins des Anglois, et fut en celle année ung mervilloux croillement de terre en Metz, le jour de la S*t* Luc, et en plusseurs païs, principallement à Bailo et on païs et en l'entour, tellement que plussours forteresses et édifices tombirent per terre, que fuit une chouse moult espouventauble [115].

Item, on dit mois de Maye fut crié en Metz que nuls ne portaist pain, bledz, ne aultres vivres fuer de Metz, se n'estoit pour ceulx du paiis de Mets; et estoit per tout si grant cherteit de bledz que on en povoit à peine finer; maix pour le bon gouvernement des seigneurs de Mets, il ne valut jamaix à plus hault de xii. francs à plus destroit, et tantost recheut à viii. francs et après la mouxon il revint à xii. francs.

Item, en ladite année, le jour de l'Ascension, nous souldiours partirent de Mets pour aller à Aipremont, en garnison pour les seigneurs de Mets, contre le Sr de Comexey; ce firent tant lesdits souldiours envers Sr Huet d'Apremont, qu'il leur mist en la main; ce que ledit Sr de Comexey fut mal complaint, et dont se tient bien de rire le Sr de Comexey.

Item, en ladite année fuit faite strewe entre les seigneurs de Mets et le seigneur de Comexey pér le moyen du comte de Wauldemont, et revinrent les pouvres prisonniers qu'il tenoit et nous soldiours d'Apremont.

Item, tantost on dit mois après, Sr Conraid Baier, ewesque de Mets et gowernour des ii. duchiés de Bair et de Lorenne, fit crier per tout le paiis, sus grosse amende, que nuls n'amenaist quelconque vivre, boix ne aultres biens en Mets; et incontinent les seigneurs de Mets [firent] pareille huchement que nuls ne enmenaist ne portaist rien fuer de Mets ne du paiis, ez dis iii. paiis.

Et on dit temps fut bien chier le pain et le vin pertout, fors en la cité de Mets, et fut ralongié le pont Quicquairaille qu'on dit le pont Sr Nicolle Lowe; et en ladite année estoit grant mortalité et avoit tant de gens malaides aval Mets per les rues que c'estoit pitié, de chaulde malladie et ne vouloit on recepvoir nulz malaides en l'ospitaul se ils n'estoient de la Cité ne de la jurisdiction, pour la grant multitude des gens estraingiers qui venoient de toutes pars en Mets.

En ladite année fus fait le Jeus Sainct Arcsme en Chainge et durait le premier jour de Septembre et le second ***.

Item, en ladite année fut ordonné que les bolengiers de Metz faisissent pain d'orge, d'awoine et de gruxon; et leur fut ordonné certains mairchants pour resgarder sur leur pain, et fut encor ordonné que chescuns boulangiers n'auroient que trois porcels, c'est assavoir: une true, une fleche et ung baccon [107].

Item, en ladite année fut refaite Marie, la grousse clouche de la grande esglize et la fist maistre Anthonne on moustier Sainct Pierre as ymaiges, on moix de Septembre, le xxiiiie. jour.

Item, on mois d'Octobre après fut ordonné que nuls n'achetait bledz fors que les boulangiers, et que n'y aueroit que xii. bolengiers qui fissent daraulz, et que nulz n'eust darals que les seigneurs et gens malaides, per serment jurant.

Item, le xviie. jour dudit mois d'Octobre s'asemblèrent le filz Jehan de Banerstroff, le filz seigneur de Puttelange [fol. 28] bien c. chevalz et s'en vinrent corre à Warixe; maix les souldiours de Metz saillirent dessus et les poursuivirent de si près qu'ils les mirent jus, et valut le butin et à tant fut buteneé, ix. c. iiii. xx. et xviii. frans.

Item, ladite nuit fut dérobé ung mairchant de Metz appellé Jehan d'Outresaille, demourant en Wisenuef, per ii. mairchants d'Almaigne; maix ils furent ratteints ou Pont à Chaussey per ung frère que ledit Jehan d'Outresaille avoit, qui estoit convers des Celestiens de Metz; maix les gens Jaicoub de Banerstroff les prinrent et les menirent à Raville, et les seigneurs de Metz les porsuirent tellement que tout fut restitué audit Jehan d'Outresaille [108].

Item, en ladite année, iiiie. jour de Janvier fut noté ung Treze de Metz et mené à Pont des morts, ung sac sur l'épaille, portant qu'il avoit prins vi. tasses d'argent au chastellain de la porte Serpenoize, en gardant à l'autre porte la sepmaine de Noel, et s'appelloit Jaicomin Couppechausse.

Item, on mois de Febvrier après fut prins Jehan de Belrains et mis en la jaolle à Metz et fut depuis le xie. jour de Febvrier jusques à xve. jour d'Aoust.

Item, le iiii°. jour de Febvrier vint le S^{er} de Pannoncel, ung capitaine de France, logier à Noviant bien viii. c. chevaulx, et le lendemain corurent à Corney, à Joley et tuont ung homme de Corney; et ceulx de Corney en prinrent iiii, et les amenont en la maison du Doien à Mets; et tantost les seigneurs de Mets firent faire une nef batileresse et mirent dedans, collveriers, abollestriers et aultres gens et en estoit capitaine S^{er} Jaicque Simon, et s'en vinrent devant Noviant et les en deschaissirent.

Item, en ladite année, le mardi xi° jour de Fevrier Joffroy Dex esposait dame Bille d'Aboncourt, qui estoit après le terme d'espouse, selon l'ordonnance de l'aglize; laquelle dame Bille avoit esté femme du S^{er} Abbey [109] Boulay, son premier nepveu per dispensation du pape.

Item, l'an mil iiii. c. et xxxix. fut Maistre-eschevin de Mets S^{er} Jaicque Symon, et ly escheut en son année v. eschevinaiges: l'une de S^{er} Nicolle Roucel don Neufbourg, S^{er} Pierre Dudeney, S^{er} Jehan Papperel, S^{er} Jehan Dudeney, et Jehan Chaversson, per une grande mortalité qui estoit en ladite année en Mets.

Item, en ladite année estoit moult grant famine, chertett et mortalitett.

Item, en ladite année, le xvii°. jour de Juillet fit ung mervilloux temps de foudre, de tempeste après midi, tant que toutes les vignes furent tempestées et fondues per tout le Vaul de Mets; et si estoient de plus belle apparence qu'elles n'avoient esté depuis xl. ans, dont ce fuit grant pillet avec les aultres grants maix que jay en avoit.

Item, le jour de l'Assumption Nostre Dame fuit deliverés Jehan de Belrains de la prison de Mets et fuit homme à la ville toute sa vie [110].

En l'an dessus dit, es quarte de temps de Noël, fut rendu le darien quairt du prest que on avoit fait à la guerre du duc Charles de Lorenne, par Jehan d'Ancey, le chaingeour.

Item, Sʳ Conraid Baier, evesque de Mets, fut prins des Lorains dont il ne se gardoit et mené à Coudel, et ly firent faire plussours promesses et crants; mais comme on dit en ung commun langaige : *Frangite fidem, fides fragatur eidem*, car il ne se tint point ceu que per force avoit promis et cranté.

Et fist ceste dite année ung moult bel esteit, car il ne pleust point depuis la sainct Remey jusque à la Conception Nouslre Dame, et aussy fit ung bel yver.

Item, en ladite année, on mois de Decembre, ii. compaignon d'armes firent une entreprinse de jouter à fer amollu en en Champ à panne, l'ung appellé Hennequin de Flandre et ung alleman. Ledit Hennequin ne daingnait à avaller sa visière et disoit que pour une brode allemande ne l'avalleroit jay ; mais ledit allemand qui s'en apperceut, ly vint frapper sa lance dedans la bouche et ly perçait tout permey la gorge ; et touttefois ledit Hennequin en fut depuis repassé ; et ung an après il fut rencontré de ceulx de Goze et fut tué.

En l'an mil iii. c. et xl. fut Maistre-eschevin de Mets Collinon Roucel.

En ladite année fut faite la paix de ceulx de Mets et des Lorrains, laquelle guerre avoit esté esmeue et commencée per Andreu, filz le Sʳ Ferry de Proie, chevalier, et per Philbert du Chastellet, por tant qu'ils avoient prins ung homme de Mets mairchand, appellé François le Cousson.

En l'an mil iiii. c. et xli. fut Maistre-eschevin de Mets Sʳ Johan Baudouche Brullay. Adoncque fut ordonné du consel de Mets que ceulx qui d'or en avant seroient mis en butte, seroient mis per élection ; por tant que aulcuns qui se cuidoient ingerer d'estre du Grant Consel, Maistre-eschevin, ou Vii. de la guerre, pour le deffault de marien, pour la grant mortalité qui avoit esté l'année devant, comme vous avez oy de plusseurs seigneurs morts[1].

Item, en ladite année on mois d'Apvril, le seigneur de Comersey racommençait la guerre contre ceux de Mets sans nulle cause du monde et corut iiii. ou v. fois, sans deffier, sus les abbeys et abbausses, tant que la guerre fut ouverte; et tantost le duc Robert envoyait ses deffiances. Incontinent les seigneurs de Mets envoièrent vi. soldiours jusque devers Comexey à leur adventure; lesquels vi. souldieurs mirent jus le capitaine de Chastaul Thiry, Maheu de Sernay et ung aultre appelé le bastart d'Arentiere et ung appellé Jehan de Cey et les amonont et déliveront à leurs maistres les VII. de la guerre, à Mets.

Item, en ladite année partirent de Mets ii. seigneurs, Joffroy Dex et Jehan Baudoche, le xviie. jour de Juillet, pour aller en Jherusalem, et y furent faits tous ii. chevalliers et revinrent le ve. jour de Mars après [fol. 20].

Item, en ladite année vint courre à Maigney le Sr de Comexey et à Paulley, le jour de la saint Burthemin, sus le point du jour et y firent moult de mal.

Item, en ladite année ii. soldiours juoient aux cartes, s'entreprinrent tellement que l'un tuait l'autre et s'en allit armé et vint à la porte des Allemans. Il leur dit qu'ils ovrissent hastivement la porte et que les ennemis estoient aux champs, et que ses maistres l'y envoient.

Item, en ladite année Sr Conrald Baier rachestait Ars sus Muzelle et les cens que Collignon Roucel de Chainge y avoit de la somme de xiii. c. francs. Mais après ledit rachatt, ledit Sr Conrald Baier, evesque de Mets, fit paier à ceulx d'Ars xii. c. francs, l. cowes de vin; à ceulx d'Ancoy, viii. xx. [francs] et x. cowes; ceulx de Chaustel l. cowes et ceulx de Lessey avec ceulx de la Mairie xl. cowes de vin; et ii. boins hommes, le maire Pagel et Pierson le jonne, de Lessey, furent rançonnés et taillés à c. florins de Rin; et ainsi ledit evesque trovait bien son rachatt à leurs despens et coustanges, car ils l'avoient désiré.

Item, en ladite année, le xxiiie. jour d'Octembre fuit prins le chastel de Solleuvres furtivement et falsement per ung moynne de Goze, dan Joffroy d'Alpremont et prieux dudit

Alpremont, qui estoit ung apostat et estoit frère à la femme
le demexoul de Soullieuvres, près du mont Saint Jehan; et ne
tenoit ledit moynne de compte de sa religion, et en la prenant
luy meymo tuait le portier et le chapellain de léans; et de sa
grant mavistié la mist en la main du seigneur de Comexey;
et tantost après ceulx de Lucembourch y mirent le siège et
envoiont prier aux seigneurs de Metz qu'ils leur voulsissent
aydier et venir audit siège, et aussy firent ils bien vaillamment.

Item, au retourner dudit siège, que nos soldiours rentrèrent
en Metz, une mallaidie print Jehan de Vit, eschevin et VII. de
la guerre, ung moult notable et boin messin, de laquelle il
morut, dont ce fut dommaige, car il estoit leal messin,
diligent du bien publicque.

En l'an mil IIII. c. et XLII. fuit Maistre-eschevin S⁽ʳ⁾ Willemin
Perpignant, du paraige de Jurue; et en sonnant Meutte,
comme on ait de coustume, elle fut fendue en sonnant le
second coup et furent sonnés les aultres cops de Marie, la
grosse clouche de la grant esglize; et bientost fuit mairchandée
de la reffaire et y mist le maistre bien demy an à la faire et
furent oscripts ces verses cy dessus:

« En l'onneur de Dieu le tout puissant,
L'an XLIII. mil IIII. c.
Fus faicte pour donner son nom,
Quant les offices se reffont,
Pour les bans pranre et pour les lire,
Se nulz y voulloit contredire;
Et pour guerre me font on sonner,
Pour gens mettre ensemble et armer;
Et qui voulroit sçavoir mon nom,
Dame Meutte, ainsy m'appelle on. »

Item, le jour sainct Pierre et sainct Paul, ung chairpentier,
appellé Pierson de Taixon, avalloit Meutte. Elle cheut jusque

sus la darienne volte et tuait iii. hommes; et quant ils la voulurent avaller toute baisse, elle cheut toute à terre et y olt la première fois avecque les iii. tués, vi. des blessés.

Item, en ladite année vinrent courre on Hault chemin sur v. ou vi. villaiges, le xxii°. jour d'Aoust, aulcuns seigneurs d'Allemaigne sans cause; car on ne s'en gardoit point, c'est assavoir, le woé de Henalpier, le comte de Petitepierre, Rodobaier, et boutirent le feu à Vegey; après le feu bouté, ils envoyèrent leur desfiance; et tantost les seigneurs de Mets firent monter leurs soldiours à cheval, lesquels en prinrent trois qui estoient à trois seigneurs devant dits, et en tuont ung et prinrent iiii. chevals de selle, et furent le londemain pendus, qui estoit la vigille de la sainct Burthemin.

Item, tantost après, on mois de Septembre fut regaingné la forteresse de Falquemont par messire Symon de Fenestrange à qui ladite Falquemont appertenoit, comme Rodobaier lui avoit ostée injustement et y cuidoit boutter et logier ceulx de Comexey qui estient jà de guerre à ceulx de Mets; et tantost que ledit seigneur de Fenestrange l'eust regaingniée, il la mist en la main de ceulx de Mets pour entrer et rissir toute la guerre durant. Et tantost, le xxii°. jour dudit mois de Septembre, ceulx de Mets desfièrent ledit Rodobaier, Henri Baier et Thierry Baier chevalier, pourtant qu'ils aidient et soustenient leurs ennemis en leur forteresse de Chastel Brehain; et ii. jours après, xxiiii°. jour de Septembre, les seigneurs et soldiours de Mets s'en allirent corre devant Chatel Brehain et ardirent iiii. villaiges apertenant audit chastel et seigneurs.

Item, le ii°. jours d'Octobre, tantost après, Rodobaier chevalier, S^{gr} Henri son frère, Andreu de Peroie et Phillibert du Chaustellet, environ viii. xx. chevalx, s'en vinrent bouter le feu à Ancerville; mais les seigneurs et souldiours de Mets les suirent de si près qu'ils furent rateins pres de Chaustel Brehain: frapèrent tellement ensemble que ceulx de Mets gaingnirent lii. chevaux de selle et v. compaignons d'armes, et fut ledit

Rodobaier navré et plusieurs aultres et en y olt des morts. Et fut gaingnié ung grant pannon que Andreu de Perroie portoit et fut mis devant Nostre Dame la Ronde, et fuit prixié le buttin xiiii. c. et xl. livres; et estoit capitaine pour le jour Jehan Boullay, vii. de la guerre. Et tantost après cette journée, les seigneurs de Mets et vii. de la guerre ordonnèrent iiii. capitaines, c'est assavoir: Henzelin de Morhange, à Burlixe xxv. chevals; Hanri Lallement à Ancerville, Tresjolly à Loweny et Jehan Mowe à Merdeney, chacun xxv. chevalz, lesquels firent durant la guerre très bien leur dobvoir.

En celle dite année de quoy nous parlons, fit le plus bel esteit, le plus chault et secq qu'il eust fait en grant temps, si chault que grant partie des vins furent aigres ez cuwes en la vendange; et l'yver après fit si très (fol. 30) grant froid et commençait la gelée à la sainct Nicollas et durait xii. sepmaines et furent les glaces très espesses et naigeait les trois premiers jours de Février, sans cesser, tant que les neges estient bien iiii. ou v. pieds de hault et à grant paine povoit on passer permy les rues.

En l'an mil iiii. c. xliii. fut Maistre-eschevin de Mets S^{gr} Jehan Remiat et luy escheut l'eschevinaige, S^{gr} Poince Le Gournaix, le ve. jour après la sainct Benoy.

En ladite année estoient les seigneurs ci après de guerre à ceulx de Mets, c'est assavoir: S^{gr} Robert de Comexy, Callait de Fleville, Thiry Simon, iii. frères; et Phillippe Pot de Savegney estoit leur capitaine, et estoient ancour ceulx de Mets de guerre aux aultres seigneurs Rodobayer, S^{gr} Hanri Bayer son frère et S^{gr} Thiedry Bayer leur oncle, lesquels estoient lougiés à Chastel Brehain.

Item, en ladite année, le xxviiie. jour de Mars vinrent ceulx de Fleville courir et boutter le feu à Maixires et Hagondange, et furent jusque la grant Teppe.

En ladite année, le viie. jour d'Apvril fut arse une femme entre les ii. ponts, qui estoit née de Mairville, laquelle avoit fait ung vilain meurtre; car elle estoit garde d'une femme beguine qu'elle solaçoit pour son argent, dessus les Murs. Mais pour la coitixe d'un pot d'argent qu'elle avoit, la faulse femme qui la dobvoit garder, ly coppait la gorge d'ung coutel et la gettait en ung aixement et son chien avecque elle le jour d'une s^t Vincent, et y fut bien xii. sepmaines que on n'en sçavoit rien, tant que on demandait à la faulse femme, qu'estoit devenue sa maitresse? Que respondit : « Eh que sai-je? Elle est allée en son paiis. » Touteffois, per suspicion, elle fut prinse et tantost congneut son fait et fut arse le sabmedi apres le my-karesme.

Item, encor en ladite année, le viiie. jour d'Avril corrurent ceulx de Fléville jusqu'au moustier d'Ars et tuont iii. hommes et en prinrent v. de ceulx d'Ars ; et ceulx d'Ars se deffendirent si bien qu'i tuont ung homme d'armes et en navront plussours et gaingnont iiii. chevaulz de selle.

Item, le xiie. jour d'Avril vinrent ceulx de Fleville, ceulx de Comexey avec Phillippe Pot de Savegney, le capitaine, boutter le feu à Thignomont, à Lorey, à Wauppey et rechaissont les seigneurs et gens d'armes de Mets jusques sur le Pont des Morts, puis s'en allèrent en une crowée de bledz Devant les Ponts et là se mirent en baitaille bien l'espace de demy heure et puis s'en allèrent gessir à May la Tour.

Item, [le] viie. jour de Maye furent les vignes engellées, qui estoient de très belle apparence et fit merveilleusement froit le mois de Maye.

Item, on dit mois de Maye furent rués jus [ceulx] de la garnison de Burlixe, dont Henzelin de Morhange estoit capitaine pour ceulx de Mets, contre ceulx de Chastel Brehain, c'est assavoir le nepveu de Petitepierre, le filz du marchault, le mairquis de Baude et iiii. aultres chevalcheurs et ix. chevalx de selle et furent buttenés en l'aitre saint Salvour et montait le buttin à ii. c. iiii. xx. et xii. francs.

Item, on dit moys, Jehan de Chailons qui estoit soldiour de Mets, avec vi. de ses compaignons s'en alloit devant Richart-

Mancy en Lorenne et la prirent et y bouttirent le feu, et fut tout arse, pour ceu qu'elle estoit à Callait de Fléville, qui estoit de guerre à ceulx de Mets.

En celluy temps fut achevée et parfaite la chapelle l'evesque et y mist on iii. ans à la faire [1].

Item, en ladite année, la vigille de la Penthecouste se partit le Demexoulx de Comexey, de Laudre, de Mary, de Sainct Piermon, d'Anowe, et s'en vinrent à Ars sus Muzelle et à Ancey et estoient bien iii. mil combaitants; de quoy Pierre Regnault, frere de la Hiere et Le Roussin estoient capitaines; et le londemain, jour de la Penthecouste, ils corrurent jusque à St Arnoult et bouttirent le feu ez mainandies de St Clement; puis retornirent et allirent abaitre le gibbet, et s'en rallirent logier à Ars et à Ancey, et y demouront permey les festes de Penthecouste et firent moult de mal entre les ii. yawes; car ils coroient tous les jours et boutirent le feu à St Laidre et firent beaulcoup de mal as mallaides de St Privait; et tantost qu'ils furent partis, on fit reffaire le gibbet; de quoy il en y olt v. des pendus pour estrenner la chapelle.

Item, en ladite année, le viiie. jour de Jullet les seigneurs et soldiours de Mets s'en allirent devant Fléville [2], dont S^{gr} Baudouche, chevallier, estoit capitaine, avec S^{gr} Joffroy de Varixe, Jehan Boullay, Joffroy Chaverson et Perrin George et iii. c. compaignons d'armes et bien xvi. c. hommes de pied, que de Mets, que don Vaul de Mets et coppont et faxout les bledz de Fléville, de Lexir et d'Oxeraille, et firent ung assaut devant Fléville, onquel assault furent blessiés ii. soldiours et ung prins; mais il leur fuit vendu bién chier, car ils ne rentront mie tretous en bonne santeit en ladite forteresse.

Item, tantost après, le jour de la division des Apostres, les seigneurs de Mets et soldiours, avec viii. c. compaignons de pied de Mets et du paiis, s'en allirent devant Chaustel Brehain qui estoit aux Bayer et prinrent la ville et la brullont et la fourrageont toute; et estoit capitaine pour le jour Jehan de Waurixe et Phillippe Dex avec iii. c. compaignons d'armes, et n'y olt que ung seul homme mort de ceulx de Mets, le Merchault d'Ancerville, encore par sa niceteit.

Item, en ladite année fut encommencié le Pont aux loups per S⁊ʳ Nicolle Lowe, chevalier, le darien jour de Juillet ¹¹⁴.

Item, encore en ladite année fut reffaite Mutte par maistre Anthoine. (Fol. 31.)

Item, les vins de ladite année ne furent mie bien à l'apetit des glouz, car ils furent de bien petite vallue et n'estoient quasy que verjus.

Item, en ladite année, on mois de Novembre fut faite la paix des iiii. frères de Fléville et des seigneurs de Mets.

Item, le xxiiᵉ. jour de Novembre ensuivant Lucembourch fut gaingnée de Monseigneur Philippe, duc de Bourgogne.

Item, encor en ladite année vint en Mets S⁊ʳ Conraid Baier, lequel à bien grant peine fut exuré et y fit les Trezes et y fut parmy la Chandelour. Et fuit adoncque faite la paix de Rodobayer, de S⁊ʳ Thiedry Bayer et de S⁊ʳ Hanry Bayer.

Item, le mecredy, xiᵉ. jour de Fevrier partirent de Mets environ cent hommes dont S⁊ʳ Jehan Baudouche estoit capitaine et allirent devant Comexy à la prière de S⁊ʳ Lowy de Heraulcourt, evesque de Toul et du mairquis du Pont qui faisoit sa première armée.

En l'an mil iiii. et xliiii. fuit Maistre-eschevin Wiriat de Toul et luy escheut l'eschevinaige Gueseriat Hurel.

En celle année fut faite la paix du roy Charles de France et du roy d'Angleterre, qui troup longuement avoit duré ¹¹⁵.

En celle année fut ordonné ung grant pardon à Sainct Anthonne du Pont à Mousson, per pape Eugene, d'un subtil engien pour faire finance et amasser argent pour les Lorrains et Barisiens, en l'intencion de prenre guerre contre ceulx de Mets; et tousjours queroient moiens et occasions de querelles; mais jamais ne la sçeurent trouver honnorablement ne à lour honnour.

Item, en ladite année, on mois de Juillet fut faite la croix et le puixe devant le Pont des Morts, par S{ʳ} Nicolle Lowe.

Item, en ladite année, le iiiie. jour d'Aoust fut le feu on Palais de Mets per ung nids de sougne, et en fut banni lo varlet du Palais.

Item, en ladite année, on mois d'Octembre fut la guerre des roys, du roy Charles de France et du roy Renné de Secille et de toute leur puissance, lesquels furent autour de Mets et maistres de tout ceu qui estoit fuer de Mets bien demy an, de chaustels, de moustiers, de villes et de forteresses, et coutait ladite guerre à la cité de Mets plus de ii. c. mil escus d'or [1].

Item, en ladite guerre, le xixe. jour de Maye vinrent Phillippot de Sevegney et Geraid Pestre avec viii. xx. hommes boutter le feu en une maison à Wauppey, et ne s'en gardoit-on point; et puis ils envoyèrent leurs deffiances.

Item, on moys de Jung après, ledit Phillippot de Sevegney et ledit Geraid Pestre furent tenus à tels qu'i vinrent faire les biaulx dits et furent toute leur vie hommes à la cité de Mets, encor à la prière de Hanry de La Tour.

Item, on moys de Juillet xv. soldiours de quoy Jehan de Chaillons estoit capitaine, allont courre devant Aspremont qui estoit de guerre à Mets et en revenant qu'i faisoient, le sire Callard du Saulcey avoit assemblé gens et mis des caque-tripes et de grand malvistiés en ung waid où ils dobvoient passer, duquel on ne se gardoit en rien; et corrut sur lesdits soldiours et en prinrent vii., et incontinent les butenèrent; et tantost fut la guerre overte contre luy; viii. jours après plussieurs des seigneurs de Mets, avec leurs soldiours, allont courre tout devant la baire de Pregney et prinrent leur capitaine appellé Josquin et ung aultre homme d'armes.

Item, on moys d'Aoust fut faite une neufve tour entre le Pont des Mors et Sainct Vincent et les murs amendés par maistre Hanry de Ranconvalx [2].

Item, ondit moys on fist huchier à forteresse et on fit

garnir les tours de chascun mestier de tous traits, de pierres, de pouldre et fut ordonné d'avoir des maisses de plomb et les tours bien gardées de jour et de nuict.

Item, en celle année furent vuidiés les foussés darien Sainct Medairt par les paroiches, et tantost après les foussés darien les Augustins, jusques au champ Nemery.

Item, le xixe. jour de Septembre fut rué jus, ars et abbatus Sainct Simphorien le bourch, et toutes les mainandies et y cuidoient bien venir logier les Escorchous de France; mais on les en gardait et adoncque fut ordonné de abaittre le bourg de Maizelle.

Item, tous les jours coroient les Escorchours tout autour de Mets, et le xxiie. jour de Novembre, devant midi, bien xv. c. chevalx s'en vinrent courre en l'isle du Pont des Morts, sus Wauldrinowe et avoient de l'artillerie qui tiroit en Mets, vuillglaires, v. ou vi. coups dont l'ung des coups tiroit on jusqu'à en Vizeneuf et furent bien une grosse heure ; et quant ils en furent allés, on fit coupper les saulx, waurixes, et ung gros orme qui estoit à pied du Pont des Morts. Et le lendemain plussours estoient allés vandangier les vignes de Waulcon et atour Sainct Mairtin, desquels il en y olt plussours des prins, hommes, femmes et filles.

Item, tantost après, certains hommes de Secy tuont ung seigneur, fort bel homme et l'aportont jusques à Pont des Morts et trovèrent sur luy vii. livres en or et le buttenèrent jusques à solers à polaine. Et le jour de la saint Michiel, ceulx de Salney prinrent xi. hommes du Pont à Mousson, et en tuont iiii. qui portoient vivres aux Escorchours qui estoient devant Ennery et devant Verry. Et la nuit aulcuns soldiours de Mets s'en allèrent devant Goin et la waingnont et tuont le capitaine qui voulait paiier une grant somme d'argent et iiii. hommes d'armes avecque luy, et ramenont beaulcoup de chevalx et d'aultres bestes et gaingnont ung boin buttin et bouttirent le feu en ladite Goin.

Item, la vigille de la saint Remey Jehan de la Plaine, Guiot Caisin avecque plussours s'en vinrent courre à Longeville et gaingnont la fort maixon et prinrent ix. des Escorchoulx de dedans et iii. des ars; de quoy l'ung estoit ung que tous les jours venoit faire viraides tout permey l'Isle, monté sur ung cheval blanc, et estoit le filz de celuy qui avoit esté pendu, qui avoit desrobé xxii. calices, comme avez devant ouy. (Fol. 32.)

Item, le viiie. jour d'Octembre Jehan de Bair, Joffroy le Picquair reprinrent la fort maixon de Lorey per force de feu, et y prinrent vi. Escorchours; et iiij. jours après fut reprinse Maigney, en laquelle furent prins xxi. compaignons et s'en y olt xv. de ars et prins xxxv. chevalx; et tantost la paix en fut faite le venredy.

Item, le venredy devant le mey karesme fut faite la paix, en ladite année, de la guerre des rois et de ceulx de Mets à Pont à Mousson, et revinrent les seigneurs de Mets de ladite journée le ve. jour de Mars; avec eulx le senechaulz d'Anjou et ung hural vestu des armes de France; et avoit duré vi. mois, et firent crier la paix, à son de trompes, devant la grant esglize de Mets aux xii. heures per ladite trompete, et ly disoit S^{gr} Nicolle Lowe ce qu'il debvoit dire : « Oiez, oiez, oiez. On
» vous fait assavoir que le roy de France, le roy de Secille et
» ceulx de Mets ont bonne paix et bon escord ensemble et
» que ci en avant on ne faisse nulles entreprises sur eulx en
» manière que ce soit, maix boins amis les ungs aux aultres. »
Por sçavoir la date : *Ad te clamaverunt et salvi facti sunt; in te speraverunt et non sunt confusi.* 1444.

En l'an mil iiii. c. xlv. fut Maistre-eschevin de Mets S^{gr} Jehan de Warixe.

En celle année fut grant novelle de sorciers et sorcières qui gaistoient beaucoup de vignes et du bledz, et si en y olt beaucoup des brulés en Mets et ailleurs, comme vous orrez.

Item, en ladite année fut ordonné que on paieroit aux

molins pour chescun quarte de bled xii. deniers, sans la moture, et fut ordonné le viie. jour d'Apvril.

Item, en ladite année fut encommencée la porte des Allemans per maistre Hanry de Rancowaulx, maçon de la Cité ¹¹¹.

Item, tantost après, le viie. jour d'Avril fut gettée en Mets une grosse taille pour cause de la guerre des roys, sur tous estas, spirituel et temporel, et fut commandé que chescun eût porté sa somme dedans xv. jours; de quoy aulcuns prestres ne polrent faire leur argent [et ils] furent bannis fuer de Mets, jusque ils orent fait leur argent et paié, primo: le curé de Sainte Segollenne, S^{gr} Jehan de Mandre, S^{gr} Conraid de Briey, curé de Saint Medart, S^{gr} Dediet, curé de Scey, et depuis ils paièrent en Mets.

Item, le premier jour d'Aoust, en ladite année fut abattue la croix à Pont des Morts que S^{gr} Nicolle Lowe chevalier avoit fait faire, per force de tempeste de vent et de grelle qui fit moult de mal en Mets et on païs.

Item, on mois de Novembre fut anuncié per les parouches que toute manière de gens qui aueroient billon, signet ou argent de saudrée et ils les voulloient porter aux Lombairs ou en la maixon Johannes d'Ancey, le chaingeour, on leur donroit pour chacun marke iiii. livres vi. sous, et pour chacun florin de Mets xii. sous vi. deniers, et que, le jour de Noel passé, on ne les prenroit que pour le prix accoustumé; et fut encore anuncié par les parouches que, quiconque, avoit gaiges à Lombairs, qu'ils les allissent racheter dedans le jour sainte Catherine, et ils les raroyent pour le prix principal, sans paier nulle monte, pour besoing d'argent que la Cité avoit, pour cause de la guerre.

Item, en ladite année olt grant debas en l'abaye de Gorse, por tant que le priour de Warangeville qui estoit fils S^{gr} Ferry de Laudre, chevalier, le vouloit estre par force, por ceu que Mons^{gr} de Calabre le soustenoit; et ung qui estoit esleu qui s'appeloit S^{gr} Jaicque Wisse, lequel le roy Charle de France soustenoit, et envoiait Joachin, ung capitaine, avec ses gens pour garder Gorse.

En l'an mil iiii. c. xlvi. Sʳ Nicolle Roucel, fils Sʳ Hanriat Roucel, fut Maistre-eschevin de Mets.

En ladite année olt grant debat entre ceulx d'Ancey et ceulx de Dornat pour le fait des sautenne, de quoy Joachin mist le siége devant le moustier d'Ancey et y furent bien x. sepmaines, tant que Sᵍʳ Conraid Bayer, evesque de Mets, l'allait lever le jour de la division des Apostres, ainsi qu'il leur avoit promis.

Item, le jour de la saint Jehan pleut et grallait si très horriblement en la cité de Mets, à v. heures apres mydy, qu'i sembloit que le monde deust finir, et aultrement ne le creoit on, et furent les fruits perduits et arbres gastés et rompus.

Et en ladite année Sʳ Nicolle Lowe fist reffaire la croix au Pont des Morts, plus belle et plus fort qu'elle n'avoit esté, et fut essevie dedans le mois d'Aoust par maistre Henri de Renconval, le maistre maçon de Mets; et fuit en celle année noié ung jonne homme luxerant, qui n'avoit d'aige que xviii. ans.

Item, en ladite année fut bien poc de vin et se fussent vendus bien chier, se n'eust esté la deffense; car il fut ordonné que on ne vendit la quarte que vii. deniers, jusque la saint Remy que la vendange fut venue.

Item, en ladite année fut envoyé Sʳ Nicolle Lowe, chevalier, Sʳ Jehan Baudouche, chevalier, devers Monseigneur de Borgonne en Flandre, avec xxv. chevalx, pour le fait de la Cité et firent tant que Monseigneur de Borgonne fut boin ami à la Cité et bien content d'eulx.

En l'an mil iiii. c. xlvii. fut Sʳ Regnault le Gournaix Maistre-eschevin de Mets.

En ladite année, ledit Joachin, capitaine de Gorse et ses gens faisoient beaulcoup de mal sus le paiis de Mets et sus l'eveschié et ne queroient journellement que occasion de prenre guerre aux seigneurs de Mets; mais lesdits seigneurs, comme saiges et bien advisés, se gowernirent si saigement et dissimulèrent tant que les vendanges furent à l'hostel et que la Cité fut remplie ; maix quant ledit Jowachin vit que les seigneurs se gouvernoient si saigement et qu'il n'avoit cause de leur faire guerre, il print guerre contre Sr Conraid Baier evesque de Mets et tantost fut prins et mené à Gorse Androwin [fol. 33] d'Ariocourt et rançonné. Et en ladite année tinrent une journée à Sainct Clement l'evesque de Mets et Jowauchin avec les seigneurs de Mets ; maix ledit Joachin cuidait trahir et lever ledit evesque ; mais Monseigneur l'evesque, ne sçay comment, en fut adverti. Incontinent il s'enfuist par Sainct Amant et s'en vint à la porte St Thiebault ; et quant Jowachin vit qu'il avoit faIly, s'en retornait luy et ses gens et s'en vinrent devant le moustier d'Ancey et leur jurèrent et promirent qu'ils avoient acorde et fait la paix à leur evesque. Incontinent ceulx d'Ancey fort joyeux luy ow$e$rient le moustier, cuidant qu'il fût vrai ; maix ils crurent trop de légier, car incontinent qu'ils furent dedans, commencèrent à crier : A mort, à mort, Ville *aingnée* et la fouragèrent toute et prinrent et enmenèrent tous les boins prisonniers, bien xl., et Dieu sçait comment ils furent traitiez et ranssonnez.

Item, asses tost après fut faite la paix dudit Joachin et de Monseigneur l'evesque de Mets et ne rendit jamaix ledit Jowachin le moustier d'Ancey, qu'i n'eust x. c. frans permey le traictiet et la paix faisant.

. S^{gr} Pierre Renguillon et Jehan de Waurixe partirent de Mets ladite année pour aller en Jhérusalem, et furent chevaliers audit voiaige.

Item, en ladite année avoit bien poc de vin et vendoit on la quarte xii. deniers et n'en pouvoit on encore finer pour le prix et si estoient bien mendres ; et se n'eust esté la servoise que on faisoit aval Mets, il eust fallu boire de l'iawe ; maix tantost en la vendange, il fut à si très grant merchié qu'on donnoit la quarte à vi. ang. qui estoit 7 deniers, et qui estoit aussy boin ou meilleur que celluy que on avoit vendu à xii.

deniers; et la quarte de froment pour ii. sous vi. deniers et tout le meilleur pour iii. sous, que devant avoit esté bien chier, et fut comme on disoit ung grant miracle, veu que partout n'avoit point de vin et bien poc de bledz.

En l'an mil iiii. xlviii. fut Maistre-eschevin de Mets S^{gr} Jehan Bollay.

Toute l'année fut fertile et merveilleusement pleine de tous biens et à bon merchié, car le vin ne valloit que à vi. ang. ou à viii. le meilleur, et le bled à ii. sous vi. deniers et à iii. sous, de quoy les vignerons et labouroulx se plaindoient fort et disoient qu'ils n'avoient rien de leurs denrées.

En l'an mil. iiii. c. xlix. fut Maistre-eschevin de Mets S^{gr} Jehan Baudouche et ly escheut en son année l'eschevinaige de Jehan de Vy et il la donnait à S^{gr} Jehan de Warixe, chevallier, son seroge.

En ladite année de mil iiii. c. et xlix., la vigille de la Chandelour, Tiriat Quarel qui estoit Treze tuoit sa femme pour ceu qu'il trowait ung chanonne, ex diacre de Merxal, de nuit en sa maison et navrit le prestre et s'en fouyt per dessus les murs en droit le mechaille ^{119}, et ledit chanonne fut à c. livres d'amende; et quant Justice sceut la vérité, ledit Thiriat reust sa paix et ne perdit rien de ses biens.

En l'an mil iiii. c. et l. fut Maistre-eschevin de Mets S^{gr} Joffroy Dex, chevalier, et ly escheut l'eschevinaige S^{gr} Jehan de Gournaix de Creppey.

En ladite année furent les grants pardons à Rome qu'on dit l'an Jubilez, et y furent moult de gens de Mets et en y olt vi. des mors aux chemins, de ceulx de Mets.

Item, en ladite année on fut sur le point d'avoir une bien malvaise guerre contre la cité de Mets, par le consille d'aulcuns Lorains, lesquels avoient tellement informé le roy de France et le roy de Secille et le duc de Calaibre qu'ils furent tout prests de revenir devant Mets, et firent crier per tous les païs de Bair et de Lorraine que, sur paine d'estre trahistre, que nul n'amenait rien à Mets, ne que on ne leur facissent ayde, faveur ne confort et que on ne parlit point à eulx. Et tantost les seigneurs de Mets firent faire pareille huchement et envoycirent querir saul[f] conduit devant le roy de France qui estoit à Tours pour estre ouy et pour s'eulx excuser; lequel leur envoiait ung huraul appellé Guery, avec lequel s'en allirent S^{er} Nicolle Lowe, S^{er} Poince Baudouche et Thiebault Lowe, lesquels firent tant devers le roy de France et de Secille que on vendangeait les vignes de Mets et du paiis paisiblement; et furent les vins bien boins, ronges et à boin merchié, de quoy les Lorains et Barisiens en furent bien mal contents, car ils avoient bien intencion de les vendangier, maix assez remaint de ce que fol pense.

Item, en ladite année fut faite une vainne de paulx de saulx tout à travers de Muselle, par devant le Pont des Morts, qui ne durait guère, et fut grant piece que nulz ne venoit en Mets, ne à pied ne à chevaulz, per le Pont des Morts.

Item, en ladite année les seigneurs de Mets firent faire en toutes les tours par les mestiers, chacun en sa tour, de grousse artellerie, aultre que devant n'avoit esté faite.

Item, encor en ladite année olt grand debat entre le roy Charles de France et S^{er} Conraid Baier, evesque de Mets, pour ceulx d'Espinal qui s'avoient donnés à luy sans le consentement de leur evesque [120].

En l'an mil iiii. c. et li. fut Maistre-eschevin de Mets S^{er} Nemmery Renguillon, du paraige d'Oultre Seille; et tout l'année estoient les Lorrains en leur errour et hayne, sans parler à ceulx de Mets ne sans rien y laxier venir, et ceulx de Mets pareillement.

En ladite année, le jour du St Sacrement de l'autel fut le jour de la St Jehan, que gaire souvent n'avient.

Item, le viiie. jour après S^{er} Conraid Baier, evesque de Mets, partit de Mets et s'en allait en France devers le roy pour sçavoir s'il vouloit tenir Espinal pour sienne, ou s'il la vouloit rendre; et y demourait bien xii. sepmaines, sans rien faire [fol. 34].

Item, en ladite année fut grande mortalité, principalement on Barroy, en Lorraine et à Colongne et à Pont à Mousson.

Et en ladite année furent les vendanges bien tard et toute l'année tardive, car les chevaulx chaurioient aval Mets v. jours après la Toussaincts et les chacuers owerts; et toutes fois quels petits que les vins fussent, ils se vendoient et les comptoit on iiii. livres le cheralz.

En l'an mil iiii. c. et lii. fut Maistre-eschevin de Mets Perrin George, du Paraige du Commung, et ly escheut l'eschevinaige de Jaicomin de Warixe et de S^{gr} Jaicque Simon; car en ladite année estoit grant mortaliteit en la cité de Mets et estoient la plus grant partie des seigneurs et dames fuyant per cy, per là, et molrut ledit Perrin George en son année de Maistre-eschevin et son filz tantost apres ly, qui estoit Eschevin du Palais; et fut reffait ung nowels Maistre-eschevin on paraige du Commung, et le fut S^{gr} Nicolle Paperel et olt l'eschevinaige de Perrin George; et demourait ledit S^{gr} Nicolle Paperelz Maistre-eschevin jusque à la Sainct Benoy, et l'autre année aussy, car on ne fit point d'aultre Maistre-eschevin, et estoient toujours ladite année devant les Lorains et Barisiens en leurs fumée et malvais couraige.

Et en ladite année molrut la royne de Secille qui avoit tenu le païs en cest estat [121]. Si en fit Dieu la paix.

Item, en ladite année molrut S^{gr} Nicolle le Gournaix, abbez de St Vincent, au mois d'Octembre, tout subitement après qu'il olt soppé, et fut esleu le prioulx d'Offembach, S^{gr} Nicolle Chapelle; maix il ne le fut point, car Maistre Guillamme Howin, ung cardinal, le volt estre et y envoyait ses procureulx qui firent mettre le cesse partout la Cité, iii. jours jusque la vigille de la Toussaincts, qu'ils olrent escord et fut le cardinal abbey [122].

En l'an mil iiii. c. et liii. comme dit est, demourait ledit S^{gr} Nicolle Paperel Maistre-eschevin de Mets toute l'année, et n'en fit point d'aultre.

En ladite année, près du s¹ Sacrement de l'autel, vint le duc de Calabre [123] à Nancey, pour estre receu duc de Lorenne et gowernour de la duchiée de Bair; et tantost on mois de Jung après on commençait à traitier de la paix, et y furent commis de part la Cité, S^{er} Nicolle Lowe, S^{er} Poince Baudoche et Jehan de Lucembourch, clerc des Vii. et tantost furent les chemins ouverts et la paix faite.

En l'an mil iiii. c. et liiii. fut Maistre-eschevin de Mets S^{er} Joffroy de Warixe, du Paraige de S¹ Mairtin.

En celle année fut prinse et gaingnée Constantinoble du Grant Turque, et ii. ans après le roy Lancellout de Honguerie la reprint avecque le blant chevalier [124], et molrut des Turqz plus de cent mil hommes à la dicte prinse.

Et en ladite année se dobvoit faire le Maistre-eschevin on Paraige de Jurue; maix il n'y avoit pour l'estre que Jehan Chevin, lequel, pour tant qu'i n'estoit point des plus puissants d'avoir, craingnant les coustanges, s'en allait fuer de Mets, et fut fait le Maistre-eschevin on Paraige de Porsailly, comme vous orez cy après.

En l'an mil iiii. c. et lv. fut Maistre-eschevin de Mets Jaicomin de Raigecourt, du Paraige de Porselly. Il se dobvoit faire on Paraige de Jurue; maix, per faulte de marien, il se se fit on Paraige de S¹ Mairtin, et ly escheut l'eschevinaige S^{er} Jacques Dex, chevalier, et il la donnait au filz S^{er} Nicolle Xappey, son nepvoulx.

Et le jour de la sainct Jude et sainct Symon molrut à Rome [125] le cardinal abbey de sainct Vincent, et fut encore esleu S^{er} Jaicque Chappelle, prioulx d'Offanbach; maix ung aultre cardinal, appellé le cardinal de Grèce [126] impetrait l'abaye de S¹ Vincent, et covint aller à Rome ledit esleu, lequel fit tant devers ledit cardinal qu'i demourait abbey, permey l'abaye bien vendue chacun, an sa vie durant, iiii. c. et xl. florins de Rin. Et adoncques fut frere Symon, prioulx des Carmes et evesque d'une eveschié en Grèce appellée Panadensis [127], et puis suffragant de Mets.

En l'an mil iiii. c. lvi. fut Maistre-eschevin de Mets Sr Joffroy Cheversson, du Paraige de Porte-Muzelle et ly escheut l'eschevinaige de Sr Jaicque de Ragecourt, dit Xappei.

En ladite année estoit nouvelle de tant de sorciers et sorcières, et faisoient chouses merveilleuses, cruelles et horribles, tant qu'il en y olt plussours des ars en Mets et defuer.

Item, en ladite année iii. varlets d'hostel qui servoient Sr Nicolle Drowin, ung seigneur de Mets et qu'il amoit bien, conclurent entre eulx de murtrir et assommer leur maistre de nuyt en dormant et sa femme, la nuit de la sainct Jehan Baptiste et aussy tous les servants et servandes de l'hostel et de rober le tresor et chevance de leur maistre; et puis, cela fait, dobvoient boutter le feu en la maixon et hastivement monter sus chacun ung des chevaux de l'houstel et s'en hativement fouyr en tandis que on seroit empeschié au feux. Maix comme Dieu ne voult souffrir ung si villain cas, ung aultre varlet que ne s'y voult consentir, contait le fait à son maistre, per ainsy qu'il ly dobvoit perdonner et salver sa vie. Et tantost le fait accusé, ii. desdits varlets furent prins et l'autre comme saige s'en fouyt.

Item, en ladite année fuit trouvé que on forgeoit en Mets des malvaises angevines, et tantost en firent reffaire les seigneurs des aultres toutes blanches et mettre une teste sus l'escu en differant des aultres et fut deffendu que on ne prenist plus nulle des autres sans testes [fol. 35].

En l'an mil iiii. c. et lvii. fut Maistre-eschevin de Mets, Sr Pierre Deudeny, don Paraige d'Oultre Seille et ly escheut ii. eschevinaiges, l'ung de Sr Wirial de Toul et la tint pour ly et l'autre il la donnait à Sr Nemmery Renguillon, son nepvoulx, qui estoit celle de Sr Jehan Baudouche Bruillay.

Item, en ladite année fut sacré le dimange devant Noël, le xviiie. jour de Décembre, maistre Guillaume de Heraucourt, evesque de Verdun en l'abaye et monastère de Sainct-Arnoult devant Mets, et y olt trois suffragants evesques: premier le suffragant de Mets, frère Jehan Ysambart de l'ordre des Proichours, evesque de Consopolite, le second le suffragant de Toul et le tiers le suffragant de Verdun, frère Symon, evesque de Panaden [128].

Item, en ladite année le bourial de Mets, ung pelletier appellé Steveny, tiroit ung cheval mort d'un cellier; en tirant qu'i faisoit de grant force, l'une des jambes dudit cheval jay enroidie s'arrêtait contre ung mur; de grant force de tirer la jambe eschapait du mur et donnait sy grant coup contre l'estomacque du bouriaul qu'i le tuait tout mort. Après fut fait bourial maistre Jehan que longuement le fut; et per ainsi ung mort tuait ung homme, qui est une aventure que n'avint jamaix plus.

En ladite année vint en Mets Madame la da[l]phinne, fille de Savoye, et ly fit on présent et ne demourait que une nuit en Mets [129].

Item, en ladite année, le premier jour de Septembre vint en Mets Ferry, Monseigneur comte de Waudemont et ly fit la Cité présent de ii. cowes de vin, de ii. grais buefz, xii. grais chatrons et de xxv. quartes d'awoine.

Item, ondit mois vint en Mets Ser Jehan de Baude, arcevesque de Strewe et filz du mairquis de Baude, et fut logié chiez Arnez, le chanone, et olt ung présent de la Cité.

Item, en ladite année fut proichié au sermon en la grant esglize, le premier jour de Karesme, que Monseigneur de Mets mandoit et donnoit congié, pour la stérilité du temps, que jusqu'au diemanche des Palmes on pouvoit maingier lait, bure, fromaige, ceulx qui en avoient nécessiteit.

En l'an mil iiii. c. lviii. fut Maistre-eschevin de Mets Ser Jehan de Heu, du Paraige du Commung et ly escheut l'eschevinaige de Ser Nicolle Xappey et la tint pour luy; et encore ly escheut l'eschevinaige de Ser Dedier le Gournaix, dit Vogenel et la donnait à Michiel le Gournaix, son nepvoulx, fils dudit Ser Dedier Vogenel.

En ladite année, le xxviiie. jour de Maye vinrent en Mets le mairquis de Baude, ses ii. freres: S^{er} Georges de Baude, coadjutour de l'eveschié de Mets et messire Mark leur frère, chanonne de Cologne, et furent le jour du sainct Sacrement de l'autel à la prosession de la grant esglize, qui estoit le premier jour de Jung, et leur fist la Cité présent de iiii. cowes de vin, de ii. grais buefz, de xxxvi. grais chastrons et de l. quartes d'awoine.

En l'an mil iiii. c. et lix. fut Maistre-eschevin de Mets S^{er} Jehan Chevin, du Paraige de Jurue, car en celle année il se debvoit prenre on Paraige de St Mairtin; maix il n'y avoit nulz qui jay n'eust esté Maistre-eschevin ou qui ne fust trop jonne. Se furent trois mis en buttes dudit Paraige et cheut le coup audit Jehan Chavin; et à l'issue de l'office il se mariait à une borjoise de Verdun.

En ladite année molrut le bon evesque Conraid à la Haute-Pierre [150], et fut porté ensepvely en sa chapelle en la grant esglize, qu'il avoit fait faire et donnoit aux chanonnes de Saint Thiébault pour chanter à toujours mais, chacun jour, une messe en ladite chapelle, mil livres de Mets, et à la grant esglize sa meittre, sa crosse et une paix d'argent bien riche.

En l'an mil iiii. c. et lx. fut Maistre-eschevin de Mets Wiriat Lowe, du Paraige de Porsaillis; et tantost après ly escheut l'eschevinaige de S^{er} Nicolle Drowin, sans hoirs, et fallit la lingnée et le nom des Drowin en Mets.

En ladite année fut ordonné en Mets que tous merchants usant de poids et de balances, heussent fait reffaire leur balance et ajuster leurs poids et porter en l'hostel de Willamme Gererdin pour ajuster et signer d'ung petit escusson de Mets, ce quo on ne solloit point faire, et furent esleus aulcuns merchants pour visiter lesdits poids per chescune maixon.

Item, en ladite année furent rués jus per ung seigneur d'Allemaigne SS^{ers} Georges de Baude, evesque de Mets, S^{er} Mark son frère, Jasper Bayer et furent menés en ung chastel en Aulsay, et furent prins en revenant de Nostre-Dame des Heremittes ; maix tantost fut mis le siège devant et furent assiégies per ceulx de S{sr} Didier en Vouges et d'aultres, et sur ce en fut fait ung traictié.

En l'an mil iiii. c. et lxi. fut Maistre-eschevin de Mets S{er} Philpin Dex, du Paraige de Porte Muzelle.

En ladite année la garnison de Thionville corrurent sus ceulx de Mets on mois de Juillet, et en estoit capitaine Lowy de Chamen pour le roy de France, et prinrent plussours bestes à Noeroy, à Chailley et Archancey et en plussours aultres villaiges, pour ce que Waultrin Clement et Chaillou avoient prins ung homme qui estoit subject de Bethenville ; et ceulx de Thionville vouloient dire qu'il estoit de leur juridiction et provosteit de Thionville et en vouloient prenre guerre contre la Cité ; et sur ce le roy de France molrut et ainsy demourait la chouse.

Item, encor en ladite année, le xxviiie. jour de Juillet fut receu pour evesque de Mets S{er} George de Baude, et vint en Mets en moult grant compaignie de gens tous armés, et furent les seigneurs de Mets au devant jusque Maigney.

Item, le propre jour molrut Charle, le roy de France et fut son filz, le da[u]lphin Lowy coronné roy en grant magnificence, accompagnié du duc de Bourgonne ; et à ladite triumphe furent faits iiii. chevalliers de Mets : S{er} Nicolle Roucel, S{er} Michiel le Gournaix, S{er} Joffroy Cuer de fer, S{er} Waurin Roucel. [Fol. 35 bis].

En l'an mil iiii. c. lxii. fut Maistre-eschevin S{er} Waurin Roucel, chevalier.

En ladite année, on mois d'Octobre fut prinse la cité de Maience [3].

En ladite année furent fait en Mets ordonnances, que nulz chairpentiers, maçons, marichaulz ne gens d'aultre mestier ne fissent riens pour nulz des channones de la grant esglize de Mets, de St Saulvour ne de St Thiebault ; et pour ceu oirent plusieurs des channones grant despit et furent en grant indignation contre les seigneurs; si s'en allèrent tous ensemble fuer de Mets, leurs sorplis vestus comme une prosassion, avecque eulx aulcuns de leurs chappelains, clercs et serviteurs et s'en partirent le jour de la division des apostres, après la grant messe chantée et s'en [allèrent] à Pont à Mousson.

Item, firent tant qu'ils firent partout excommunier les seigneurs, les habitans et toute la cité de Mets. Et sur ceu les seigneurs de Mets appellèrent à Rome et y envoyèrent le jour de la sainct-Valentin SS^{grs} Michiel le Gournaix chevalier, Wiriat Roucel escuyer, maistre Guillamme Bernair advocat, Jehan de Landre leur escripvain et plussours souldiours; et s'en allirent à Rome parler à pape [133] et revinrent jusqu'ez festes de Penthecouste lxiiii.

Item, ils envoièrent aultres ambessauldeurs par devers l'empereur Fidry [134], Jehan Complement et Classequin le messaigier et si ne firent riens.

En l'an mil iiii. c. lxiii. fut Maistre-eschevin de Mets S^{er} Joffroy Cuerdefer du Paraige de Jurue et ly escheut l'eschevinaige de Perrin Besainge la vigile de la s^t-Mairtin après.

En celle année une merveilleuse chouse estoit que en Mets et en plussours lieux moult de gens dansoient du bien sainct Jehan qui estoit une merveilleuse pitiet et le plus jonnes gens, hommes et femmes, et dansoient tant et si longuement que n'en pouvoient plus et chéoient par terre quasy comme morts, et s'en vint beaucoup en Mets; maix on les fit mener fuer et deffendre qu'ils ne revenissent plus et que on n'en laissist plus nulz entrer en Mets.

Item, à la Penthecouste après furent renvoyés lesdits Complement, Classequin et le petit Hannes le messaigier devers l'empereur pour le fait des chanonnes et ne revinrent en Mets jusque la vigille de la sainct-Mairtin; et celuy jour morut Perrin Bessainge eschevin du Palais et raportèrent comment l'empereur leur avoit promis qu'il envoyeroit par deçà pour s'en informer.

Item, le jour de la Conception Nostre-Dame, l'empereur envoyait en Metz ung moult vaillant seigneur à embassade, lequel fut bien honnorablement receu et ly fut fait present de ii. grais buefz, de ii. couves de vin, de l. quartes d'avoinne, et de xxv. chatrons, d'une couppe moult belle et mil florins d'or dedans; et fut lougié en l'hostel dudit Complement, auquel fut ordonné qu'il ne prenist rien du sien et que la Cité le paieroit, et y demourait xv. jours. Après il pairtit de Metz, le venredi devant Noël et s'en allit à Vy[c] devers les chanonnes et puis s'en retornait devers l'empereur.

En ladite année revint le roy René de Provence de Marseille à Bair et fut à Sainct-Michiel, à Pont-à-Mousson, et y estoit sa femme et la royne d'Angleterre sa fille, femme à roy Henry d'Angleterre pour lors déchaussié d'Angleterre per le duc d'Ior[k] qui se disoit estre roy d'Angleterre, son filz, ledit roy meisme, le marquis du Pont, filz du duc Jehan de Lorenne, le comte de Vauldemont, sa femme et son filz et demourirent au paiis ung an et les furent veoir les seigneurs de Metz, c'est assavoir Ser Poince Bauldouche, chevallier, Ser Regnault le Gournaix, Ser Joffroy de Waurixe, chevallier, Ser Nicolle Roucel de Chaingc et furent journier à belle compaignie de soldiours à Sainct Michiel devant le roy de Secille pour le fait des channones; et ne volrent mie faire les channones à la vounltei du roy et tantost ledit roy fist deffendre qu'i ne fussent soustenus en la duchié de Lorenne, ne de Bair, ne à Pont où estoit lour ressort; et tantost se départirent du Pont et s'en allirent à Vy[c] et là furent receus de l'evesque et fut ordonné de chanter à Sainct Estenne de Vy[c].

En l'an mil iiii. c. et lxiiii fut Maistre-eschevin de Metz Ser Pierre Baudoche et fut mort sa femme qui estoit fille Ser Jehan de Heu.

En ladite année, devers le mois de Maye fut grant nouvelle que le roy de France vouloit à merveilleuse puissance grande venir devant Metz. Sy firent les seigneurs de Metz huchier à torteresse et soient les bonnes gens moult fort, excepté ceulx de Chastel, d'Ars, d'Ancey, de Lessey, et ceulx qui estoient subgets à l'evesque, car on ne les voit point reçoir en la cité pour ceu que ne volloient point obeir as seigneurs de Mets; sy s'en allirent les ungs à Pont, les aultres à Brii, où il povoient mieulx. Et tantost la Cité envoiait par devers ledit roy et il n'en sçavoit rien et estoit boin ami à ceulx de Mets et fuit bien courroucié des parolles que on avoit sonnées et du dommage que les pouvres gens avoient heu; et bien joieulx s'en rallirent les bonnes gens et raumenerent leur bien: bledz, vin, sans rien paier aux portes.

Item, en ladite année molrut la femme S^{er} Pierre Baudoche qui estoit, comme dit est, Maistre-eschevin de Mets. Et ledit jour estoient à Thionville les iiii. commis de Mets pour le fait des chanonnes à une journée, car il y avoit un liégal qui estoit auditeur et estoit envoyé pour apaixier les parties et avoit puissance de ce faire.

En ladite année, de mil iiii. c. lxv. fut la journée de Monlehory iii. jours après la Magdalenne.

Item, en ladite année avoit une solempnelle nopce du filz du comte de Salverne et de la fille S^{er} Jehan de Fenestrange à Salbruche; et se print ledit jour le feu par ung coup de meschief qui ardit partie de la ville et qui troublait bien la feste.

Item, en ladite année molrut Cosme de Medicis, le plus riche homme de la crestienté.

En l'an mil iiii. c. lxv. fut Maistre-eschevin de Mets S^{er} Jehan le Gournaix et ly escheut l'eschevinaige de S^{er} Poince Baudouche.

En ladite année les sergents de Mets furent crier la feste à Ancey on nom du Maistre-eschevin de Mets et de la comunaltey de Mets. (fol. 36.)

En ladite année, on mois d'Aoust, les seigneurs et gowernours de la cité de Mets rachetirent les gaiges que plusseurs des seigneurs de Mets avoient en leur main en gaiges des Sᵍʳˢ evesques de Mets. Se firent tant lesdits gowernours et seigneurs de Mets devers monseigneur l'evesque Georges de Mets pour plussours inconvénients qui en poulvoient advenir que les raichettont et appriont à corps de la cité de Metz. Et en olt ledit Sᵍʳ evesque de Mets viii. mil livres sans les arriraiges qui montoient à plus de iiii. mil livres, et en furent mis en possession le Maistre-eschevin et les commis de Mets, le jour de la sainct Burthemin, des iiii. Mairies don Vaulx de Mets, c'est assavoir Ancey, Ars, Chastel, Lessey, Mollin et Scey, Longeville et Montigney.

Item, en ladite année Jehan dit Gouddexault fit faire l'hospitault de la Triniteit. ¹³⁵

Et en ladite année les sergents de Mets furent crier la feste à Ancey on nom du Maistre-eschevin et de la communalteit de Mets.

Item, en ladite année, furent bien pou de bledz, d'awoine et tous aultres fruicts et furent bien mal murs, especialement les vins et furent engellées les vignes le jour de la sainct Michiel et furent si ameres que on n'en poulvoit boire, si n'eust esté les viefz vins que on vendoit à viii. et à x. per avant et on les vendont à xvi. et à xx. bien mal merchié et fut une bonne année pour les usuriers.

En l'an mil iiii. c. lxvi. fut Maistre-eschevin Sᵍʳ George de Serriers du paraige don Commung et ly escheut le mardi, seconde feste de Penthecouste, l'eschevinaige de Sᵍʳ Jehan de Heu chevallier, et on mois de Juing après l'eschevinaige de Sᵍʳ Jehan de Waurixe et l'eschevinaige de Sᵍʳ Pierre Dudency.

En ladite année avoit ung homme à Mets qui y avoit demouré environ vii. ans et avoit ledit homme une fois crevé les ii. yeulx à son curey où il demouroit et avoit encore frappé une femme d'ung woulge parmey les cuisses, qui estoit sa commere et sa cousine; et bien environ vii. ans après vint en Mets e filz de la femme, lequel le congneust et incontinent le fit prenre, et tantost il cogneust tout le fait et le sabmedi après on ly fist crever les ii. yeulx à Pont des morts et fut banni et forjugié.

Item, molrut le mardi, seconde feste de la Penthecoste, à Ennerey, le grant almonier de Mets, S^er Jehan de Heu chevallier, lequel avoit esté en Jherusalem et à Saincte Katherine et fut dommaige pour les pouvres gens.

Item, le mardi devant la Penthecouste molrut S^er Regnalt le Gournaix, et tantost après on mois de Juillet, molrut S^er Jehan de Waurixe ung moult noble seigneur et avoit esté chevallier en Jhérusalem.

Item, tantost après, molrut en ladite année S^er Pierre Deudeny.

Item, molrut aussi Thiebault Lowe, ung vaillant escuier, et molrut le mois après Jehan le Gournay, serourge dudit Thiebault Lowe. Je ne fais point de mention de gens sans nombre, car la mortalité estoit en Mets et ailleurs si grande que c'estoit grant pitiet et longtemps devant n'en avoit heu de pareille.

Item, en ladite année advint en Mets une merveilleuse adventure et semble ung grant miracle, le mercredy devant darien jour de Juillet, car tout subitement sans plouge graillait en Mets et on paiis si fort qu'elle cheoit comme grousse pelloutte, et si ne cuidoit on point aultrement que tout ne fut perdu, maix il n'en fit point la centième partie que on cuidoit, maix aux verrieres et aux larmiers fit grant dompmaige.

En l'an mil iiii. c. lxvii. fut Maistre-eschevin de Mets Regnault le Gournaix du paraige de Sainct Mairtin et ly escheut l'eschevinaige de S^er Joffroy Cuerdefer, en la sepmaine de Pasque et bientost après l'eschevinaige de S^er Jehan Remiat.

En ladite année les Lorains et Barisiens mirent le siége devant Liverdun et la prinrent et l'abatirent, murs et maisons, et prinrent Berville, Challegnei et le chastel de Bruxer et tout contre le bossu merchault de Bourgonne [136].

Item, en ladite année, les Liégeois mirent le siége devant

lieu [137] et la prinrent per force le jour de la sainct Lambert, qui estoit à duc de Borgonne ; maix elle leur fut vendue bien cher, car tantost après ledit duc de Bourgonne à mervilleuse puissance, le xve. jour d'Octobre, en l'ayde de S^{gr} Jaicque de Borbon leur evesque, et en moins de trois mois print la cité de Liége à grant effusion de sang et touttes leurs appartenances et destruit tout, esglises, maisons, murs et en fist une ville champestre, boltée fuer et dechassiée de tous les paiis et mise en servitude.

Item, en ladite année, molrut ledit Philippe, duc de Borgonne, et en ladite année molru[ren]t tous les abbeys des monasteres de Mets, excepté celluy de St Vincent; et l'abbey de Go[r]ze començait le premier de quoy en fut moult grant proces, car monseigneur l'evesque d'Albin le vouloit estre. Après molrut S^{gr} Jehan de Havange, abbey de Sainct Mairtin et fuit esleu messire Hesse. Après fuit mort S^{gr} Poince de Champel, abbey de St Simphorien, et fut esleu messire Foullat. Après S^{gr} Paulus, abbey de Sainct Clement et fut esleu S^{gr} Simon, suffragant de Mets. Après molrut S^{gr} Eray de Voulle, abbey de St Arnoult et fut esleu S^{gr} Guillame; maix portant que on le plaidoit, il s'en allait à Rome et molrut au chemin et fuit abbey le cardinal d'Avignon [138]. Après molrut Dan Simon abbey des Chastreux, après molrut l'abaice de Saincte Marie.

En l'an mil iiii. c. et lxviii. fut Maistre-eschevin de Metz, Maheu le Gournaix du Paraige de Jurue.

En ladite année fuit le feu on grant toit d'escaillo sus les voltes de la grant esglize de Mets, le venredi devant les Croix, le xxe. jour de Maye, par le deffault des ouvriers qui avoient fait du feu de chairbon en ung chauldron sus les voltes : si s'enprint de nuitte tellement que avant que on le peust racourre, il se bouttait dedans les ii. clouchiers gros de Meutte et de celluy des chanonnes ; il fut moult bien secourut, maix toutes fois il fit grant domage pour plus de mil francs, et n'eust point esté si bien racouz se n'eust esté le clouchier de Meute qui estoit à la Cité pourtant que on haioit encore les chanonnes. (fol. 37.)

Item, en ladite année fut fait le jeu de saincte Katherine de Sienne as Proichours permey les iii. festes de la Penthecouste et le fit faire dame Katherine Baudouche à ses frais et fist une jonne fille de environ xviii. ans saincte Katherine, qui merveilleusement fit bien son debvoir et ses personnaiges, et avoit xxiii. c. vers de personnaige; et pleust mont à beaucoup de gens, et en fuit mariée à ung soldiour appellé Hanry de la Tour qui d'elle s'en amourait pour le grant plaisir qu'il y print.

En ladite année furent condempnez en charte perpétuelle le cardinal d'Anjou, nommé Balliculx et maistre Guillame de Heraucourt, evesque de Verdun pour aulcuns cas de trahison que on leur mettoit sus. [139]

Item, en ladite année, furent les vins decoffat.

En l'an mil iiii. c. lxix fut Maistre-eschevin de Mets Andreu de Rinek.

En celle année vint en Mets le cardinal d'Albin, abbey de Sainct Denis en France et abbey de Gorze et abbey de Sainct Simphorien. Pour ceste cause venoit-il en Mets pour en prendre possession, et fuit receu pour abbey et fut tantost advisé que son prédécesseur abbey avoit grant finance. Il s'avisait qu'i feroit rendre compte à ses moines et à ses maimbours et sot qu'il avoit donné per sa devise bien xviii c. livres pour faire ung neuf clochier à Sainct Symphorien et que l'ung des maimbours appellé Jaicomin Pichon le gardoit; se fit tant le cardinal qu'il olt l'argent, et puis s'en allait à Gorze et povoit estre bien chargié, car il emportoit ung gros clouchier avecque luy.

En ladite année fut envoyé ung liegal en Mets de Court pour trouver et faire paix entre l'evesque de Toul, filz du marichault de Bourgonne et les Lorains, lequel s'y gouvernait si bien et si saigement qu'il les mist d'accord.

Item, en celle année fit ung moult grant hyver et mout froit qui durait xix. sepmaines et gellait si très fort que per force de glaice fuit rompue Wauldrinowe, ung xay plus de cent pieds de large, tellement que toute l'yawe de Muzelle en alloit toute fuer de Metz et n'y avoit molin molant sus Muzelle, et durait dès les festes de Noel jusque à la première sepmaine de Maye; et furent commis pour reffaire lesdits ouvraiges iiii. seigneurs que mout bien en firent leur dobvoir et de ouvrer per tout les molins et chaussiées qui estoient à sache.

Item, en ladite année, le jour de la Visitation Nostre Dame, second jour de Juillet, il awint que ung fewre de la bonne ruelle appellé Fourat, homme marié, s'accointait d'une femme commune appellée la fille Taixer. Une nuit qu'il avoit couchié avec elle et heut compaignie à elle, se commencèrent à chouzer ensemble tellement qu'il l'atranglait et le matin fuit trouvée mort[e]. Le cas fuit accusé, fut prins, mis on pillori et traignié sus la brouatte à Pont-Thieffroy et la teste coppée, et mis sus la roue; olt moult belle repentence.

En ladite sepmaine molrut Ser Nicolle Roucel chevallier et son genre aussi.

En l'an mil iiii. c. et lxx. fuit Maistre-eschevin de Metz Ser Philippe Dex du Paraige de Porte muzelle; et en ladite année molrut sa femme et fut remarié encor en ladite année on grais temps de la fille Ser Joffroy Chaverson.

Item, en ladite année, fut mort le bon duc Jehan à Bairce-lone, duc de Lorenne et de Bair et le comte de Waudelmont et disoit on que on les avoit enherbez et plussours aultres, et fut domaige pour la bonne cité de Metz, car il en estoit boin amis.

En l'an mil iiii. c. et lxxi fut Maistre-eschevin de Metz Ser Jehan Paperelz du Paraige du Commun.

En ladite année fut mis le siege devant Chastel sus Muzelle qui estoit au marichaul de Bourgonne, des Lorains et Barisiens, et de toute leur puissance fiedz et arriere fiedz et toutes les pouvres gens de pied des ii. paiis et y mirent le siege en la sepmaine des Bulles et y furent jusqu'à la St Georges; mais ceulx dudit chaustel se deffendirent tres vaillamment et tuont et navront plussours dudit siège, entre lesquels fut tué de une colleverine le bastart d'Aipremont et heut esté combattu ledit siege se les huralx du roy et de Borgonne ne fussent venus. Ils vinrent si à point que s'ils fussent demourés encor ii. heures, ils commençaient à combaittre; maix ils les firent cesser et leur dirent que les ii. rois les vouiloient acorder et qu'ils avoient streves jusqu'à la Magdelenne, et ainsy se despartirent et oirent ceulx de Chastel sus Muzelle grant honnour.

Item, en ladite année furent wuidiés les foussés de fonds en fonds darier les Pucelles per les parouches.

En ladite année revint le mairquis don Pont pour prenre la possession de Lorenne et de Bair et fut grant pièce à Toul, et tantost y allirent de Mets S^{er} Jehan Boullay, S^{er} Michiel le Gournaix, S^{er} Waurin Roucel, tuit iii. chevalliers, maistre Guillame, pensionnaire de la cité de Mets et Jehan Dex, secretaire et clerc des VII.

Item, encore en ladite année, la vigille de la sainct Anthoine, xviie. de Janvier furent ars les molins sus le Terme qu'on dixoit les neufz molins et le molin au papier, le molin au foullant de drap et tous trebuschiez en la rivière per feu de meschié et d'aventure.

Item, en ladite année fut veue une mervilleuse plainete que on dixoit une comette, qui avoit trois grans rays de plussours coulours et getloit tres grant clarté de nuit et durait environ v. sepmaines, qui estoit ung signe moult mervilleux et de quoy on se donnoit grant merveille.

En l'an mil iiii. c. et lxxii. fut Maistre-eschevin de Mets S^{er} Conraid de Serrière, filz Huttin de Serrière et avoit à femme la fille S^{er} Joffroy Dex, chevallier, qui avoit esté femme à Poincignon le Gournais, et ly escheut le xviiie. jour de Maye, tantost après l'eschevinaige de S^{er} Joffroy Chaverson, le lendemain de la Penthecouste.

En ladite année, la vigille de la s' George ii. compaignons estraingiers, l'ung appellé Robinet et l'aultre Jaicquelot tuont ung compaignon de Hena[u]lt de leur paiis, ung filz de chevallier bastart, de nuit aux bordiaulx et se boultirent en la grant esglize et y furent bien vii. sepmaines. Jaicquelous se mist une nuit à l'aventure et s'avallait per la tour devers le Viviers (fol. 38); maix tantost il fut prins, car on disoit que son compaignon Robinet l'avoit rencusé; et tantost, le venredi après vint en Mets le comte de Roussy et sa femme qui estoit fille à comte de Sainct Pol, connestable de France, auquel la Cité fit présent de iii. cowes de vin et de l. quartes d'awoine et pour xx. francs de moult bel pouxons. Et le lendemain le comte de Roussy demandait aux seigneurs de Mets Robinet qui estoit en la grant esglize et ils leur donnèrent et ledit comte s'en vint en la grant esglize et dit audit Robinet: « Prens-moy per la robe » et aussi fit-il bien volontiers et fuit ainsy tout quitte et franc et tantost aux ii. heures après midi fuit moné ledit Jaicqueloz au gibet, car c'estoit le sabmedi mejsme que Robinet fuit délivré; s'il eust encour ung pou demouré, il n'eust gaires perduit, maix il heust belle fin.

Item, en ladite année, Monseigneur l'evesque George de Baude, le darien jour des Croix, fut tout à pied tout à loing de la procession, le jour du Sainct Sacrement de l'autel, revestu comme ung chanonne en pontificat, portant le sainct Sacrement de l'autel tout du loing de la procession. Il y avoit iii. diacres et iii. sous diacres, et estoit ledit evesque entre le tresourier de la grant esglize et Monseigneur le Doyen, et si estoient la plus grant partie des seigneurs de Mets et grant multitude de peuple, car on avoit ordonné de chanter es paroches plus matin et donnoient à diner tous les chanonnes à seigneurs de Metz, qui volt [y] aller, et à souper il olt tous les cureys de Mets.

En ladite année molrut Monseigneur le duc de Guienne et de Berry, frere au roy Lowis de France et disoit on qu'il fuit enherbé per femme et aussy il y en olt de arses.

Item, on mois de Mayo molrut une noble et vaillant dame religieuse et preude femme comme on creoit, dame Ysaibel de Randech, abbaisse de Saincte Glossine.

Item, en ladite année commençait la grant guerre, que troup durait, entre le roy Lowis de France et le duc Charle de Borgongne; et tantost mist ledit duc de Borgongne le siége devant Belmont [140] et fuit gaingnée, arse et abattue, réservé une rue que on disoit apertenir à duc de Bair, et tantost après mist le siége devant Bialvais, maix il y olt ung grant dommaige et moult de ses gens mors.

Item, on moys de Jung et Jullet, les seigneurs de Mets firent reffaire les neufz molins, le molin à papier, et le foullant à drap, oultre Muzelle, plus forts et meilleurs que n'avoient jamaix esté.

Item, esdis moys de Jung et de Jullet, firent encommencier ung molin avant on Saulcey de mervilleuse fort muraille et avient les murs vii. pieds d'espaisseour et plus; et quant il fut levé bien xxx. pieds de hault, on le mist tout plain de pierres et de savellon; mais quant vint qu'il approuchait de haulteur, tout l'owraige crevait et dexirait de toute part, qui fut, comme on disoit la fautte du maistre qui l'avoit fait, maistre Hanry de Ranconval; maix incontinent le firent les seigneurs tout abaittre et le firent faire et maçonner tous massis de fonds en fonds, sans aultre chouse que pierre et mortier.

Item, le diemange second jour d'Aoust fut prinse la forteresse de Port sus Seille per les soldiours de Mets que une cruxie de sainct Jehan de Rode avoit furtivement prinse sur ceulx de Mets, de quoy on ne se gardoit mie, et la prinrent les soldioux d'assault sans qu'il n'y olt nulz des blessez, for que leur capitaine qui estoit pour ledit cruxier, lequel tout blessez fut prins et mené enchiés le Doyen à Mets et les aultres compaignons se rendent saulve leur vie et fut bien grande aventure qu'on leur fit la graice.

Item, on dit temps une femme d'ung villaige appellé Aiey

près de Espergnay en France, enfantit ii. enfans, lesquels les ii. dos tenoient ensemble et l'ung des ii. enfans molrut et fuit bien xv. jours avec le vif, et estoit chouse impossible de séparer d'ensemble; et à bout desdits xv. jours de la puanteur de celuy enfant mort l'autre molrut.

En l'an mil. iiii. c. lxxiii. fuit Maistre-eschevin de Mets Perrin le Gornaix.

En ladite année, le venredi devant les Palmes, xiiie. jour d'Apvril, vint devant Mets le duc Nicollais de Lorenne, ung matin à point du jour, ainsy comme on oweroit la porte Serpenoize, le plus coiement et mallicieusement du monde, car en rien on ne s'en gardoit; s'en vinrent à merveilleuse puissance devant ladite porte tout ainsy comme on l'owroit et entrèrent dedans sans mot dire; et devant eulx avoit ung chair chairgié en manière de merchandise pour abuser les portiers, sur lequel chair avoit ung engin si subtillement fait que en coppant une corde de quoy l'engin estoit lié, il cheoit à terre tout droit comme vous orres. Or quant il fut dedans la seconde porte, dessoubz les paulx de ladite porte, copirent la corde et incontinent ledit engin ainsy mallicieusement fait cheut à terre tout debout sur lequel les paulx cheurent et demourarent dessus ledit engin à chacun desdits paulx, car ils cuidoient que tous les paulx se tinssent ensamble et que tous ensemble duissent cheoir; et per ainsy cuidoient embarrer la porte et la tenir ouverte comme pour entrer la puissance à leur volunté et re[i]xir se besoing leur en estoit; toutesfois ils faullirent de leur cuydier et aesme comme Dieu ne le voullut Le chastelain qui estoit entre les deux portes, veant telle chouse, qui avoit les clefs sus son bras, se esmervillant s'enfouyt à long du baille criant de toutte sa puissance jusqu'à Waucieulx; les portiers qui veoient et estoient esbahis de veoir tant de gens qui ne marchient point, l'ung leur dit : « Que faites-vous? Que ne tirez-vous avant? » Et incontinent l'assommèrent et tantost commencirent (fol. 39) à sonner trompettes et à crier : « *Ville gaingnié, ville gaingnié; Calabre, Calabre; à mort, à mort.* » et s'en allirent aussy criant tout oultre la Viez-b[o]ucherie jusque à l'ostel dame Perratte Cuerdefer, menant grant bruit, frappant aux huis. Aulcuns bouchiers estoient à leur fenestre, ruant à eulx ceu qu'ils povoient trower, leur dirent: « Ha, trahistre! tue, tue; vous n'aves point de xuitte. » Car ils ne venoient point à la file pour les raisons qu'aves ouïes des paulx qui cheurent chescun per ly, et n'avoient point plane entrée à leur appétit, de quoy i[ls] furent fort decouraigiés. Et tantost la vallant commune de la Cité oyant le piteux cri se levèrent, car ils estoient encore la pluspart endormys, et visiblement se mirent en deffense en telle façon qu'ils n'avoient plus regart que de fouyr. Et en y olt des morts xxxiii. et des prins plussours qui molrurent en prison, et d'aultres que on tint longuement pour sçavoir des nouvelles.

Vous dobves sçavoir qu'il en y heust [eu] ung grand nombre des morts, quasy tous ceulx qui estoient entrés dedans, se n'eust esté ung qui se nommoit la Grant barbe, qui portoit la grande estandart de Calabre, asses près de la porte, qui mervuilleusement combatoit et tenoit en abay la vaillant commune de Mets que tellement le constraindiront que jusqu'à la mort crioit toujours *Calabre, Calabre;* maix quelque vaillant qu'il fuit, fuit murtri et assommé et estoit appellé Crance. Et ce faisoit-il portant qu'i veoit bien que tout se portoit mal, afin que leurs gens se puissent saulver et retorner par dessoubz leur engin dont la voie estoit trop estroite pour plussours; et ainsy il saulvit à plusseurs la vie par sa grant vaillance, car il s'eust bien saulvé s'il heust voullu partir plus tost; maix *trop est trop* (c'est la devise Jaicquemin Husson); quant il voult, il ne poult.

Ledit duc Nicollais estoit en personne devant Saint Fiacre moult noblement accoustré, lequel avoit bien intencion de mettre la noble Cité en sa subjection et de tuer et de murtrir tous les seigneurs, les soldiours, tous ceux qu'il rencontreroit et troveroit en plaice et en deffense. Aulcuns disoient qu'il avoit recommandé qu'on tuait femme et enffans; maix Dieu per sa grande misericorde, benigniley et bonté ne volt point que ung tel execrable et inhumain meschiet fut fait et perpetré; grace ly en soit donnée et rendue mil fois. Et quant le duc Nicolais les vit retornant, fuyant effreement, criant: « Fuyez, Monseigneur, fuyez, » cuidant que toute la Cité chaissait après, comme ils l'eussent fait, s'ils eussent sceu la chose comme elle estoit, et qu'ils n'eussent point craint de trayson, leur eussent donné la chasse, et aussy faire le debvoient et fait l'eussent, se n'eust esteit les raisons qu'avez ouyes. Ne fault point demander : les nouvelles ouyes, se despartit bien hastivement et sans cesser ne finirent de corrir et de fuyr tant qu'ils vinrent à Pont et eurent ii. esfroys à chemin qu'ils s'enforçoient de fuir, cuidant que ceulx de Mets chassissent après eulx. Cecy fait et le jour passé, les nobles de Lorenne rescripvirent as seigneurs de Mets s'ils ne [se] debvoient garder d'eulx pour l'entreprinse que leur prince leur avoit fait, lesquels seigneurs leur respondirent qu'i[ls] s'avoient, le temps passé, bien gouvernés et que encore avoient ils entencion de se bien gouverner et n'en heurent aultre response et qu'i[ls] sçavoient bien [ce] qu'ils avoient à faire.

Et tantost après le duc Nicollais, comme à demy hors du sens, commençait à faire toute préparation de siége, cuidant bientost venir mettre le siége devant Mets; fit faire mantelz, artellerie, tous instruments d'aprouchier et meys[me]ment le pain fuit cuit; et fit tirer toute son artellerie hors des portes de Nancey et toutes choses chairgiées, mantelz, tentes, et tout ce qui au siége appartenoit pour pairtir. Le lendemain une malladie le print la nuit, de quoy tantost il molrut. Incontinant les nouvelles oyes, firent fermer les portes de Nancey et envoyirent bien hativement devers Messeigneurs de Mets, l'evesque George, lequel en moult grande diligence fit tant qu'il trouvait manière de faire trewes avec ceulx de Mets devant et premier que ceulx de Mets sceussent rien de la mort dudit duc; car ils sçavoient bien, aussi faisoit tout le consel de Lorenne, que s'ils l'heussent sceu que jamais n'eussent fait ne trevves ne paix; aussy ne [se] seut il; car la chose fut faite si brief et si hative que jamais on n'en solt rien de sa malladie ne de sa mort tant que les trevves furent scellées. Adoncque furent ralliez les chanonnes avecque Messeigneurs de Mets et unis ensemble et leur abandonnent corps et biens et fut bien fait.

Item, bientost après fuit esleu pour duc de Lorenne Regné de Wauldemont [avec] lequel par le moyen dudit seigneur George evesque de Mets fut faite la paix que fut une bonne œuvre. Dieu ait son ame! Et le venredi devant la saincte Croix que estoit le xxi°. jour de Maye, fut faite une procession générale en Mets, affin de rendre graice à Dieu de la joieuse et grande victoire que Dieu nous avoit fait et donnée, comme vous avez ouy et aussy qu'il ly pleust de convertir nos ennemis et leur oster leur malvais couraige, et fuit faite à St Vincent, en laquelle avoit plus de xx. mille personnes. Et fut en celle année le feu enchiés Mangin Dinare.

En l'an mil iiii. c. lxxiiii. fuit Maistre-eschevin de Mets Ser Michiel le Gournaix.

En ladite année advint à Mets d'une bien riche bourgeoise une mervilleuse adventure. Elle avoit à mari Dedier Baillat ung merchant. Ladite femme s'accointait de son clerc et tellement que de son consentement elle et son clerc l'assommèrent et la nuit l'apportèrent (fol. 40) devant l'hostel le Burton; et le lendemain qu'estoit ung diemanche fut trouvé mort. Incontinent furent prins plusseurs qui n'en savoient; à la fin son clerc qui alloit aval la Cité et n'en faisoit quelque estime de duel ne de corroux, fut suspicionné, fut prins et mis en la maixon du Doien; et tantost il cogneust son fait et sa maistresse prinse que incontinent le coñgneust aussy et tantost fut faite justice de eulx deux. Le clerc olt les ii. mains coppées et puis la teste, et la femme arse et brûlée, que moult piteusement prioit que on ly vousist copper la teste pour la grant doubte du feu; maix rien ne ly valut sa prière et fut le jour d'une sainct Eloy et y olt tant de peuple que jamaix on en veit tant à faire. Saichez que l'ennemi y avoit bien ouvré, car ladite femme estoit d'ung boin paraige et de gens de bien et estoit la plus amiable femme que on sceust trower et la plus gracieuse des aultres, de laquelle on n'avoit jamaix ouy dire que bien; et eust on prins la moitiet de toutes les femmes de Mets devant qu'elle. Le diable apportait bien ledit clerc en sa maixon, qui y estoit venu depuis demy an, que ainsy la sobournoit.

En ladite année ung compaignon appellé Donvelle fut mis on cherquant iiii. heures et après fut despouillé tout nud et fut mené baitant jusqu'à la croix on Champapaine et là fut revestu et banni et forjugié, pourtant qu'il s'avoit mocqué d'une bonne preude femme. Ung soir de nuit que son mari n'estoit point à la ville, ledit Donville vint à elle et ly dit qu'il estoit Roy des Ribaulds, et se elle ne luy donnait de l'argent, il la publieroit pour ribaulde; la powre femme craygnant deshonnour fit le mieulx qu'elle poult, que gueres d'argent n'avoit. Son mari revenu, elle ly contait, lequel le dit à Justice; et aussy avoit ledit Donville baittu son père, que aussi pis valloit.

Et le xxvie. jour de Juillet molrut S[gr] Pierre Le Gournaix eschevin.

Et en ladite année on vendit vin à St Vincent à ii. angevines et à Ste Glossine à une angevine.

Le iiie. jour d'Aoust molrut dame Katherine, femme S[gr] Warin Roucel.

Et en ladite année tenoit le duc de Borgonne le siége devant Nuces et n'y fit rien; ung an et plus y fut.

En ladite année, en la première sepmaine de Karesme furent tués à St Laidre ceulx de Mairange des François qui se tenoient à Gorse et en y olt vi. des tués et ung naveré qui emportait ses trippes sur ses brais et moy-mesme Jaicomin Husson en estois bien près [141].

Item, on mois de Janvier molrut S⁺ʳ Pierre Renguillon, chevallier.

Le xvᵉ. jour de Mars tonnait tout du long du jour comme se [ce] fut en esteil.

En l'an mil iiii. c. et lxxv. fut Maistre-eschevin S⁺ʳ Philippe de Ragecourt.

En ladite année fut l'année bien partant, car les raisins estoient en fleur on mois de Maye.

Et le mairdi après le s⁺ Sacrement saillit en la xcuppe Trouptoult Marien pour ses demerites.

En ladite année vinrent courant devant Mets les Lorains, Barisiens, avecque les gens de l'evesque de Mets et prinrent des vaiches sur les abbeys et abbausses en plusieurs villaiges; et les seigneurs de Mets en firent requeste et en firent tant que lesdites bestes leur furent rendues.

En ladite année vinrent logier on Vaul de Mets monseigneur de Crant lieutenant don connestable de France, le xiiiᵉ. jour de Juing et s'en vint logier on Vaulx et le duc de Lorenne à Ars sus Muzelle; et y allont des seigneurs de Metz, pour leur présenter des biens de la Cité et estoit ordonné de donner audit seigneur de Crant iiii. cowes de vin, ii. c. quartes d'awoine, xxv. chatrons, xvᵉ. daralz; lequel présent monseigneur de Crant refusait, fors que la char. Et ung semblable présent on monoit à Monseigneur de Lorenne à Ars; et quant le présent y vint, il estoit parti et ne l'ot point; lesquels présents furent ramonnés entre les ii. portes de S⁺ Thiébault.

Il fut novelle que aulcuns les vouloient ruer jus; on mit des soldiours pour faire le guet et de fait se combattirent très bien, tellement qu'il y eut ung soldiour tué, appellé Jehan l'Airdenois et ung clerc de S⁺ Arnoult et y fut navré Anthonne de Maline, ung soldiour.

Item, le lendemain, ils passirent perdevant les Ponts et s'en allirent à Marange où ils firent moult de mal et en tous les villaiges où il estoient logiés. Et tantost retornirent et s'en revint ledit seigneur de Crant logier en son logis on Vaulx et Monseigneur de Lorainne à Mollins, et y firent tant de mal que on en saroit raconter, comme s'il fussent, esté de guerre ouverte.

Item, le xxiiie. jour de Jung, en ladite année, molrut Waultrin Clement. Le sabmedi après furent mises les armes Waultrin Clement devant Nostre Dame la Ronde, de quoy aulcuns en murmuroient, disant qu'elles n'y dobvoient point estre, et à bot de vi. jours, de nuit elles furent ostées.

Le iiiie. jour de Juillet molrut Philippe, fils S^{er} Michiel le Gournaix.

Item, ondit mois de Juillet, fit ung terrible temps de pluge, car il plut xii. ou xiii. jours sans cesser, tellement que les yawes estoient si grandes que les gens en estoient esbahis.

Et ondit mois fiançait S^{er} Jehan Paperel dame Alixette Renguillon, et on mois d'Aoust, le premier jour l'apousait.

Item, le xvie. jour d'Aoust la femme S^{er} Pierre Baudouche, dame Bonne de la Marche, fit son entrée en Mets et y olt bien grant feste.

En ladite année, s'en vinrent les Borguinons devant Misses ⁽¹⁾ en la duchié de Bair, et s'en vinrent premier devant Brii et la prinrent par appatissement, et y olt Giraird Daviller la main coppée d'une serpentine, et rançonnont ceulx de Brii à xii. mil florins, et puis s'en allirent devant Conflans et la prinrent, et puis s'en allont devant le Pont à Mousson et ceulx du Pont se rendirent et les lessont entrer dedans et [le duc] s'y tint iii. jours et puis s'en allait devant Charme, la print et mit garnison dedans et puis devant Espinal et incontinent se rendirent; et luy estant, ceulx de Charmes rebellirent et tuont les Borguinons; et tantost renvoiait ses gens devant Charmes et la print par force et fit pendre aulcuns des gentilhommes et boutirent le feu et destruirent tout la ville de Charmes (44 fol.)

Item, on mois d'Aoust et de Septembre fit tant de plue que les rasins ne polrent murier et furent fort grevains les vins.

Et on mois de Septembre vint en Metz Monseigneur de Romont, frère de la royne de France et filz au duc de Savoie, et ly fit la Cité présent de ii. cowes de vin, de ii. grais buefz, xii. chatrons, xl. quartes d'awoine. '''

Item, ondit mois de Septembre vint ung legal en Mets auquel on fit pareil présent que on avoit fait à Monseigneur de Romont.

Et Monseigneur de Bourgonne continuait tousjours la guerre en Lorenne, s'en allit devant Waudemont, et quant il y ot esté iii. jours, se rendirent; et faisoit on en Mets toute ladite année grant way, les portes estoient tousjours doublés, car il venoit tous les jours en Mets tant de Borguinons que on n'en sçavoit le nombre.

Le xiii⁵. jour après de Octobre morut S⁵ᵣ Nicolle Roussel l'anney.

Item, tantost après Monseigneur de Borgonne mit le siége davant Nancey, devers la s⁵ Mairtin et fuit trois sepmaines devant et adoncques le rendirent, et entrait Monseigneur de Bourgonne dedans et puis mandait tous les nobles de Lorenne pour ly faire obeissance et fit tous novels officiers, et ceulx de Sierque se vinrent axattier à luy, et tout le païs, réservé Preney que Gracian de Guerre tenoit, que jamais ne la voult rendre.

Item, ondit temps que Monseigneur de Bourgonne estoit à Nancey, S⁵ᵣ Andreu d[e] Rineck et S⁵ᵣ Philippe Dex, tous ii. chevalliers, furent envoyés à Nancey devers lui, de part la Cité et ly portirent une coppe de fin or pleine de pièces d'or vieilles; lequel don Monseigneur de Bourgonne receupt bien bénignement et en sot bon grey à la Cité et fit faire ung collet des propres pièces d'or qui estient en la coupe, comme il fut dit après.

Item, ès festes de Noël vinrent logier entour Mets plussours Borguinons on Vaul, on Hault chemin, et Entre ii. yawes et y faisoient moult grant dommaige. Et quant les seigneurs virent qu'i n'y avoit remède, envoyirent Jehan Dex leur secretaire devers Monseigneur de Borgonne ly remonstrer le cas, dont aulcuns des seigneurs de Borgonne en furent courouciés, et [le duc] envoyait ung de ses secretaires pour les faire deloigier, ce que bientost firent.

Item, ung pou devant Noël Monseigneur le bastart Baudowin paissait permey Mets et l'enmenoit on devers Monseigneur de Borgonne.

Et ondit temps le roy de France fist copper la teste à conestable. '''

Item, Monseigneur de Mets permey Noël estoit à Mets, lequel chantait la messe à mienuit, la messe à point du jour, et la grant messe le jour de Noël, et le londemain il chantait encor la grant messe en la grant esglize.

Item, il fit ung grant yver, car il gellait depuis viii. jours devant la sainct Andreu, jusques à mairdi devant la Chandelour, et avoit tant de neges sur terre que quant le temps se defflt, les maixons furent pleines d'yawe et fit domaige aux bledz pour les glaices que avient empli les chenaulx.

Item, le sabmedy devant la sainct Vincent furent pendus iii. hommes de Grixey, qui avec iii. aultres avoient tué ung Borguinon et paige et prins son argent on lit où il gisoit à ladite Grixey.

Item, en la sepmaine devant la Chandelour, fut prins ung orfewe appellé Baltasar, lequel avec ii. aultres compaignons allemands avoient tendu sur les haults chemins entre Thionville et Eukange; et quant il fut sus l'eschieulle, lié, tout prêt à le bouter bas, une jonne fille le demandait et on ly donnait, de quoy le pouvre Balthazar ot grant joie. Les aultres ii. chappirent en la grande esglize, de quoy les seigneurs les requeront et dissent qu'ils ne dobvoient point avoir de franchise pour tant qu'ils estoient murdreux et tendeurs de haults chemins; mais ils furent tantost perdus et ne sot on qu'ils devindrent.

Item, Monseigneur de Borgonne, la semaine après la Chandelour fit amener à Mets l'artillerie de Lorenne, bien iiii. xx. chairs et y fuit amenée la grousse bombairde de Nancey qu'ils avoient fait faire pour amener devant Mets en l'an lxxiii. et pesoit ladite bombairde xix. mille livres; de laquelle chouse les Lorains n'estient mie trop joieux, car l'ung des maistres meismes la conduisoit et veoit que tous ceulx de Mets l'aloient veoir.

Item, le grais lundy fut faitte une moult belle jouste on Champaissaille, en laquelle jouttait S⁕ʳ Michiel le Gournaix, S⁕ʳ Andreu d[e] Rineck, S⁕ʳ Regnalt le Gournaix, S⁕ʳ François le Gournaix son frère, S⁕ʳ Conraid de Serriere, S⁕ʳ Jehan Chaverson, Collignon Dex, Collignon Remiat, Giraird Perpignat, Philippe de Bibra, et furent lesdites jouttes merveilleusement honnorables. Toutesfois S⁕ʳ Regnalt le Gournaix fut feru d'une lance en la cuisse tout parmey la selle, et le fit Collignon Dex, dont ledit S⁕ʳ Regnalt en fuit en grant aventure de molrir et depuis s'entrehaïrent.

En l'an mil iiii. c. et lxvi. fut Maistre-eschevin de Mets S⁕ʳ Jehan Chaversson.

En ladite année, la vigille de l'Ascension fit le plus horrible et terrible temps de grelle que jamaix on n'avoit veu le pareil et de tonnoire, et cheut tant de grelle et si grosse que en tous les fins du Vaulx, de Juxei, de Sᵗᵉ Raffine, de Chastel, de Lessey, de Rouzérieulle, de Mollin, de Scey, de Chazelle, de Longeville, de Plaippeville, de Tignomont, de Vigneulle, de Wauppey, de Lorrey et bien la moitié d'Ars sus Muzelle furent toutes tempestées, tellement que en toutes les vignes chescun journaulx ne sceut faire ung chevant de raisin et fuit la non pareille pitié que jamaix on eut veu. Il faisoit bien chauld, maix encore au bout de iii. jours après on trouvoit de la grelle sur la terre en plusseurs lieux.

En ladite année Jaicque Gaillat vint en Mets et y amenait une jonne fille qu'il avoit et la laissait en la Cité en Vuyde-bouteille une espaice de temps. Pareillement le comte de

Campebasso y vint et amenait sa fille et la laissait en l'hostel de Jaicomin Loxey, avecque gens de bien pour l'acompaignier et gowerner, et ly fit la Cité présent qu'il print moult en grey.

Item, ondit temps, près de la s^t Jehan, Jehan de Viller l'amant tiroit de l'arbolestre en une maixon Oultre Seille avec plussours soldiours; avint que par grant fortune qu'il tirait ung soldiour, Arnoult de Fenestrange, tout parmey la teste, que on cuidoit qu'i fut mort. Toutesfois fut si bien secoru qu'i ne mõrut point, maix il perdit la vue, de quoy fut ledit Jehan constrainct de ly paier, pour sa vie avoir, iiii. c. et lx. francs.

Item, tantost à la Magdelenne après fut pendu ung compaignon de Magney pour tant qu'il avoit fait des faulx serments et ung faulx tesmoingnage; et ung homme (Fol. 42) et une femme qui luy avoient fait faire, oïrent les oreilles coppées.

Item, en ladite année il fit très chault et si sec qu'il sambloit de l'ille du Pont des Mors que ce fût une terre labourée, tant estoit arse et rouge.

Et en la sepmaine de la Magdelenne, Liebault d'Abocourt pairtoit de Mets et à pairtir s'en vint devant Clemery et la print per force, dont la Cité ly en rescript; et ii. jours après fut rencontré de Hanry d'Arcourt, chastellain de Monseigneur de Mets à Nomeny, avec plusseurs qui le battirent tant et fut tellement naweré qu'il ot xxii. plaies mortels, fut prins et mené à Nomeney en prison.

A la s^t Remy après fut une pouvre vendange, car chacun journal, l'ung parmey l'autre, ne fist point demy cowe de vin.

Item, la sepmaine devant la s^t Remey, Poince Roucel espousait Glaude, fille Huttin de Serrière.

Item, aussy pour la grande multitude de gens qui venoient en Mets de Borguinons et d'aultres, de quoy on n'estoit point troup xeur, on ordonnont que tous estraingers veudaissent de Mets.

Et en ycelle année furent les vivres bien chers, car on n'avoit que iii. œufz pour un petit blanc et avoient les fruits faillis, per quoy tout estoit chier, et estoit adoncque le darien siége devant Nancey où les vivres estoient bien chiers merveilleusement. Et de fait Monseigneur de Borgonne envoiait prier à la Cité qu'il puist avoir certaine quarte de bledz et de vin pour son argent, maix il n'en eust point que une gracieuse response.

Item, le xxiie. jour de Décembre molrut S^{gr} Philippe Dex.

Et la vigille des Rois s'en vint Monseigneur de Lorenne, avec ly grant compaignie d'Al[le]mans, frapper sur le siége de Monseigneur de Bourgonne, et les Borguignons leur vinrent au devant, qui leur coutait chier, frappirent les ungs dedans les aultres; tellement pour abrégier que les Borguinons commencirent à reculer et y olt une mervilleuse tuerie, et fut tué Monseigneur de Borgongne, Monseigneur de Brienne et tant de noblesse que ce fuit merveille; et fuit prins le batart Anthonne, le batart Baudowin, tous deux frères à duc de Borgonne, Monseigneur de Nassowe, Monseigneur de Romont qui s'en retornoient en grant desroy, Monseigneur don Nueufchastel; toute la nuit passoient per devant la Cité et tout du long du jour des Rois ne faisoient que passer Borguignons qui s'enfuioient, et en demouroit biaucoup en Mets ez hospitalz navrés, morfondus. [45]

Item, le iiie. jour de Fevrier S^{gr} Jehan Boullay molrut.

Item, à l'entrée du Karesme vinrent une quantité d'aventuriers et se vinrent bouter on chastel de Pontoy et la vouloient tenir de force et disoient qu'ils estient au bastart de Lorenne. Incontinent les seigneurs de Mets leur mandirent qu'ils se voulsissent depairtir; maix ils n'en voulrent rien faire; et tantost la Cité à grant puissance s'en vinrent devant et y estoit S^{gr} Andreu d[e] Rineck, S^{gr} Michiel le Gournaix chevalier, S^{gr} Nicolle Dex, tous iii. chevalliers, et l'assallirent d'une bonne faiçon et la gaingnont et prinrent ces gallans et en y olt ung des tués en la plaice et les aultres furent prins, liés et amenés à Mets, et tantost il en y olt ix. des pendus à gibet de Mets, tout en ung jour.

En l'an mil iiii. c. lxxvii. fut Maistre-eschevin de Mets S^{gr} Giraird Perpignant.

En ladite année fit ung pouvre temps ou mois de Jullet, bien iii. sepmaines, et ne fut gaires de jours qu'il ne plust, et furent les forments tous embrussiés, et ne pouvoit on sechier ne fener foin per les pluyes qui continuoient, et ne trowoit on point de taller en vignes jusques en my-aoust.

Item, ung dimange jour de s^t Pier et s^t Pol, fit en Mets ung crollement de terre si fort que les clochiers de St Arnoult, de St Vincent, tremblont, que les clouches se branloient, que fut une chouse mervilleuse.

En la sepmaine on vit ii. soleils en l'air, qui estoit chouse admirative.

Item, le xx^e. jour d'Octembre, S^{gr} Genon, ung lombart, espousait Dame Clemence, femme S^{gr} Jehan Boullai.

Et le jour de la s^t Michiel furent les rasins engellez aux ceps, qui estoient assez mal meurs et les fallit vendangier; per quoy on eust une petite vendange et ne valurent les vins que ung bien pou, de quoy en despleut bien as pouvres glotons.

Item, en toute l'hiver ne gellait oncque comme rien et ne neigeait toute l'hiver que une fois bien pou, qui ne durait que demy jour et ne faisoit que plevoir.

Item, toute l'année fut si perilleuse de gens qui renguoient per paiis, que on ne osoit aller en nulz lieux; et fuit prins maistre Hennequin Lowiat Estenne bien près d'Ars des Genetaires et furent aussy prins près de Richemont Cherdal, clerc, S^{gr} Pierre Baudouche et Morfontaine, ung soldiour.

Item, ung lundi, xixe. jour de Janvier fut faite une joute en Chainge à lice où il y joutait iiii. gentilshommes d'honneur et d'airmes de la compaignie de darien St Salvour, S^{gr} Philippe de Raigecourt, S^{gr} Jehan Chaverson, S^{gr} François le Gournaix et S^{gr} Nicolle Remiat; lesquelz iiii. avoient mis sus les joutes à tous allant gentilshommes et s'y trowèrent Philippe de Briba, S^{gr} Jehan Resaucourt, S^{gr} Jehan d'Apremont et jouttirent bien joieusement et amiablement et dansirent les dames en la Nuwesalle après sopper.

Item, le xxviie. jour de Fevrier partirent de Mets pour aller en Jhérusalem, S^{gr} Regnault le Gournaix, S^{gr} Philippe de Raigecourt, Poincignon de Lahaye, amant, Jasper Bouck, capitaine des soldiours et S^{gr} Jehan, archidiacre de Mets; et xv. jours après S^{gr} Wiriat Lowe partit de Mets pour aller audit sainct voiaige et y morut.

En l'an mil iiii. c. lxxviii. fut Maistre-eschevin de Mets S^{gr} Wiriat Roucel.

En ladite année, on mois d'apvril, morut Poince Roucels.

Et les mois de Jung, de Jullet, d'Aoust furent chaulds, per quoy les biens furent murs et fit on de boin foin et des boins bledz.

Et ondit temps on ot debat à Monseigneur de Borsette, maix on y trowait ung accord.

Item, on mois de Jung et de Jullet estoient nouvelles que messire Gracian, S^{gr} Dedier de Landre, en grant nombre de gens, vouloient venir courre on Vaulx de Mets, et tantost on fit mettre les gens de la Cité ensemble et les soldiours bien iiii. c. à cheval et mil de pied, et allirent en jusque es bois de Sa[u]lney et près de Saincte Marie a[u] Chene; maix ils ne trowèrent (fol. 43) rien de ce que on dixoit; et le iiie. jour d'Aoust morut Hanry de Gorse, le chaingeour.

Item, la vendange fut assez bonne et les vins assez boins, et les nouvelles estoient ondit temps que toute paix estoit faite, de quoy furent cassés xxx. soldiours tout à une fois.

Et fit on en Mets une nouvelle ordonnance, que jamaix nulz n'entreroit en nul des Paraiges de Mets, se son père ou le père de sa mère n'y avoient esté et non aultrement.

Item, en ladite année on fit faire nouvelle monnoie et furent huchiés les gros de Mets à xviii. den. et les florins de Mets à xviii. sous et fit on Willamme Collat chaingeour.

Item, on fit ung huchement, que nulz ne menait nulz vivres

hors du païs de Metz; et avoit on en cestui temps chier temps de toutes [denrées] et la chair estoit merveilleusement chière; la quarte de froment valoit x. sous; la quarte de fewe valoit xiiii. sous; la quarte de pois x. sous; iiii. yœufs pour ung blant; ung cent de pommes vi. sous; une bonne poire vauloit ii. deniers et plus.

En l'an mil iiii. c. lxxix. fut Maistre-eschevin de Mets François le Gournaix; et molrut dame Jennette Renguillon le xxiiie. jour de Mars, et ledit jour molrut la femme S[er] Wiriat Roucel.

Item, ledit jour xxiiiie. jour de Mars, Gracia[n] de Guerre qui se tenoit à Damviller, deffait la cité de Mets et en deffiant ledit jour il corrut à Airs sur Muselle et à Ancy et y bouttait le feu et tuait gens et pillait ce qu'il en polrent porter, et enmenèrent les vaiches et s'en retornèrent incontinent.

Item, tantost on mit gens aux gaiges à cheval et à pied et y fut mis la Hurte, le Comte de Biche et plusseurs aultres gentilshommes et fut ordonnée la chevalchié, et tantost furent commandés tous les mestiers de Mets à Sainct Vincent pour eslire les plus gentils compaignons pour aller aux champs, quant besoing en seroit.

Item, après la meitte de Mars fit bien chauld et le mois d'Avril avec une pluc qui durait ii. jours, que les vignes se boutèrent fuer et faullit xavoultrer à la sainct Mark, ce que on n'avoit en longtemps veu; et adoncque furent les bledz, les awoines, le vin à boin mairchié.

Et en icelle année plusseurs molrurent subitement, et faisoit si chauld que les vignes estient xavoutrées on mois d'Avril, les soilles floris; on vendoit des fraizes et trowait on jay de rasins floris ondit mois d'Avril.

Et le jour de la saint Mark molrut Jaicomin Travault.

Item, le premier jour de Maye vint en Mets ung messagier de Gratia[n] de Guerre et on le fit logier en l'hostel Jehan Husson et ly fit on faire bonne chière; et le londemain Jehan

Dex allait enchiez ledit Jehan Husson et paiait tout ceu que ledit messaigier avoit despendu et iii. aveeque ly, et ly dist qu'i s'en retornait devers son maistre Gratian et que Messeigneurs ly faisoient dire qu'il leur fist bonne guerre et qu'il se hastait bientost de venir, ou ils l'iroient veoir, et donnait au messagier ung florin mertine.

Et tantost, le mercredy après se partirent de Mets S^{er} Michiel le Gournaix, S^{er} Philippe de Raigecourt, tous ii. chevalliers, accompaigniés de ii. c. et xl. chevalx et bien ii. mil piétons tant de Mets, comme du Vaul, et enmenont de la petite artellerie, chairgiés xviii. chairs que de vivres que d'aultres chouses nécessaires, et s'en allirent de bonne tire jusque Billey et là séjournèrent; et tantost envoièrent Le Hurte, le comte de Biche et leurs gens devers Damvillers pour veoir per quelle manière on y mettroit le siége. Et quant ils vinrent tout devant la porte de Damvillers, on trouvait ung serviteur de Gratian qui issoit hors sus ung mulet, le prinrent et l'enmonont à Billey de cousté nos seigneurs, et adoncque l'interroguèrent, lequel leur dit que ledit Gratian estoit sur sa garde et qu'il sçavoit bien leur venue ; et leur dit telles chouses que nos seigneurs trowèrent en conseille de retorner, et en retornant trouvèrent encor ii. de ses gens avec ledit muletier et les amonont à Metz. Et toutesfois quelque guerre qu'il y eust, on portait les croix à Sainct Quaintin et à Bloruy comme les aultres années.

Item, en ladite année fut fait le clouchier de Mutte de pierre et Mutte refondue à Sainct Simphorien et mise ondit clouchier. Et ne pleust oncques que ii. jours on mois de Jung, de Juillet, d'Aoust et de Septembre, et fit merveilleusement chault et si olt on des boins foins, des boins bledz, des bonnes avoines et des boins vins.

Item, le jour de la sainct Luc, S^{er} Jehan le Gournaix s'en allit as Frères de l'Observance et renunçait as biens mundains et à toute honnour terrienne.

Et le second jour de Novembre moirut S^{er} Jehan Baudouche chevalier; et le ixe. jour de Novembre molrut S^{gr} George de Serriere chevalier; lesquels iii. eschevinaiges encheurent au S^{gr} François Le Gournaix, alors Maistre-eschevin, et en donnait une à Collignon de Heu, une à Claude Cuerdefer et l'autre à Thiebault le Gournaix, son filz.

Et à la fin de Novembre s'en allirent devers le roy de France, pour faire la paix de Gratian de Guerre, S^{gr} Waurin Roucel, S^{gr} Philippe de Raigecourt et menont avecq eulx S^{gr} Nicolle Remiat, Jaicomin de Bouxiere et illec firent la paix.

Item, en toutte l'hiver ne gelait ne ne neigeait jusque la Chandelleur, maix il fit ung pouvre temps après, car tout permey le Karesme [y olt biaucoup] de neges et de pluc et fuit le pouxon et les herans chiers pour les grandes yawes.

Et on mois de Mars molrut dame Bietrix Baudouche.

Et le xxe. jour de Mars fut prinse Boullay de Monseigneur de Muirs. ¹⁴⁰

En l'an mil iiii. c. iiii. xx. fut Maistre-eschevin de Mets Perrin Roucel.

Et en ladite année avoit ung notaire appellé Morlet qui estoit moyne; maix il avoit laxié sa religion; fut prins et condempné en charte perpétuelle, car il s'avoit remarié et avoit jay la seconde femme.

Item, en ladite année, xie jour de Jung furent prins aulcuns compaignons de Mets qui avoient desrobé des ossons à Sainct Clement, et ung appellé Jehan Mangin, filz de Mangin le tailleur, s'en allait à Rouzérieulle fuyant.

Item, environ Paisque, dame Nicolle, femme de S^{er} Wiriat Lowe, vendit tout le sien et fit faire les Suers Collettes de grant Mezo en Mets, et se fit religieuse.

Item, à ladite Pasque Francequin le chauldrenier s'en alloit à Bovigne en sa merchandise, fut prins par ung appellé Jehan de Trinal; et quant les novelles en vinrent, la Cité en fit requeste tellement que ledit Fransequin revint jusque une jornée, de quoy on en olt escord.

Le xxvi⁰. jour de Maye, devers les ix. heures à matin, vint ung temps le plus (Fol. 44) espouventable de jamais et sembloit plus nuit que jour et fit ung temps que tout fuit tempesteit entre ii. yawes jusque oultre le Pont à Mousson, et fit grants domaiges en plusseurs aultres lieux.

Et en ladite sepmaine S^{gr} Philippe de Raigecourt partit de Mets, qui s'avait mis fuer de la saulvegarde de Mets, et s'en allit rendre Lorain.

Item, le xxviii⁰. jour de Maye on fit fuyr, pour ceu que on doubtoit les François qui venoient à grant puissance, et estoient jay atour de Verdun bien l. mille; maix il leur vint des nowelles per quoy ils retournont.

Item, tantost après furent condempnez les compaignons de reporter les ossons à Sainct Clément, ii. sergents devant, ii. sergents darier, au lieu où ils les avoient prins, et furent chescun à lx. sous et bannis iii. mois. Et ceulx qui ne les volrent point reporter furent chescun à viii. livres et bannis demy an. Jehan Mangin et Jehan Prevost les reportèrent; maix le fils Jehan de Villers ne le Jolly ne les volrent point reporter et paièrent l'amende dessus dite et furent bannis.

Item, en la meitto du mois de Jullet plut tant et si longuement que les yawes devinrent si grandes et si haultes que en loingtemps n'avoient esté, et firent grant dommaige en plusseurs villes assises sus rivières et furent les foins perdus, et racommençait encor à pleure per quoy on povoit mouxener ne ciller et furent les bledz mendres et de petite value.

Et le diemanche devant la Magdeleine morut S^{gr} Fouillat, abbé de Sainct Arnoult et de Sainct Clément.

Item, en icelle année on fit la porte Sainct Thiébault d'aultre sorte qu'elle n'avoit esté; et en ladite année fut faite la porte des Allemans.

Item, ainsy qu'avez oy que les yawes estient si grandes qu'elles firent grant domaige atour des murs de plusseurs villes, de Strasbourch, de Covelance et furent depuis Baisle jusque Colongne, les bledz raiez et perdus, pois, fewes et aultres biens. Et fut au-dessus de Strasbourch ung villaige perdu et derompu et des maixons emmondées. Entre les aultres ung grant miracle advint; ainsi que l'yawe enmenoit tout, fuit trowé bien loing ung enfant en ung bixe nageant avaul le Rhin; ung homme en ung bastial le vit venir nageant aval le Rhin, s'aventurait, le print et le mist en sa nef; incontinent l'enffant se print à rire. La Justice avertie du grant miracle voulloit constraindre l'homme d'avoir l'enffant pour le faire nourrir. Le boin homme s'en deffendait et disoit qu'il dobvoit estre sien. Fuit trowé per conseil qu'il luy dobvoit demourer et que c'estoit bien son père.

Item, le jour de la sainct Berthelemen fut jué ung jeu en Chambre, de Monseigneur sainct Michiel.

Le xxe. jour d'Aoust molrut dame Margueritte de Toul, et le xviiie. jour de Septembre espousait Regnal le Gournaix, filz S^{gr} Renalt le Gournaix chevallier, dame Barbe, fille Michiel de Huguon.

Item, le jour de la saint Michiel vint Monseigneur le duc d'Otriche à Lucembourch; et le jeudi après nos seigneurs le furent faire bien vegnants et ly portirent une cope d'or pesant ix. marks et toute pleine de florins de Mets, et ly portirent S^{gr} Andreu de Rineck, S^{gr} Pierre Baudouche, S^{gr} François le Gournaix et Jehan Dex que furent moult noblement receus.

Item, il y avoit à Lucembourch ii. c. Xouisses qui prinrent congié et disoient qu'ils voulloient aller à Trèwes. Le prince leur fist donner congié, mais il doublait du fait, fit mettre garde, se le contraire se trouvoit; maix quant ils vinrent aux champs, il sot qu'ils se voulloient boutter à Rodemack et estre Francels; frappirent dessus et en tuont bien cent et x; et les aultres furent prins et menés à Lucembourch et disoit on qu'ils seroient trestous pendus.

Et le mardi après une femme ot les oreilles copées pourtant qu'elle avoit mis à honte une jonne fille qu'elle avoit monnée au bourdel, et aussy elle avoit desrobé.

Item, la vendange après durait jusque bien près de la s^t Mairtin et furent les vins si fiers que à grant peine on en povoit boire et si en avoit bien pou.

Item, en l'hiver gellait si merveilleusement et fit si très froit que les arbres fendoient aux champs de grant froidure et fallit trapper les vignes; adoncq devint le vin chier.

Item, la vigille de la St Nicolais Jehan Abrion, Jehan de Lorey, Perrin de Borgongne revenoient de Bergue, furent prins de vin. compaignons et menez en la Leesfe à Kerstaine et furent bien rudement tenus, tant qu'ils furent mis à rançon.

Item, à la Chandellour Monseigneur de Lorenne faisoit vuydier les fossés don Pont à Mousson et voulloit constraindre les villaiges qui estoient du flez de owrer à crowées esdits fossés, ce que les seigneurs ne volrent point souffrir.

Item, en l'an mil iiii. c. iiii. xx. et i., fut Maistre-eschevin de Metz Collignon Remiat.

Et portant que les vins estient fort chiers et qu'i n'y en avoit guaires, on fit ung huchement, que nulz rotixeurs, cuxeniers, ne cabaret soustenissent personne quelconque, fors que aux desjunon depuis le matin jusque aux x. heures, et qu'i ne vendissent nulz vins que au prix des aultres et le cercle à l'huyxe.

Item, tantost on fist ung huchement, que nulz ne malgriait, renyait Dieu, sa mère, ne les saincts sus grousse amende, et bientost après ung huchement fut fait, que nulz ne jouait à quelconques jeus, comme cartes et dez.

Item, le jour des Palmes Monseigneur de Metz fit la grant procession à Sainct Arnoult et benist les palmes luy-meisme, et y furent tous les chanonnes, tous les religieux, toutes les parouches de Metz et fut fait le sermon en la grant crowe de Sainct Arnoult per frère Jehan Philippe, général des frères, et puis on en vint à la porte Serpenoize qui estoit clouse, laquelle rompit Monseigneur l'evesque en la maniere acostumée du jour des Palmes; et les dames de Ste Gloussine, de Saincte Marie et Sainct Pierre estoient sus la porte, que chantoient

Gloria, Laus, et fuit ung moult biau mistere et bien devot et pleut bien à beaulcoup de gens.

Et en ladite année on fit ung fort huchement, que nulz n'achettait nulle beste, fors que on plein merchié, et que nulz n'en achestist on merchié qu'il ne fut x. heures sonnées, se n'estoient les menants de Mets.

Et en ladite année, on mois d'Aupril il faisoit si froid, tellement que le premier jour de Maye on avoit encore bien pou de fleurs, et commençait Jehan Houldebrant le premier jour de Maye à mettre vin à brouche à xii. deniers et fut le premier audit prix.

Item, le xe. jour de Maye fuit accommencée l'esglise de St Simphorien que Jaicomin Pichon avoit ordonné de faire par ses v. mainboures (Fol. 45) : Jehan Abrion, Collignon d'Abocourt, Werrin L'escuier, Stevenin Heuzelin, Jehan de Bonne, et y mist Monseigneur de Mets la première pierre et y mist trois pièces de métal, or, argent et cowre.

Et tout le mois de Maye fut fort froit et pluvieux; toutes fois les arbres furent assez bien floris; maix il plut tant tout à long du mois de Jung et fit si froit que toutes les fleurs cheurent et ne fut nulz fruict et en Jullet n'estoit encore nulz raisin floury. Et disoit on que ce faisoient les sorcières et si [e]n y olt des prinses et des arses. S^{gr} Regnault en print une appellée Merguerille, femme de Jehan Willemin, en son ban à Scey, et fuit arse sus Sainct Quaintin ; et en y olt une des brulées à Bouxières, et fuit la première, et une à Rumelley, une à Chastel, une à Marange.

Item, on ne povoit finer de vin et eust monté fuer de mesure, maix on fit huchement que on ne le vendit plus chier que xii. deniers.

Et le iiie. jour de Jullet sallirent iii. hommes en la Xeuppe et ung olt congié, pourtant qu'ils avoient barellé ung pouvre homme ; car ils [l']avoient mené juer aux cartes et se monstroient leurs j[e]us l'ung l'aultre, et ly gaingnont tout son argent ; portant en furent ils punis, dont ce fuit bien fait.

Et à Wauppey furent brulées ii. sorcières le xxie. jour de Jullet, et le xxe. jour de Jullet fut noié ung jonne chanonne de Sainct Salvour on raiz l'evesque, en Saulcy, appellé maistre Giraird Sapientis, qui s'estoit allé bainguier pour le chault avecq deux aultres chanonnes dudit Sainct Salvour.

Et y avoit à Vigneulle une femme prinse pour sorcière, laquelle s'astranglait en la prison, et en y olt ii. des prinses à Marange, sans celle qui avoit esté jay brulée, et l'une fut estranglié en la prison.

Et le jour de la Magdalene molrut dame Jenette, femme Ser Willamme Perpignant.

Et le dimanche devant la sainct Luc, Ser Wavrin Roucel espousait sa femme et le sabmedi devant ly fut faicte une noble venue.

Item, la vendange durait jusqu'à la Toussainct et n'avoit on nul vin, car ung powre homme aportoit la vendange de ii. ou iii. journalx de vigne en ung tendelin et estoit grant pitiet de oïr plaindre les powres gens, portant que le bled estoit chier, et ilz n'avoient nulz vins pour faire argent; et fuit une bien malheureuse année pour poures gens.

Monseigneur d'Aulte, ung capitaine, trouvit ses ennemis et estoit fort asses; son cheval fort embouchié l'emportait dedans ses ennemis et [il] fut tué.

Item, la vigille de la Toussainct fut prins ung homme et pendu le sabmedi après, pour ceu qu'il avoit esté à ruer jus denrées de Mets.

Et en icelle année, permey le grais temps, supposé que tous vivres fussent bien chiers, chair, bledz, vin et aultres vivres, toutesfois, pour resjouir le peuple, furent faictes aval Mets plusseurs farces et joieusetés. Et tout du long du grais temps ne fut journée qu'i n'allait des folz, des raveurs et des desguixiés.

Et xv. jours après la Chandelour fut prins ung Al[le]mand qui avoit rué jus ung bouchier de Porseillis, lequel fuit jugié à pendre; maix l'ercevesque d'Auxeboure qui estoit en Mets, le demandait et l[i fut donné]. [17]

En l'an mil. iiii. c. iiii. xx. et ii. fuit Maistre-eschevin de Mets S⁰ʳ Regnalt le Gournaix.

En ladite année s'enfonyt de Mets Mairtin Carel, l'amant portant qu'il estoit accusé d'avoir enforcié et depucellé une jonne fille de ix. ans; et pour tant qu'il ne se vint point excuser après le huchement qui en fuit fait, il fuit forjugié et ses biens confisqués; maix pour l'amour de sa femme et de ses enffans, chacun en olt sa part.

Et en ladite année, on mois d Aupril, on commençait à moirir d'une chaulde malladie, et devenoient les gens tout sots, et à bout de v. jours, ils revenoient à leur entendement et après aulcuns en moroient.

Et le second jour de Maye morut Dedier Traval, l'amant.

Item, le iiii⁰. jour de Maye fuit mis on pillori ung malvais garson et puis trayné aux champs et olt la teste couppée, portant qu'il avoit averti Liebault d'Aboncourt que on envoioit à Rome grant finance, laquelle il ruait jus et detroussait les serviteurs Monseigneur de Sainct Arnoult qui l'emportoient; et en dobvoit avoir ledit garnement la meitte, maix il ly fut bien chier vendu, comme vous oyez.

Item, le vi⁰. jour de Maye, Brouche, ung soldiour, et Dedier de Liverdun firent ung champ de baitaille on Champaissaille, en ung champ clouz que on leur fist; et n'y avoit ondit pareque que les ii. champions, leur ii. capitaines et ceulx qui estoient commis de la Cité; et tout atour dudit pareque estoient gens armés et enbatonnés pour garder de folles entreprinses. Et tantost qu'ils furent entrés ondit pareque, on fit ung huchement à son de trompe, sur cent livres que nulz n'entrit audit pareque, fors que les commis; et tantost la trompette sonnée et le cri fait, les deux mirent leur lance en l'arrest et donnèrent dedans et faillirent la première fois; la seconde, ils s'attendirent que leurs ii. lances cheurent à terre et incontinent tirèrent leur espée et se frappont fort, tant et si longuement que Broche olt sa visière avalée. Quelque vaillamment qu'il fit, se fut il portant en dangier, car il eust esté decouvers, s'il n'eust tenu sa houticol à deins. Et cela fait, Messeigneurs à ce commis se bouttirent entre deux et les despartirent, car ainsy l'avoient ils promis; maix ils combaittirent ii. grosses heures.

Tout du long de l'année estoient toutes chouses chieres, comme vous aves ouy, et ne donnoit on on mois de Maye que iiii. œufs pour ii. deniers.

Item, on fist ung huchement, qu'i n'y eust que une quantité d'hostelleries et caberets en Mets et en y olt bien iiii. xx. des ostés.

Item, on fit en Mets une ordonnance, que le Maistre-eschevin povoit faire semonre son consel et les parties aux ii. heures après midy, ce que jamaix n'avoit esté fait, portant que on ne povoit escovir les plaintes des determinez.

Item, le jour du saint Sacrement fit une merveilleuse tempeste de tonnoire, pluc, vent et grele, telle que tout le petit Vaulx fuit tempesté et plusseurs fins atour.

Et le xve. jour de jung fut pendu un appellé Fontin qui estoit de la garnixon de Gorse, lequel avoit prins sur ceulx de Mets sans deffier. Il olt troup de fiance à eulx, car il se vint boutter en Mets, pensant que on ne luy deust oser rien faire; maix il trowait bien le contraire.

Item, incontinent après, son frère taion et ix. aultres malvais garsons deffiont la Cité, le xxve. jour de Jung; maix ils n'en gaingnirent gaires.

Et la vigille de la St Jehan on vendoit don gros verjus devant le moustier.

Et en la (fol. 46) dite année morut la jonne duchesse de Borgonne, femme à duc d'Austriche, ^{148} dont ce fuit dommaige.

Le premier jour de Jullet furent prinses et despendues les bannières de Lorenne, qui pendoient devant Noustre Dame la Ronde, de nuit.

Item, le second jour de Jullet piusseurs aventuriers qui se tenoient à Gorse allont courre on ban de Desme et de Nomency et prinrent beaulcoup de bestes, et en les amenant ceulx du paiis s'assemblirent, hommes et femmes ; cuidant les rescourre, chassirent après jusque près de Loyneille sus Seille, et estient beaulcop plus fors que les François et estoient x. fois plus de gens ; maix portant qu'ils ne s'attendirent point qu'i furent ensemble, les premiers venus, sans discution et sans conduite, frappirent à eulx et incontinent furent tués, rués jus et murtris et les aultres hommes et femmes s'enfouyrent criant alarme ; et en y oll xxviii. des mors en la place et des navrés plusseurs et d'aulcunes gens de bien et des noiés qui saillirent en Seille.

Ondit mois de Jung molrut frère Jehan le Gornaix qui s'avoit rendu aux Frères.

Et le xiiii*. jour de Jullet molrut Claude Cuerdefer, lequel dobvoit le mardi devant espouser Françoize, fille Maheu le Gornaix, et estoient touttes les préparations faites et tout prest pour les nopces.

Item, en celle année avoit ung malvaix loup qui coroit sûr les gens et estranglait beaulcoup d'enffants, comme on disoit, bien xxv. On fit ung huchement, que qui le polroit tuer ou prenre, il averoit cent sous ; tantost plusseurs firent diligence de le tuer pour gaingnier. A la fin, ung soldiour appellé Piersson le loup, le tuait de trait, le iiii*. jour d'Aoust, de quoy on fut bien joieulx.

Item, on mois de Septembre S^{gr} Ewraird de la Marche, S^{gr} Guillamme de la Marche et S^{gr} Robert de la Marche, chevalchoient près de Liége et estoient de guerre à l'evesque de Liége [19] ; aulcuns Liégeois trowèrent faiçons de mener l'evesque aux champs pour courrir sur eulx ; et quand ils vinrent aux champs, l'abandonnèrent et incontinent [les seigneurs de la Marche] corrurent sus à l'evesque et fuit ledit evesque tué des propres mains de Messire Guillame et tous ses gens tuez, et entrèrent en Liége et tuont beaucoup de gens d'esglize et d'aultres qui tenoient sa partie et prinrent tout le paiis de Liége, Heu, Sainct Trond, Tongres, Hesse et toutes les aultres plaices, de quoy grant mal en advint.

Item, il fit l'année la plus belle saison ; les bledz estoient boins, les vins bien boins, maix ils n'estoient mie à grant planté ; toutes fois ils decheurent ung pou que on olt la quarte de bled pour xii. sous et le vin pour viii. Et fut huchié, que tous ceulx qui amoinroient bled en Mets pour vendre, ne fussent dechargiés en nulles maisons se non en la halle sus Chainge, ou en la halle au cuir et que nul n'en achetit pour chacun merchié que une quarte, afin que pouvres gens en puissent avoir, que fuit très bien fait.

Item, cela fait les bonnes gens de dehors n'amonnoient point de bledz, por tant qu'ils ne les voulloient point mener ès dites halles, et qu'ils ne les vendoient point, ainsy qu'ils poloient. Incontinent que on vit qu'il ne venoit point de bledz on merchié, on fit un novel huchement, que ung chascun deschargeait son bled à sa volunteit et le vendit ce qu'il polroit ; et tantost on heut les bledz à planteit, maix ils [se] vendoient la quarte xvi. sous.

Item, le xve. jour de Novembre fuit pensionnaire de la Cité le comte de Wernembourch, permey ce qu'il dobvoit servir la Cité en tous ses affaires, et fuit fait pour iii. ans.

Item, le darien jour de Novembre vint en Mets Monseigneur de Verdun, qui venoit de prixon en France où il y avoit esté bien destroittement tenu xiiii. ans et iii. mois. [110]

Aussi le darien jour de Novembre molrut Thiriot de Landremont.

Et ondit temps maistre Dedier Noël se rendit frère Baude.

Et fuit l'hiver si biaulx qu'i ne geiloit point, et luisoit le souleil tous les jours comme se [ce] fuit esté en esteit depuis Noel jusque à xve. jour de Janvier.

Item, pourtant, comme vous avez ony, que la chair estoit

tousjours chière, les porcs commencèrent à venir de France. Les seigneurs de Mets ordonnèrent que on en acheteroit des porcs et que on les vendroit à ceulx de Mets et du paiis à creance et en acheltont bien iiii. mille et les creoit on jusque la sainct Jehan ; et estoit commis à ce faire Grant Jehan de Perpont, le bouchier.

Et la sepmaine de la s^t Vincent fuit ordonné que les bonnes gens des villaiges ameniscent à refuge leurs biens en Mets, pour les François qui dobvoient devaller, comme on disoit.

Et en celle année fuit achevis le clouchier de Meutte et fuit mise ladite Meutte en son lieu, où elle est à présent.

Item, il commençait à faire si biaulx et si chault à l'uissir de l'hiver que on mois de Febvrier et en l'acommencement de Mars, le xiiiie. jours de Mars, on veoit des rasins en vigne et la palme de bledz, et n'avoit on donné on grais temps que ii. œufs pour ung blanc.

En l'an mil iiii. c. et iiii. xx. et iii. fuit Maistre-eschevin de Mets S^{gr} Nicolle Dex.

En ladite année revint de devers l'empereur maistre Girard des Augustins et Mairtin des VII. et raportont la paix de ceu qu'i demandoit à la Cité.

Et le xiiie. jour d'Avril se combattirent à oultrance on Champaissaille Jehan de St Mihiel et ung appelé Hurtaul, escuier et serviteur de Messire Claude de Vauldrey, et s'ateindirent très bien de la lance et puis après de la maisse et puis de l'espée, et s'eussent grevés, se n'eust esté S^{gr} Regnaulx le Gournaix, S^{gr} Jehan Chaversson, S^{gr} François le Gournaix qui se mirent entre deux et les acordont et touchont en mains, que bien voulentiers le firent.

Et en ladite année fuit assigiée Richemont par Monseigneur le mairchaut de Lucembourch [1] devant ung pou que ceulx de Mets y vinssent, affin que on n'y menait vivres, artellerie, ne aultres chouses, en attendant la puissance de Mets. Et la vigille du sainct Sacrement, xxviiie. jour de Maye, partirent de Mets pour aller (fol. 47) audit siége devant Rechimont S^{gr} Michiel le Gournais, S^{gr} Conraid de Serrière, S^{gr} Andreu de Rineck, S^{gr} Nicolle Dex, S^{gr} Regnalt le Gournais, S^{gr} Nicolle Remiat, S^{gr} Jehan Paperel, avecque belle et noble compaignie de souldiours, varlets d'hostel de Mets et du paiis, les plus gentilz compaignons. Ceulx qui demoroient en la ville paioient les journées de ceulx qui estoient au siége.

Item, le venredi vi^e. jour de Jung, Messeigneurs de la grant esglize envoiirent aux seigneurs de Mets, on siége, ung présent de vi. cowes de vin, de cinquantes quartes d'awoine, et leur menont l'archediacre de merchaulz, maistre Hanry de Morfontaine, maistre Pierre Loxey et S^{gr} Arnoult de Clercy, tous seigneurs et chanonnes de la grant esglize de Mets; lesquelz virent lesdits seigneurs bien voulentier et reçeurent leur présent benignement. Et donnèrent lesdits seigneurs chanonnes à despairtir as bombardiers ii. florins de Rin, et as menestriers ung florin.

Et le ve. jour de Jullet se rendirent ceulx de Rodemack, et les reçeurent les Lorains et les Borguinons per le consentement de ceulx de Mets, et y allirent S^{gr} Michiel le Gournaix, S^{gr} Conraid de Serrière et fuit l'appointement en telle manière: que ceulx de dedans en dobvoient aller, chescun ung baiton blanc en leur main, et que on dobvoit abaittre le chaustel et la ville; et quant ils furent dehors, on leur donnait chevaulx et hernex d'avantaige.

Et le viiie. jour de Jullet se rendirent ceulx de Richemont aux seigneurs de Mets, et celluy jour mesmo y entrèrent et mirent la bannière de Mets sur la matresse tour. Et le xxviie. jour de Jullet il pleut si fort à Mets et fit ung tel lavalx d'yawe qu'elle couroit per les fenestres on celliers. Tellement corrut en ung cellier d'ung tuxerant que l'yawe enmenoit des lexels aval ledit cellier, que ledit tuxerant s'en vint fuyant à l'uis, criant alarme et cuidoit bien estre noié.

Item, en ladite année on mouroit de peste fort à Mets, et le x⁰. jour d'Aoust morut dan Anthonne Wisse, abbey de S₁ Mairtin, et morut encor ondit mois Sᵉʳ Jehan DuPont, gowernour de S₁ Vincent et Sᵉʳ Lowiat, prieux de S₁ Clement morut ondit mois, et aussy morut ondit mois Sᵉʳ Dedier, prioux de S₁ Arnolt; et aussy morut ondit mois l'abbey des Chartrieux. Et le xxviiiᵉ. jour dudit mois morut dame Georgette, femme Sᵉʳ Giraird Perpignant, et le lendemain morut la femme Jehan Traval de Portemuselle, et morut ondit mois dame Ysabel Dex, femme Philippe de Briba.

Item, il plut tant on mois d'Aoust et de Septembre que les vins ne furent mie si bons, comme on cuidoit.

Item, ondit mois d'Aoust morut le roy Lowis de France.

Et le second jour de Septembre morut Bernairdin Traval et le vᵉ. jour dudit mois morut Poincignon de Gorse, et le xviiᵉ. jour dudit mois morut Simonin Burtrand, l'amant; et ondit mois, le xxiiᵉ. jour morut Jehan Traval, fils Jehan Travault de Portemuselle.

Item, le xxvᵉ. jour dudit mois on fit ung huchement, que on ne vendit la livre de chandoille que vii. deniers et les harans ii. deniers.

Item, le second jour d'Octobre fut fait le service du roi Lowis.

Item, en la vendange ott autant de vin qu'il avoit heu depuis xx. ans; mais ils estoient mal meurs et ne furent mie des meilleurs pour ceu qu'ils avoient esté troup nouris d'yawe, comme vous avez ouy ci-devant.

Et en ladite année advint ceu que on n'avoit de lonc temps veu; car après que les chaukeurs furent clouz, viii. jours après la saint Remey, il revint des revenures en vigne qu'il convint vendangier encore une fois, per le chauld temps qu'il fit après la saint Remey. Et ainsy, la merci Dieu, tout ceu qui avoit esté longuement chier, devint à boin mairchié, car on donnoit la cowe de vin pour xviii. sous et pour xx. sous la quarte de bledz, pour iiii. sous les aultres grains à l'avenant.

Et en ladite année le bourialz, maistre Collinet frappit ung homme d'ung coutiaulx, et olt ledit maistre Collinet le poing couppé devant le grant moustier de Mets per ung novel bourial, le xv°. jour de Novembre.

Item, il advint que la femme Belsebonne fit ung serment contre Jehan de Hettange. La Justice fut advertie qu'elle s'avoit parjurée; elle eust esté prinse, mais elle s'en fouyt. Et croy qu'elle dit que Jehan d'Anowe luy avoit fait faire, et tantost fuit ledit Jehan d'Anowe prins et ses amys se plaindirent au Maistre-eschevin de Mets, et ledit Maistre-eschevin luy meisme s'en allit enchiez le Doien avec Jaicomin Husson, deffendant que on ne le gehennist point. Toutesfois, à la fin fuit porté fuer que c'estoit une demande sans escript et sans esploit, et que la femme en dobvoit avoir la loy. Et fuit ung peu aidié de ses amis et d'aultres, et fuit mis fuer à son honour, car le Maistre-eschevin luy-meisme, S^{gr} Nicolle Dex [déclara] en l'aitre St Gergonne, sur la pierre, que à tort et sans cause on l'avoit fait prenre.

Item, en ladite année furent faits les Treize la vigille de la sainct Benoit, pour je ne sçai quel différent à la Chandelour il y ot; et le lendemain, le jour de la sainct Benoit, mil iiii. c. iiii. xx. et iiii. fuit Maistre-eschevin de Mets Jehan le Gournaix, fils S^{gr} Maheu le Gournaix; et portant que les Treize avoient esté fait la vigille de la sainct Benoit et le Maistre-eschevin le jour, on sonnait Meutte vi. coups pour les deux fois.

Item, le jour du mey karesme Monseigneur d'Esternac, frère à Monseigneur de Toul, frère à Monseigneur de Chaustel, frère à Monseigneur du Fayey, vint prenre la possession de l'abbaie de Saint Vincent.

Et en celle année il fit ung froit esté et ne povoit faire trois jours chauld qu'i ne fit incontinent oraige, tellement que le premier jour d'Aoust il n'estoit encore nowelle de trower point de tables en lieu du monde.

Item, à la fin du mois de Jullet avoit grant gent d'armes

ensemble, lesquelz on doubtoit fort, de quoi on fit fort guet et mist on gens aux gaiges, et fit on fouir les bonnes gens de villaiges.

Item, il pleut tout permey le mois d'Awoust, tellement que les bledz pourrissoient aux champs et ne pouvoient les vignes murir. Et le premier jour de Septembre le biaulx temps commençoit à venir et fit bien biaulx (fol. 48) tout permey la vendange et si olt on beaucoup de vin et furent assez boins selonc le temps qu'ils avoient heu; et viii. jours après la sainct Remey vint une gellée que s'ils furent esté à sap, ils furent esté gausté; et les blanches vignes furent engellées, maix encor en y eust il des bonnes par raison.

Item, le xie. d'Octobre morut Monseigneur l'evesque George,[133] et le sabmedi maitin on le fuit querir à Sainct Arnoult moult honnourablement, à grand procession; et y estoient toutes les Ordres de Mets et tous les seigneurs, meyme les sergents avec leur verge d'argent, et y avoit tant de torches de part la Ville, comme de la grant esglize, des monastères, des parrouches, que à peine on en sçauroit le nombre.

Item, le jeudi, second jour de Décembre se pendit Jehan Robert, ung messaigier, jay aigié de lxv. ans et plus, et estoit riche homme et ne luy falloit rien, et se pendit en son grenier, que jamais on ne sçeut pourquoy. Et ledit jour fut traingné hors de sa maixon par dessoubz le soillout de son huix, et puis traingnié à gibet et pendu avecque les aultres.

Et le merceredy après la Chandelour se pendit ung compaignon por tant, comme on dixoit, qu'il tenoit une fille et amoit ladite fille tant, et por ceu que aulcuns la festoient. Toutes fois il ne fuit point estranglié, il se rescout; et quand il fuit sçeu, fuit prins et tantost fuit batus très horriblement, et estoit ung taborin appellé Jehan Russay.

Et ondit mois se pendit ung evesque et se estranglait à Stra[s]bourc, et la Justice le fit enfoussier en ung tonnel et le gettirent on Rin et aller où il volt.[134]

Item, en celle année le jour que le Maistre-eschevin se fit, Sr Nicolle Dex tenoit la court l'evesque et tiroit de colverine, de hacbuse, et faisoit merveille de traict, jettoit fusée de feu aval la plaice et sembloit que ce fut à un siège, que à poine les gens se oisoient tenir aval la plaice devant le moustier.

Et ondit mois olt ung moyne à Sainct Piermon, qui se pendit et estranglit.

Et faisoit le plus pouvre temps que tout le mois de Janvier, de Fewrier, de Mars, ne fit que plevoir, tellement que on mois de Mars on n'avoit encor rien fait ez vignes ne sommer avoine; et toujours plevoit, ventoit, tonnoit et enlaudoit souvent.

Item, le tiers jour de Mars fuit prins Stevenin Heuzelin sur l'estang de Clemerey et mené en la Leeffes.

En l'an mil iiii. c. v. fuit Maistre-eschevin Collinon de Heu.

En ladite année, le xviiie. jour de Mars, une femme bien près de la porte des Allemants se pendit, laquelle fuit mise par le bouriaul en ung tonnelz bien clouz et avoit en escript en allemant et en romant : *« boutez la avant, lassez l'aller : c'est per Justice. »*

Item, on mois d'Aupvril ung appellé Crance, et xi. lairons avec luy, deflioit la cité de Mets et firent beaucoup de mal, car ils prinrent pluseurs bonnes gens du paiis de Mets, bestes et aultres biens.

Item, le lendemain de Quasimodo morut Sr Willame Perpignant, et le xxviiie. jour de Maye morut dame Françoise de Warixe, et le premier jour de Jullet Willame de la Marche ot la teste coppée à Trez. [155]

Et estoit le temps si froid et si pluvieux que on ne povoit mettre le foin à l'hostel ne les bledz, et les vignes decheoient et s'en alloient à rian pour les plues froides qu'il faisoit.

Et en la première sepmaine de Jullet se pendit ung maire à ung arb[r]e, et ondit mois une femme se pendit à Faicy.

Et le xxiiiie. jour de Jullet fut jué le jeu de Ste Barbe en grand triomphe, en Chambre et moult bien jué. [156]

Et à la fin dudit mois, per tentation de l'ennemin, ung appellé Gadday, le notaire, se voult copper la gorge en Vauzelle; mais ung plaidioux appellé Collin Menalz le rescoult; et disoit ledit Gadday qu'i veoit vi. hommes vestus de noir qui l'y constraindoient à ce faire.

Et le premier jour d'Aoust on brulait à Salney iii. sorciers.

Et on mois d'Aoust fuit Liebault d'Abocourt tué et trait d'ung virton, permey le corps, des piétons de Mets, por ceu qu'il estoit de guerre et ne sceut à dire por quoy.

Item, le iiie. jour de Septembre defflont x. Allemans sans quelconque cause ne raison. Eusy estoient iii. manières de defflance : eulx, Crance et Jehan de Recque.

Item, vendange fuit si poure et si petite pour la maulvaise disposition du temps qu'il avoit faict de pluie et de froit, que en x. journaulx de vignes à poinne trovoit on une cuve de vin.

Item, la gellée fuit grande en l'hiver et commençait tantost après la sainct Mairtin et durait v. sepmainees, et depuis pleut et gelloit souvent dessus, tellement que les arbres et vignes estoient si chargés de glaices que plusseurs arbres et saulz fendoient, et cuidoit on que les vignes deussent estre perdues.

Item, la vigille de Noel Mairtin des VII., avecque plussours soldiours et piétons, s'en allirent à Hatlange pourtant que vint nouvelle qu'il y avoit de nous ennemis; vinrent de nuit assalir la maison où ils estoient, lesquels vaillamment se deffendirent; mais rien ne leur vallut, car ils furent iii. des prins et amenés à Mets et ung des tués, desquelz pour abregier furent ii. des pendus et ung la teste coppée; la vigille des Rois les ii. furent pendus.

Et le viiie. jour de Janvier fuit faite la paix de Jehan de Reke, de Hannes Cranse et des Allemans.

Le premier jour de Fewrier morut dame Comtesse Dex.

Et le grais lundi ung clerc appartenant à S^{gr} Jehan Phillippe trotoit ung chevalx on Saulcey; ledit clerc voult courrir son chevaulx, le chevaulx l'emportait en Muzelle, que fuit noié.

Item, on mois de Fewrier fuit fait huchement, que toutes femmes qui estoient arriére de leur mari et filles qui se gouvernoient mal s'en allissent à bourdiaulx, et leur faillut faire.

En l'an mil iiii. c. iiii xx. vi. fuit Maistre-eschevin Jaicque Dex.

En ladite année, quant les vignes commençont yssir fuer, on vit qu'il n'y avoit nulz raisins, de quoy les gens furent bien camus, et commençait le vin à remonter et valut vi. deniers la quarte.

Et le premier jour d'Aoust les Lorains corrurent à Racourt, à Lorey, à Chamenot, à Bouxieres et à Loweney, et prinrent corps d'hommes, bestes, chevaulx et firent moult de mal portant que la Cité ne voulloit point qu'ils paiaicent argent qu'ils demandoient. (fol. 49).

Item, comme j'ay dit, la vendange fut petite et y olt si pou de vin que ce n'estoit quasi rien et valloit la cowe xi. francs et la quarte de bledz vii. sous; et après fit le plus biaulx temps pour enhenner qu'il heut fait de xx. ans; et la sepmaine devant Noël on vit venir des songnes et disoit on que c'estoit signe d'avoir l'esté per temps.

Item, en ladite année fuit commencié le chuer de Noustre Dame, en la grant esglize, per Monseigneur le vicaire, lequel la fit perfaire.

Et en ladite année le comte de Wernembourch qui avoit esté ennemin à la Cité, se rompit le col dessus son chevaulx.

Item, en celle année Pierre Baudouche encommenceit Paissetemps [137] et achetit bien xiii. ou xiiii. maisons pour les esjoindre avecque.

Et en icelle année S^{gr} Gratian, et S^{gr} Robert de Florhange l'ainné et S^{gr} Robert de la Marche le jonne mirent le siége devant Ivoix, et y fut ledit S^{gr} Robert tué d'une serpentine.

En l'an mil iiii. c. iiii. xx. et vii. fuit Maistre-eschevin de Metz S^{gr} Jehan Xawin.

En ladite année fit ung biaul temps et amendoient les biens de terres gentilment et de bonne sorte.

Et ou mois de Maye Pierre Burtal et ung appelé Holsingue s'en allirent du cousté le comte Hennemont de Forpack et ly contaient beaucoup de bourdes, et tellement l'enflammaient qu'il en fist requeste. Après la requeste qu'il fit, vint courrir à Vallièr[es] et Laquenexy, à Corcelles et Olxey et firent beaucoup de mal; et depuis on en tint journée. La chouse seroit longue à reconter.

Item, en ladite année se tint le grant chappitre des Frères Baudes à Mets et estoient bien ii. c.; et les gouvernont S^{er} Andreu, S^{er} Regnault, S^{er} François, S^{er} Nicolle de Heu, que moult honnourablement les reçeurent.

Et fit ycelle année une belle mouxon et une belle vendange; touttes fois valloit la cowe de vin encor x. francs; maix la quarte de bledz ne valoit que iiii. sous et iiii. sous vi. deniers.

Item, ondit temps Jehan Callait et Thiebault Regnaldin s'en alloient à Saline pour leur maistre; vint ii. chevacheurs qui les prinrent et emmenèrent à Hersteine.

Item, la sepmaine devant la s^t Michiel fuit trouvé ung compaignon en vignes, qui vendangeoit de nuit, et pour ceste cause il fuit mis on charcans et y fuit ii. heures.

Item, le venredi devant Quasimodo S^{er} Nicolle Dex se pertit de Mets pour aller à St Jaicque en Galice; et le viiie. jour de Novembre son varlet revint, qui apportait novelle qu'il estoit mort, dont ce fuit dommage; car c'estoit ung noble chevallier et vaillant de sa personne.

En l'an mil iiii. c. iiii. xx. et viii. fuit Maistre-eschevin de Mets S^{er} Maheu le Gournaix.

En ladite année olrent la teste coppée ii. compaignons qui avoient destroussé gens et tué ung et desrobé des calices.

Et fit en ladite année boin temps pour enhanner les bledz, les awoines; mais tousjours faisoit froid, si que en mey Mars on n'eust sceu trouver verdure d'arbre à poinne pour le froid.

Item, le xxviie. jour de Mars Jaicque Dex flancit Françoise, fille à S^{gr} Maheu le Gournais.

Et fuit l'esté dangereux d'oraiges; si tost qu'il faisoit ung pou chault, tantost faisoit oraiges et fit le dernier jour d'Avril ung si troble temps de grelle que, depuis Chastel jusque Nostre Dame de Rabay, ung trayn d'ung quart de lue large, fut tempesté.

Item, le xiiiie. jour de Maye, il gellait très fort, tellement que les vignes du Savellon, d'Oultre Seille, on Haut chemin et à Chastel, à Rouzerieulle et partie de Sey furent engellées, et fuit une moult grant pitiet, car c'estoit la iiiie. année qu'i n'y avoient gaires prins; et estoit ung esbahissement de veoir et oyr les powres gens.

Item, le lundi après l'Ascension s'en allirent ceulx de Mets à belles compaignies et bien conduits, chescuns vestus de blanc et de noir, devers l'empereur en Flandres [158] et s'y gouvernirent qu'ils y heurent honnour.

Et les vignes qui estoient eschappées de la grelle ne cressoient point pour le froit qu'il faisoit à cause dudit temps, et n'avoit [on] encor, le premier jour de Jung en vignes, ne en chambry veu aulcune flour, ne fraize, ne serixe.

Et le lundi, le mardi des festes de Penthecouste, on fit le Jeu de sainct Lorant [159] en Chambre, et dobvoit encor juer; maix la plue vint, et pleut tant et si longuement que on ne povoit aller n'à pied, ne à chevaulx.

On commençait à murmurer sus les sorciers et en print on une à Rouzérieulle que fuit brulée.

Item, il y olt ung homme prins à Vantoux pour sorcier; fuit amené enchiez le Doien à Mets et y molrut.

Item, il en y olt iii. sorcières prinses à Marange, et furent brulées toutes iii. le xviie. jour de Jung.

Item, iii. femmes furent prinses à Maigney pour sorcières, dont il en y olt ii. des brulées le jour de la sainct Eloy.

Et ondit mois furent pendus ii. compaignons qui avoient desrobé.

Et à Chastel furent prinses iii. femmes pour sorcières et brulées ; et à Mets il en y olt vi. femmes prinses pour sorcières, desquelles iii. furent condempnées à bruler, maix l'une morut on palais.

Item, fuit prinse à Saulney pour sorcière une femme et brulée.

Et le xii°. jour de Jullet furent brulées à Mets ii. sorcières.

Et le xix°. jour dudit mois furent encor brulées iii. sorcières à Mets.

Et continuoit tousjours le malvais temps et ne sceut avoir fait ii. jours de biaulx temps que incontinont ne fît oraiges ; et en cheut tant pour ung jour, souverainement à Corney, à Noviant et autour que tout fuit perdu ; et tantost faisoit froit ad cause des oraiges, que le jour de la sainct-Sixte, on ne sçeut trouver en vignes n'en chambrey talles ; et commencirent les vins fort à remonter et valut la quarte x. deniers.

Item, le tiers jour d'Aoust furent rués jus, environ iii. lues deçay Triewes, Monseigneur le viquaire, Fransequin le chauldrenier, Jehan le jonne et d'aultres des manants de Mets et menés à Falquesteines.

Item, à Piervillier fuit prins ung homme pour sorcier et congneust son cas ; et le xxii°. jour d'Aoust on brullait à Thionville ii. hommes sorciers ; et la sepmaine après fuit arse à Mets une qui s'appelloit la Guriatte ; et le xviii°. jour après on brullait une sorcière à Vigey et ii. jours après on en brulait une à Juxei et tout on mois de Septembre.

Item, on mois d'Octobre corrut on ban de Baizelle le frère La Hurte et y firent ung dommage bien grant.

Et le vii°. jour d'Octobre morut dame Philippe Dex, femme S^{gr} Conraid de Serrier.

Item, portant que les vins estoient bien chiers on faisoit aval Mets plusieurs bruvaiges de pomée, de poirée et plusseurs aultres bruvaiges de quoy les gens estoient tous deshaittiez. Et que c'estoit pour engendrer mortalité, on fit huchement, que nul n'en fist plus pour vendre ; et fuit encore huchié que nul ne fit servoixe pour vendre, sinon l'hospital et les maistres des molins.

Et la vendange durait jusqu'à la Toussaint et après y olt bien pou de vins, et estoient petits et bien fiers, maix on les vendoit x. francs, pourtant qu'il n'y avoit plus gaires des viez vins.

Et le xiiiie. de Novembre tuait Heuzellin de Bourgonne Jehan Hernex en l'hostel du grant Guillame.

Et le penultime jour de Novembre aulcuns Treize et sergents allont par tous les boulangiers de Mets, prinrent de chescun ung daralx et ung malalx et les portirent visiter; et pourtant qu'ils estoient troup petis, chescun boulangier fuit à xx. s. [160]

Item, le xxe. jour de Décembre revinrent nous piétons de devers l'empereur.

Et le xxiie. jour dudit mois Herment l'orfevre frappit (fol. 50) d'une daigue le prevost de Sancey et s'enfouit à Sainct Salvour.

Et le xxe. jour de Janvier fuit ung compaignon pendu pour ses meffais.

Et le xxiie. jour de Janvier une femme olt les oreilles couppées pour tant qu'elle avoit conseillié à une jonne fillette de desrober son maistre et sa maistresse et fut forjugiée à tousjours maix.

Item, ledit jour furent vendus les biens de Heuzellin de Bourgonne.

En l'an mil iiii. c. iiii. xx. et ix. S^{er} Pierre Baudoche [fut] Maistre-eschevin de Mets la iie. fois.

En ladite année, le premier jour d'Abvril, Crance ruait jus Collin Champion et maistre Guillame medecin en partant de St Michiel, et furent ransonez.

Et le xviie. jour d'Aupril ledit Crance vint courre à Jeuville on Salnoy, apartenant à Monseigneur de St Vincent, et ils prinrent iiii. hommes, iii. varlets et xlii. chevalx de hernex.

Item, le xiiie. de Jung Jehan de Vy, capitaine epousait Catherine fille Simon Bertrant.

Et le xiiiie. jour de Jung furent pendus ii. compaignons, voleurs de hault chemin et ung des prins qui faisoit le demoniaicle pour avoir argent; on le chassit en voie et fuit banis.

Item, le jour de la s^t Jehan, les piétons de Mets trouvont ii. des gens de Crance ; l'ung fut tué et l'autre amené et tantost pendu.

Et on mois de Jung morut Thiriot Quarel l'amant.

Et le viie. jour de Jullet, Arnolt de Fenestrange et xx. Allemans envoiont deffier la cité de Mets.

Et le xxiiiie. jour de Jullet morut la femme S^{gr} Warin Roucel, et le tiers jour d'Aoust morut dame Perette Lowe, femme S^{gr} François le Gournaix et laissait ix. enffants en vie et fut domaige de sa mort.

Item, le xxie. jour de Septembre envoiat Bassompierre deffier la Cité.

Et le xxiiiie. jour dudit mois Jehan de Sainct Mihiel, qui aultre fois avoit esté aux gaiges, envoiait deffier la Cité et xxvi. aultres avecque luy.

Le darien jour d'Octembre furent devant Bassompierre S^{gr} Michiel le Gournais, S^{gr} François le Gournais, S^{gr} Jehan Chaverson, S^{gr} Jehan le Gournais, avec eulx bien cent chevaulx et mil piétons.

Item, le iiiie. jour d'Octembre xxxvii. deffiont à la faveur de Bassompierre.

Et fuit la vendange bien petite ; à poinne iiii. journaulx de vigne faisoient une cue de vin et vendoit on la cue xviii. francs.

Item, le viiie. jour dudit mois corrut Bassompierre à Talange et print et enmenait pour plus de vi. c. francs de bestes; et le xvie. jour dudit mois vinrent arrière recourre à Semécourt, à Laidonchampt, à la Teppe, à Maxieres et Amelange et enmenirent iiii. ou v. hommes et prinrent beaulcoup de chevalx et d'autres bestes. Touttefois plusieurs des seigneurs, soldiours et gens de pied, les poursuirent de si près qu'i racorrent les prisonniers et toutes les bestes et furent tout devant Bassompierre.

Item, le xxie. jour d'Octembre xv. piétons s'en allirent jusque Mairville de Labrii et prinrent iiii. des gens de Bassompierre montez et armez.

Item, ledit jour viii. soldiours amenont iii. des gens de Bassompierre qu'i furent querir jusque Porchiez.

Item, ledit jour fut prins le petit Gauthier qui estoit guide de Bassompierre, et fuit assez bien besongnié pour ung jour.

Item, le lendemain ceulx de Semécourt prinrent ung des ennemis et l'amenerent à Mets.

Item, le xxiiie. jour d'Octembre aulcuns de ceulx d'Ars et de Vaulx s'en allirent courre jusqu'à Ville sus Iron et tuont ii. des ennemins et en amenont ung à Mets; et ledit jour à point du jour fuit encor amené ung des gens de Crance.

Et le xxiiiie. jour d'Octembre furent querir delà Sierkque des compaignons de Mets ii. des hommes de Crance.

Et le xxixe. jour d'Octembre corrut Crance à Bauldrecourt et brullait les ii. mollins et tuait les ii. muniers et ardirent xxv. que grainges que maixons plaines de bled et d'awoine.

Item, le darien jour d'Octembre on pendont iii. hommes, l'ung à Crance, l'autre à Bassompierre et l'autre à Arnold de Fenestrange.

Et le tiers jour de Novembre xxi. compaignons defflont la Cité à la faveur de Bassompierre.

Et ledit jour corrut le bastart de Tantonville à Morville deles Chemenat, et y print bien ix. xx. porcs et n'avoit on que faire à luy.

Item, le viie. jour après ledit bastart corut à Sainct Jure et y print xvi. chevalx.

Et en celle dite année les seigneurs de Mets mandirent tous les hommes de Mets de tous estats, et quant ils furent devant eulx, ils leur dirent : « Nous amis, vous veez comment nous sommes gouvernés; tous les jours nous sorvient annemin sur annemin et tous les jours des nowelz, et veez aussy comment le duc de Lorenne les soustient et ne veult point que nous les serchions par son pais, la main armée, et aussi qu'il ait fait deffendre par tous ses pais que nulz n'amoinne rien en Mets, qui sont choses à entendre qu'il ait une malvaise volonteit sur nous, laquelle chose nous ne voullons plus souffrir et sommes deliberez de ly faire bonne guerre; por tant vous avons mandés, grants et petits, que vous veulliez resgarder si vous estes deliberez de vivre et morir avec nous et de exposer vos corps et vos biens à la deffense et resistance de la Cité et de estre tous bons et léals. » Respondirent que ouy tertous, et puis leur fit on faire serment et tout le monde le fit de ensy le faire.

Item, assez tost fuit prinse une journée à Nancey, devant le duc de Lorenne, pour le different des parties des deffiez Crance, Bassompierre et Arnoult de Fenestrange. Et furent à ladite journée S^{gr} Michiel le Gournais, S^{gr} Regnault le Gournaix, S^{gr} Warin Roucel, S^{gr} Conraid de Serrières, et avec eulx S^{gr} Conrard Baier et Jehan Dex, tous li. secrétaires de la Cité, Mairtin des VII. et plussours soldiours; et fut le viiie. jour de Décembre, et le londemain fut prins ung des ennemis près de Thionville.

Et ledit jour ung braconnier avoit aporté de la venoison pour vendre devant le moustier, et il ly fut commandé qu'i ne la vendit point, et ly faulit reporter en la duchiée de Bair, s'il voit.

Item, auleuns des piétons de Mets s'en allirent bien avant en la Leeff et tuont des gens Arnoult de Fenestrange et raportirent leurs oreilles.

Item, le second jour de Janvier S^{gr} François le Gournay,

ANNÉE MIL IIII. C. IIII. XX. IX.

avec luy cent chevalx, iiii. c. compaignons de pied, s'en vinrent à Moinneville et à Vallerat, car Bassompierre vouloit venir chairgier des bledz qui apertenoient audit S⁏ʳ François, et ledit S⁏ʳ François en estoit averti. Et quand ils vinrent au lieu, ils trowèrent les saics dudit Bassompierre, qui estoient là pour chairgier, et ledit S⁏ʳ François fit chairgier ez proupres saics de Bassompierre ses bledz et en amenait xx. que chars que charettes, tout chairgiés.

Et le xvii⁏ᵉ. jour de Janvier dame Caillin Chaverson qu'avoit esté femme à S⁏ʳ Nicolle Dex, laquelle avoit ix. enffants, espousait le viconte.

Et le xxvi⁏ᵉ. jour de Janvier morut Jehan Houdebrant l'ancy (fol. 51).

Item, ledit jour S⁏ʳ François le Gornais espousit sa seconde femme, dame Françoise, fille S⁏ʳ Michiel le Gournais, chevalier.

Et quant on vit que le duc de Lorenne soustenoit tousjours nous annemis, vint ung gentilhomme appellé Capelaire et amenait bien c. et l. compaignons Allemans, lequel deffiait le duc de Lorenne.

Et tantost, le xxx⁏ᵉ. jour de Janvier, ii. jours après qu'il fut venus, s'en allirent courre à Houvaville⁽¹⁾, à Baitelley et Sainct Aille, et prinrent toutes les bestes des iii. villaiges et grant multitude d'aultres biens, et les amenirent buttener on prez Sainct Solbel et on bourg de Sainct Arnoult.

Item, ledit jour plussours compaignons de Val s'en allirent à Paigney dessoubz Preney et vinrent où il y avoit ii. hommes qui avient deffié; rompirent les ii. maisons et prinrent les chairs, les chevax de l'ung, et chergirent ez ii. maixons tout ce qu'ils polrent trower et bien xl. corse de bacon.

Et ledit jour fut pendu ung des hommes Bassompierre.

Et ledit jour furent buttenés devant le moustier v. charettes de sel, et fult le premier jour de Febvrier.

Item, ledit premier jour de Febvrier Cappellaire et ses gens corrurent sur la Nied, en plussours villaiges, et y prinrent grant bestes et autres meubles et les vinrent buttener à Grimont.

Item, le v̊. jour de Febvrier, ledit Capelaire corut à Sainct Eve et à Gainquirchien et prinrent beaulcoup de bestes et aultres biens ; et ledit jour le bastart de Tantonville boutait le feu à Vigney.

Item, corrurent les gens de Capelaire à Ranconval et y prirent grants bestes et les vinrent buttener de couste la Grange as Dames.

Item, le vii̊. jour de Febvrier, le comte de Salme et plusseurs aultres vinrent devant Secoulx où il n'y avoit que ii. souldiours, le chastellain et Alixandre, le varlet de S⁻ʳ Nemmerey, seigneur du chaustel, lesquels s'en fuïont et abandonnont la place, et print ledit comte les biens et les fit mener à Nommeny.

Item, le ix̊. jour de Fevrier veant nous seigneurs le grant oultraige que ledit comte leur avoit fait et qu'il avoit intencion de pis faire, Messeigneurs de la Cité malcontents de l'outraige, assamblirent gens et s'en allirent en la conduite de S⁻ʳ Michiel le Gournais, S⁻ʳ Giraird Perpignant, S⁻ʳ Jehan Chaverson, S⁻ʳ Regnault le Gournaix, S⁻ʳ Jehan Xaving, S⁻ʳ Jehan le Gournais, S⁻ʳ Jalcque Dex et allont assigier Secourt ; et quant ils furent assez près de Secourt, ii. gentilshommes qui estoient aux gaiges à Mets et estoient à Loweney, l'ung appellé Bernaird et l'autre le S⁻ʳ de Falquestaine, et environ xx. chevaulx s'en allont monstrer devant Nommency, et ceulx qui estoient en garnixon dedans, le comte de Salme et aultres, saillirent dessus eulx, les cuidant desjay bien avoir ; et y estoient partie des plus gentils compaignons de Lorenne et y estoit Cranco ; s'en vinrent courrir sur eulx et ils firent semblant de fouyr devers nous gents et quant ils approuchirent de nous gens, et nous gens frappont sur eulx en telle manière qu'ils olrent la victoire et prinrent le jonne comte de Salmes, Geraird de Heraucourt, le baille Claude d'Euville, esculer tranchant, et le bastart de Barbelz et les amenerent à Mets ; et en y oū ix. des tués en la place et s'en vinrent devant la place et bien se vouloient rendre, salve leur vie et biens, et estient bien dedans xl.; et considerant nous seigneurs qu'il souffisoit pour celle fois, revinrent à Mets avec leurs prisonniers.

Item, le xviie. jour d'Apvril vint le hural du duc de Lorenne vestu de la cotte d'arme qui apportait les deffiances; et ly donnait Sr Andreu, après ceu qu'i ly dit de part la Cité ceu qu'i ly dobvoit dire, vi. florins de Mets, en présence de plussours personnes; et ledit jour mirent le siége devant le moustier d'Ancey et y bouttont le feu en plussours maisons.

Item, les piétons de Mets s'en allirent courre on ban de Vivier et en ramonnont plussours bestes et aultres biens tous chairgiés et ung bon prisonnier qui paiait bien ses despens.

Item, ledit jour on fit mettre lanterne, yawe à l'huix, pierre à fenestres, et fuit on visiter per les maisons quelle puissance de bledz, de vins, d'avoines, de boix il y avoit en Mets.

Et tantost le duc de Lorenne envoiait messire Gennon pour demander trèwes; les seigneurs, considérant qu'ils n'avoient point gens d'armes assez, furent contents d'y entendre.

Et le xxiiiie. jour de Febvrier on fit commandement que tous ceulx qui avoient cuve on Vaulx et près d'ici, que on les mettit en doulle, afin qu'ils ne s'en puissent aidier à faire billoway, ne aultres deffenses à leur adventaige.

Item, le londemain firent dire nous seigneurs que chascun homme portit une bande blanc et noir, afin de congnoistre les Messins.

Item, aulcuns piétons de Mets furent devant Falquemont et prinrent le moustier et les biens de dedans qu'i polrent rapporter, et bien c. chevaulx.

Item, plussours piétons s'en allirent à Noweroy et y bouttirent le feu et y ardont xv. maixons; maix on apaitont le demourant pour vi. c. francs.

Item, le xxvie. jour de Febvrier plussours Lorains vinrent courre jusque dessoubz St Mairtin et y tuont ung qui corchait ung chevaulx, et incontinent on tiront une serpentine bien près d'eulx et eulx vistement de delogier et de s'enfouir.

Item, il fuit huchié que nulz ne fît chansons ne ballaides de nul prince, et qu'on n'usit point de maulvais langaige.

Item, le dairien jour de Febvrier aulcuns de nous gens courront à Nancy devant le Pont et ramènirent xxxiiii. hommes.

Item, il fuit ordonné que à chascun' carrefort il y eust vi. hommes de nuit, et faisoient bon feu et bonne chiere.

Item, le iiii°. jour de Mars furent courre des piétons de Mets devers Bousonville en trois villaiges, et amenont c. et l. vaiches, viii. xx. chevaulx de hernex et ii. chairs tous chairgiés de mesnaiges.

Item, le viii°. jour de Mars des piétons de Mets, c. et l., s'en allont courre à Abouwey, et quant ils vinrent là, ils trowèrent qu'il y avoit bien cent Lorains, se frappont à eulx tellement qu'ils se bouttirent en ii. maixons; et incontinent nous gens y bouttirent le fou et furent (les Lorains) constraints de saillir dehors et en y olt viii. des ars, iii. des tués, et xvii. des prins et amenés à Mets.

Item, on fit ung huchement que se le feu se bouttoit en nulles maixons en Mets, sus cent livres que nulz n'y allait, fors les Ordres mendiants et les nuietiers et les gens d'esglise.

Item, le xii°. jour de Mars ceulx de Mets allirent boutter le feu à Rombais et à Malencourt.

Et le jour de la sainct Vincent les Lorains firent ung villain meurtre sur une compaignie de trois comtes qui venoient en l'ayde de ceulx de Mets, cent chevalx et iii. c. piétons. Les pouvres gens ne s'en gardoient, mais furtivement les vinrent enclourre entre ii. rivières, là où ils furent villainnement murstris.

Item, le xiii°. jour de Mars vint Lowis de Wadres Alverade; le lendemain Petit Jehan Berbiez et aultres capitaines, à belle compaignie, pour servir ceulx de Mets.

Item, ledit jour fuit huchié que les florins de Mets vauroient xxiiii. sous, le gros de Mets ii. sous (fol. 52), les bugnes viii. deniers.

Item, le xix°. jour de Mars Graicien envoiait ses deffences.

Item, en l'an mil iiii. c. iiii. xx. et x. fuit Maistre-eschevin Perrin Roucel.

Et le xxiii°. jour du mois de Mars, iii. c. piétons partirent de Metz et s'en allirent [à] Abaucourt et là prinrent ix. chevaulx de hernex, et ii. c. pièces de bestes à corne et vii. chairs tout chairgiés de manaiges; et le londemain ix. c. chevaulx, xv. c. piétons s'en allont courre à la Chaussie et y boutirent le feu et l'ardont toute, réservée l'esglise, la halle et la fort maixon; et ardont v. villaiges autour et ramonont bien iii. c. bestes à corne. Item, ledit jour Loweney fut rendue.

Et le xxvii°. jour de Mars lo bastart Cordon avec ses gens allirent courre jusque à Verney et illecque trovait le prevost des Montignon qui estoient lv. hommes, les assallirent en façon telle qu'il en tuont xxiii. et amenèrent les xxxii. à Metz, et ainsy l's prinrent tout.

Item, Messire Wernert, ung chevalier as gaiges de Metz, luy xv°., allirent jusque près d'Estain et ramenèrent xi. Lorrains en Metz, assez bons prisonniers.

Item, le xxviii°. jour de Mars fut deffendu que on ne sonnait plus nulles clouches en Metz, forsque des petites, afin que on oyt sonner alarme et aultres bruits qui se polroient faire.

Item, ledit jour ceulx de Metz corrurent à Conflans et tous ceulx de la ville s'enfouyrent on chastel, et [ceulx de Metz] prinrent xx. chevalx de selle et grant nombre de bestes et fourrageont la ville, ceu qu'ils polrent raporter.

Item, corrurent à Amello des gens d'armes de Metz et amenont xxvi. prisonniers.

Item, le iii°. jour d'Abvril v. c. chevalx et v. c. piétons allirent courre devant Faulquemont et y brulont bien xvi. villaiges et ramonont bien xl. prisonniers et plus de vii. c., que chevalx que vaiches.

Item, l'absolution qui se fait à St Pierre le grant jeudi se fit as Augustins, pour la doubte des Lorains.

Et le viie. jour de May la Cité envoiait assigier Rombay et tellement, pour abrégier langaige, furent si constrainct de traits et d'assaultz que force leur fut de se rendre à la vollenté de ceulx de Mets ; et tantost ceulx de Mets y prinrent lxx. prisonniers qu'ils amenont à Mets et la fourrageont toute, et puis bouttirent le feu dedans et brulirent toute la ville, et plus de ii. mille quartes de grains.

Item, ledit jour que on fut devant Rombay, iiii. piétons allirent tendre devers Bouxieres ; trouvèrent iii. hommes qui apportoient l'argent de trois prevosteits à duc de Lorenne, et disoit on qu'il y avoit bien mil florins d'or. Les iiii. dessus dits les tuont et otrent l'argent et s'en revinrent à Mets.

Item, le viiie. jour de Maye, xiii. piétons allirent courre bien près de Nancey ; et quant ils vinrent près de Bouxières, trowèrent le fils Cristophe de Cheriscy et iiii. de ses serviteurs, les ruèrent jus et les prinrent.

Item, il fit une belle année, sec et chaude ; et estoient les vignes bien belles et pleines de raisins, selonc qu'elles estoient mal faites pour cause de la guerre, et convint xavoultrer la première semaine de Maye.

Item, on fit une joutte en la court de Sainct Vincent, le jour de l'Ancension, de ii. Bourguignons et y olt grant feste que Lowis de Vauldré fit.

Item, le xxiie. de Maye S^{er} François le Gournais, S^{er} Jehan Chaverson prinrent tous les Allemans qui estoient aux gaiges, bien iii. c. chevalx et iii. c. piétons, et s'en allont courre devant Falquemont et y brullont iii. villaiges et ramenont l. prisonniers, iii. c. vaiches, ii. c. chevalx et plus.

Et ledit jour moyme cent chevaulx de Bourguignons s'en allirent devers Mai la Tour et ramenont xxxv. prisonniers et iiii. xx. chevalx de hernex.

Item, le dimenche devant la Pentecoste jostirent on Champaissaillo iiii. gentils compaignons des gaiges de Mets.

Et le xxvie. jour de Maye S^{er} Michiel le Gornais, avec grant compaignie de nos gens d'armes, les menait bruler toute la ville de Mai la Tour et vi. aultres villaiges ; et ledit jour furent menés aulcuns Allemans bruller la ville de Fristorff et iiii. villaiges apertenant à Lorains.

Item, la garnison de Brii vint ledit jour prenre la herde du Pontieffroy, et nos gens de Metz corurent après et les racourent et prinrent iii. hommes d'armes bien montés et bien armés.

Item, fuit pendu ung natif de Goin qui s'avoit rendu Lorain et les guidoit ; et quant il fut pendu et le bourriaul sur ses espalles, la corde rompit et [il] cheut à terre tout vif; fuit ramené à Metz et mis en l'hospital, car il estoit fort rompu.

Item, le diemanche, xxe. jour de Jung, fuit faite la paix. Dieu ait mercy du bon arcevesque de Treves que bien se travaillait de la faire. Et furent par lesdits traictiés tous prisonniers quittes d'ung cousté et d'aultre.

Item, le premier jour de Juillet se partirent de Metz les gens d'armes, pour une foys ix. c. chevalx.

Item, le xiiie. jour d'Aoust morut Monseigneur de St Vincent et abbé d'Esternack, et ledit jour morut Hanriat Roucel, monier de la grant esglize.

Et le xve. jour d'Aoust morut maistre Conrad Paier.

Item, le penultime jour d'Aoust morut la femme Sr Maheu Leger.

Et le premier jour de Septembre morut Sr Perrin Roucel, et le xiiie. jour de Septembre morut Symonin Traval, et le jour devant morut Poincignon de Gorse.

Item, en celle année furent reformés les Proicheurs.

Item, le xxiiiie. jour de Septembre revinrent en Metz tous les seigneurs de Metz, qui estoient fuer pour la mortalité qui estoit bien grande, pour faire ung novel Maistre-eschevin, que fut Sr Nicolle de Heu, et fit tout ne plus ne moins qu'on heust fait le jour de la s^t Benoit, de sonner Meutte, de prier les seigneurs d'esglise et de tous aultres misteres accoustumés.

Item, le xxixe. jour de Septembre tonnait, enlodait si fort, et sonnoit on les clouches comme se fut esté on cuer d'esteit et plut si très merveilleusement que les maixons estient pleines d'yawe en plusseurs lieux.

L'espointement et traitié de la paix faite entre le duc Rengnié de Lorenne et la cité de Mets, par tres reverent père en Dieu, Jehan arcevesque de Trèves, chancelier du Sainct Empire, et cetera.

« Nous Jehan, par la grace de Dieu, arcevesque de Triewe,
» chancellier heritable du St Empire es parties de Galles et
» parmy le royaulme (fol. 53) d'Airles, et prince éliseur, etc.
» Faisons sçavoir à cognissance ouvertement, par ces lettres,
» à tous ceulx qui les verront et orront lire, que comme
» aulcuns different, malivolence et dissension aient esté et
» permy icelle defiance et guerre se sont eslevées entre hault
» et puissant prince, seigneur Rengné, duc de Lorenne, de
» Bair et de Calabre, marchis, marquis du Pont, comte de Pro-
» vence, de Wauldemont, de Harecourt etc., nostre tres chier
» cousin, d'une part,
» Et les honnourables et saiges signours, nos amés sin-
» guliers, Maistre-eschevin, Treize jurés, Conseille et Commu-
» naltelt de la cité de Mets, d'aultre part,
» Sy nous sommes transportés à la louange de Dieu le tout
» puissant et à l'avancement du commun prouffit, pour lesdits
» different, malivolence, discension, deffience et guerre mener
» à paix et accorder entre les ii. parties dessus nommées, per
» leale diligence ensy avant besongnier.
» A premier, pour tout les ii. parties, leurs aydants, aydants
» de leurs aydants, subjets appartenant, spirituelz et tem-
» porelz, aussi ceulx qui pour leur propre fait en ces dessus
» dittes defiance et guerre se sont mis et boutés, desquelles
» une chescune partie s'en ait fait fort et nommément du

» cousté de nostre dit cousin de Lorenne, Gracian de Guerre,
» Arnoult de Fenestrange, Joffroy de Bassompierre, Hannes
» et Arnoult Crantz de Grisfolhem frères, et du cousté de ceux
» de Mets, Peltre Capeller de Sovenguem, aussy leurs aydants,
» aydants de leurs aydants et ceulx que d'ung cousté et d'aultre
» pouroient estre entendus, debvront mettre jus toutes lesdites
» defflance et guerre entierement, comme ensy lesdites de-
» fiance et guerre, dès maintenant, en vertu de ces lettres,
» mettre jus; et que sur ce, toutes les ii. parties et leurs ap-
» partenants dessus nommez, pour eulx, leurs aydants,
» aydants de leurs aydants et subjetz, renunceront à toutes
» pilleries, feu bouté, occision, prinse et dommaige et ad ceu
» qui est avenu on temps de ces defflances et guerre, sembla-
» blement à toutes ransons de ceu non payées, comme ensy,
» en vertu de ces lettres, sur ceu renuncent, réservez toute
» vole, censes, revenues escheutes et deheues en fiedz, arrière
» fiedz, desmes ou droiture, en vin, en grains, sel et argent,
» et aultres chouses de ceu qui se troweroient véritablement
» devant les mains non levées, lesquelles debveront estre de-
» livrés et entièrement paiées à ceulx de Mets et à leur à qui
» lesdites rentes, revenues, censes, apertiennent; maix tout
» ceu d'arreraige desdites rentes, censes et revenues qui se
» trouveront veritablement avoir esté levées on temps des
» guerres et defflances des dessusdits de Fenestrange, Bas-
» sompierre et Crantz, aussi de nostre cousin de Lorenne,
» jusque à présent, doibt demourer en amiable determination
» ou par droit du traitiet et apointement et après escript.

» Item, doibvent tous ceulx des ii. parties, en toutes les
» dessus dites defflances, que les gens d'armes, piétons et
» aultres qui sont encor detenus, estre quietes parmey pro-
» messe acoustumée, en paiant raisonnablement despens sans
» malengin; et avec ceu que tous ceulx des ii. coustés debvent
» estre restituez, revenir et estre remis à ceu que per avant
» les dessus dites defflance, malivolence, division et guerre

» avoient, tenoient et possédoient, ensy comme il est à présent,
» sans mal engin, soient chaistiaulx, vilaiges, gaingnaiges,
» desmes, rentes, revenues, signouries, droitures, fiedz, arier-
» fiedz, franc aleux, guaigères et aultres chouses porroient
» joïr et user, en la nature condition et obligation, tout ensy
» comme aparavant desdites deffiance, malivolence, dissension
» et guerre, et que tous ceul que par ci devant en l'estre et
» rial, or, argent, jualx, merchandises et aultres chouses
» quelles qu'elles fuissent, sans rien excepter, que d'ung
» cousté et d'aultre averait esté mise, déposée ou enguaigiée
» en main de gens d'esglise ou temporel, debvent appertenir
» à ung chacun, en la forme et manière et de droiture, comme
» se lesdites deffiance, malivolence, dissension et guerre
» n'eussent point esté, et aussy que toute deffense et empe-
» chement de acheter et de vendre, mener et ramener, hanter
» et converser, par yawe et par terre, doient estre du tout
» anyantié et mise jus; et doit on en ceu useir affaire comme
» par avant et que telle porsuite et demande que nostre dit
» cousin de Lorenne pretent à avoir, depuis la journée tenue
» à lieu de Nancey et avant les dessus dites deffiance, pour les-
» quelles demandes sa dilection pretent à avoir à tel, par rai-
» sons mues esdites deffiance et guerre; et aussy les porsuites à
» ceu que une chescune partie leur appertenant, pretent avoir
» l'ung et l'aultre, par quoy, par adventure, puisse estre re-
» venu en difference, malivolence, deffiance et guerre doient
» par vi. des amis des parties, c'est assavoir de chescune partie
» iii., estre faites diligences dedans le jour de la s{t} Remy pro-
» chain venant, amiablement apaisanter les dessus dits diffe-
» rent; et ceu que lesdits vi. ne porront acorder amiablement,
» doit estre rapporté et remis par eulx et per dessus nomée-
» ment à Nous et aulcuns des amis et députés de la cité de
» Strabourch; et après avoir oy les parties souffisamment en
» leurs preuves et productions, doit estre par nous et lesdits
» de Strabourch déterminé; et s'il avenoit que Nous ou lesdits

» de Strabourch en un article ou en plussours ne fuissint
» unis ou d'acort, en ce cas, Nous et eulx devons eslire par
» nostre conseille vii. proudommes entendant et non par-
» tialles, selon la grant partie d'iceulx faire nostre determi-
» nation; et doivent aussy toutes lesdites ii. parties et Nous,
» à grant diligence et alacerte prier lesdits de Straborch et
» tant faire qu'ils preingnent ceste chairge; et doient lesdits
» differents estre vendiez et determinez entre ci et Noël qui
» vient en ung an, se ledit terme n'est prolongué per Nous les
» perdessus; pourveu toute voie que ladite prorogation ne se
» estende et qu'elle ne passe la s¹ Jehan Baptiste, aprez ledit
» terme prochien ensuyant; et s'il y avoit aulcun des vi.
» nommés per les parties qui ne puist ou ne voulust entendre
» au dessus dites amiabletelt et traittié, porront lesdites
» parties, et une chacune d'icelles, nommer et mettre aultre
» en lieu de celuy ou de ceulx qui n'y vouldroient entendre;
» et si cas estoit que Nous, dedans le terme de ladite determi-
» nation ou prorogation, allisiens de vie à trespas, en ce cas,
» lesdites parties debveront eslire et prenre nostre prochien
» successeur esleu, postulé ou archevesque de Treves en
» nostre lieu; et ceu que ainssy par eulx amiablement serait
» vendié ou aultrement determiné, serait par lesdites parties
» tenu, observé, acompli sans (fol. 54) aulcun empeschement;
» et doit pourveoir l'une des parties et l'autre à deputeit, à
» chascune journée, de souffisants saulfs conduits et exure-
» ment; et s'il y avoit aulcuns des apertenants desdites parties,
» comme Gracien de Guerre ou aultres, qui ne voulsissent
» tenir les dessus dites determinations, et oultre ceu voulsis-
» sent guerroier et domagier yceulx de Mets, en ce cas nostre
» dit cousin de Lorenne ne leur doit faire ayde, faveur ne
» assistance, ne leur souffrir ou permettre ses chastiaulx,
» villes, plaices, voyes ne chemins; et en ce cas, pareil se
» debvent conduire et entretenir ceulx de Mets, sans malengin
» et ne debvent aussi nostre dit cousin de Lorenne et ceulx

» do Mets, dedans le temps ou prorogation des dessus dites
» déterminations, venir à defiance ne guerre ; ains se l'une
» des parties avoit different à l'aultre durant ledit temps, y-
» yceulx differents doient estre veudiés et déterminés selon
» la forme et vertu de cestuit dit traictié ; et sur ceu doient
» tous malgré et malivolence de chescune partie estre remise
» et pardounée, et doient aussy toùs appointements et acord
» cy devant faits entre les ii. parties et leur predecesseur estre
» et demourer sans corruption, toute fraude et mal engin et
» toutes les choses dessus dites hors mises et exclus.

» Et en tesmoignaige de cet appointement avons, Nous
» Jehan, arsevecque de Trewes et cetera, et prince eliseur
» dessus nommé, fait apendre nostre scel secret à ces pré-
» sentes.

» Et Nous René, duc de Lorenne, de Bair et de Calabre,
» marchis, marquis du Pont, comte de Provence, de Waulde-
» mont et de Harecourt, et Nous Maistre-eschevin, Treses jurés,
» Conseil et Comunalteit de la cité de Mets, congnaissons et con-
» fessons que cestuit appointement et traitié est préparlé, fait
» et passé par nostre sceu, bon vouloir et consentement par le
» dessus dit très reverend prince et seigneur Jehan, arsevecque
» de Treves et prince esliseur etc., noustre très chier cousin et
» gracieux seigneur et nous promettons en bonne foy et loial-
» lement les dessus dit traictiés et appointement, en tant qu'il
» touche à ung chescun de nous, enthièrement tenir et
» acomplir en tous les points dessus dits et yceulx observer
» pour nous, nos hoirs et successeurs et pour nos aydants,
» aydants des aydants, subget, apertenant, acomplis, spirituel
» et temporel, sans aulcun malengin ; et en congnissance de
» ceu avons, Nous Regné, duc de Lorenne etc.* dessus dit,
» fait apendre nostre grant sceel à ces présentes lettres, et
» Nous Maistre-eschevin et Trezes Jurés, Conseil et Commu-
» nalté de la cité de Mets, avons aussy, en cognissance de ceu,
» fait apendre nostre grant sceel de nostre dite cité de Mets à

» ces présentes lettres que furent faictes et données le venredi
» après la s¹ Vit, en l'an de nostre Seigneur Mil iiii. c. iiii. xx.
» et x. » [165]

» Nous Jehan, par la graice de Dieu arcevesque des
» Trewes, chancellier du sainct Empire de Rome por Gallo
» et du royaulme d'Arles et prince esliseur, faisons sçavoir à
» cognissance overtement par nos lettres, que comme à pré-
» sent ayons appointié et apaisanté la guerre et defflance qui
» ont esté entre très hault et puissant prince, S⁽ʳ⁾ Regné, duc de
» Lorenne, de Bair et de Calabre, marchis, marquis du Pont,
» comte de Provence, de Wauldemont et de Harecourt, nostre
» chier cousin d'une part, et les honnorables saiges nous
» amez et singuliers, le Maistre-eschevin, Trezos jurés,
» Conseill et toute la Communalté de la Cité de Metz d'aultre
» part; lequel appointement, entre aultres chouses, contient
» que tous prisonniers prins es dites guerres, de tous les ii.
» coustés, comme gens de guerre, piétons et aultres qui, à
» jourd'uy du datum dudit appointement, estoient encor dete-
» nus prisonniers, doient estre quittes, parmey paiant leurs
» despens raisonnablement. Et puisque lesdites ii. parties se
» sont mis et condescendus à Nous, que Nous voulsisiens
» declairer et ordonner ceu que porrait estre levé pour lesdits
» raisonnables despens, Sy est sur ceu nostre declaration
» et ordonnance : Que chescune desdites parties, tant de
» nostre dit cousin de Lorenne comme de ceulx de Metz,
» vueillent metre et taixer sur les prisonniers, chescun de
» son cousté, assavoir nomeement sur ung homme de guerre,
» pour iiii. jours, ung florin d'or ou la value, et sur ung
» piéton ou un pouvre homme de menaige, pour la sepmaine,
» à sçavoir vii. jours, ung florin d'or ou la value; et touchant
» lesdits pouvres gens de menaige prisonniers qui sont en
» aultres que ez mains de nostre dit cousin ou ceulx de Metz,
» l'en vueille sommer lesdits depens ensemble à une somme
» pour les departir entre lesdits prisonniers et assigner à

» chescun sa part, à regart à la puissance et estat d'ung
» chescun, en imposant leurs dites taxes; Et sur ceu, et
» parmy promesse accoustumée, doient nostre dit cousin de
» Lorenne et ceulx de Mets, tous prisonniers en quelques
» mains qu'ils fuissent, quitter et faire quitter incontinent et
» tous sans mal engin.

» En tesmoignaige de ceu avons fait apendre nostre sceel
» secret à ces présentes, données à Mets le xxii® jour de Jung,
» l'an et cetera, Mil iiii. c. iiii. xx. et x. Louez Dieu. »

Item, la vendange fut belle et le vin bon; maix portant qu'il y avoit heu tant de faulte, les merchants les venoient querir, que on vendoit la cuve xii. francs, le bled x. sols, l'avoinne vi. sols, les fewres xvi. sols, les pois xiii. sols.

Item, en ladite vendange, ung plaidiour appelé Clebau lowit des vendemeresses, entre lesquelles y avoit une jeune fille qu'i menait en sa maixon et, comme la fille disoit, l'enforçait et violait; de quoy les amis se plaindirent à justice, et s'enfouyt ledit Clebal à Sainct Martin; et tantost fuit fait ung huchement sur luy. Adoncques les amis dudit Clebau firent tant devers le pere et les amis de ladite fille qu'ils en firent ung mariage, et en fut l'escord fait; et portant qu'il estoit asses bon compagnon, on clouit ung pou l'œil, ce semble. (fol. 55).

Item, le xxvᵉ. jour d'Octembre moirut Ser Nemmery Renguillon, et on portait les armes des Renguillons en terre et faullit ledit paraige. [10]

Item, ondit temps fuit prins Mangin George le sergent, Fauche avoine et Collignon le Varcollier du Quartault, pourtant qu'ils avoient fait entendre à ung cordier qu'il avoit forcelé de la Malletoste et qu'il estoit encheut à xl. sols d'amonde; et de fait, ledit Mangin George l'en gaigeait sans ordonnance de Justice, et à la fin rendit au cordier son waige permy iiii. sols qu'il paioit; pour ceu furent ils à grosse amende.

Item, le tiers jour de Novembre des malvais garçons de Loraine prinrent le maire de Vigneulle en son lit à ladite

Vigneulle et ung jeune filz qu'il avoit; et en furent menés à Chavancey et rançonés vilainnement; et y fuit le jonne filz xiiii. mois en grant piliet et y souffrit du mal, tant quil croit à dire et leur coutait plus de xv. c. francs; et son père y fuit iii. mois qui y eut la jambe et les costes rompues, et seroit trop long à raconter ce qu'il en avint.⁴⁷⁰

Item, il fit la plus belle saixon qu'il avoit fait, passé xx. ans, et le xviii*. jour de Novembre moirut dame Catherine le Gournais, femme Sʳ Nicolle de Heu; à Ennery lui print la maladie.

Item, le xviii*. jour de Decembre maistre Cottenat, ung faiseur d'arcs d'aicier, grant ouvrier, estoit en une taverne et avoit perdu à juer, renioit et malgreoit; et avecq un espié s'en vint à une imaige de Nostre-Dame, et en despitant, frappit tout parmy le corps en ung papier où l'imaige estoit; lequel, justice avertie, fuit tantost prins, mis on pillori et trainez au Pont des Mors et olt la teste couppée.

Comme vous avez ouy devant, (il) fit la plus belle saixon qu'on ne le sçaroit assez dire jusques à Noël; mais quant vint à Noël, la gellée commençait si très fort que on ne povoit durer de froid jusque près de la sainct Vincent, et adoncques commençait si fort à neigier, et neigioit tant et y avoit tant de nège que à peine est il à croire, qui ne l'auroit veu. Et fuit appellée l'année des grants neges et encor l'y appelle on; tellement que les loups venoient dedans les villaiges, et aultres bestes saulvaiges constraintes de faim; les oiziilons, cailles, et plussours manières d'oisels moroient de faim dessus la nege et fallit trapper les vignes qui estient engellées.

Item, on meymo temps ii. malvais garsons qui avoient esté aux gaiges de pied, pour trouver manière d'avoir argent, escrivirent une defflance en contre la Cité et mirent en leur defflance des noms incogneus de seigneurs et les boutirent dessoubz la porte du pont Regmond; et quant elles furent trouvées, les seigneurs se merveilloient qui estoient ces estrainges seigneurs; les ii. malvais garsons presentont leur service et disoient qu'ils les cognissoient bien et qu'ils trouveroient bien manière de les delivrer; furent receus et mis à gaiges et olrent argent pour aller as champs et tuont aulcuns pouvres hommes et rapportont les oreilles à nos seigneurs, et disoient que c'estoient des anemis. Nos seigneurs qui sont saiges, véant qu'ils n'oient nouvelle de nos nouvelz anemis, olrent suspicion sur eulx; (ils) furent prins et mis on pillori et puis sus la roue, les testes à bout de ii. lances.

En l'an mil iiii. c. iiii. xx. et xi. fuit Maistre-eschevin S[er] Jehan Papperel que jay l'avoit esté.

Et à la Pasque la chair fuit merveilleusement chiere, car on vendoit ung bon chastron xxx. solz; ung bon velz xl. solz ou xlii. solz, ce que on n'avoit jamais plus veu en Mets, et iiii eulx pour ii. deniers à la Pasque.

Le second jour de May S[er] Couraid de Serrière flancit la fille S[er] Pierre Baudouche, dont on fit une grant feste, et y olt une joutte en la court de St Vincent, de deux jeunes escuiers, S[er] Jehan Chavin et Collignon Roucel, que assez bien firent leur debvoir.

Item, toutes les vignes qui n'avoient point esté trappées, furent ledit jour tout engellées, dont ce fuit grant pitiet, car le vin estoit jà chier.

Item, en les iii. festes de Pentecouste fut jué le jeux de Grisillidis.[171]

Et le londemain de la Pentecouste, Francisque d'Espinal[172] lieutenant du capitaine Alvarade espousait Madame de Florhange en sa maixon.

Item, ledit jour S[er] Wiriat Roucel espousait une jeune damoiselle qui se tenoit en l hostel S[er] Pierre Baudouche en Passelemps; le xiiie. jour de Jung il l'espousait.

Item, le ve. jour de Juillet furent menés au gibet Jehan du Saicey, François son frère et ii. aultres compaignons, lesquels furent esté pendus et estranglez, se n'eust esté Jehan de Vy, le capitaine, qui priait pour eulx.

Le xxvᵉ. jour de Juillet fist une merveilleuse tempeste d'oraige et de grelle, et en cheut tant et si grosse qu'elle fit merveilleux dommaige en tous les biens de terre.

Et ycelluy jour Sʳ Conraid de Serrière espousit sa femme, dame Claude, fille Sʳ Pierre Baudouche, et y fuit compté lvii. menestriez, hommes juant d'instruments. Et quant elle vint devant la grant esglize, elle mandait Messeigneurs de la Justice, auxquels elle requist moult affectueusement qu'ils ly voulsissent faire cest honneur de quicter la sentence et huchement qu'ils avoient fait contre Jehan de Liocourt, le boulangier, qui estoit forjugié et de mettre fuers l'hostel du Doien sa femme Simonate qu'ils detenoient; et demandait pareillement à Messeigneurs les Commis du Vaul qu'il leur plaisist de pardonner à Collignon, le boulangier de Scey, une amende de lx. livres dont il en estoit detenu enchiez le Doien, passé iii. ans. Lesquels SSʳˢ Trezes et Messʳˢ les Commis, à la requeste et petition de l'apousée, (accorderent) ceu qu'elle demandoit.

Item, le xxiiᵉ. jour de Septembre fuit pendu ung malvais pillart de hault chemin.

Et le viᵉ. jour d'Octembre furent prins en l'hostel de la Croix blanche, devant les Carmes, ii. Allemands que, aultrefois en partant de Mets, avoient rué jus ung marchant de Mets et lui avoient osté c. florins d'or; et quant ils furent pendus, à la prière d'aulcuns seigneurs, portant que l'ung estoit gentilhomme, il fuit despendu (fol. 56) et porté à Sainct Lowis. ¹⁷³

En l'an mil iiii. c. iiii. xx. et xi., le xliiiᵉ. jour de Novembre, Sʳ Giraird Perpinant espousait Gertrude, fille à Sʳ Regnalt le Gournais.

Le xvᵉ. jour de Décembre morut Sʳ Warin Roucel chevalier.

Item, en celluy temps, Nouseigneurs de la Cité furent avertis que une grant traïxon se debvoit faire par Jehan de Landremont et per le chastellain du Pontieffroy. Et incontinent eulx avertis, le xᵉ. jour de Décembre, Sʳ Michiel le Gournais et Sʳ Regnalt le Gournais s'en allont en l'hostel dudit Jehan de

Landremont, le prinrent et l'amenèrent on Pallais devant les aultres Treses; et tantost fuit mis à la Burlette et cogneust son fait, sans force ne constrainte. Et incontinent que le duc de Lorenne le sciit, comme enraigié rescrivist une lettre, sans titre ne salutation, que se hardit on ne toucher à son pensionnaire de longtemps, et que se on en faisoit quelque chouse, il promettoit de faire de tous ceulx de la Cité, depuis le plus grant jusqu'à plus petit, ceu c'on feroit de luy.

Item, quelque menace que le duc de Lorenne sceut faire, le jeudi v^e. jour de Janvier, qu'estoit la vigille des Rois, fuit faite justice dudit Jehan de Landremont par la manière que s'ensuit.

Premier, à dix heures fut mis sur ung parcque qu'estoit fait devant la grand esglize et ly fut lut son procès devant tout le monde, en la présence dudit chastellain; et après qu'il ot tout cogneu, fut descendu et mis sur ung cheval, avec ly Gillet le Bel, le maistre sergent et Michiel, la trompette, tous quatre à cheval à tous les coutés et les sergents de pied, et toujours Charles de pied, après. Et incontinent commençait la trompette à sonner et le Maistre-sergent huchoit: « Oiez, oiez, » oiez; vesey Jehan de Landremont qui ait vollu trahir la Cité » et tous les habitans, duquel on ferait justice à II. heures, » en Chambre »; et par tous les carefforts ainsy; et ainsy cela fait, fuit remenez on Pallais.

Item, les II. heures frappées, fuit mis par le bouriaul en la brouatte et mené en Chambre sur ung parque et fuit estaichié à ung pal tout droit et lié et puis fuist encore lit son procès une fois; et puis on luy fuit fendu le ventre et ly dobvoit monstrer le bouriaul son cuer; mais il coppait ung loppin de son polmon, cuidant que ce fuit le cuer, et puis il fuit mis en quatre quartiers et la teste, ce furent v. pièces; et furent ses trippes ars et brulées en pouldre et tous ses entrailles et mis en une fosse en terre en Chambre.

Item, pour l'onneur de Dieu et en recognissant le grant benefice, graice et misericorde qu'il nous avoit fait de nous avertir du piteux dangier où nous estiens, et afin que ne fuissions pugnis du péché d'ingratitude, nos seigneurs donnont à chescune des Ordres mendians et à Freres, et à Suers, à ung chescun, xxv. quartes de bledz que valloit xvi. solz la quarte.

Item, firent faire une procession à Carmes, la plus belle, la plus honnorable que jamaix fuit faite en Mets, le mairdi x^e. jour de Janvier et y olt de chescune parouches vii. prestres du moins, chescun vestu d'une chaippe, ung juelz en la main, par l'ordonnance de Messeigneurs de Justice; et de chescune parouche ii. torches; et les iiii. Ordres mendiants y estoient, tous les Frères de l'Observance, les Célestins et tous les religieux de s^t Benoy, toutes les esglizes collégiales de Sainct Eloy, de St Mertin, et y avoit xxxvi. pilliers ardents que la Cité y avoit commis et estoit une chouse moult noble à veoir et devotieuse.

Item, le xiiiie. jour de Janvier maistre Johan, Noël Mertin des Septz revinrent de devers l'empereur et avoient assez bien besogné.

Item, ondit temps fuit faite la paix entre la Cité et Monseigneur l'evesque.

Item, Hannes Crance et Blaize couroient tousjours sur la Cité et n'y avoit homme qui osaist aller deux lues long hors de Mets sans bonne compaignie, de paour des ii. pillars.

Item, ledit Crantz corut à Sanry, à Domangeville et brulait la moitresse de S^{gr} Conraid à Domangeville et enmenait beaucoup de bestes.

Item, le xxiiie. jour de Feverier Nosseigneurs firent huchier que quiconque ameneroit en Mets Blaize en vie, il aroit ii. c. livres, et quiconque le tueroit, aroit c. livres, pour ceu que jornellement il couroit sur la Cité; et qui ameroit de ses gens à cheval, il aueroit c. livres et quiconque les tueroit, il aroit l. livres, et quiconque ameroit ung de ses piétons, pour chescun xxx. livres. De quoy fuit dit de la Commune que c'estoit bien fait, jay soit que ce ne fuit point la coustume de faire tel huchement en Mets; mais il fault faire selon le temps les coustumes.

Item, il fuit huchié qu' on n'allit point point en abit de folz, dissimulez ne deguisiez.

L'an mil iiii. c. iiii. xx. et xii. fuit Maistre-eschevin de Mets S⁵ʳ Conrald de Serrière qui l'avoit jà esté par avant.

Item, le iiii⁰. jour de May à matin, fuit trouvé en Fournerue bien x. ou xi. lettres liées ensemble; et est bien à croire que on les cuidoit semer en plusseurs lieux, esquelles estoit contenue une grant malvistié et disoient ainsy. « *Tres honnorez*
» *seigneurs, Messeigneurs les borjois de Mets et tout le peuple:*
» *celuy qui ayme vostre honnour, utilité et prouffit vous salue*
» *treslous, vous advisant que bien brief ung domaige tres grant*
» *vous avenrait, se remede vous n'y trouves; car vous aves en*
» *voustre Citeit xxv. ou xxvi. compaignons qui se disent vos*
» *seigneurs, qui vous pillent, rongent, mangeussent et destrui-*
» *sent jusques à os; vous vendent, bledz, boix, faxin, qui est*
» *praticque mécanique de merchands. On sont bien advertis de*
» *voustre bonteit et leulteit, et se vous voulles mettre en l'obeys-*
» *sance de Monseigneur de Lorenne, si noble, si hault et si*
» *puissant prince, vous seriez et viveries en paix, en vos liberté*
» *et franchise, encor mieulx que vous n'estes; car la Cité est*
» *entre France et Allemagne, par quoy toute merchandixe vous*
» *venroient et ne series plus en ceste pillerie où vous estes; et*
» *sy vous y voulles entendre* (fol. 57), *vous le trouveres comme*
» *bon prince.* » Et plussours aultres parolles y estoient.

Item, le viii⁰. jour de May furent menez à gibet iiii. compaignons desquels il y en avoit deux des gens Crantz, et les aultres ii. avoient osté à une jeune fille qui s'en alloit veoir ses gents en son païs, ung florin, et avoient osté à ung messaigier du roy des Romains ii. gros de Mets; mais les ii. piétons, Messeigneurs les VII. de la guerre les demandont pour ceu qu'ils avoient servi la Cité et que la larecin estoit petite.

Item, le x⁰. jour de May le chastel de Mouson fuit brulé par ung baton à feu que fuit tiré. [17*]

Item, on dit moys fuit pendu Picaval pour des chola qu'il avoit robez.

Item, la vigille de la Pentecouste fut trouvée une lettre ez fons de la grant esglise, et y avoit en escript : *Messeigneurs de Mets, soiez sur vostre garde.*

Item, le jour de la s^t Mamin olt ung grand debat, pourtant que aulcuns varlets d'hostel amenont ung laborin parmey leur feste, de quoy ung bien grant mal en duist avenir, etc.[175]

Item, le ve. jour de Juillet Monseigneur de Borsette corut en la duchié de Bar et y print bien xxx. prisonniers et bien vii. c. pièces de bestes.

Item, ii. jours après, le viie. jour de Juillet, ung sabmedi, le feu fuit en l'hospitaulx on Neufbourch et y fit grant domaige, car l'enfermerie jusque l'églize fut brulée et toutes les chambres des dames ; et se n'eust esté la grant diligence qu'on y fit, il y eust ung domaige innumérable ; toutefoy sy olt il pour plus de mil livres de domaige.

Item, le darien jour de Jung revint Henzelin de Borgonne.

Item, le vi^e. jour d'Aoust S^{er} Nicolle de Heu espousait sa femme.

Item, le premier jour d'Aoust Blaise boullt le feu à Mescluvo et fut tout brulée.

Le iiiie. jour d'Aoust fut pendu ung des gens de Crance.

Le viie. jour d'Aoust revint S^{er} Jehan Chaversson de Strabourg devers le roy des Romains, et rapportait bonne nouvelle et ly fit ledit roy grant chière et parlait plussours foys à luy.

Item, le premier jour de Septembre après, le roy des Romains envoiait à S^{er} Jehan Chaversson xii. alnes de fin vellours et aux ii. secrétaires qui avoient esté avecque luy, chescun ung porpoint de sattin.

Ledit jour furent pendus ii. compaignons, ung des gens Crantz, et l'autre avoit tué sa femme.

Item, ladite année fut compétemment bonne, bon bledz, bon vin et estoient les chakeurs clos plus de viii. jours devant la sainct Remy. Toutefois on vendoit encore le bled xii. sols, l'avoinne iii. sols, l'orge vii. sols, et la cowe de vin le milleur

xii. francs, pour les guerres et faultes d'années qui avoient esté et que on n'estoit encor point bien remply.

Item, tantost après la vendange, portant que le duc René de Lorenne tenoit tousjours ses chemins cloz et avoitde fait renforcés ses commandements, les seigneurs de Metz firent ung huchement et ung commandement par toute la terre de Metz que nul ne menaist ne ne vendist rien pour mener fuer de la terre de Metz, bledz, grains, vin; et fuit commandé as portes qu'y ne laississent aller nulz vins qui ne paiaissent xxii. sols à la porte, en faisant serment que ce n'estoit point pour mener en Bair, ne en Lorenne.

Item, le xiiie. jour d'Octembre molrut Willame Gerairdin le chaingeour.

Et ondit temps avoit des jonnes enffants à Mets, qui se gouvernoient assez mal. Messeigneurs de Justice les mandent et leur fuit remoustré la dissolute vie qu'ils menoient de jour et de nuit, comme de juer, taverner, ribaulder et que s'ils n'y mettoient remède, qu'ils les pugniroient, leur priant qu'ils y donnissent provision; et nonobstant, v. jours après, partie desdits enffants se trowent de nuit et se combattirent, et sy en y olt il des navrez, pour laquelle chouse s'en fuyant aux Carmes v. et tantost fuit fait huchement sur culx.

Item, le vie. jour de Novembre vint en Mets le roy des Romains par la porte du Pont des Morts, acompaigniez de xv. c. chevaulx et vint si subitement que on ne s'en gardoit point, en moult grande magnificence; et portoit l'espée devant luy l'evesque d'Ausay, le duc de Brunsevich, le mairquis de Baulde, le Langtzgrewe de Hesse, le comte de Sorne, le comte de Naissowe, l'ambassade du roy de Honguerie, le comte de Tristenne, le comte de Bitche, Monseigneur du Fayt, Ser Mairtin de Polenne, chevalier du Toison, et tant d'aultres seigneurs sans nombre.»[6]

Le lendemain la Cité ly fit présent de viii. grais beufz, l. chastrons, xii. cowes de vin et cent quartes d'awoine, et ly fuit

présenté par Sʳ Conraid de Serriere, alors Maistre-eschevin, que moult bien ly sot dire qu'il prenit en gré ce petit don et que la Cité et le païs avoient esté fort foullez et dommagiez de la guerre de Lorenne, et que se ne fuit cela, la Cité eust mieulx fait. Et le roy fit response par ung de ses conseilliers qu'il prenoit ledit don bien agréable et que bien luy plaisoit et qu'il estoit venu en la Cité pour ii. chouses principales : « La
» première pour manifester à faire assavoir l'injure que le roy
» de France ly avoit fait, tant de ceu qu'il avoit heu apousé sa
» fille et depuis l'avoit laissiée et encor ly avoit prins et ravi
» sa femme la duchesse de Bretaine, pour laquelle chose il
» estoit délibéré de ly faire la guerre et en avoir la raison s'il
» estoit possible; et l'autre cause estoit qu'il estoit bien in-
» formé que le duc René de Lorenne avoit fait et porté grant
» dommaige à la Cité et as païs, et que encor n'en estoit point
» la paix faite et qu'il avoit intencion d'en faire la paix avant
» son departement. » Et mandit à duc de Lorenne qu'il venit devers luy à Metz; et ledit jour on fit plussours présents aux grants seigneurs qui avec luy estoient venus.

Item, le londemain le roy mandit les commis et leur fist plus-sours demandes bien estrainges; et premièrement que la Cité luy fut ouverte pour luy et pour ses gens, en faisant la guerre au roy de France, et que on luy prestit l'artillerie de la Cité et que on le fournissait de vivres et que chescun feu de Mets et de tout le païs ly donnissent ung florin d'or. Messeigneurs les commis rapportirent au Conseil les demandes qu'il leur faisoit, conclurent que ce n'estoit point chouse raisonnable et qu'il redonderoit à grant et dangereuse et conséquence, et que mieulx ly vaulroit donner une somme d'argent pour une fois; et pour abréger, furent d'accort de ly donner xiii. mille florins de Rhin; et permy ceu debvoit faire la paix à duc de Lorenne. Item, pour trouver ladite somme furent mandez plussours des manans de Mets et leur fuit demandé argent pour asservir la dite somme. [177]

Et à ung chescun diner et souper du roy estoit chouse merveilleuse de la triomphe que faisoient les trompetes, les clerons, les taborins de Xuisses et aultres (fol. 58) gros tambours de couvres qui tenoient ung tandellin d'yawe, que menoient ung huttin c'on les oioyt près de Porsailly, quant tout sonnoit ensamble.

Item, le dimanche le roy allit ouyr la messe aux Augustins avec tous ses seigneurs et la pluspart des seigneurs de Mets et puis s'en revint par sur les murs, par devant les Cordelliers, par devant l'huix Jehan Rollat et de la Burlette; et ce faisoit il pour voir partie de la ville.

Item, le lendemain il fut on clochier de Meutte tout hault.

Et le mercredi vint en Mets le bailly de l'eveschié, le prevost de Siereque et le président de Lorenne en ambassade. [178]

Item, les v. qui estient fugitifs aux Carmes, le roy les fit quittes à la prière de S^{gr} Jehan Chaversson; et plussours qui estient fourjugiés, revinrent en Mets et oirent leur grace.

Item, Femir qui pourissoit de longtemps enchiez le Doien olt graice et une femme qui avoit esté accusée pour sorcière, laquelle ne le vouloit congnoistre et, sy en avoit qui avant molrir [179] soutenoient qu'elle l'estoit, estoit condempnée toute sa vie en prison, fuit franche et quitte.

Item, le venredi xvie. jour de Novembre partit de Mets le roy des Romains et allit coucher à Raville, luy et tous ses princes, après qu'ils eurent paié leurs hostes en Mets bien gracieusement, et ledit jour on renvoient les gens de villaige; les carreforts furent cessés, les lumières aux huis ostées.

Et tantost après les gens Jehan de Vy [180] se vinrent logier on Hault chemin où ils faisoient grant dommaige; auquel Jehan de Vy fuit remonstré qu'il les fesist delogier, ce que ledit Jehan de Vy promit de faire. Toutesfois les gendarmes disoient et vrai estoit qu'ils ne pouvoient estre payés dudit Jehan de Vy, leur capitaine et qu'ils ne partiroient sans estre paiés. Incontinent fut ledit Jehan de Vy arrêté en sa maison, et promist de né point partir jusque ses gens seroient depairtis. Cela fait, Messeigneurs trouvèrent en conseil que ce polroit bien estre mal fait et le quittèrent et puis s'en allait luy et ses gens devers le roy des Romains.

Item, estoit venu avecque le roy des Romains ung Cordellier lequel prechoit souvent de la Conception Nostre-Dame et avoit grant peuple à ses sermons et tellement essaussait la Conception de la Vierge Marie, que vray en disoit, que en pou de temps après fuit faite une chapelle as Cordelliers, comme vous veez.

Item, le xxii. jour de Septembre une femme ot les oreilles couppées pourtant qu'elle avoit desrobé des lincieulx en l'hostel Mangin Laiey en Alest.

Item, ledit jour on fit ung huchement que tous ceulx qui avoient gaiges as Lombairs les rachetissent dedans la Chandellour, ou aultrement la Cité en feroit son proffit.

Item, pour tant que le duc de Lorenne tenoit tousjours ses chemins clos, fuit fait ung huchement en Metz que on ne laissit en Mets nulz des pails de Lorenne et de Bair, se on n'avoit enseigne de trois Trezes.

Item, on dit temps le duc de Lorenne fit ordonner par tous ses pails que on l'appellait roy de Secille, et son filz qui estoit marquis du Pont, fut appellé duc de Calabre.

Item, le xxvie. jour de Janvier morut dame Ysabel Baudoche qui estoit femme à Michiel de Kuhem escuier.

Item, vint en Mets le ixe. jour de Feuvrier Blaise, de quoy plussours furent embahis, veu que tant de mal il avoit fait.

Item, on karesme le duc de Lorenne fit peschier Deusse et la Chaulciée [1] et plussours aultres estangs en la duchiée de Lorenne et de Bair, cuidant les venir vendre à Mets; mais il fuit fait ung huchement que nulz n'en allit acheter et que on n'en laissit point entrer à Mets; ce que ledit duc fuit bien mal content et fallit resclore les estangs et cesser de peschier.

Item, le xxviie. jour de Feuvrier on fit une moult noble procession pour trois chouses; la première pour l'amour du noble temps qu'il faisoit, car il faisoit si biaul temps, car ledit jour on avoit, jay presque semé les avoines et estoient les vignes coudiées et taillées et commençoit on à fichier et à ploier, afin que Dieu voulsist ordonner le temps tel que les biens de terre puissent venir à murisson ; car on en avoit bien affaire. Secondement, que Dieu voulsist mettre paix entre le roy de France et le roy des Romains qui estoient les ii. plus puissants princes de toute Chrestienteit, pour le grant et innumérable mal qui en povoit advenir ; et que la Cité puist avoir paix à ses annemis.

Item, ledit jour de la procession eschappirent deux prisonniers de l'hostel de la ville et s'en fuyont à Sainct Vincent.

En l'an mil iiii. c. iiii. xx. et xiii. fuit Maistre-eschevin S^{gr} Jaicque Dex que jay l'avoit esteit. Item, ledit jour se lougirent en la fort maison de Monthoy plussours Bourguignons, car il y en avoit tout plein on Hault chemin, sur S^{gr} Jehan Chaverson, et baittirent son maire bien vilainnement. Ledit S^{gr} Jehan Chaversson mal content monta à cheval, avec ly iiii. soldiours, et s'en vinrent à Monthoy. Les Borguignons issirent hors de la plaice. Je ne sçay quel chouse S^{gr} Jehan Chaverson leur dit ; quant il fut retourné [et] vit qu'ils ly donnoient la chasse, les attendit comme troup. hardi, et se combattit à eulx tellement qu'il fuit bien navré et ot iiii. dents de la boche coppées, et y fut tué le batard Grongnat, ung soldiour ; et celuy qui navrait le S^{gr} Jehan Chaverson fuit bien battu d'ung gentil compaignon soldiour, appellé Ludewy.

Item, le xxvie. jour de Mars se partirent les Bourguignons du pais de Mets, et s'en allirent logier en la duchié de Bair où ils n'y firent gueres de bien.

Item, ledit jour ung de la compaignie defflait la Cité pour une demande qu'il faisoit à S^{gr} Michiel le Gournais, pour le fait d'ung prisonnier de Rombay.

Item, le venredi devant les Palmes fuit faite la procession de victoire, yssant par Sainct Thiebault et entrant par la porte

Serpenoise et allirent aux Proischors. On fuit allé à St Vincent, maix il y avoit ii. moines morts et ung qui se mouroit.

Et pour tant que les Borguignons estoient encor près de Mets et les Lorains estoient ensemble en grant puissance, ne sçavoient qu'ils voullient faire, faisoit on en Mets aussy fort wait que parmy le plus fort de la guerre et estoit une chose bien à lower, car ung proverbe dit: *Qui ne se sçait de qui garder, sy se garde de tous.* »

Item, le premier jour d'Abvril se print le feu en une maixon on Waide, Oultre seille, de nuit, pour lequel feu la Cité fuit fort troublée, et toutes fois à l'ayde de Dieu fut rescous.

Item, le grant mercredy, tout parmy qu'on chantoit les Tenebres, fit ung bien fort temps; il tonnoit, enlodoit comme se fuit esté on cuer d'esteit. (fol. 59.)

Item, le xxiii. jour d'Abvril ung chairton amenoit sur sa chairette une femme et iii. enffans de Rouzérieulle à Metz, et quant il vint à Longeville, en passant par l'yawe, l'ung des chevaulx s'empourtait, tirait la chairette devers l'yawo; le chairton cuidait retourner la chairette cheutte en l'yawe et fuit noié et une fillette de viii. ans; et ung enffant qui estoit en la faixatte cheut en la rivière et en allit aval l'yawo jusques à Wauldrinowe, et illecque fut prins tout vif et fuit une grant graice de Dieu.

Item, le xxiiiie. jour d'Apvril maistre Jehan Noël et Jehan Dex s'en allirent à Nancy pour le fait de la paix; mais ils ne firent rien pour celle fois.

Item, ledit jour vint une merveilleuse froidure qui durait jusques au premier jour de Mayo et gellit iiii. neutz tout de routte, de quoy il y ot beaulcoup de vignes engellées per tout le païs de Mets, celles de Verdun, de Toul, et du Pont à Mousson, du petit Vaulx et de Gorse et furent tous les arbres gaités de gellée, de froidure, et de vermine, qu'i n'y avoit quelque apparence de fruit; et per le biaulx temps qu'il avoit fait per avant, les vignes estoient jay grandes et celles qui n'avoient point esté engellées, se portirent ung pou bien per le bialux temps qu'il vint après.

Item, le londemain de la Pentecoste, xxviie. jour de Maye, partit de Metz Sr Renault le Gournais, chevallier, Sr François, son frère, et Sr Conraid de Serrières, acompaignés de xxx. chevaulx, et s'en vinrent à Nancey devers le roy de Secille por traitier de la paix; [1] et il les receupt moult honnorab'ement et fuit la paix faicte et lour monstrait et presentait grant amitié et que tout le temps passé fuit oublié, comme chose non advenue. Et le sabmedi après revinrent, et le londemain, jour de la Triniteit, fuit huchié à son de trompe et furent faits grants feux avaulx la ville de Metz, et en aulcuns lieux les taubles mises de la joie que on en avoit, car on avoit esté longtemps en guerre. Item, se commençait le temps sy bien à eschaulfer que le premier jour de Jung les vignes commençoient à floirir.

Item, le venredi après fuit faite une mont noble porcession à Sainct Arnoult, remerciant Dieu de la paix, et aussy que Dieu nous voulsist garder de espidemie et amender les biens de terre; et estoient à ladite porcession les seigneurs de la grant esglise, de St Salvour, de St Thiebault, de Nostre-Dame la Ronde, tous les religieux de Sainct Benoy, de Sainct Elloy, de la Triniteit, des iiii. Ordres mendiants, les Frères de l'Observance, les curés de toutes les parroches, de chescune vi. prestres et chescun ung juelz en lour main; et estoient iii. c. et xxviii. prestres à ladite procession, que fuit une chose molt honnorable.

Item, le sabmedy, vi^e. jour de Jullet, on fit plusseurs huchements: « Premier, que on ne maulgriait ne jurait villain serment. Item les femmes mariées arrière de lour marit et les filles qui se portoient mal, allissent à bourdeaulx, et que nulz ne les soustenit, ne lowit maixon en bonne rue et que lesdites femmes et filles ne se trovaissent en nulles festes, ne danses, ne nopces et que nulz ne les menait danser. Item, que nulz, quels qu'ils fussent, ne vendissent billon ne des monnoies à nulz forains, sus xx. livres d'amende et d'estre banis v. ans. Item, que nulz n'achetait, ne vendit bledz, awoinne ne aultres grains, sinon on marchié. »

Item, ledit jour, il fit ung merveilleux temps et tuait ii. hommes on chemin d'Ancey et grallait fort et fit dopmaige en plussours lieux.

Item, ledit jour vinrent logier autour de Mescluve, Dorney et de Pontoy, iiii. c. Borguignons et lour envoyirent les seigneurs de la Cité, une cowe de vin, deux tonnes de servoixe et x. quartes de pain cuitz, affin qu'ils ne fissent point de dopmaige as pouvres gens; et le londemain on les fist passer à grants faxins et on avoit apareillié du pain et du vin à la Croix à Ponthieffroy, et plus on les conduit jusques Laidonchamps, affin qu'ils ne s'espandissent on Vaulx ne à Wauppey.

Item, le xie. jour de Jullet moulrut Perratte, fille Jaicomin de Bouxières, et le xvie. jour molrut Claude, fille S^{gr} Gerard de Perpoignant; le xxiie. jour dudit mois molrut dame Jehanne, femme Jaicomin de Bouxieres.

Item, le dairien jour de Jullet cheut tant de grelle et sy grosse qu'elle gastit toutes les vignes du hault de Waucon, de Brey [183], de Daille, une partie de Wauppei et du Sawelon et ung poc Oultre Seille.

Item, le mois de Jullet et d'Aoust fit si très chault et si merveilleuse chalour que Muzelle en aulcun lieu estoit aussy petite que ung russiaulx et les herbes sy seches qu'y sembloit que tout fussent terre labourée; et furent les roisins tellement arrêtés de chault qu'i ne polloient croistre et furent les graines bien petites.

Item, ondit mois d'Aoust fut ung si grant feu à Thionville que la pluspart de la ville fut brulée et sailloit le feu en l'air de maison en maison. Il sembloit que ce fuit chouse diabolicque, car on ne sçauroit croire, qui ne l'auroit veu, le piteux cas. [184]

Item, en celluy temps on commençait à mourir de la peste à Mets, que les seigneurs s'en allirent en lours maixons dehors, fuyant la mort.

Item, ondit temps les Lorains et les Barixiens vinrent si fort acheter les vins on paiis de Mets et en Mets, que à la fin don mois d'Aoust on ne povoit à poine trouver vin à broche en Mets et ceu que on vendoit viii. deniers la quarte, tout à coup on le mist à xii. deniers; et quant on vit celay, on mist l'issue pour chescune cowe de vin à viii. francs, car aultrement il n'en y eust point demouré en Mets.

Item, le penultiesme jour d'Aoust, molrut dame Mairguerille, femme Ser Arnoult de Puttelange, fille Ser Michiel le Gournais, chevalier.

Item, ondit temps molrurent en Lorenne plusseurs seigneurs et officiers que ne volloient gaire de bien à la Cité, Ser Amiche, Ser d'Aipremont, le comte de Linange, le baillis d'Allemaigne, Jehan Wisse, baillis de Lorenne, Ser Jehan Baier, baillis de l'eveschiée de Mets, Jehan d'Averne, prevost de Briey et Dedier Thiebault, recepvour de Briey. A Dieu les commant; s'ils ont bien fait, c'est pour eulx. [185]

Item, on mois de Novembre l'empereur Friedrich [186] molrut; et le xiie. jour de septembre vinrent logier bien deux mille Borguignons qui retornoient de la haute Borgoigne, à Corcelle sur Nied et ez aultres villaiges atour et avoient en volonteit de logier en la terre de Mets, où ils heussent fait ung grant domaige; touteffois nous seigneurs désirant le prouffit de lour peuple envoyirent Ser Jehan le Gournais devers les capitaines, et [il] fit tant que pour une somme d'argent, ils deloigirent et ne marchont point sur le paiis de Mets; ainsy il fault reculer acune foys pour mieulx sauter.

Item, ondit temps Ser Robert de la Marche deffiait le Roy de Secille.

Item le xixe. jour de Septembre fuit pendu ung compaignon qui avoit desrobé des chevaulx. (fol 60.)

Item, le xxiiie. jour de Septembre vinrent logier à Vallieres et à Vantoulx le comte de Salme, bailli d'Allemaigne et y avoit vi. comtes, c. et l. chevaulx. Lesdits vi. comtes vinrent longier en Mets et lour envoiait la Cité en lour logis vi. bouteilles de vin.

Ainsy que lesdits comtes en alloient au matin à Vallieres avecque lours gens, ung appellé Bernard de Lucembourg [1], maistre d'hostel du mairquis de Baude, le seigneur de Borcette, avecque eulx, bien iiii. c. chevaulx vinrent boutter le feu à Vigey, à Maixey, à Poulley, à Ollexey, à Arcancey, à Antilley, à Chailly, à Ennery, à Tremerey et prinrent gens et bestes, tout ceu qu'ils povoient trouver et firent ung merveilleux dommaige, et ne s'en gardoit on en rien et doutoit on que ce ne fuit une chouse affaitiée et que lesdits Lorains n'en sceussent aulcunes chouses. Toutesfois lesdits Lorains se presentont à la Cité de servir en lour péril et fortune, et chaissier après lour dits anemis; de quoy nous seigneurs les remerciont bien et ne les volrent point mettre en dangier; maix il en firent bien leur acquit.

Item, le londemain viii. soldiours s'en allirent jusques à Rodemack, trouvirent viii. des annemys, les assallont et en tuont ii. et en ramenont ung qui estoit serviteur à Monseigneur de Borcette.

Item, le thiers jour d'Octobre le Ssr de Borcette envoiait sa deffiance et le ve. jour après qu'il avoit fait si grant oultraige à aidier ledit Bernard de Lucembourc, auquel on n'avoit rien affaire à eulx. Ce sont les jeux des Allemans.

Item, le vie. jour d'Octobre iiii. jonnes hommes de Mets s'en alloient à la feste à Pierreviller, trovèrent ii. compaignons qui avoient heu pris les bestes de la petite Taippe et detenoient encor prisonnier le moitrier; lesquels en prinrent ung et l'amenent à Mets.

Item le viiie. jour d'Octobre, ung mardi, fuit arse et brullée Janette, femme Guidon l'orfevre, et Guillaume le Clowetour olt la teste copée, por tant que laditte Janette avoit volu empoisonner son mari et portant qu'elle n'en powoit venir à bout, elle merchandit audit Guillaume de le faire et en avoit jay ledit Guillaume receu de l'argent, qui estoit une mauvaise merchandixe.

Item, le xviiie. jour d'Octembre xxvi. soldiours de Mets allont bruller une plaice que Borcette avoit iiii. luées par delay Lucembour [1] et brullont aussi plusseurs grainges et maixons apertenant audit Borcette et rançonnont ung sien villaige iiii. xx. florins de Rhin, que fut bien besongnié auxdits souldiours.

Item, le xve. jour d'Octembre molrut Anthoine Lienart.

Item, la vendange fuit bonne et furent les vins competemment bons et pour cause de la planté on remist les vins as portes à ii. francs, vieulx et nouvelz, qui estoient per avant à viii. frans la cowe.

Item, le xxixe. jour d'Octobre allirent à une journée à Thionville S^{gr} Andreu de Rineck, S^{gr} François le Gournais, S^{gr} Jehan le Gournais, maistre Jehan Noël, et Mairtin Clerc des Septz en l'encontre du S^{gr} de Borcette et de Bernaird de Lucembourch et y demouront jusques à diemange et furent près d'aicorder, maix ils ne s'acordont point pour celle fois.

Item, tantost le lundi vinrent en Mets, Monseigneur de la Grainge, Lowy et Jehan secrétaire de Thionville pour remettre sus la chose.

Item, le xxviiie. jour de Novembre fuit prins à Joiey ung jonne homme natif de Mets, qui olt les ii. poignets couppés et puis fuit brullé à Joiey, portant qu'il se faisoit prebstre en aultres paiis et alloit en abitz de prestre, et avoit plusseurs fois chanté messe pour gaingner argent; et si estoit marié et avoit desrobé plusseurs calices, livres et aultres choses sacrées.

Item, le ixe. jour de Janvier ung jonne orfewre appellé Grant-Jehan, fort bel homme, olt la teste coppée; mais quant il heust la teste mise en la quenegatte et l'engin fermé, le bouriaux print une des mains dudit Grant Jehan pour la lier et estachier. Cuidant que on luy voulsist copper une oreille, se levit tout droit, la quenegatte en son cou, braioit et faisoit sy grant bruit que tous en estoient abahis et crioit pour Dieu, à haulte voix, qu'on ne luy coppist point la main et les Trezes ly dirent qu'il ne l'aroit coppée. Adont ledit Grant Jehan criait mercy à Dieu et as seigneurs et à tout le peuple, et se mist arrière à genoulx et ainssy olt la teste coppée; et ung sien compaignon qui avoit aydié à faire lesdits escus, maix il ne sçavoit point la malvistié, on ly vouloit copper une oreille; maix les orfewes de Mets remonstront à Messeigneurs de Justice que ledit serviteur estoit ung bon jonne filz, eulx priant qu'ils ly voulsissent pardonner; et à lour requeste et supplication, Messeigneurs ly firent la graice; mais il fuit banis de Mets et du païs à tousjours mais.

Item, on temps que les Borguignons passoient per la terre de Metz, ung de lours compaignons avoit esté trové à une waiche; [ils] le mirent en la main de Justice à Metz, et requeront que on s'en feist justice, et il fut brullé entre les ii. ponts.

Item, les seigneurs de Mets rescripvont au roy des Rommains et à jonne duc Philippe, l'outraige et dopmaige que Borcette et Bernaird lour avoient fait. Incontinent les ii. princes mandont que lesdits Borcette et Bernaird fussent contraints de restituer les dopmaiges et d'amender les delitz, et en cas de reffus qu'ils fussent cités à parlement à Malline; et portant qu'ils opposont dudit mandement, il lour fut assigné jour audit lieu de Malline au xxiiii°. jour de Fewrier, et y furent envoiez de la Cité Maistre Jehan Noël, Mairtin des septz, ung messaigier et iiii. soldiours; et le xvi°. jour de Mars revinrent de la journée maistre Jehan Noël et Mairtin des Septz et les aultres.

Item, on ordonnont à touttes les portes que tous les estraingers que venroient en Metz, qu'ils apportissent par escript au clerc des Treize lour nom et où ils voulloient lougier.

Item, on fit ung commandement en touttes les maixons de Metz, que nulz ne lougeait personne qui fussent hors de la terre de Mets, et qu'ils les envoiassent en l'hostel des hostes.

Et le xxii^e. jour de Mars fuit faitte la paix encontre Monseigneur le marichaul de Lucembourc des dommages qu'il disoit que on ly avoit heu faits dez le temps de la guerre du duc Nicolais, l'an lxxiii, et aussi des demandes qu'il faisoit pour le fait de la prinse de Recheifmont.

Item, en la grant sepmaine de Pasque Monseigneur l'archevesque de Triewe envoiait devers Messeigneurs de Mets, eulx priant qu'ils voulsissent faire pour luy qu'i put faire la paix entre eulx et Bernard et Borcette, et ils en furent contents. Alour assignait Monseigneur de Triewe une journée, le jour de la Nostre Dame, qui estoit le grant mardi et envoiont (fol. 61) les seigneurs de Mets maistre Jehan Noël et Mairtin des Septz ; et les pairties oyïes devant mondit seigneur de Triewe, et sur ung point, revint Mairtin des Septz pour le remonstrer à nos seigneurs et puis retournait à Triewe le jour de Pasque et fuit la paix faite le londemain.

Item, por tant que le temps estoit beaulx, les vignes cressoient si fort, que les owriers furent si chers qu'ils gaignoient vi. solz, vi. solz et vi. deniers et vii. solz à fichier et les femmes ii. solz vi. deniers à ploier ; et faullit xavoutrer en la mitte du mois d'Avril, ceu que les plus anciens n'avoient jamais veu, de quoy gaires de bien n'en vint, comme vous orrez ci-après.

Item, la vigille de la sainct George furent touttes les vignes engellées de Mets, du Vaulx de Mets, et partout le paiis il n'y demourait rien du monde ; per quoy tantost les vins furent remontés et mis à xii. deniers.

Item, les maistres vignours et les plus saiges estoient esbaihis comment qu'ils s'y dubvoient gouverner. Les ungs disoient qu'il les faulloit trapper et les aultres disoient que non ; se on les trappoit, elles sécheroient ad cause de ceu qu'elles estoient en seve et qu'elles avoient getté toutte lour substance. Touteffois chescun en fit à sa vollenté, les ungs les trappoient sur terre, les aultres laixoient les prouvins, les aultres les trappoient ung pou hault pour croistre le marien entre le viez et le neuf.

Item, le jour de l'Ascension, après vespre fist ung merveilleux temps de grelle et fist dopmaige és bledz autour de Mets, et se les vignes n'eussent esté engellées, se fussent elles esté en partie gastées et engellées.

Item en la semaine de l'Ancension ung homme de St Nicolas estoit venu en devotion à sainct Soybelt; en faisant sa priere, ouyt grant bruit que s^t Soibelz faisoit en sa fierte et se plaindoit. Ledit pellerin appellit ii. religieulx qu'il vit et leur dit : « Venes ouyr; fait-il souvent ainsy? » Les ii. religieux esbahis de l'ouyr enssy plaindre, furent bien esmerveillés, et n'en sçavoit on que dire, synon que le gouvernement des moynes ne ly plaisoit point; aultres disoient pour tant que l'abbé ne s'y tient point et qu'il despend les biens de l'esglise, et chascuns en disoit à sa voulenteit.

Item, le lundy devant la Pentecoste, xiie. jour de Maye, la royne de Secille arivait à Saincte Barbe, auquel lieu Messeigneurs de Mets envoyèrent ii. cowes de vin claret et rouge et vi. c. daralx., vi. chattrons, viii. chevroys, ung c. que pussins que pijons pour leur diner, et ly furent presentés on nom de la Cité [par] S^{gr} Andreu de Rineck, S^{gr} Conraid de Serrieres; lequel don ly fuit moult agreable, et ly presentont s'il ly plaisoit venir en la Cité, ils l'en prioient, et on ly feroit bonne chiere, à quoy elle consentit; et après diner, elle et ses gens, bien ii. c., s'en vinrent en la Cité et ly fut on au devant moult honnorablement, et fuit logiée en l'hostel de S^{gr} Conraid de Serriere et receue moult triumphamment. Et tantost après vinrent S^{gr} Michiel le Gournais, S^{gr} Regnault, S^{gr} Andreu, S^{gr} Wiriat Roucel, tous iiii. chevalliers et S^{gr} Pierre Baudouche et parlirent à la dite royne et la firent bienvegnant et ly firent présent de ii. grais bœufz, xxv. chatrons, ung chevreulx salvaige, iiii. c que poussins que pigeons et lx. quartes d'awoinne, une cowe de vin rouge que coutloit xii. livres, une cue de blanc qui coutoit x. l., une cowe de claret aussy de xii. livres et une belle cope d'argent dorée que valloit lx. livres, picine de florins de Mets (la somme fuit de iiii. c.), et à la suer du roy une chainnette d'or où il pendoit ung fermillet que bien valloit ii. c. francs.

Item, messieurs de chapitre ly donnont ung bechet d'argent de c. francs et à la suer du roy ung fermillet de l. francs.

Item, ledit jour, après souper, la royne fut en Bribra et vint en la maixon du visconte et là dansèrent et ly fuit fait ung banquet honnorable; et le lendemain, elle et toutes ses dames ouyrent la messe en la grant esglize et alli[ren]t diner à Sainct Vincent; après le diner dansont on grant jairdin, et après les danses s'en allirent marander en Bonne-aventure, on jairdin Jehan Dex que grant chiere leur fit; et puis vint sopper en l'hostel S^{gr} Pierre Baudouche en l'asse-temps, et dansèrent [et] firent grant chiere. Après fuit ramenée en son logis chiez S^{gr} Conraid [Serriere].

Item, S^{gr} Jehan Papperel ly donnait une cowe de moult boin vin claret et xii. herons tout vifz, et mons^r de St Clement luy donnait xxiiii. cailles vives, iiii. faisans et xii. chapons tout vifz.

Item, la royne envoyait au roy ung des grais beufz que on ly avoit donnés, une cue de vin claret, demy cue de rouge viez vin, lesdits herons, cailles, faisans, et chapons pour triumphe et festes.

Item, oultre plus à la requeste de ladite royne et pour l'hon-neur d'elle furent délivrés de prison plusseurs malfaiteurs, les ungs criminelz, les aultres pour aulcune amende, en quoy ils estoient encheus.

Item, le mercredi après la royne se partit de Mets et s'en vint diner à Sainct Arnoult, fort contente de toute la Cité, tant de la bonne chiere et honnour qu'on ly avoit faits comme des dons qu'on ly avoit donnez: et ly donnait l'abbey ung bechey d'argent que valloit xl. livres. Et puis après diner s'en allit couchier à Pont, et nousseigneurs de Mets et tous les soldiours la conduirent noblement en moult belle compaignie, bien ii. lues longz.

Item, on mois de Jung fit si grant plue en plusseurs lieux par le monde et plut tant sur la rivière de Loire, en Poitou, que la rivière ennenait villes, maisons, gents et bestes, et y furent noiez plus de iii. mille personnes, dont ce fut pitié.

Item, il plut si fort à Sainct Avold qu'il y avoit tant d'yawe en la ville, que force leur fut de s'en aller en leurs greniers; et se n'eust esté que par force d'yawe qui rompit ung grant panez des murs de la ville par où l'yawe s'en veudait, on ne sçait qu'ils heussent fait. Item à Offembach, en Allemaigne, plust tant que l'yawe destrempait la terre dessus une montaigne jusque sur la rouche et en vint tout à la vallée, que la rouche demeurait toute curiée et ennenait vigne et bledz et couroient de la montaigne par force d'yawe pierres aussy grosses que tonnelz qui tient une cue, qui estoit chose espouvantable.

Item, à Livnerdun plut tant et grailoit aussy gros que poing d'homme, que fit ung dompmaige sans miséricorde.

Item, en celle année, pourtant que c'estoit après la guerre, vint tant de gens à Mets, de seigneurs, de dames, de mairchands que on ne les sçavoit où logier, qui alloient à Ste Barbe; et fut dit des anciens que jamais on n'en y avoit tant veu pour une année. (Fol. 62).

Item, en la sepmaine vint en Mets Monseigneur Du Fayt [189] qui demandait à Messeigneurs de Justice ung corvixier qui estoit aux Carmes, appelé Jasper, lequel avoit feru ung maiçon son voisin d'une hachette en la teste et il ly fut donné franc et quite. Item le tiers jour de Juillet la plue vint si grande qu'il pleut bien vii. jours et vii. nuits, tellement que les bledz et les foins se perdoient. Messeigneurs voiant la pitié firent ordonner une procession générale à Sainct Arnould et incontinent le beau temps vint.

Et le xiie. jour de Jullet vint en Mets le duc de Gueldre, frère à la royne de Secille et ly fit la Cité présent. [199]

Item, le penultime jour de Jullet molrut S^{gr} Nicolle Papperel.

Item, après la vendange vint, qui fut une vendange sans raisins, car tout atour de Mets n'avoit rien en vigne, se non ung pou à Plappeville, à Lorey, à Salney et ung pou à Rozerieulle et à Scey; mais les mairiens des vignes avoient si bien creu et estoient si beaulx et si murs que mieulx ne sceussent estre, et si ot on bian temps pour enhanner et avoit on le bledz pour iiii. solz, l'avoinne ii. solz.

Item, en celle année, le roy de France entreprint d'aller conquester le royaume de Naiples, et en grant nombre pertit per terre et per mer.

Item, le xxviiie. jour de Septembre fuit trouvé ung enfant, environ de trois sepmainnes, sur l'autel du grant crucifis à Sainct Pierre aux Ymages, et avoit une cédule liée autour de sa teste, qu'il estoit baptisé et qu'il avoit à nom Thirion; vint ung bonhomme de villaige qui le demandoit à provost de Sainct Pierre, et il luy donnoit bien voulentiers.

Item, en celle sepmaine, xx. compaignons de la Leffs [191] deffiont le roy de Secille.

Item le xxixe. jour du mois de Sestembre vinrent logier des Egiptiens à Pont Thieffroy et à Pont des Morts, desoubz les airches où il n'y avoit point d'yawe et desoubz des tentes qu'ils dressèrent; et estoient bien ii. c. que d'ung que d'aultre, petits et grants, comme on disoit. Et tantost, ii. jours après en revint bien iiii. c. logier à St Jullien, et avoient ung duc qui estoit leur seigneur; et enffantait à St Jullien la femme dudit duc d'une fille, le jour de la s^t François, laquelle fuit baptisée en l'esglize de St Julien et fuit appellée Françoize, et furent parain S^{gr} Renault le Gournaix, S^{gr} Jehan le Gournaix et Collignon Roucel; et Gertrude, fille S^{gr} Jehan Chaversson et Contasse, fille S^{gr} Nicolle Dex, furent mar[a]ines.

Item, le xve. jour d'Octembre defiait Burtrand d'Ormendaire.

Item, ondit temps vinrent logier on ban de Baizaille bien iii. mille Borguignons, dont estoit capitaine Lowy de Waudrez; et en ladite compaignie avoit ii. hommes qui demandoient aulcune querelle à ung des seigneurs de Mets, et disoit on qu'ils s'en venoient logier en la terre de Mets dont on fit fouyr les bonnes gens. Toutesfois vint en Mets le capitainne qui avoit puissance de faire accord; firent Messeigneurs de Mets tant avecque luy que la paix en fuit faite parmey ung pou d'argent, et aussi que les gendarmes ne venroient point en la terre de Mets; et à Dieu les commant bien longz.

Item, le ve jour de Novembre morut S^{gr} Geraird Perpignant, et dame Gertrude, sa femme, fit mettre estalz sur ses biens pour la somme de ii. mil livres de Messin que ledit S^{gr} Geraird avoit cranté à mariage.

Et le dimanche, ixe. jour de novembre, à matines furent prins en la grant esglize de Mets ii. enfans de cheur et emmenés, et ne pouoit on sçavoir où, ne comment, ne qui les avoit ensy emportés ou enmennés; et tantost que Messrs les Trezes en orent la cognoissance, firent cloirre les portes, les bairres et firent faire ung huchement, que nul ne les soustenist et quiconques en sçavoit rien les amenissent à Justice, sur peine d'estre acquis de corps et de biens. Et tantost fuit prins ung prestre qui se tenoit à St Vincent, fuit mené en la maixon du Doien; incontinent Messeigneurs de l'eglize requeront qu'il leur fut délivré et le londemain ils l'eurent.

Item, le dimanche après le huchement fuit trové qu'ilz estoient en l'hostel d'ung nommé Dediet le Lorain, en St Vincent-rue, pour laquelle chouse ledit Dediet et sa femme s'enfuyont aux Carmes et ung nommé Thirion le Corrier de Salnerie, qui estoit père de l'ung des enffants, et Jehan Cugnin de devant St Vincent et Jehan de Lorey, père de l'autre enffant et sa femme furent menés enchiez le Doien. Et le xve. jour de Novembre fuit prins un clerc de Sainct Vincent, appelé maistre Estenne, et mené enchiez le Doien, por tant qu'il estoit suspicionné de la prinse des ii. enffans.

Item, le xvi°. jour de Novembre furent mis fuer de prixon ledit maistre Estenne et Jehan de Lorey et sa femme, et furent lesdits ii. enffans remis en l'hostel de leur maistre l'organiste, et ceulx de la grant esglize bien tost après furent fuers, mais ils furent bannis et paiont argent.

Et le xxiiii° jour de Novembre S⁲ Jehan le Gournais espousit sa femme Alixette, fille de S⁲ Giraird Perpignant.

Item, on mois de Decembre, le roy de Secille envoiait ses sergents faire commandement à ceulx de Cuverey, de Marley, de Joiey, et à Corney qu'il ne obéissent en riens az jornées ne à la Justice de Mets, ne ecclésiastique, qui fut une chose bien nouvelle.

Et la sepmaine devant Noel, le roy de Secille envoiait le président à Mets requerir aux seigneurs trois chouses : la première qu'ils ne contraindissent point ceulx de Cuverey, Marley, Joiey et ceulx des terres de fiez comme à ajournez ; la seconde, qu'ils ne voulissent contraindre l'abbey ne le convent de de S⁺ Martin ne respondre, ne sortir devant Justice de nulle seisine qu'ils debuissent ; la tierce demande, que on luy voulsist faire ouverture de l'esglize et maixon de Sainct Pierre as Dames por tant qu'il disoit que le monastère estoit de ses fiez.

Et por tant que lesdites requestes estoient choses nowelles et assez pou raisonnables, Messeigneurs de la Cité envoièrent maistre Jehan Noel, Jehan Dex à Nancey, devers le roy ly faire respondre de ses requestes ; lesquels ly dirent que de toutes les requestes qu'il faisoit, [ils] n'estoient point délibérés d'en rien faire.

Item, le vii°. jour de Janvier tonnait et enlaudait aussi fort que se fuit esté on temps d'esteil, dont on en estoit bien esmerveillié.

Item, entrait à Rome le roy de France, le darien jour de Decembre. ¹⁹¹

Item le xv°. jour de Fevrier le biaul temps commençait à venir et commençoit on fort à labourer en vigne, à grant presse et durait le biaul temps sans pluvoir jusque à xie. jour de Mars.

En celluy temps ensi que le roy de France se voult partir de Rome, ledit jour le pape chantit la messe vestu des habits papales et le roy de France chantit l'espitre. Monseigneur de St Denis (fol. 63), qui estoit cardinal, chantit pour l'empereur l'esvangille, et après la messe nostre sainct Père coronait le roy empereur de Constantinoble. [1]

Item le vi^e. jour d'Aoust fut faite une procession générale à Nostre Dame aux Champs, pour prier Dieu qu'il voulsist amender les biens de terre et qu'il voulsist maintenir la Cité et le païs en paix et garder de mortalité; et y fut faite une prédication par ung Augustin nouvel venu. En blamant les maquerelies, dit qu'il y avoit en Mets une femme qui avoit une jonne fille qu'on disoit qu'elle estoit grosse; la mère, en blamant celles qui le disoient, dit que sa fille estoit aussy bonne que la Vierge Marie et à bout de vi. jours elle enfantait ung enfant, qui est ung cas d'une grant injure faite à la Vierge Marie; et dit que tels cas ne debvoient estre sans grant pugnition; et tantost on fit huchement sur ladite femme et fut faite grant enqueste d'elle.

Item, per tant que les owriers des vignes avoient gaigné et gaignoient tant, on fit huchement le xviie. jour de Mars, que les provignoux depuis la s^t Remey jusque Noel ne debvoient gaigner que xv. deniers; les provignoux depuis Noel jusque Paicque ii. sols, et pour traire les paixels xv. deniers, pour enlire xi. deniers, pour taillier, ii. sols, pour coudre ii. sols vi. deniers, les fichours iii. sols, à ploier ii. sols, les hommes et les femmes xvi. deniers. Item, pour revoulier, et pour rebever les hommes ii. sols, les femmes xvi. deniers; pour reffouyr et rebever ii. sols; et qui plus se loweroit et aussi que plus les loweroit, seroit à c. sols d'amende.

En l'an mil. iiii. c. iiii. xx. xv. fuit Maistre-eschevin, Sr Andreu de Rineck.

Item, en ladite année, à la fin de Mars fit si froid que les tendres fruits furent gastés en fleurs et les vignes n'issoient point fuer.

Item, le penultime jour de Mars, fuit ung grant feu as Cordeliers la nuit, et s'il n'eust esté très diligemment rescous, c'estoit pour tout ardre le couvent, par ung religieux de ceans, qui proichoit tous les jours et moult bien. Une nuit comme il estudioit, s'endormist et la chandelle cheut ardent sur son lit; de quoy le feu s'emprint tellement que à poine en eschapait ledit religieux.

Item le vendredi des Palmes, x°. jour d'Avril fuit faite la procession de Victoire à Sainct Clément, et y ot moult de peuple [1].

Item, ledit jour fuit accusée une jonne fille qui servoit Pierron des Molins, d'un enfant qu'elle avoit eu porté en l'aage de xviii. ans; et en l'enfantant toute seule la povre dolente mal advisée le print par les piedz et le frappait contre ung mur et l'assommait et le getoit en ung puits qui estoit en la maison decoste Sainct Anthone, où ils vendoient la servoixe pour la Cité; et y fuit depuis la Chandellour jusques au x°. jour d'Apvril. Et les brasseurs qui brassoient la servoixe en ladite maison, voulrent assaier, ce qu'ils n'avoient encore point fait, se l'iawe dudit puits seroit point bonne à faire servoixe; et commençant à tirer l'yawe, virent l'enffant sur l'yawe, furent bien esbahis; toutesfois n'en firent semblant, tant que leur maistre Pierron seroit revenu de la procession. Et la fille qui les oioit, quant ils furent partis, s'en allit ou puits per une fenestre qui estoit ou cellier, et d'un rettez print l'enffant ondit puits et le getoit en une cortoize. Et quant ledit Pierron fuit revenu, son nepvels Picron ly dit comment il y avoit ung enffant en leur puits et ly voult aller monstrer; maix ils ne trouvirent rien et adoncque commençount à cerchier per toutte la maison et à darien dedens ladite cortoize et là fut trowé. Incontinent la fille fut prinse et emmenée, et tantost le mardi après elle fut mise en pillory et puis menée entre les deux ponts et ly fut copée

...ue des mains et brulée, ung enffant de boix entre ses brais, toute droite. Et aussitost qu'elle fuit morte, que encor à poine l'estoit elle, on deffit le feu et ne fuit plus arse et demourit toute droite, l'enfant de boix entre ses bras, qui estoit une chose espouventable à veoir; mais elle eut une bien belle fin.

Item, le xxiiiie. jour d'Apvril, Dieu, Nostre Seigneur, monstrait ung miracle evident que ledit jour et le jour de devant fit si froit et gellait si fort que on ne cuidoit point aultrement que tout ne fuist perdut. Touteffois tout le monde se mist en devotion, et ne faisoient les clouches que sonner tous lesdits ii. jours et ii. nuits et faisoit on procession per les couvents, per les paroches; et ensy je croy que Dieu se rapaisait et qu'il ouyt les prières du peuple. Et le xxvie jour le temps se rapaisait et commençait le chauld à venir et les vignes de bien croistre et amender, qu'on les eust veu amender, et convint à iiiie. jour de Maye chavoultrer; et y avoit tant de raisin en vignes qu'il y eust de long temps.

Item pour rendre graices à Dieu de ceu qu'il avoit ensy bien gardé les biens de la terre, on fit beaucop de belles processions: et premier ceulx de St Mamin, ceulx de St Eukaire et de St Estenne en firent une per les vignes Oultre Seille; et ceulx de Sainct Livier, de St George, de St Medart et de St Marcel en firent une per devers Daille, revinrent per Sainct Eloy; et ceulx de S^t Vy, de St Jehan, de St Gegoulx en firent une per devant la Horgne per le Savellon; et ceulx de St Simplice, de St Mairtin et de l'Hospital en firent une avec les Augustins permy les mesuwaiges; et ceulx de Saincte Croix, de Saincte Segollene, de Sainct Ferroy, de Sainct Jaicque, de Sainct Gergonne et de Sainct Victour en firent une à Sainct Clement, et se mirent avec eulx partie de Messeigneurs de la grant esglize, de Sainct Salvour et des Proichours; et estoient à ladite procession vi. xx. prebstres, tous revestus et juelz en leur main.

Item, ceulx de Sainct Maircel, de Sainct Medairt, de Sainct

Livier, de Sainct Georges, ceulx de Sainct Elloy et les Chartreux en firent encore une le londemain de la Pentecoste.

Item, le iie. jour de la Pentecoste, la seconde feste, ceulx de St Mamin, de St Eukaire et de St Estenne en firent encor une par Outre Seille et s'en vinrent en la grant eglize.

Item, le viii^e. jour de Jung on vendont verjus de chambry.

Item, le xv^e. de jour de Jung, Renault le Gournaix, fils S^{gr} François le Gournaix, esponsait Gertrude sa femme, fille S^{gr} Jehan Chaverson.

Item, le second jour de Jullet se pertit de Lucembourg Monseigneur le mairquis avec sa puissance, pour mettre le siege devant Esdan, devant Billon, et devant Monfort, apertenant à S^{gr} Robert de la Marche, et mirent premier le siege devant Billon. ¹⁹³

Item, on dit temps fuit ordonné et deffendu qu'on ne lessit en Mets nulz des religieux de St Mairtin, ne de leurs serviteurs, por tant qu'ils ne voulloient point sortir en Justice pour les censives qu'ils doient en plusseurs lieux en Mets. Les moines en allirent devers le roy de Sceille remontrant les choses; incontinent le roy en rescripvit à la Cité; et pour tant qu'il n'olt mie incontinent response, fit (fol. 64) clorre ses chemins, et deffendre qu'on ne laissit personne de Mets en nulle de ses bonnes villes; et tantost fuit prinse une journée sur ceu, per quoy les chemins furent owerts.

Le xxve. jour de Jullet ceulx de Billon s'enfouyrent et s'avallirent pér une haulte rouche et ainsy fuit gainguié; et en y olt vii. en cheant qui s'assomirent, et fit Monseigneur le mairquis bruler et araser la plaice.

Item, le premier jour d'Aoust iii. hommes de Mairange partirent de Mets, et quant ils vinrent de couste la maladrie de Wauppey, trois compaignons qui venoient du siège de Billon, sans ceu que lesdits compaignons leur demandissent rien, se prinrent ceulx de Mairange à eulx et en tuont ung.

Item, la vendange fuit bonne à grant planté de vin, et à

bon mairchié, car on avoit la cowe pour lx. solz et pour l. solz que per avant avoit esté si chier; la quarte de bled iii. solz et iiii. solz le meilleur.

Item, le tiers jour d'Octembre vinrent logier à Aicy, à Tremery, à Flevy, ii. c. Bourguignons, et le vie. jour en vint logier à Bletange, à Bousse, ii. c. qui tiroient après les aultres; et tantost s'assemblèrent en la terre de Mets en si grant puissance, qu'ilz furent bien ii. mil, qu'à pied, qu'à cheval, et discient qu'ilz estoient au roy des Romains. Et quant i'z orent longtemps esté et fait moult de damaige, Mairtin dez Septz revint de devers le roy des Romains, et vint avec luy ung appellé S^{gr} Jaicque, argentier de la chambre du roy, lequel fit depairtir les gens d'armes; maix il convint paier la Cité ii. mil florins de Rhin, desquelz florins les capitaines furent paiez, et en retint ledit S^{gr} Jaicque pour luy iiii. c. chevaulx et cent pietons des milleurs et mieulx en poinct pour estre aux gaiges dudit roy des Romains; et le résidu fuit cassé et n'orent point d'argent, de quoy cuidirent enraigier; et au despairtir faisoient tout le mal qu'ils povoient, pilloient, rançonnoient, tout ce que avoir polloient.

Item, ung sergent appellé Jehan Ancillon, qui n'estoit pas des plus saiges, je ne sçay s'il fuit ivre, commençait à blasmer et à injurier nos seigneurs de Mets et dit plussours paroles tres mal dites, fuit accusé, prins, et mis enchiez le Doien. Et le sabmedi xviie. d'Octembre fuit mené à Pont des morts et luy fit on copper la langue et [fuit] banni et forjugié à tousjours mais et son office confisqué à la Cité, c'est assavoir à Messeigneurs les Trezes.

Item, le xxiiiie. jour d'Octembre fuit pendus ung de Plappeville, pour tant que luy et aultres avoient coru après une femme daier Thiacourt en ung bois, et en avoient fait leur voullenteit, et puis ly avoient couppé la gorge et osté tout ceu qu'elle avoit.

Item, le londemain qu'il estoit la feste à Longeville, ung

jeune garçon picaird frappit ung jeune filz de Mets d'ung coutel, tellement qu'il en morut. Et tantost il fut prins à bien grant poinne, si bien se deffendoit contre vi. qui le prinrent et l'amenont à Mets; et le mairdi après fut pendu et estranglé, et en montant qu'il faisoit sus l'esxeulle, il cuidait ii. ou iii. fois boutter le bouriaul à la vallée; mais il ne pot.

Item, ledit mairdi on fit ung huchement que nulz ne soustenist aulcuns menants de Mets qui avoient esté boire et mangier aveecque les gens d'armes en la terre de Mets et fait dom: comme faisoient les aultres gens d'armes.

Item, ondit temps Blaise [190] que plusseurs fois avoit fait guerre à Mets et plusseurs fois r'avoit eu sa paix, avoit acheté une kerelle d'ung corier de Saulnerie qui s'avoit absenté de Mets et allé à Bercastelle, de certaine porsuite, que ledit corier avoit à aulcuns de Mets; et à ceste cause estoit ledit Blaise délibéré de recommencier guerre. Ceci venu à la cognissance des seigneurs de Mets, [ils] envoièrent en ung lieu où estoit ledit Blaise logié à Lessey, xii. gentilz compaignons; et le tiers jour de Novembre le gardèrent bien de faire guerre; [ils] le trowèrent audit lieu de Lessey en une taverne et là le tuèrent, que fuit à eulx bien besongné, et prinrent et amenont son varlet et le samedi fut pendu; lequel merveilleusement s'excusoit de rien avoir fait sur la Cité; mais on ly haitit sa viande devant qu'il commencit à mal faire.

Item, la vigille de Noel la gellée revint et commençait si très fort à negier et negeait toutte la nuit, tellement que le matin les gens ne povoient issir de leur maixon pour la haulteur de la nege qui estoit devant les huix, et n'estoit quasy rien des grants neges de quoy nous avons ci-devant fait mention. Et le londemain de Noel fit si merveilleusement froid que les gens ne povoient durer ez rues ne aller ci et là; et le jour du nowel an et le londemain, les ii. jours et les ii. nuits, ne fit que negier et ne pouvoient aller gens qu'ils ne fussent jusque la my-jambe ez neges: et disoient les anciens que jamais en ce païs n'avoient veu tant de neges sur terre. Item le jour des Roys le temps se deflit et en allit la nege sans pluc, bien doulcement, sans mal faire.

Item, le roy des Romains et les princes esliseurs de l'Empire firent une constitucion ensemble, que par toutte l'Empire, que tous ceulx qui avoient vaillant v. c. florins de Rhin en toutes choses debvoient paier demy-florin de Rhin ; et ceulx qui avoient vaillant mil florins de Rhin, devoient ung florin ; et ceulx qui avoient vaillant plus de mil florins, devoient à leur devotion apres ledit florin, et ceulx au dessoubz de v. c. florins devoient la xxiiiie. partie d'ung florin. Et en fuit rescript à Messeigneurs de la Cité et mandé qu'ils en fissent diligence dedans la Chandellour tantost après venant, pour laquelle chose nos seigneurs mandont les gens d'esglize et de chescune paroche ii. des parochiens, et leur fuit déclarié le cas pour avoir leur advis. Et le ve. jour après, les gens d'esglize firent leur relation telle, qu'ils ne voulloient rien paier des chouses qu'il demandit, et tout le peuple firent response que les articles contenus en ladite constitucion et en une lettre que le roy des Romains avoit rescript, estoient chose nouvelle que on n'avoit jamais plus veu et estoient bien pesantes et y avoit bien à aviser, nonobstant que le peuple ne sceut bien que nous seigneurs l'entendoient bien et qu'ils avoient bien le tout devant les yeulx ; et pour tant qu'ils avoient on temps passé bien gowerné et que de présent gouvernoient bien, esperant de bien gouverner à l'avenir, ils remettoient le tout en leur noble discrétion. '²⁷

Item, le venredy xxixe. jour de Janvier (fol. 65) on fit une procession generale à Sainct Arnoult pour rendre graice à Dieu de tant de biens qu'il nous avoit envoiés en celle dite année et de la paix que nous advient adoncque novelle.

Item, en ladite année furent tant de glands par les boix que on avoit ung grais porcq pour xx. solz, qui avoit cousté l'année precedant lx. solz.

Item en ladite année vint en Mets ung proichour, jonne homme qui preschoit si bien et si saigement et plaisamment, que tout le monde couroit apres luy, et s'appelloit Frere Jehan Clercy [198] et proischoit tous les jours permey les Avents. Toutesfois, loingtemps apres il s'enorguillit et disont on qu'il tiroit à plus grant digniteit, et que en cerchant telle follie, se rompit le col en cheant de son cheval.

Item, la pluspart du moys de Fewrier et tout le moys de Mars il fit ung moult mervilleux temps de nege, de grelle et de plue, et tant pleut que les vignes, les champs, estoient si trempez d'yaue et si pourris que on ne povoit labourer ne ez terres ne ez vignes. Et à la fin de Mars on ne veoit point que riens se boutissent fuer.

En l'an mil iiii. c. iiii. xx. et xvi. fut Maistre-eschevin Collignon Roucel.

En celle année, le xxiiiie. jour de Mars, aulcuns merchants forains avoient amené des poissons en Mets, qui estoient tout mezel, et pour ceste cause furent ars lesdits poissons plus de iiii. c., et ne l'avoit on jamais plus fait en Mets.

Le xxiie. jour d'Apvril morut S[gr] Maheu le Gournais.

Item, tout le moys d'Apvril et jusquez à viiie. jour de Maye plut tousjours et depuis la Chandellour jusques audit jour ne fit iii. jours de route de bel temps, et n'avoient les bestes point de paturaiges, car rien ne povoit croistre et n'avoit apparence de verdure ez vignes non plus qu'à Noël.

Item, le viiie. jour de Maye, le bel temps vint et commençait à faire si chault que on veoit croisse les biens et avoit on le meilleur vin pour iiii. deniers la quarte, le bledz pour iii. sols vi. deniers; l'awoine valloit encor iii. solz; maix la chair estoit aussi chière que on la vit oncques; le quartier d'ung bon chaitron valloit vi. solz et les aultres chairs à l'avenant; et pour tant que les fromaiges estoient chiers et qui n'y avoit point de pastures.

Item, por tant que les yawes qui avoient esté si grandes de

plue, les chanones furent délibérés de point porter les croix à
Molins ne sus Sainct Quaintin ; maix ils chaingièrent propos. Ils
y alèrent, mais il leur convint aller passer par darien Montigney en jusques à la grainge Braidey, que fuit ung grant
chemin et ot on grant poine de passer des fossez qui estoient
pleins d'iawe et avoit gens qui portoient les gens oultre et
falloit entrer dedans l'iawe jusques à genoux.

Item, pour la froidure de la fin du mois d'Apvril et du commencement de May les flours des poiriers et pommiers furent
perdues et n'y ot ne pomme ne poire ne nulle brecquenade ;
maix il y ot des blanches doulces ung pou.

Item, en celle année se boutit une jonne femme aux Carmes
qui faisoit la démoniacle et estoit conjurée tous les jours, et
disoit merveille, que tous les jours y alloient tant de gens de
Mets pour veoir la folie.

Et pareillement ung allemand, appellé Le Cock, se bouttait
aussi aux Carmes le jour de la s{t} Mamin de nuit et emprint tous
les cierges de l'eglize et sonnit les clouchés de l'esglize, et fit ung
tel bruit que tous les religieux fuissent relevés ; et ledit Niclasse
Cocque leur dit que c'estoit par miracle tout ceu qui estoit fait
des clouches qui avoient sonné et des cierges emprins de la
graice de Nostre-Dame, et qu'il y avoit des traistres en Mets et
nommait ung souldiour appelé Brouche et ii. allemants louges
en son hostel.

Item, Messeigneurs de Justice, avertis du cas, firent fermer
les portes jusque que ledit Niclasse issit des Carmes, et fuit
prins et mené chiez le Doien, et tantost dit qu'il avoit mal
parlé ; et quant il le dit, cuidoit qu'on duist incontinent prenre
ledit Brouche, les ii. Allemants et que on luy duist donner une
grosse somme d'argent pour les avoir accusez ; et en furent
tous les gens de la Cité troublez. Et tantost on print ladite
jonne femme qui faisoit l'enragiée, et sa mère avec, qui sçavoit
et estoit de la malvistié. Et le xviiie. jour de Jung ledit Niclausse
ot la langue coppée, et à la jonne fille on coppont les ii.
oreilles et la mère fuit menée on Palais et bannie.

Item, pour les froidures qu'avez oy, les vignes estoient si arrestées que le viiie. jour de Jullet on n'eust sceu trouver une grappe de verjus en vignes ne en Chambry, et ne commençout on point à cillier jusques à darien jour de Jullet les soilles, et avoit on les blanches doulces à la fin de Jullet, qu'elles deussent bien estre passées; et ainsi l'année fuit fort tardive. Toutes fois au mois de Jung devant, le biaul temps et le chault vint tellement que les vignes qui estoient toutes arestées, commencèrent à croistre et venir avant, combien qu'elles n'estoient point encore tout flories aux premiers jours de Jullet.

Item, celle année estoit fort périlleuse pour les corps humains, car ung bairbier de la plaice Sainct Salvour, appellé maistre Philippe, la sepmainne du my-caresme revenoit d'Ancerville et per deçà la Horgne, à Mesclenve, il cheut tout mort de dessus son cheval et le cheval le traingnait bien long; le pied estoit demouré en l'estrier.

Le mardi des Grands Croix, en allant à Sainct Jullien, une jonne femme d'Oultré Seille, qui esjoit grosse d'enffant, en entrant en l'aitrie de Sainct Jullien, elle cheut à travers du paissaige toute morte et la convint ouvrir pour avoir l'enffant de son ventre.

Item le viie. jour de Jullet une jeune femme d'ung courvixier devant le Hyaulmo estoit sus Muzelle chawant des draps; une laicheté la print, elle cheut la teste devant en l'iawe; elle fuit noiée et n'y avoit point ung pié d'iawe. Item le xie. jour oll ung prestre de bonne vie et devost, qui estoit sonnour de la grande esglize; et por tant que sur l'autel avoit des colloms qui gaistoient l'autel, les cuidant dechassier, montait en hault et cheut à terre tout mort.

Item, la première semaine de Jullet S[er] Robert de la Marche envoiait de rechief ses deffiances en Lorenne, par quoy incontinent [le duc de Lorraine] envoiait querir ses prevoustez et ses fiées, tant à Mets comme aillours.

Item, le xve. jour de Jullet ledit S[er] Robert allit courir à

Mouzay et la brulait et plussours villes en l'entour et print plussours prisonniers desquelz il ot grant rançon.

En celle année fuit la perdonnance à Nostre Dame d'Aiez [199], et y ot tant de gens de Mets et d'aultre part qu'il fut dit de ceulx qui y avoient esté que pour ung jour il y avoit heu cent mil personnes, et que pour la grant presse il y avoit heu gens, hommes et femmes (fol. 65), en grant dongier d'estre estouffé et mort de la presse et grant challour qu'il faisoit; car en grant temps n'avoit fait si chault comme il faisoit, et convint de grant necessiteit que les gens montissent sur les maixons pour getter yawe sus le peuple pour les refraischir, car ils estouffoient et pasmoient.

Item, on dit mois de Jullet morut Jehan de Briy le pointre, l'anney, de Taixon, séant devant sa maixon, parlant et devisant à sa femme, tout subitement, sans jamais dire mot.

Item, le ixe. jour d'Aoust Jehan Guillay, ung chairton, fut noié as Roches.

Item, ondit temps Messeigneurs de la cité de Mets se voulrent entremettre de faire la paix d'entre le roy de Secille et de Monseigneur Robert de la Marche, et furent à Pont à Mousson devers le roy et puis retornèrent à Esdan parler à S^{gr} Robert; et furent à ce commis S^{gr} Andreu de Rineck, et S^{gr} Conraid de Serrières, et revinrent v. jours après.

Item, le xxiiie. jour d'Aoust S^{gr} Andreu et S^{gr} Conraid s'en retournèrent ariez à Esdan devers S^{gr} Robert, continuant leur commencement de faire paix; et lesdits seigneurs ambassades revinrent d'Esdan le premier jour de Septembre et aussitost s'en rallirent à Pont à Mousson devers le roy, et il leur dit qu'il se voulloit conseillier et mist ses Estats ensemble le lundi v^e. jour de Septembre et leur fist ses remonstrances. Et illec fut conclus de mettre le siege devant Esdan, et ledit roy leur dit qu'il iroit en personne et ils ly consentirent qu'il leveroit de chacun feu ung florin.

Item, le viiie. jour de Septembre morut dame Mairguerite Lowe.

Item, le diemange xie. jour dudit mois, ung chanonne de la grant esglize de Mets, appellé Ser Jehan Peltry, vicaire de St Nicollais, envoiait devant le grant moustier un jambon sallé tout cuit, demy setier de vin, ii. daralz et faisoit donner à boire et à mainger toutes gens que penre en vouloient, et fut une grant nowelleteit que jamais on n'avoit plus veu.

Item, le xxiiie. jour de Septembre se tint une journée à Mets, en la chambre des Trezes, touchant Messire Robert et le roy et souvent alloient parler aux parties Messeigneurs devant dits, Ser Andreu de Rineck et Ser Conraid de Serriere et s'en partirent sans rien faire.

Item, le tiers jour d'Octobre, ung potier d'estain estoit sur la porte du Pont Thieffroy, appellé Jehan Thirion [qui] cheut subitement en maladie et jamais plus ne parlait. Et le viie. dudit mois ung tonnellier d'Aiest, Dedier Noche, en allant abruver ung cheval, fut noié.

Item, le londemain ung vigneron de la rue Mabille, Jehan de la Baire, en reboutant sa cuve pleine de vendange, fut tellement soupprins de la fumée qu'il morut en la cuwe et ung de ses voixins le cuidoit rescourre; à bien grant peine qu'il n'y morut.

Item, le vie. jour de Novembre vint en Mets Monseigneur de Liege à belle compaignie, vi. clairons sonnant en grant triumphe, et alloit lever l'enfant du roy de Secille que jay avoit xviii. jours qu'il estoit né; auquel evesque Messeigneurs firent ung bel present.

Item, en celuy temps ot ung grant debat as Proicheresses pour la Reformation. [200]

Item, le lundi xiiiie. jour de Novembre, Monseigneur l'archiduc d'Austriche esponsit la fille du roy d'Espaingne, en la ville de Lire en Braibant. [201]

Item, ceulx de Toul estoient ondit temps et toute l'eveschié excommunié et estoient as portaulx du grant moustier de Mets pour ung de Rome, appellé Maradas. [202]

Item, le xxiiii⁰. jour de Novembre vint des gens de Toul en Mets, et tantost les seigneurs de la grant esglize cessèrent le service divin et aussi per toute Mets, réservé les Prechours qui n'en sçavoient rien, que depnis chantirent plussours messes; maix incontinent qu'ils le sceurent, cessèrent; et de fait ung religieux qui estoit à l'avangille, le convint devestir et cesser; et ne chantoit on en Mets, sinon en l'hospital, à Sainct Jehan en Chambre, à la chapelle de la Cité, devant le moustier.

Item, ledit cesse fuit en Mets ix. jours et commençont on à chanter le jour de la saincte Barbe, dont les gens furent bien resjoys.

Item, le xxii⁰. jour de Décembre morut Jehan Dex secretaire, qui estoit plus habille en son office que homme puist estre et fut dommage de sa mort.

Item, le roy de Secille ad cause que ses Estas ly avoient consenti lever de chacun feu ung florin, il les demandait en plussours villaiges de la terre de Mets, pour laquelle chose nos seigneurs envoiont conseillier la chose à Francqueffort où la Chambre impérialle se tenoit: et là fut trouvée que par l'ascription de temps où la Cité est d'avoir la jurisdiction sus lesdits villaiges et de rien paier par les subjets dudit lieu à duc de Lorenne du temps passé, que le droit en estoit pour la Cité. Néanmoins pour le refus que on fit de paier ledit florin, il envoiait waigier ceulx de Loweney, de Charexei, du ban de Chammenat. Nos seigneurs, veant ceu, y envoyèrent S⁵ʳ Michel le Gournaix, S⁵ʳ Andreu de Rineck, à Nancey, devers le roy, ly remoustrant comment de tout le temps passé lesdits villaiges sont toujours esté de la jurisdiction de la Cité, sans ceu que jamais en rien [ils eussent] contribué à telle imposition et ayde, et qu'ils fussent tenus de respondre à aultres que à leurs seigneurs et à la Cité, luy amiablement priant que de ceu se voulsist deporter et laissier la chose où ses predecessours l'ont lessiée ; de quoy, de tout ceu ne voult rien faire. Et lesdits seigneurs ly présentont d'en laissier cognoistre par la justice de Francqueffort, il la mist à reffus, et puis par la Chambre Imperialle, il la mist à reffus ; et ils ly présentirent que s'il en vouloit prenre ix. hommes de ses nobles, selone l'institution de Worms, et que le ixe. prinst le serment des viii. de s'y conduire lealment, il les mist à reffus, et doncque retornont en la Cité et firent leur relation à conseil.

Et tantost, le xxiiiie. jour de Decembre, nous seigneurs mandirent ceulx de l'esglize et les commis des paroches le xxviie. jour de Decembre et leur fut dit et remonstré tous les points dessus dits par maistre Jehan Noel, et que, pour y obvier, il convenoit resister de iii. chouses l'une : et la premiere par guerre, la seconde par justice, et la tierce pour luy donner argent pour demourer en paix, leur priant audit clergié et aux commis des paroches de y adviser et de leur en donner responce de leur semblant et opinion, avec ceu ayde et confort.

Et tantost, le londemain les seigneurs de l'esglize s'assemblèrent à part et les commis des paroches d'une aultre part, et fut debattue et discutée des parties et d'aultres la matiere. Et le londemain se retrouvirent ensemble et firent chescune partie sa relation qu'estoit tout ung et estoient tous d'ung escord. Et le londemain tous ensemble se trouvont en la chambre des Trezes où ils firent leur relation par la bouche de Monseigneur de Sainct Vincent, disant que : « Sur les trois
» points que vous avez allégués, sans lesquelz on ne povoit
» résister ; que premierement au fait de la guerre, on la dob-
» voit obvier et différer le plus que on porroit, car elle n'estoit
» à nulz prouffitauble ne bonne. A fait de ly donner argent,
» on avoit jà tant esprouvé le fait que, per plussours fois on
» luy en avoit donné pour avoir paix, maix on n'en avoit
» jamaix esté aixurié (fol. 67), et toujours on estoit à recom-
» mencier, per quoy n'estoit licite de luy donner argent. Et à
» fait d'y aller per justice, la chouse pouvoit estre bien longue
» et de grant poursuite et de grant despens. Neanmoins puis-

» qu'il estoit ainsy que Vous, Messeigneurs, avés conseillié le
» fait et trouvé que le droit doit estre pour la Cité, et aussi
» que selonc droit et équiteit, que quiconque présente justice,
» il présente raison, et quiconque la refuse, fuyt le droit,
» l'opinion du Clergié et l'opinion de la Commune estoit que
» on prenist la voie de justice et vecy nostre conclusion. » [205]

Icelle response faite, Messeigneurs les commis, Sᵍʳ Michel le Gournaix, Sᵍʳ Andreu de Rineck, Sᵍʳ Regnalt le Gournaix, Sᵍʳ Conraid de Serriere se retirent en la Chambre des Comptes et y furent grant pièce et puis revinrent en la chambre des Trezes; et per la bouche dudit Maistre Jehan Noël remercient honnorablement et benignement les seigneurs de l'esglize et les commis des paroches du bon vouloir qu'ils veoient bien qu'ils avoient, et aussi de la bonne diligence qu'ils avoient heu de leur donner response, en leur amiablement priant qu'ils voulsissent tousjours persévérer en leur bon voulloir et oppinion.

Item, le xᵉ. jour de Janvier ci-devant jà escript, il negeait tout le jour et as iii. heures après mydi il enlodait et tonnait aussi fort que se [se] fuit esté on cuer d'esteit et fit ung aussi gros coup et fut xv. jours durant qu'i ne fit que plevoir et negier.

Item, ondit moys le duc de Lorenne continuant tousjours la demande de ses florins, fit gaigier à Hauterive et Fristroff et Braidy, pour laquelle chose les seigneurs de Mets en rescripvont au roy.

Item, le xviᵉ. jour de Janvier on fit une procession pour le grant deluge de pluc qu'il faisoit, pour la paix, que Dieu nous y voulsist entretenir, pour les habitans tenir en santeit, en laquelle furent portés sainct Estenne, la vraie Croix, la fierte de sainct Clement, sainct Livier, de sainct Sebastien, de saincte Serenne; maix pour la plowe et ors temps qu'i faisoit, on ne fuit point fuer de Mets.

Item, le xxiᵉ. jour de Janvier vint le bel temps qui durait jusques à xxixᵉ. jour.

Item, le xxvie. jour de Fewrier les seigneurs de Mets mandont arrier les gens d'esglize et les commis des paroches et leur monstront une lettre qu'ils avoient escript au roy de Secille, par laquelle ils requeroient de cesser les gens d'aulcuns villaiges de gaigier pour les florins qu'il leur demandoit, et de restituer ceulx qu'il en avoit receu; et en cas qu'il luy sembloit qu'il ne l'avoit à faire, ils ly présentoient la justice comme cidevant est declarié, et aussi la response que le roy leur avoit fait, par laquelle il ne respondoit point à propos, ne s'il volloit accepter Justice, ne s'il la voulloit refuser; priant qu'ils leur voulsissent donner conseil de ce qu'ils en avoient à faire, et que si ledit roy ne voulloit venir à Justice, comment que on luy pourroit constraindre; et que lesdits seigneurs d'esglize voulsissent enlire vi. d'entre eulx, qui heussent puissance de besognier ondit fait, et aussi les commis des parouches volsissent enlire vi. des commis.

Et le premier jour de Janvier leur fut respondu par lesdits de l'esglize et les commis : « Que ensuiant la première opi-
» nion, que on porsuivit ledit roy par Justice en grande
» diligence, et le plus brief que faire se porroit, et s'il n'y
» voulloit consentir, après conseil; et au fait, d'en eslire vi.,
» qu'il ne leur estoit possible, car les gens d'esglize ne les
» gens des paroches ne voulloient point mettre le fait sus vi.
» de chacun costeit, et aussi nulz d'eulx n'en volroient prenre
» la chairge; aussi ne leur appertenoit point. Mais se lesdits
» seigneurs commis les voulloient avoir, non point vi., mais
» en quel nombre qu'ils voulroient et toutes fois qu'il leur
» plairoit, qu'ils estoient tousjours prests pour y venir et
» donner conseille et faire tout ceu que possible leur seroit. »

Item, le lundi vi^e. jour de Fewrier fuit fait une joste à lice par v. des jonnes seigneurs de Mets, en Chainge : de S^{gr} Nicolle Roucel, Maistre-eschevin alors, S^{gr} Jehan Chevin, Philippe Dex, Regnault le Gournaix, filz S^{gr} François et S^{gr} Michiel Chaversson; lesquelz de leur jonesse firent très bien leur dobvoir. Et y vint ung jonne escuier de Lorenne, appellé Philippe de Haraucourt, bien armé et bien monté, que aussi fit bien son dobvoir et jottèrent plussours jusques à iiii. heures après midy bien amiablement.

Item, ledit jour vint en Mets ung appellé le Lorain, et vint attachier à un des pilliers de la grant esglize une appellation contre Maradas, pour le fait de l'éveschié de Toul. Et incontinent les chanonnes cessont le service divin et s'en allirent en chapitre et conclurent qu'ils ne cesseroient plus, et prinrent notaire et tesmoings et firent protestation comment le païs de Lorenne estoit prochain de la Cité, et que à chacun jour les Lorains de l'eveschié de Toul venoient en la Cité et qu'ils avoient dejay cessé plussours journées de chanter, et que s'ils voulloient tousjours cesser, qu'il estoit possible que trop souvent les fauldroit cesser, pour tant que lesdits Lorains s'efforçoient tousjours plus de venir en la Cité ; et aussi qu'ils estoient bien informés au vrai que, s'ils cessoient, que leurs terres en Bair et en Lorenne leur seroient saisies ; pour laquelle chose ils voloient envoyer devers nostre sainct père le pape, luy remonstrer ceu dessus dict et pour en faire ceu qu'il ly plairoit qu'ils en fissent, et que leur intention estoit de jamaix plus cesser jusque qu'ils aront la response du pape ; et firent chanter leur grand-messe, qu'il estoit près de midy devant qu'ils heurent fait leur conclusion.

Item, le lendemain ledit Lorain, en yssant de la porte, donnait à l'ung des portiers une lettre et ly priait qu'il la voulsist pourter aux chanones de la grant esglize, laquelle lettre estoit une defflance que ledit Lorain faisoit aux dits chanones et chapitre et à leur subject, pour l'injure qu'il disoit qu'ils luy avoient fait d'avoir cessé le service divin devant luy ; laquelle lettre estoit datée de v^e. jour de Fewerier, et leur cesse fut fait le vi^e. jour ; par quoy estoit bon à cognoistre que c'estoit une chose faicte à la main [204] et une chouse forgiée d'une grant malvistié.

Item, le jour des Bures, que fut le xii℮. jour de Fewerier, vint à Mets S℮ʳ Robert de la Marche, acompaignié de l. hommes bien en point, et vint logier en Passetemps et se tint à Mets, parmey le caresme; et pour tant qu'il avoit aultre foys esté chanonne de Mets, il leur presentit que « s'ils voulloient, il deslieroit ledit Lorain qui les avoit destlés et tous ses aydans, et qu'il les garderoit bien de faire ou porter aulcun domaige à vous subject et n'en voulloit rien »; et Messeigneurs de chapitre le remercièrent bien humblement.

Item, ii. jours après, Monseigneur de Blamont [201] prioit Messeigneurs de chapitre de prenre une journée amiable pour le fait dudit Lorain et pour le fait des florins que le roy de Secille demandoit aux subjets de Messeigneurs (fol. 68) de chapitre, lesquelz furent contents et fut prinse la journée le premier jour de Mars, au lieu de Nancey.

Item, le xxii℮. jour de Feuvrier morut Jehan Traval l'anney, de Porte Muzelle.

Item, le dairien jour de Feuvrier morut Bietrix, femme Jehan Blanchair, mère de Bauldat Blanchair.

Item, ledit jour partirent de Mets v. de Messeigneurs de chapitre pour aller à la journée à Nancey, et premier fut mise la guerre jus du Lorain et furent chairger le roy de Secille; et touchant les florins, ils en orent accord audit roy.

Item, Nosseigneurs de Mets, S℮ʳ Androu, S℮ʳ Michiel, tous deux chevalliers, avec eulx maistre Glaude et Mairtin des Seplz, se trouvont à ladite journée et firent tant que ceulx de Cherexey appertenant à S℮ʳ Michiel le Gournaix et ceulx de Stragnei [205] appertenant à Sainct Vincent, auxquels on demandoit les florins, furent quittes desdits florins; maix touchant ceulx des villaiges tenus en fiedz, n'en porent encor rien faire.

Item, le viii℮. jour de Mars dame Claude, femme S℮ʳ Conraid de Serrière, pauxoit en Muselle dairier Passetemps; elle cheut en Muzelle. Se ne fust esté à grant diligence d'estre bien rescouse d'aulcuns souldiours et des serviteurs dudit S℮ʳ Conraid, elle fust esté noiée.

Item, le ixe. jour de Mars vint en Mets ung noctaire de Toul, pour lequel les curés de Mets et aultres gens d'esglize cessont de chanter, fors que ceulx de la grant esglize et de St Salvour.

Item, oudit temps S^{gr} Robert de la Marche fit appointement as seigneurs de Mets et [fut] mis as gages le terme de xx. ans ; et dobvoit avoir chescun an vi. c. frans de pension; et toutes fois que la Cité en auroit affaire, il la dobvoit servir à iii. c. chevaulx, et dobvoit avoir pour chescun homme à cheval, en ses perilz et fortune, le moix vi. livres, et toutes ses plaices owertes pour la Cité.

Item, le xxe. jour de Mars s'en partit et en allit à Florehange et le xxixe. jour dudit mois revint en Mets.

L'an mil iiii. c. iiii. xx. xvii. S^{gr} Nicolle Remiat fut Maistre-eschevin de Mets, que jay l'avoit esté en l'an mil iiii. c. iiii. xx. et ung.

Item, le xxixe. jour de Mars revint en Mets Abry Brielle de Toul pour prendre la possession de la Princerie pour maistre Jehan Brielle son frère, pour lequel on cessont de chanter par touttes les esglizes de Mets, reservé la grant esglize et St Salvour.

Item, le jour de Pasques qu'estoit le xxvie. jour de Mars, plut tout le jour ; le londemain le bel temps vint et continuait le chault, tellement que à ixe. jour d'Apvril les vignes estoient fuer et veoit on les raisins tout à fait en pleine vigne ; et n'estoient les vignes point la moitié labourées, car les terres estoient si dures pour les plowes qu'il avoit fait devant le chault que on ne povoit entrer en terre, et gaingnoient les owriers iiii. solz et v. solz.

Item, ledit S^{gr} Robert fuit advertis que le roy de Secille faisoit assembler secretement pour mettre le siege devant Esdan, et ledit S^{gr} Robert s'en vint à Mets, le mercredi des festes de Pasques ; et pour entendre qu'il estoit ainsy, Jennon le Batard s'en venoit à Mets, que rien ne sçavoit de ladite entreprinse. Les gens du duc de Lorainne le trovont au chemin vers

Juvegny, ly corrurent sus, tuont ii. de ses gens et le prinrent prisonnier et les aultres eschappèrent. Et incontinent que ledit Sgr Robert en oyt les nouvelles, fuit bien mal content et il envoiait en grande diligence devers le roy de France qui estoit à Lion.

Item, il fuit nouvelle que le duc de Lorainne avoit en volonteit de faire ung grant dompmaige à paiis de Mets; mais aulcuns de son conseil, le comte de Saulme, Sgr de Viviez, bailly d'Allemainne et le Poullain de Herwez et aultres le reboutont tellement qu'il n'en fit rien.

Item, le xxixe. jour d'Apvril morut dame Gertrude, fille Sgr Jehan Chaverson et femme Sgr Regnault le Gornais, le jonne, d'enffant et fuit overte et estoit bien benigne jonne dame.

Item, le lundy devant le s{t} Sacrement espousait Monseigneur de Sorxey, Mergot, fille Sgr Pierre Baudouche, amant et eschevin.

Item, on mois de Maye venoient bien xii. c. de Borguignons de la haulte Borgoigne, où il y avoit bien cent chevalx bairdez. Pour les détorner d'entrer en Lorainne, le duc de Lorainne mandit tous ses gens; toutes fois il ot accord de les laissier passer hativement par son paiis et [ils] vinrent logier à Folwille, à Juville et à plusseurs villaiges de la terre de Mets le vi{e}. jour de Jung. Por tant que on se doubtoit qu'ils ne dussent longuement demourer, mandirent ung diemanche et on fit commander tous gentilz compaignons, hommes de deffense, en l'Isle, et s'y trowèrent bien iii. mille, et y furent paireillement assemblés ceulx du paiis de Mets; et estoit on délibéré de les assaillir, combattre et deschasser, s'on veoit qu'ils s'y volsissent tenir longuement.

Item, les nobles de la duchié de Lucembourg doubtant qu'ils ne deussent aller logier et sejorner en lour paiis, firent alliance as seigneurs de la Cité pour soy joindre ensemble et les deschaissier des ii. paiis, et envoièrent vi. xx. chevaulx bien en point, qui furent logiés en Mets et vii. c. piétons que furent logiés à Longeville et à Mollin, le xii⁰. jour de Jung; et le londemain en vint encor xl. chevaulx et c. piétons des gens de Monseigneur du Fays.

Item, les capitainnes des Borguinons envoièrent prier les seigneurs de Metz qu'ils heussent exurement pour parler à eulx à Sainct Arnoult et on les exurait. Incontinent que lesdits de Lucembourc furent venus, iii. des seigneurs de Metz, acompaigniés de S⁹ʳ Robert de la Marche et le maréchaul de Lucembourc et le maistre d'hostel du mairquis de Baude allirent parler aux capitainnes à Sainct Arnoult et olrent accord, en façon telle que le londemain debvoient aller logier tout fuer de la terre de Metz.

Item, la nuit que ceulx de Lucembourc estoient en Metz, le feu se print en une maixon en waide de Bugley, *** Oultre-Seille, dont on fuit fort esmeuté, doubtant tousjours les dangiers. Ladite maixon et tous les biens furent bruslés.

Item, le londemain les gendarmes de Lucembourc se partirent et n'estoient encore gaire long, vint ung grant allarme de ceulx du Vaulx (qui) disoient que les Lorains avecque les Borguinons estoient descendus en Vaulx, que prenoient et enmenoient les bonnes gens; les aultres disoient qu'ils avoient prins des seigneurs de Metz en l'Isle; et tantost les seigneurs de Lucembourc retornèrent diligemment et se revinrent mettre ensemble en l'Isle; et tous les seigneurs et le peuple de la Cité, tout à fait jonnes et vieulx, qui powoient porter baston, se trowirent en l'Isle, où il y avoit de Metz plus de v. mil hommes bien en point. Toutesfois il vint nouvelle que ce n'estoit rien et que les Borguignons estoient logiés à Nowiant et avaulx la terre de Gorse et que lesdites bonnes gens s'avoient esmeuz et affraiez pour nyant. Et ainsy lesdits de Lucembourc s'en retornirent et Messeigneurs de la Cité firent (fol. 69) paier leurs despens, et n'en estoient point tenus, de quoy ils furent moult contens.

Item, le xvii⁰. jour de Jung, doubtant les seigneurs de Lucembourc que lesdits Borguignons ne dussent entrer en lour paiis devers Erllon, mandirent à nos seigneurs qu'ils leur envoiaissent jusques à xxv. chevaulx, lesquels on leur envoiait à grant diligence; et y fuit S^{gr} Jehan Chaversson [et] Michiel Chaversson son filz.

Item, le xxe. jour de Jung S^{gr} Thiebault le Gornais espousit Perratte, fille S^{gr} Perrin Roucel, qui avoit entre ix. ou x. (ans) d'eaige; et en ot des biens. [209]

Item, le xxiie. jour du mois de Jung revinrent S^{gr} Jean Chaversson, son filz et sa compaignie bien joieusement; et estoient recullez les Borguignons on paiis de Liége.

Item, en celle année le temps estoit si bien disposé que on heust beaucoup de fruicts. Il y avoit tant de scrixes et de prunes que on n'en tenoit compte, et avait on la livre de scrixe pour une angevine; mais il n'y avoit que ung poc de resin en vignes et coulloient fort et ne devinrent point gros.

Item, il fit si chault que les arbres et les vignes ne povoient amander et demouroient les rasins tout craittys à ceps.

Item, le xxiiiie. jour d'Aoust partit de Mets S^{gr} Robert et s'en allit à Florchange et le londemain vinrent les nouvelles que la paix estoit faite entre le roy de Secille et S^{gr} Robert, parmey x. mille florins que le roy ly donnait pour une fois et toutte sa vie chesc'an xii. c. frans de Lorenne, par tel qu'il ly dobvoit quitter son action et dobvoit estre quicte Jennon le Bastard. Et tantost, as deboutz de ii. jours, ledit S^{gr} Robert estant encore à Florchange fut adverti que les Lorains le volloient lever, par quoy il s'en partit et en allit à Essedan.

Item, le xiie. jour de Septembre on amonnent devant la grant esglize de Metz, [et] vendirent une charette toutte pleine de poires moutais, poires molles, qui estoit chouse nouvelle. [210]

Item, ii. jours après, xiiiie. de Septembre on amonnont en ladite plaice une charée d'aubessons pour vendre.

Item, ledit jour xiiiie. de Septembre et le jour de s^{te} Croix fist ung horrible temps de vent, sy grant, si merveilleux et sy espouvantable que plussieurs gros nowiers, poirys, tilloux et aultres gros arbres furent raiés tout hors de terre en Metz et en plussours lieux ; et rompit ung grant pannes du tilz de la Court l'evesque, rompit ii. grousses houtaies de pierre as Proichours et fist dompmaiges audit couvant de plus de ii. c. livres, et rompit le vairenaige, voirre et pierre, dessus le portaulx St Simphorien et esbatit plussours chaminées avaulx Metz et fist dompmaiges innumerables.

Item, il fuit trowé que per tout le monde il avoit fait ung tout pareil temps.

Item, il fit ung dompmage sur mer incomprehensible, qu'il y ot de la ville de Lubecque plus de xviii. c. hommes noiés et tant d'aultres de tous paiis, qu'il fut trowé en ung train sur la rive de la mer plus de xxxii. c. hommes noiés que la mer avoit gittez hors. Il y en povoit bien avoir d'aultres à long de la mer et jamais d'homme vivant ne fuit veu ung tel vent. Il y ot d'ung train venant devers le royalme de Dunemark pour plus de vi. c mil florins de merchandies perdues en la mer, de cire, d'espicerie, de draps, de pelleterie et d'aultres.

Item, la vendange se fit; mais il y avoit si poc de vin qu'on vendoit le chairaulx viii. francs et plus.

Et le xvije. jour d'Octembre vint en Mets dame Mairguerithe, sœur au roy de Secille c'on menoit espouser le lantzgrove de Hesse; [elle] fuit logiée en Vuidebouteille et fut sopper en Passetemps et Messeigneurs de la Cité ly firent présent d'ung bechey que vailloit iiii. xx. frans.

Item, le xxe. jour d'Octembre fuit huchié que on ne prenist les or et monnoies que ainssi qu'elles estoient escriptes en ung tablet pendant au Palais ; et ledit diemanche fut anuncié per les paroches.

Item, le xe. jour de Novembre revinrent en Metz le baitard de Callabre et les aultres seigneurs et dames qui venoient des nopces du lantzgrove de Hesse.

Item, Sgr Niclas, ung riche prestre allemant qui demouroit

darien Saincte Croix, avoit une belle jonne garsse, laquelle s'enamourit d'ung compaignon qui desrobait ledit S^{gr} Niclas et s'en allirent à franchise as Proichours.

Item, le xe. jour de Janvier la suer Jehan Ernaixe fist arreter on Pails-Basse le filz d'ung merchant, appellé Jehan d'Ollexey, le merchant de chevaulx de Metz, pour aulcune somme d'argent qu'elle demandoit à Catherine, femme Jehan de Vy. [Il] fuit huchié sur la pierre que se ladite Catherine n'avoit fait quitter ledit filz Jehan d'Ollexey, Justice y donroit provision.

Item, le xve. jour de Janvier ung des serviteurs S^{gr} Jehan Chaversson fraipit d'ung bracquemaird ung jonne filz sur la teste et s'enfuyt aux Carmes.

Item, la vigille de la Chandellour les glaices rompirent et vinrent per neut per sy grande abondance et s'assembloient tellement devant les bairres à Moyen Pont des Mortz, qu'il convint relever plussieurs gens pour aidier à lever les bairres et destrapper à force ladite glaice; et rompit ladite glaice le pont de bois du Saulcy.

Item, on grais temps plusseurs gens alloient raver per la ville, seigneurs, dames, gens d'esglize et toute manière de gens.

Item, partit de l'hostel S^{gr} Regnault le Gornais du Neufbourc ung joiant moult bien fait, comme ung joiant de xv. pieds de hault, et alloit per la ville si subtillement [qu'il] sembloit que ce fuit ung joiant, et le menirent fiancer une joieande en l'hostel S^{gr} Nicolle de Heu, plus grande que ledit joiant; et puis s'en allont par toute la ville acompaigniés dudit S^{gr} Nicolle de Heu, de S^{gr} Regnault le Gournais et de S^{gr} Nicolle Remiat, alors Maistre-eschevin, et de l'abaiée de Porsaillis, et de leurs femmes qui estoient bien richement habillées, que fut une chose bien plaisante à veoir; et corroient les gens après et s'en retournirent en la court dudit S^{gr} Nicolle de Heu, et là y fuit juée une moult joyeuse farce.

En l'an mil iiii. c. iiii. xx. et xviii. S^{gr} Wiriat Roucel fuit

Maistre-eschevin; il l'avoit jà esté, et fuit acompaignié de Sʳ Robert de la Marche et ung seigneur de Bourgongne, capitenne de Bruge ²¹¹; lesquels ii. seigneurs l'enmenoient quérir. Les abbés, Monseigneur le serchier et plussours aultres le menont à Saincte Marie faire lo serment accoustumé avecque tous les seigneurs de Metz et plussours grands seigneurs fourains.

Item, en celle année fuit faicte une intelligence entre Monseigneur l'archeduc d'Austriche, duc de Borgoigne, Monseigneur le marquis et la duchiée de Lucembourc et la cité de Mets; contre toutes gens, le terme de x. ans, saulf et réservé contre nostre saint Père, le pape, contre l'emperour, contre le roy de France, contre le roy des Romains et contre l'evesque de Metz; (fol. 70) et fuit huchié à son de trompette par les carfors de la Cité, le mercredy xxviiiᵉ. jour de Mars, mil iiii. c. iiii. xx. et xviii; et comme ladite intelligence est plus à long contenue en lettres sur ce faites.

Item, en celluy temps Sʳ Robert de la Marche achetait à Pierre Coppat le merchand, la maixon appellée la Joyeusegarde située on Tomboy, et en paiait xv. c. livres de Mets, après xiii. livres viii. sols qu'elle dobvoit chesc'an et y vint tantost demourer et sa femme et ses enffans. Et encor donnait ledit Monseigneur Robert sa maixon qu'il avoit on hault de Jurue, audit Pierre Coppat.

Item, en icelle année, environ le mois d'Apvril, encommençont Messeigneurs de Chapitre à owrer pour faire le chœur de la grant esglize.

Item, le xvᵉ. jour de Mayo fut fait le service du roy Charle en la grant esglize de Metz, moult honorablement.

Item, le xxviiᵉ. jour dudit moys fut sacré le roy Lowis, duc d'Orliens, et y furent faits chevaliers Sʳ Conraid de Serrière, Sʳ François le Gornais, Sʳ Nicolle de Heu, Sʳ Claude Baudoche.

Item, le lundy des festes de Pantecoste, le mardi et le mercredi, fut jué en Chambre le jeu de [saint Alexis]. ²¹³

Item, à la Pantecoste le chauld vint de si chaulde sorte que à poine on povoit durer et tellement que les prés furent tous brulés, et n'y olt quasy nulz foins et n'y avoit nulles herbes avaux les champs que tout ne fuit seche; et ne trowoient les bestes rien en pasture. Touteffois les verjus n'en laissoient point à amender, que le xviie. jour de Jung on trowoit du verjus assez à vendre pour piller, de pleine vigne.

Item, le xixe. jour de Jung Regnault le Gournaix, filz Sr François le Gournaix, fiancit Allixatte, fille S^{gr} Nicolle Remiat.

Item, ledit jour fuit ung enffant noié, environ de xv. ans, qui s'avoit allé baigner entre le Sauley et le pont sainct George.

Item, le mercredi des festes de Pantecoste fut faite une procession générale, priant à Dieu qu'il voulsist garder les biens de la terre, la Cité et le païs de guerre et les corps humains de pestillence, pour tous les petits enffants qui estoient malaides de rougerieulle et de proprieulle; et en molroient beaulcoup et aulcuns grants gens aussy.

Item, encor en celle année furent faites les v. botticles contre les murs de St Pierre.

Item, tantost après, le sabmedy viie. jour de Jung, fuit battu per la ville ung compaignon pour aulcune parolle qu'il avoit dite; et ledit jour fuit pendu ung homme pour plusseurs larecins qu'il avoit faites.

Item, à la fin du mois de Juillet vinrent nuitamment v. compaignons à Failley et volrent rompre la maixon du prebstre appellé S^{gr} Waulthier; mais ledit prebstre s'enfuyt et vint à la porte huchier les wardains; et les wardains furent relevez; et tantost on envoient veoir que c'estoit, et trowait on lesdits compaignons et les amennont on; mais il en eschappit ung. Les aultres v. furent menés à gibet pour les pendre et estrangler. Touttefois, à la prière de Monseigneur de Verdun, ils olrent graice.

Item, fuit en ladite année si poc de foin qu'on en vendoit

une charée lxx. et lxxii. solz, tellement qu'il faullit vendre à plusseurs powres gens lours bestes, de quoy ilz dobvoient nourrir lours enffans.

Item, le xviie. jour de Jullet le devant dit Regnault le Gournais espousit Allixatte, sa femme, et y olt une moult belle feste ; et y furent comptez xxx. que trompettes, que menestrez et aultres instruments.

Item, le lundi xxviie. jour d'Aoust espousit Sr Claude Baudoche, chevalier, Philippe, fille Sr Conraid de Serriere et y olt xli. juant d'instruments.

Item, le dairien jour d'Aoust vinrent logier à Maixieres et à Semelcourt vii. xx. Borguignons qui alloient, comme ils disoient, en la haulte Borgoingne ; mais incontinent on les fist delogier.

Item, le xxiiiie. jour de Septembre vint le roy des Romains en la cité de Toul et n'y demourait que une neut, et le xxviie. jour dudit mois vint en Metz, de quoy on fuit bien empeschié de préparer ses loigis, aussi subitement qu'il estoit venu [214]. Toutefois on print tant de gents par les paroches, chairpentiers, vaireniers, que la Court l'evesque fuit tout à coup preste et fournie de foin, d'estrain, lit, linge et tout ceu qu'il falloit. Et ly furent les seigneurs de la Cité au devant jusques à Mollin et ly présentèrent les clefz de la Cité ; et il les rendit et leur dit qu'ilz avoient jusques icy bien gowerné, [qu'il] esperoit que ainsi feroient ilz pour l'avenir, et [il] entrait par porte Serpenoize et là fit le serment acoustumé en la main du Maistre-eschevin, Sr Wiriat Roucel ; et illec estoient les gens d'esglize, les iiii. Ordres mendiants et portoit Monseigneur le vicaire la vraie croix ; et y avoit ung ciel d'or, maix il ne voult point estre desoubz le ciel ; [il] s'en vint par la grande rue jusque sur le tour de Fournerue, et là tournait à la grant esglize, ses nobles et nos seigneurs après. Et estoit vestu d'une robe de velours noir, courte à façon d'Allemaigne, monté sus ung grison pommelé de grant prix. Et quant il vint en la plaice devant le moustier, il mist pied à terre et se mist desoubz le ciel, jusques à portaul de la grant esglize; et illec estoit Monseigneur le vicaire qui ly donnoit à baisier la vraie croix; et fit encor ledit roy serment et puis entrit en l'esglize et les cloches commencèrent à sonner, les orgues à juer grosses et petittes; les chantres commencèrent à chanter mélodieusement *Te Deum laudamus* en grant luminaire, et puis [il] s'en allit lougier en Passetemps en l'hostel de S^{gr} Pierre Baudoche.

Item, Messeigneurs de la Cité firent plusseurs présents audit roy et à ses princes : premier au duc de Sasse, au comte Hanry, à S^{gr} Philippe, comte de Nassowe, au riche duc George de Bawière, à chescun le sien et selon son degré.

Item, le xxviiie. jour de Septembre ledit roy vint oyr messe en la grant esglize, avecque tous ces princes et Messeigneurs de Metz, où il y olt grande et merveilleuse feste et sollemniteit; le londemain il oyt messe à Sainct Vincent.

Item, le premier jour d'Octobre vint le roy de Secille à Mollin et parlit au roy des Romains; lequel roy après disner montit à chevaulx, ses princes et nos seigneurs, s'en revint à Mollin et parlirent les ii. roys ensemble, en millieu les champs.

Item, vinrent ledit jour en Metz l'ambaissade du roy d'Espaigne et l'ambaissade du duc de Millan devers le roy des Romains.

Item, ledit roy demandit az gens d'esglize iiii. mille florins de Rhin, qu'il lour avoit pieçà demandés, qui ly avoient esté estaublis à Wormes.

Item, il venoit xv. mil piétons des gens dudit roy; incontinent ledit roy demandait ung messaigier de la Cité, car les siens estoient empeschiés, pour mander au capitainne qu'ils ne venissent point par la terre de Metz et qu'ils s'en allissent par la terre de Lorenne et de Bar.

Item, Jehan de Vy demandait audit roy qu'il luy voulsist donner Florehange que S^{gr} Robert tenoit. Incontinent, [il] ly donnait; et tantost ledit Jehan de Vy print c. chevaulx et iiii. c. piétons des gens du roy s'en vint devant Florehange, [et] demandait owerture. Tantost on ly fit, car il n'y avoit que ii. hommes dedans et n'avoit rien dans ladite Florchange, car ledit Ser Robert se doubtoit bien qu'on ly dust oster.

Item, le iiii*. jour d'Octembre le roy des Romains se (fol. 71) partit de Mets et allit couchier à Thionville, et avoit tant fait à nos seigneurs qu'ils ly prestont vi. mille florins de Rhin, lesquels Messeigneurs de la Cité emprestont as borjois, et pour les rendre firent vendre [215] les bledz de la Cité, et mirent la quarte de forment à x. solz; le moitange à viii. solz, le soille à vi. solz et fit on commandement que nulz ne vendit tant que la Cité auroit venduit.

Item, Ser Robert de la Marche, à cause de ceu que Jehan de Vy tenoit Florchange, print guerre en la duchié de Lucembourc et fit une grande corse atour de Baistonne où il fit ung grand dopmaige. Et la semaine de la sainct Mairtin vinrent lougier en la terre de Mets c. chevaulx et ii. c. piétons qui estoient à Jennat des Prez et à Jehan de La Teple [216]; mais on les fist vuidier plus tost qu'ils n'eussent vollu.

Item, en celluy temps ung homme de dehors print ung chien apertenant à Ser Jehan Chaverson, et ledit Ser Jehan Chaverson le trowait à Mollin, qu'il l'enmenoit; il le print et l'enmennait à Metz et le battit bien en l'enmenant, et pour coste cause le fist saillir en la Xeuppe.

En celle année fuit passé que les waullours [217] menroient leurs planches et saipins parmey la Cité et commençait le premier wauller le xixe. jour de Novembre.

Item, en celluy temps vint ung legalt de Rome à Metz, qui s'en alloit devers le roy des Romains. Il fuit bien ung mois à Mets et chantit la grand messe en pontificat, en la grande esglize le jour de la Toussainct, et le londemain la grant messe des ames.

Item, en la vendange y olt assez de vin competament et assez couvenablement bon, et les venoient fort querir les mairchands, portant que les vins d'Aussay et ceulx de Hemme [218] n'estoient pas très bons.

Item, les bledz avoient mal creu es Paiis Bais, tellement qu'ils les venoient achetter en la terre de Metz, le plus menre soille xxiiii. solz le malter; c'est viii. solz la quarte.

Item, le xiiiie. jour de Novembre on fit une procession génerralle à Sainct Clement, en priant à Dieu qu'il voulsist gairder la Cité et le paiis en paix et amener à murison les biens de terre, et per especial gairder le peuple de pestillence; car on commençoit fort à mourir en la Cité et en moroient plusseurs de mort subitte, et furent aportez s^t Clement et la vraye †.

Item, le premier jour de Janvier lo maire de Viller vint neutanment en la ville de Fayt et vint prenre les biens des powres gens, dont ceulx de ladite Fayt se mirent ensemble et frappirent sur ledit maire de Viller et sur ses gens et en y olt des forts blessiés; les aultres s'en fuyont, et ledit maire fuit prins et amenné à Metz, mis en l'hostel de la ville et y molrut viii. jours après; et n'en fuit aultre chose, car le vilain le faisoit de ly meyme et il olt son paiement.

Item, ledit jour S^sr Nicolle de Heu, S^sr Regnault le Gournais don Neufbourg, S^sr Thiebault le Gournais et S^sr Michiel Chaversson estoient allés à Nancey; car le roy de Secille avoit mandez ses nobles et ses Estats, as quels il exposait qu'il le convenoit aller en France, et prioit as gens d'esglize qu'ils voulsissent prier pour luy; prioit as nobles et à Commun qu'ils voulsissent estre obeissant à sa femme, en son absence, oultre plus, que chescun fuit abillé, monté et embattoné, chescun en son degré et tousjours prest, que s'on avoit affaire d'eulx, et que ceulx qui avoient des maixons demollies et aruindes per guerre ou aultrement, les feissent reedifflier et reparer, et oultre plus, que les or et monnoies qui avoient esté mis à prix, que chescun les entretenist selon l'ordonnance qui en estoit faicte pour le bien et proffit des paiis, et fist ledit roy tres bonne chière as seigneurs de Metz, sans faire semblant de la prinse dudit maire de Viller qui estoit *in pace*.

Item, le viiie. jour de Janvier ung jonne compaignon, serviteur à Sgr Jehan de Tollon, olt les oreilles coppées, por tant qu'il avoit derobé son maistre la vallour de xvi. francs; et ledit jour ii. pauxours furent noiés en ung navexel qui tornait per fortune, et volloient prenre des cainnes, car il ventoit fort.

Item, en la sepmaine un pauxour qui pauxoit dever Bletange, pareillement fut noié.

Item, il y olt une femme à Erllon des plus soufflsantes borjoises de la ville qui se pendit en sa maixon, et en estoit l'annéé fort périlleuse.

Item, parmey le grais temps les gens estoient bien joieulx et fuit bien xv. jours que les gens ne faisoient que raver, homme et femme, à tant qu'on en y vit jamais.

Item, le dairien jour de charnaige avint une grant fortune de neut. Environ les ix. heures, em Rimport, en l'hostel du Cigne où il demouroit ondit hostel ung soldiour appellé Broche, ung gentil homme d'Allemainne qui avoit esté bien logié x. sepmaines en sa maixon, comptit à luy de ses despens en la somme de xxxvi. livres, et s'en dobvoit partir le londemain pour s'en aller es ordonnances du roy de France, en la compaignie de Messire Robert. Per tentation diabolicque ledit Broche se print à luy, et subitement d'une grant daigue le frappit ung tel coup qu'il l'abattit mort à terre; et incontinent ceu fait, ledit Broche s'enfuyt as Carmes. Le jeudi après il estoit en la chambre d'ung des religieux, hors de l'esglise et du cloistre et illec fuit prins. Et tantost, le sabmedi après, ledit Broche fuit condampné de avoir la teste tranchiée; maix on ly fit la graice que il ne fuit point mis on pillory; car il avoit servi la Cité tousjours à ii. à iii. à iiii. chevaulx et estoit bien aimé d'aulcuns seigneurs, mais non point trop du peuple; et en partant du Palais sur la brouette, d'ung cousté et d'aultre estoient Sgr François le Gornais et Sgr Jehan Chaversson pour le reconforter et l'acompaignont jusques au taillement; et encor ly fit on une graice et honnour, à la requeste et prière de Sgr Michel le Gournais, Sgr François le Gournais et S⁵ʳ Jehan Chaversson, [lesquels] prient qu'il fuit couzu et porté et ensepveli en l'esglize des Frères Proischours, dairien l'autel sainct Pierre le martir; et furent ses biens confisqués à la Cité.

Item, le dairien jour de Febvrier morut damie Bonne Chaversson, alors femme S⁵ʳ Charles de Beauvairs.

Item, en celle année furent commencéez les grosses orgues de la grant esglize.

Item, ondit temps le duc d'Orliens (fol. 72) qui estoit alors roy de France et avoit à femme la seur du roy Charles trepassé, espouzit, per dispense, la royne jaidis femme dudit roy Charle; et vivoit encor la femme dudit duc d'Orliens, qui estoit nouvellement roy de France.

En l'an mil iiij. c. iiij. xx. et xix. fuit Maistre-eschevin Regnault le Gornais, filz S⁵ʳ François le Gornais.

Item, l'année fuit froide; grelloit et grexilloit tousjours en froidure jusques à xxiij. jour d'Apvril, que on ne veoit encor es arbres ne es vignes apparence de verdure non plus qu'à Noel; ne cressoient les herbes, par quoy les bestes moroient de faim; et furent en aulcuns lieux, en Ardennes, decovertes les maixons qu'estoient cowertes de xoul ⁽⁾ et les descopoient menus pour donner à maingier à lour bestes avecque ung poc d'awoine ou de greu; car on n'avoit heu nulz foins l'année précédente et n'avoient que leur donner à mangier.

Item, le xxiiij. jour d'Apvril le chault encommençait à venir, que en poc de temps les arbres et les vignes commençont si fort à croistre que c'estoit belle chouse de les veoir.

Item, le xxv. jour d'Apvril vinrent loigier on palis de Mets, Lowys de Vaudrelz, Alveraide, le batart Cordon, Jennat des Prelz, Jehan de La Tappe et Andreu le Maimbour, tous capitaines; avecque eulx xvj. c. chevaulx et iij. c. piétons et y demouront v. jours, qu'en l'ung des lieux qu'en l'autre.

Item, le dairien jour d'Apvril morut Jaicomin de Bouxieres.

Le vi𝑒. de May morut Ser Wiriat Roucel, chevalier.

Le xiiie. jour de May morut dame Françoize, femme Ser Jaicque Dex, preste à gesir; et fuit overte pour avoir l'enfant et [il] fuit baptisié.

Item, le jour de la Pentecoste Ser Pierre de Huzange, chanonne de la grant esglize de Mets et curé de Ste Segullene disoit la grant messe en ladite esglize et en faisant les commandements à loitry, morut tout subitement, sans jamais renuncier ne mot dire.

Item, le xxiie. jour de May morut Ser Jaicque Dex.

Item, le jour de la st Gigou f les jonnes filz de la parouche portoient des pampres de vignes; ceulx de St Mamin vinrent furieusement, disant que nulz ne doibt porter pampres que ceulx de la parouche St Mamin; [ils] oirent plusseurs parolles ensemble et en y ot des bien maul dists. La cognissance venue à Messeigneurs de Justice, [lesdits] furent mandez et lour fut dit qu'ils se gardissent de faire telle follie et lour fuit commandé, auxdits de St Mamin, qu'ils ne fissent point de feste pour l'année, pour éviter les desbaits; et chescun fist ses preuves et monstrances.

Item, portant que on moroit fort en la Cité, tous les seigneurs estoient dehors et furent les plaids cessés, entrées et adjournées et les plaids de la Court. Toutefois, por tant que plusseurs complaintes venoient de plusseurs querelles, ils ordonnent de donner audience et d'estre oy tous les jours des choses necessaires, en l'aitrie St Gergonne et les determinoient incontinent; et y avoit tousjours iii. ou iiii. sergents pour faire tirer les gens arrière.

Item, ad cause d'icelle mortaliteit, affin que les gens ne se fremissent, on ne mist nulles torches à l'huixe et [fut ordonné] qu'on ne sonnist nulles cloches.

Item, le xxvie. jour de Jullet morut Guillamme Remiat, filz Ser Nicolle Remiat, qui avoit d'eaige environ xiii. ans, à Mairley, et estoit eschevin du Palais.

Item, la première sepmaine de Juillet Didiet Collat pour ung different qu'il avoit contre Jehan de Hettange, fit une appellation à Wormes contre ledit Jehan de Hettange; ledit Dediet Collat fut prins et mis en l'hostel de la ville, dont il en eschappait et s'en allit as Cordeliers; et pour la mauvaise garde que le Doien en fist, s'en allit à franchise en la grant esglize, et en fuit jugié à xx. livres d'amende et banni demy an.

Item, en mois d'Aoust molrut la fille S§r Nicolle Remiat, nonnain à Saincte Marie as Dames.

Item, en ladite année, depuis Pasque fut le temps bien variable et fort pluvieux et n'estoit point vi. jours de rotte, qu'il ne pluvist, de quoy les herbes cressoient en grant abondance; et y olt beaucoup de foins, de bledz, d'orges, d'awoines, de pois, de fewes et de vin.

Item, en celle saison, depuis le moys de Juillet, ceulx du païs de Bar, de Lorrenne et de Lucembourg venoient quérir les vins en sy grande abondance qu'ils remontont et devinrent chiers, qu'on vendoit la quarte iiii. deniers ceulx que on heust heu pour ii.; car on ne paioit aux portes que viii. sols pour la cuée.

Item, à la fin du mois d'Octobre, per la graice de Dieu, la mortaliteit encommencit à cesser et revinrent les seigneurs et les dames en Mets, qui estoient fuyant pour la mort; et morut en ladite année plus de iiii. mille personnes, que grants que petits.

Item, la vendange se fist et durait longuement. On commençont à vendangier viii. jours devant la s^t Remey, et durait jusques à la Toussaint, c'est assavoir les cheraulx charioient encore la vigille de la Toussaint, et y olt tant de vin que on vendoit ung tonnel xii. solz; toutefois on vendoit le vin sus la cuve xlviii. solz; et depuis on le donnoit à la Teppe pour xxxii. solz la cowe.

Item, la vegille de la Toussainct fut mis ung blanc moine sus l'aixieulle pour ses demerites et y fuit v. heures.

Item, en ladite année fondit le petit pont à Paris et y olt beaucoup de gens noiés et de merchandises perdues.

Item, en ladite année fut prins le chastiaulx de Millan et rendu as François.

Item, encor en ladite année fut le président de Lorrenne décapité à Nancey, devant sa maixon ; et devant sa prinse faite, il gouvernoit le roy de Secille tout paisiblement et ceu qu'il voulloit faire estoit fait. Portant on dit que amour de Seigneur n'est pas héritaige ne franc alleux.

Item, le tiers jour de Décembre moirut dame Yzabelle De Ville, femme S^{gr} Philippe de Raigecourt, une bien belle et noble dame.

Item, le xviie. jour de Décembre, de neut, fit le plus horrible temps qu'on vit de grant temps ; car il ventoit sy terriblement que le vent rompit une des boutales de la grant esglize à la partie de Chambre et abaitit ung mur à Sainct Simphorien, une grant forme de variere en ladite esglize, rayt xii. gros arbres on clos de Sainct Vincent et plusseurs vairieres de ladite esglize et plusseurs (fol. 73) cheminées avaul Metz, et abaitit une maixon sus Muzelle, et abaitit trois maixons à Rechiefmont, et emportit la meitte du tilz de la Horgne à Savellon, et decouvrit la meitte du tilz de l'esglize de Meley et emportit la croix de dessus le clochier, et fit moult grant dopmaige avaul la Cité.

Item, en celluy temps xx°. de Janvier furent accusés ii. orfewres, Collignon Arnoult et Mangin Willame, pour aulcunes corroies qu'ils avoient faites. En l'une avoit on mordant tout plein de cartes de iii. ou de iiii. doubles ; en l'aultre y avoit soldure d'estain, et estoient de bien malvais argent. Et quant ils en furent advertis, il [Mangin] se absentit de la Cité et ledit Collignon Arnoult fuit condapné à c. solz d'amende et banni ung an.

Item, le xxiiie. jour de Janvier ung jonne compaignon olt les oreilles coppées, pour ceu qu'il avoit derobé.

Item, le xi₀. jour de Febvrier Jehan de Montarbys, escuier espousit Anne, fille S₈ᵣ François le Gournaix ; et le jour des nopces y olt une bataille faite pour gaignier une bairiere en Chainge, par vi. jonnes escuiers de la Cité : S₈ᵣ Regnault le Gournais, Maistre-eschevin, Thiébault le Gournais et Jehan le Gournais, tuit trois filz de S₈ᵣ François d'un cousté ; et de l'autre cousté : Philippe Dex, Collignon Dex, son frère et Michiel Chaversson ; et estoient tous vi. armez de la teste jusques aux pieds et se combattont, premierement de lance ferrée au chief de fin acier, et puis apres d'espée et firent asses vaillamment pour jonnes gens.

Item, le xvii₀. jour de Mars molrut S₈ᵣ Philippe de Raigecourt à Ancerville.

En l'an mil v. c. S₈ᵣ Michiel le Gournais, chevalier, fuit Maistre-eschevin de Mets.

En ladite année fit sy biaulx temps et si chauld depuis la fin de Febvrier que le xxv₀. jour d'Apweril on vendoit des frezes, et ledit jour on commençoit à xavetrer.

Item, on dit mois d'Apvril le duc de Millan estant en Navar [120] saillit avecque ses gens sur les François, et les François le vinrent prenre dedens son armée, sans colp férir, le prinrent prisonnier et l'ammenirent à Lyon per le moyen des Xowisses qui cloulrent l'œil.

Item, en celluy temps ung vignour de devers la porte Serpenoise appellé Symonin Guerrairđ avoit debait avecque ung des serviteurs Monseigneur de S₁ Arnoult. [Il] priait à ung sien frère et à ung aultre qu'ils le voulsissent accompaigner pour baitre ledit serviteur, ung diemanche que ledit serviteur venoit d'abrouver ung chevalx en Waissieux ; et ledit Symonin et ses deux compaignons avecque lour arc vinrent epier ledit serviteur en la ruelle et tirent de lour arc de grant façon après ledit serviteur ; mais il n'en y olt que ung que l'ateindist parmey la mainche de sa robe, sans touchier à la chair. Incontinent qu'il fuit sceu, [ils] furent cerchiés ; ledit Symonin s'en estoit fouy et les ii. aultres furent prins et en oirent chescun une oreille coppée et ledit Symonin fut huchié sus la pierre. Portant c'est une belle chose de bien faire.

Item, en celluy temps ung clerc, appellé Collin Champion, qui avoit longuement servi S⁲ʳ Philippe de Raigecourt, et por tant qu'il n'avoit sceu rendre compte et qu'il n'avoit sceu faire ses comptes, et pour les grants demandes que ledit S⁲ʳ Philippe ly faisoit, doubtant d'estre appréhendé, se bouttist en la grant esglise et olt une office d'estre senour, et y gaignoit tous les jours de sa practique, et s'y tint jusques après la mort dudit S⁲ʳ Philippe.

Item, en ladite année les clercs portirent le maye le lundy, et ils le soulloient porter le diemanche.

Item, le xvᵉ. jour de Jung fuit pendu ung appellé Nicquelloz qui demouroit à Maizelle, portant qu'il estoit famé d'estre sorcier. Toutesfois il fut trowé qu'il estoit lairon et qu'il avoit derobé en plusseurs lieux aval Metz.

Item, le xviiiᵉ. jour de Juillet fut fait ung huchement, que nulz ne prenist ne reçuist nulles pièces d'or, s'elles n'estoient de poids et pour tel prix qu'il estoit on taublet pendant au Palais; et que nulz ne chaingist, fors que Jehan d'Auboncourt, Jaicque de Lyon et Hanrequel.

Item, le xviiiᵉ. jour d'Aoust vinrent en Metz le comte de Blamont, le seigneur de Montagu, le comte de Tristaine et Monseigneur du Fayt et firent le mariage dudit comte de Blamont et de la fille dudit S⁲ʳ du Fayt; et le xxiiᵉ. jour s'en partirent et allirent faire les nopces à beaulx repas; et en allant, aulcuns soldiours les condusoient; entre les aultres, ung appellé Petit Jean, gendarme, vit venir Claussequin La Barbe, se despertit de la compaignie et le vint battre et oultraigier, etc. La chouse seroit longue à raconter.

Item, ondit temps le roy de Secille, sa femme et leur filz s'en allirent à Neufchaistel, [et] volrent entrer on couvent des Cordelliers. Doubtant lesdits Cordelliers qu'ilz ne les deussent bouter hors, fermirent leurs portes et ne les y volrent point laixier entrer. Incontinent ledit roy fit rompre et descouper les portes et entrirent dedans et bouttont hors tous lesdits Cordelliers et y mirent des Frères de l'Observance. [221]

Item, en la vendange on n'olt que bien poc de vin; per quoy ils furent chiers, et ne olt on quasy que demy année, et vendoit on le cheraulx de vin viii. frans.

Item, ondit temps ung tainnour du Champel fut mis en l'hostel de la ville, appellé Jennat, por tant qu'il avoit eu dit certaines parolles que à luy n'apertenoit à dire, pour lesquelles il fuit condampné de demander pardon à Messeigneurs de Justice, per trois jours d'entrée; et on cas qu'il ne le volroit faire, il estoit à vi. c. livres [d'amende]. Toutesfois on y trouvont ung remède, que pour une somme d'argent il fuit quitte de demander pardon publiquement, mais en chambre close.

Item, le iiiie. jour de Novembre vint à Lucembourc Philippe, archeduc d'Otriche, duc de Bourgonne; et le viie. jour dudit mois y furent envoiiés S[gr] Andreu de Rineck, S[gr] François le Gornais, S[gr] Jehan le Gornais, S[gr] Thiebault le Gornais, S[gr] Regnault le Gornais, le jonne, S[gr] Nicolle Roucel, S[gr] Claude Baudoche et Michiel Chaversson, bien en point et en belle ordonnance, faire bien vegnant ledit prince; et ly donnait on on nom (fol. 74) de la Cité, une couppe d'argent dorée et iiii. c. florins de Metz dedans. Ledit prince lour fit une moult honorable recueil, remerciant Messeigneurs de la Cité, et soy offrant de aidier la Cité en tous ses affaires et besoings, ly et tous les siens, comme l'une des millours villes de son païs et tout ensy leur promit.

Item, ondit temps, en une estuve de la Nuewerue, deux servantes de léans se prinrent à ung serviteur de ladite maixon et le baittirent tant, que le ve. jour après morut; pour lesquelles choses les ii. servantes furent prinses et lour maitresse, portant qu'elle avait fermé l'uix, et le maistre appellé Didier Lenffant s'enfuyt. Et le sabmedi, v[e]. jour de Novembre, les ii. servantes furent menées à Pont des Morts pour noier. Toutes fois, à la prière de Sr Andreu de Rineck et Sr François le Gornais, furent données à ii. maris qui les demandont.

Item, il fit si grant pluie depuis le xve. jour de Novembre jusques à Noel, que les yawes furent si grandes que tous les celliers dessus Seille et dessus Muzelle estoient tout plains d'yawes, et disoient les anciens que jamais n'es avoient veu si grandes; et furent les bonnes gens de villaiges iii. jours entiers sans pouvoir venir à Mets.

Item, en celluy temps y olt ii. compaignons prins, famés d'estre tendeurs de hault chemin, et en accusont bien x. ou xii. que furent prins et gehennés, auxquels on faisoit grant tort, car ils n'en sçavoient rien; et les ii. furent pendus le dairien jour de Septembre, decorpant les aultres.

Item, le xxiiie. jour de Decembre morut Caitherine, femme Jehan de Vy.

Item, devant Noël, Petit Jean gendarme estoit en l'hostel d'ung cabairet en Chambre, et après sopper comme tout atonné se print à l'hostesse et la baittit tellement qu'elle en fuit au lit; et d'aultre part tirait son brecquemaird et en frappit Glaude et le naverit quasy jusqu'à la mort; pour laquelle chouse ledit Petit Jean fuit prins, et se ne fuit esté à la prière d'aulcun grant seigneur, c'est assavoir Monseigneur de Mets, il en fuist esté pugnis selon le cais.

L'an mil. v. c. et ung fuit Maistre-eschevin Sr Claude Baudouche, et estoit la sainct Benoy le diemanche du my caresme.

Item, le temps estoit tousjours froit tellement que à la sainct George, on ne veoit point de verdure en arbre, et estoit la chair si chière, que on vendoit ung quartier de chaltron v. ou vi. sous; vi. œufz pour ii. deniers, les fromaiges bien chiers.

Item, on mois d'Aoust, ung Allemant que aultre fois avoit servy Brouche, desfiait la Cité pour une arbollestre qu'il demandoit; et avoit jay rué jus Jehan d'Anowe, ung bouchier.

Item, ondit temps morut Sr Michiel le Gornais, chevallier.

Et ondit mois d'Aoust, Messeigneurs de la Cité envoient en ambassade devers le roy des Romains Maistre Claude Geraird, le secrétaire; [et] ii. soldiours; et quant ils vinrent par de la Hedelberch ils furent prins et enmenés prisonniers, et menés en une plaice apertenant à jonne comte Emich de Linange, nonobstant qu'ils avoient salfconduit.

Et premièrement, le viiie. jour de Novembre, l'an dessus dit, trespassait dame Bonne de la Marche, femme de S^{gr} Pierre Baudoche, sœur à Messire Robert de la Marche, et [fut] ensevelie à Sainct Mairtin, devant l'autel Nostre Dame, moult honnorablement.

Item, le jeudi, xxve. jour dudit mois de Novembre, furent mis à délivre lesdits ambassades, S^{gr} Maistre Claude Geraird secrétaire et les aultres qui avoient esté prins et detenus vii. sepmaines, comme avez ouy.

Et le dimanche après vint en Mets un ambassade de France qui s'en alloit, à mont belle compaignie, scceller la paix faite entre le roy de France et le roy des Romains; et furent en Mets iiii. jours, et à sa venue ly fuit fait grant honnour des seigneurs de Mets et ly fuit donné ung présent de ii. grais beufz, xii. chatrons, ii. cowes de vin clairet et rouge et xl. quartes d'awoinne.

Item, avant qu'il se partit, il fut tout aval la Cité de rue en rue, acompagnié de S^{gr} François le Gornais, S^{gr} Thiebault, S^{gr} Regnault et Jehan le Gornaix, ses iii. filz, que noblement estoient acoutrez, et s'appelloit ledit S^{gr} ambaissade Monseigneur des Piennes.

Item, le sabmedi après fut copée la langue à une femme jay ancienne pour ses demerites, et fuit banie et forjugiée.

Item, l'encommencement de l'hiver fut fort pluvieux et durait jusques à la sepmainne de Noel qu'i commençoit fort à neigier, et neigeait tant que ce fuit merveille et durait ladite nege sur terre jusques à la sainct Vincent, si grande que à poinne on polloit aller par païs; et y olt gens et merchandise perdus en la nege; mais devers la sainct Vincent elle fondit bien doulcement.

Item, le dimanche, penultime jour de Janvier, fut fait ung jeu en la Court l'évesque, tout en latin, [123] auquel jeu estoient plusseurs gens d'esglize et de la seignourie. Mais quant le menu peuple vit qu'ils n'entendoient point leur latin et qu'ils ne sçavoient [ce] qu'ils juoient, se commencèrent à mutiner et eurent ung grand debat; et se n'eust esté les seigneurs qui mirent la paix [il en fust venu du mal]; toutesfois ils les enforçont et montont sur leur pareque, qu'il leur fuit force de cesser leur jeu, et furent en grant dangier d'estre bien battus. Et le londemain ils essevirent lour jeu; mais ils fermont les huix et n'y entroient que gens d'esglize, seigneurs et clercs.

Item, le grais lundy jouttèrent Collignon Roucel, Collignon Dex, Jehan le Gournaix, filz S^{er} François, Michiel Chaversson et Bernaird de Pol en Change, et en y eust des blessiez bien fort en la main; et après lesdites jottes fuit le sopper on Palais, en la neuwe salle; et après le soupper dansirent en la neuwe salle qui estoit toute tendue de tapisseries et y olt grant triomfe.

En l'an mil v. c. et ii. fuit Maistre-eschevin S^{er} Philippe Dex; et estoit la St Benoit le grant lundi, et estoit ledit S^{er} Philippe vestu d'une robe vert fourrée, ung collet pendant dairien, que fuit pour le maistre sergent.

Item, en ladite année, le venredi devant la Pentecoste, xiiie. jour de Maye, au matin, commençoit à pleuvoir une plue merveilleusement froide et après à neger, comme se fuit esté on plein cuer d'hiver; et le mardi après, seconde feste (fol. 75) de Pentecoste, vint une blanche gellée que les vignes furent touttes perdues, et gasté ceu qui estoit demouré de la gellée qu'il avoit jay fait le xviiie. jour d'Apvril, que fuit ung moult grant domaige pour les pouvres gens.

Item, on mois de Jung, après le iie. jour de Jung, ii. hommes Picquairds olrent la teste coppée entre ii. ponts, pour tant qu'ils avoient estranglé ung homme en leur païs.

Item, le xii°. jour du mois de Juillet morut S⁶ʳ Jehan Paperel et fuit ensepvelit à S¹ Livier devant le grant autel, et emportait ses armes en terre et finont les armes des Paperel. ¹¹¹

Item, le xxviii°. d'Aoust morut Collignon Roucel, filz S⁶ʳ Warin Roucel.

Item, le londemain le chapitre des Proichours se tenoit, et s'en vinrent lesdits Proichours en bel ordre à la grant esglize, et éstoit l'autel aussy bien paré que le jour de Noel ou de Paique, et y fuit fait une prédication per ung moult venérable docteur, frère Jehan Clerel que mervilleusement bien proichoit; et estoit la grant esglize quasy toute pleine de peuple; et puis s'en vinrent devant le grant autel chanter une antiphone de Monseigneur s¹ Estenne, ly priant qu'il voulsist prier Dieu que voulsist garder la noble Cité de tout dangier et villain péril, et le peuple digne de salvation. Et estoient lesdits frères en nombre de v. c. et leur fut fait ung présent de part la Cité. ¹¹²

Item, le sabmedi iii°. jour de Septembre fut pendu ung jonne garçon qui avoit fait plusseurs larrecins.

Item, la vigille de la sainct Michiel, xxviii°. jour de Septembre vint en Mets le filz du comte Palantin, qui s'en alloit devers le roy de France; et luy fuit fait ung présent de part la Cité: ii. cowes de vin, ii. grais beufz, xii. chastrons, l. quartes d'awoine.

Item, on mois de Novembre morut Jehan le Gournaix, filz S⁶ʳ François le Gournaix, lequel avoit fiancé Perrette, fille S⁶ʳ Pierre Baudoche, et debvoient bientost espouser.

Item, le iii°. jour de Novembre fut pendu ung jonne compaignon de chambre pour ses desmérites.

Item, le ix°. et le x°. jour de Fewrier fit ung mervelleux vent qui fit en plusseurs lieux en Mets grant domaige et tonist et enloudit bien fort; et la sepmainne après cheut tant de nege que merveille; et après plut fort, tellement que les yawes furent si grandes qu'elles entroient en Mets bien avant, et entroient par Sainct Thiébault, qu'il fut ung jour sans ouvrir la porte.

Item, ondit mois de Janvier molrut dame Linon des Armoizes, femme Jehan de Villers.

Item, le penultime jour de Janvier fuit mené enchiés le Doien Jehan de Hettange, le merchand demourant en Franconrue, et estoit ung bien riche homme lequel avoit fait une appellation sur une sentence du Maistre-eschevin. Et pour en yssir, il paiait pour une fois vi. c. livres, de quoy il en tornait xeurteit de iiii. hommes, que jamais action n'en feroit; et s'il n'eust ceu fait, il eust esté mal logié; et néantmoins, bientost après, ne sçay à quelle occasion, fut prins sur la porte du Ponthieffroy dont il estoit wairdan et mené chiés le Doien et y fut jusques à premier jour de Décembre.

En l'an mil v. c. et iii. fuit Maistre-eschevin S^{gr} Thiebaut e Gournais.

En ladite année, on mois d'Apwril, fut nouvelle que le roy des Romains venoit à Mets, dont on fut fort enbesongnié de préparer la Court l'evesque, d'y mener litz, linge, vaissellement, foin, estrain et beaulcoup d'aultres chouses. Toutesfois il n'y vint point pour celle fois.

Item, le premier jour de May les chantres menestrez dudit empereur juèrent et chantèrent à la grant messe tout au long en la grant esglize de Mets. Et y avoit des petites orgues de boix que ung enfant de l'aige de x. ans juoit, lequel enffant avoit esté né aveugle et n'avoit jamaix veu goutte, [et] juoit les dites orgues aussy parfaitement bien que homme du monde les sceut juer avec les chantres et menestrez; et leur donnont Messeigneurs de Chapitre vi. florins de Mets.

Item, le xiie. jour de May, vint en Mets, le mairquis de Brandeborch logier à l'hostel sainct Mairtin, et ly fut fait ung présent de la Cité.

Item, le jour de devant xie. de May fiancit Collignon Dex Barbe, fille S^{gr} François le Gornaix, et le lendemain il l'apousit.

Item, ledit mois de Mayi fit biaulx et fort chault, que durait tout ledit moys jusques à xviie. jour de Jung, sans cheoir une goutte d'yawe, de quoy les yawes furent si courtes; et pour la grant challour toutes chouses ne cressoient point, espécialement les herbes estoient toutes seches.

Item, le sabmedi xviie. pleut une bonne pluée qui fit tant de bien que merveille, et sans ladite pluée tous les biens so perdoient; et tantost après ladite pluée on veoit crestre les biens de terre.

Item, on fit le mercredi après une procession géniéralle à Nostre Dame as Champs, remerciant Dieu et la Vierge Marie de la bonne pluée.

Item, en celluy temps Henry ²²ᵉ S^{gr} de Raville et en partie des Estangs tuait Monseigneur le marichaulx de Lucembourc, Fydri, d'une javeline qui ly frappait parmey le corps; que fut ung grant dommaige, car il estoit bon ami à la Cité, et estoit son prochain.

Item, le dimanche viiie. jour de Jullet Androwin Roucel fiancit Perette, fille S^{gr} Pierre Baudouche; et le lendemain il l'apousit en grant sollempniteit et triumphe; mais après il sorvint ung grant trouble, comme vous orez cy-après.

Item, en celluy temps furent rachetées les Mairies du Val apartenant à Monseigneur l'evesque de Mets.

Item, le dimanche xxviie. jour d'Aoust morut dame Mairguerite, femme Monseigneur de Sorxy et fille de S^{gr} Pierre Baudouch

Item, la vendange fut asses bonne selonc les grants challours de l'esteit; il fut telle foix qu'il sembloit qu'elles deussent sechier; maix pour ledit chault les raisins estoient sy petits et les vins estoient asses competement bons et olt on la cue pour xxxvi. solz et pour moins, les aulcuns selon les lieux dont ils venoient.

Item, la vigille de la sainct Mairtin, ii. heures après midy, on abattoit le chœur de Sainct Nicollais en la grant esglize et y avoit grant quantiteit d'ovriers qui abattoient ladite chapelle; et tantost qu'ils furent partis, ledit cheur cheut tout par ly à terre, sans faire domaige ne sans blessier personne. Il en cheut une partie sur une maison, à telle heure qu'il n'y avoit personne à l'hostel; et pour la grant graice et miracle que Dieu y avoit fait, Messeigneurs de Chapitre en firent chanter une grant messe du saint Esperit, en recognissant la grant graice que Dieu et le saint Esperit leur avoit fait.

Item, en celluy temps saultit ung compaignon de Vallières en la Xuippe, pour tant qu'il avoit vendu ses chastels en ii. lieux et estoient (fol. 76) lesdits ii. escripts tous tesmoignez sur son bonnet, en allant à la Xeuppe.

Item, le ixe. jour de Décembre fut mise on pillory une jonne fille; et à ii. heures on la menit bruler devant le Pont, pour tant qu'elle avoit esté grousse d'enffant et en enffantant print son enffant et le gettait en ung puix en la maixon de Clément d'Oultre Seille, à Porsailly; et servoit en la maixon dudit Clément ladite fille. [227]

Item, le xve. jour de Fewrier morut Mairtin Travalt l'amant.

Item le iiie. jour de Mars fut mené pour noier une femme à Pont des Mors; mais à la prière d'aulcuns seigneurs elle n'eut que les ii. oreilles coppées; et por tant que ladite femme avoit esté bannie et forjugiée de Mets et du païs, elle s'avoit venue rebouter en Mets, que fut une malvenue pour ly.

Item, en ladite semaine fut abatue la second tour Charlemaine. [228]

En l'an mil v. c. iiii. fut Maistre-eschevin S^{gr} Michiel le Gournaix, filz S^{gr} Regnault le Gournais.

Et le dairien jour du mois morut dame Philippe Dex, fille S^{gr} Conralt de Serriere, femme à S^{gr} Claude Baudoche.

Item, en celui temps fut mené en l'hostel de la ville Jacomin de Moyeuvre, sergent des Trezes, lequel avoit par avant esté facteur des Lombairs, pour certains cas touchant à l'office des Lombairs; et furent vendus tous ses biens, meubles, censes, héritaiges et maisons; et fust esté perdu de son corps, se n'eust esté à la prière de Sr Pierre Baudoche, de Sr Jehan Chaversson et de ses amis; mais il fut sentencié et condampné en charte perpétuelle, au pain et à l'iawe à tousjours mais.

Item, le lundi, xviie. de Jung, Michiel Chaverson, filz Sr Jehan Chaverson, espousit sa femme, Gertrude fille Sr François le Gournais, où il y eut moult belle feste. Et à plus fort de la feste morut la femme Sr Regnault le Gournais, dame Ysabel'e Bataille, de quoy la feste fuit troublée et les danses cessées, et tous les seigneurs vestus de noir incontinant, que devant estoient vestus de velours.

En celluy temps faisoit si chault que merveille, et fuit bien x. sepmaines sans plevoir et sembloit que rien ne deust croistre, de quoy les gens s'espoentoient et n'y avoit rien qui puist amender, ne herbe ne fruict. Maix de la graice de Dieu, le sabmedi, xve. jour de Jung, commençoit à pluvoir bien ii. jours que fit ung moult grant bien; maix il cheut à Salney, à Noeroy, et là entour tant de grele qu'elle fit ung mervilleux grant dopmaige.

Item, le xixe. jour de Jung morut Jennat de Hannonville.

Item le iie. jour de Septembre morut Sr Regnault le Gournais chevalier.

Item, en celui temps vint en Mets ung jueux de corde, lequel mist une corde et l'attachait à la plus haulte fenestre de la tour du reloge et venoit près de l'hostel Nemmery le pelletier, lequel tout armé en blanc s'en venoit xaillant tout à long ladite corde, sans se mal faire, et le fit plusseurs fois present multitude de gens.

Item, le viiie. jour de Septembre morut Sr Conraid de Serrière.

Et le xxiie. jour du mois d'Octobre morut dame Françoise, femme Sr François le Gornais, une bien saige et vaillant dame.

Item, la vendange fuit bonne et si olt des boins vins et assez, et principalement furent les blancs vins très bons pour le beaulx temps qu'il faisoit ; et avoit on une cue de vin au charaulx pour xxx. solz et pour moin ; on en donnait pour ung florin de Mets ; mais le bledz valloit xii. solz la quarte ; le froment, x. solz, le moistange, le soille viii. solz et les pois x. solz, les fowes xxviii. solz, et estoit pour les grants challeurs qu'il avoit fait du long de l'année.

Item, en rencommencement l'iver fut bien doulx et ne gelit point jusques à la fin de Janvier, et trowoit on des fleurs as champs, ensi comme aulcunes fois en Mars ; et disoient les gens qu'i n'y aroit point d'yver ; maix à la fin de Janvier il commençait ung pou à geller bien gracieusement.

Item, le samedi premier jour de Mars fut trouvé ung jonne prestre mort en une maison, en Raimpol, desoubz ung lit ; et avoit jà iii. jours qu'il gissoit mort là et n'avoit en ladite maison qu'une femme qui gisoit malaide sur ung lit, qui avoit la jambe à demi arse, pour tant que, quant on murtrissoit ledit prebstre, elle, ensi malaide, le voulant rescourre, les ii. malvais garsons qui faisoient l'outraige la bouttirent on feu. La mère dudit prebstre qui ne savoit [ce] que son filz fût devenu, pour tant que ladite femme estoit suspicionnée que son filz l'amoit, vint en la maixon, trouvait la femme malaide que ne se povoit bougir, ly demandait où estoit son filz ; la pouvre dolente ne sçavoit que respondre. En regardant par la chambre, [ladite mère] vit une jambe d'homme qui passoit dessoubz le lit ; le print par le pied, pensant qu'il se cachist d'elle ; maix elle avoit belle à tirer. Et quant elle s'aperceut qu'il estoit mort, se print à braire, à crier que les voisins y corurent ; et tantost la femme fut portée enchiés le Doien, et le prebstre porté par les gauchours à Sainct Lowys ; et les murtriers s'en estoient fouys. Le londemain on trowait la femme morte enchiez le Doien ; [elle] fut mise en ung tumerel, du strain par dessus, par le bouriaulx et menée enterrer à Sainct Lowys, en terre prophane.

En l'an mil v. c. et v. fut Maistre-eschevin Androwin Roucel ;

et cheut la saint Benoy le jour du grant venredi, par quoy on ne pot sonner Meutte ne aultres cloches, et ne se fit jusqu'à londemain à l'heure acoustumée, en sonnant Meute comme les aultres fois.

Item, la Nostre Dame fut le mardi de Paicque ; maix on ne fit point le service de la Vierge Marie jusques à londemain de Quasimodo ; et estoit tousjours la chair chière.

Item, le moys de Maye fut moult bien disposé, faisoit biaulx temps et chault avec belle rouzée chescun matin, et cressoient les vignes et tous aultres biens de terre à plaisance ; et avoit on le meilleur vin à iii. deniers ; les bledz se vendoient tousjours chier et aultres grains aussi.

Item, le viiie. jour de Jung Brullefer de dessus les Murs olt les oreilles coppées et fuit banni et forjugié à tousjours maix, pour plussours larecins qu'il avoit faits aval Mets et en plusseurs lieux.

Item, en la meitte du mois de Jung grellait à Lessey, à Rouzérieulle, à Chastel et à Plappeville, esquels il fit grant domaige ; et en fuit le temps si reffroidi et faisoit des sy froides plues, mesmement le jour de la s^t Jehan fit sy froit qu'il sembloit estre en Mars ; et doubtoient bien les powres gens des vignes, car en la mitte de Jung n'avoit point de verjus et ne povoient flourir les vignes pour la froidure et grant umiditeit qu'il faisoit.

Item, en celui temps fuit annuncié per les paroches que se personnes de Metz voulloient aulcune chouse demander pour cas des censives à ceulx d'Ars, d'Ancey, de Chastel, de Lessey, c'est assavoir à tous ceulx des Mairies don Vaulx, qu'ils les fissent ajourner on cloistre don grant mostier, on lieu où on fait les signes le jour du grant jeudy. Et fuit esleu pour faire lesdites adjournées Maistre Mertignon, maistre sergent et Jehan de Corney aussy sergent. Et y furent ordonnez et commis pour les oyr et pour en déterminer toutes oultréement, c'est assavoir : de part l'evesque, Maistre Jehan Regnault, curé de Sainct

Gengoult, et de part Messeigneurs de la Cité, (fol. 77) Jehan Peltrement l'escripvain ; et là proposait ledit Maistre Jehan Regnault les causes pourquoy ladite ordonnance estoit faite et en la présence de tous furent leuttes les lettres faisant mention de ladite ordonnance. Et illec estoient de chescune ville et ban certains personnaiges commis, pour ouyr ce que on leur voulloit dire ; lesquels respondirent que Monseigneur le bailley de Sainct Mihiel leur avoit desfendu sur corps et biens qu'ils n'y sortissent ne respondissent tout ensy que on volloit clamer sur eulx, et s'en retournèrent sans rien faire.

Item, le xi°. jour de Juillet morut S^{gr} Pierre Baudoche et ne voult avoir que ii. torches à le porter en terre à St Mairtin.

Item, ceulx des Mairies de Monseigneur l'evesque, comme vous avez oy, s'en rallirent sans aultrement respondre ; [et] furent tous mis en table sus v. sols, comme la coustume estoit par avant, excepté ceulx qui paient ou qui olrent accord ; et tantost on les allont rajourner sur x. solz, comme par avant, et n'y vinrent encor point respondre et furent remis encor en taulble sus x. solz d'amende.

Item, quant Messeigneurs de la Cité virent qu'ils n'en feroient aultre chouse, veu encor ceu qui estoit fait entre les parties que ensy se debvoit faire, les firent aller gaigier des sommes des taubles, lesquelz refusèrent leurs gaiges et ne se volrent point laissier gaigier, et encor usirent les aulcuns de malvaises parolles, especialement ung d'Ars appellé Jehan Huairt.

Item, certain jour après ledit [Huairt] trouvait Michiel Travalt qui estoit Treize, auquel il dit plussours parolles à la deshonneur de Messeigneurs de la Cité ; certain jour après s'en vint à Mets, fuit incontinent prins et mis enchiez le Doien.

Item, tantost après ceulx d'Airs trowirent Maistre Jehan de Chastel et ii. de ses varlets, les prinrent et les enmenont on mostier d'Airs. Et incontinent ceste folie faicte, Messeigneurs de la Cité bien ainimez contre eulx, pairtirent de Metz aulcuns de Messeigneurs, c'est assavoir: S^{gr} Philippe Dex, S^{gr} Nicolle Dex son frère et d'aultres, avec eulx les soldiours et de la Commune bien mil, de nuit, et s'en vinrent à Ars; maix la chouse se portit bien pour eulx; ils [d'Ars] s'en estoient tertous fouyt et ne troyèrent [nos seigneurs] personne que les femmes et les enffants; et saichiez, s'ils en eussent trouvé aulcun, ce fuist esté mal pour luy. Et doneques commencirent à rompre huix, verrières, fenestres, huges, de boire et de mainger se faisoient les aulcuns vaillants, et pour abrégier, y firent beaucoup de mal; et puis nos seigneurs s'en allirent devant le moustier, demandant ouverture, où il n'y avoit que v. ou vi. hommes qui gardoient le moustier; lesquelz, veant l'artillerie et le grant nombre de gens, ne firent mie grant reffus. Et tantost, nos seigneurs, soldiours et aultres entrirent dedans et prinrent ledit Maistre Jehan de Chastel et l'amenont, et fut le xvie. jour de Septembre.

Item, le vi^e. jour de Septembre S^{gr} François le Gournais espousait Barbe, fille S^{gr} Nicolle Dex, chevallier.

Item, le xxie. jour de Décembre mourut le bon evesque Hanry de Lorenne et fut domaige, se Dieu eust voullu, pour plusseurs bonnes vertus qu'estoient en luy, et pour tant qu'il estoit devot ecclésiastique, doulx et débonnaire, pitoulx as pouvres gens, et avec ce amoit bien la Cité. Je prie à Dieu qu'il ait son âme. Et [il] fit ung moult noble testament et donnait grands biens à la grant esglize, et aussy ly fuit fait de moult honnorables services en chescune paroche; et en la grant esglise une prédication faicte par frère Jaicque Harant des Frères [Precheurs] lequel moult noblement l'essaulsait.

Item, le xxiiie. jour dudit mois furent pendus ii. compaignons qui avoient fait plusseurs larecins; et le sabmedi après la femme de l'ung fuit noiée à Pont des morts.

Item, après ledit service fait, comme aves oy, Messeigneurs de la Cité firent faire pour ledit evesque de Mets ung moult somptueux service en la grant esglise; et y furent tous les curés de Mets, les iiii. Ordres mendiants, abaies, nonneries, chanonnerie et les seigneurs eulx mesmes; et y olt ung mervilleux luminaire et tout as despens de la Cité et tout pour la grant amitié qu'on avoit à luy.

Item, la vendange fuit tardive, telle que en aulcuns lieux les chaukeurs n'estoient point cloz la semaine devant la sainct Mairtin, et n'y avoit point tant de vin comme en l'année précédente et estoient petits et bien fiers. Toutesfois encor les vendoit on à iii. francs, xl. solz, iiii. francs, selonc la bonteit et les lieux dont ils estoient.

Item, le xviie. jour de Novembre S^{gr} Jehan Roucel espousait Janne, fille S^{gr} Jehan Chaverson.

Item, ondit moys fuit amenée une jonne femme de Maigney, en l'hostel du Doien à Mets, qui estoit fille à Mangin George qui avoit esté sergent et estoit banni de Mets et avoit perdu son office pour ses desmerites; laquelle jonne femme avoit tué son marit et boutté ung coutel tout parmy la gorge, luy estant malaide et quasy en article de mort; et tantost fuit ramenée à Magney et là fuit arse et brulée.

Item, le xxiiie. jour de Novembre morut dame Alliette, femme S^{gr} Jehan le Gournais.

Item, le jour de la saint Blaise, iiie. jour de Janvier, S^{gr} Michiel le Gournaix, filz S^{gr} Regnault le Gournaix du Nuborch, espousait Mairguerite, fille S^{gr} Anthoine de Port s^r Seille.

En l'an mil v. c. et vi. fuit Maistre-eschevin S^{gr} Nicolle Dex, que on appelloit Colignon Dex.

Item, l'année fuit bien disposée et faisoit modérément chault, et olt on des biens asses et bons; et vendoit on la quarte de bledz v. solz et demy le froment, iiii. solz le mointange et moins, les pois iiii. solz qui per avant avoient esté bien chiers; maix il n'y avoit point grant plantei de vin; maix ils estoient bons et vendoit on la cue viii. francs, ix. francs, pour tant que ceulx de l'année précédente estoit petits et fiers.

Item, le jour de la saint Luc y olt ung juif baptisié en la grant esglize de Metz.

Item, ung pou après vinrent les nouvelles en Metz que le noble roy de Castille estoit mort et qu'il estoit bien amis de sa graice à Messeigneurs de la Cité; et aussy ly fust bien monstré per les grants et solempnez services qu'on ly fit faire en la grant esglize de Metz, tout en sem[bla]bles manières comme on avoit fait de l'evesque, et tout aux frais de la Cité.

Item, en celle année ne fit point grant yver et ne gellait quasy comme rien; et de longtemps, comme on disoit, n'avoit fait ung si gracieux yver, et estoit à l'opposit de l'année précédent. Toutesfois le xvi°. et xvii°. jour de Mars gellait bien fort, selonc le temps; toutesfois ne fit point de domage, car encor n'avoit quasy rien de fleurs.

Item, ondit temps vint novelle que grant compagnie de Borguignons venoient on païs de Metz et ne sçavoit on à qui ils estoient, ne où ils vouloient aller. Aussi avoit grant assemblée de Lorains, pour garder qu'ils n'entrissent en leur païs, comme on disoit; maix comme on dit communement: *Qui ne se sçait de qui garder, si se garde de tous;* pour laquelle chose nos seigneurs de Metz firent fouir et amener à Metz le meilleur des biens des bonnes gens.

En l'an mil v. c. et vii. fuit Maistre-eschevin Michiel Chaverson.

Item, le dimanche xviii°. jour d'Apvril, fut baptisié Robert, filz messire Claude Baudoche, à Sainct Maircel per l'abbey de Sainct Vincent qui estoit mittré, la crosse en la main, vestu (fol. 78) d'une riche chaippe. Et y avoit xl. pillers de cire ardents et estoit toute la chapelle du fons tout tendue de richés tapisseries et fuit fait grant triumphe en Passetemps, ii. ou iii. jours, de toutte la signorie de Metz.

Item, le xii°. jour de May morut dame l'erette Roucel, femme de S^er Andreu de Rineck, chevalier.

Item, on mois de Jung un piteux cas advint en Saulnerie

d'ung homme appellé Niclasse le tainnour et ung filz qu'il avoit de l'aige de xviii. ans; [ils] furent tous ii. trouvez noiez en la fosse de leur tanerie et se tenoient embraissiez l'un l'autre; et fuit une grant pitié de trower une telle adventure et ne polt on jamais présumer dont ceu povoit venir, car c'estoit ung bien bon homme et de bonne conscience.

Item, le xve. jour de Jung S^{gr} Jehan le Gornaix espousit Barbe, fille S^{gr} Regnalt le Gornaix, du Nuefbourch.

Item, le xxvie. jour de Jung avoit un malfaiteur en l'hostel du Doien, lequel ne vouloit cognoistre son cas. Le bouriaulx, appellé Maistre Velleter, ensy qu'il est de coustume, le voulloit gehenner encore; ledit malfaiteur veant qu'il le voulloit gehenner avoit ung coutel caichié sur luy; sans ceu que ledit bouriaulx s'en prinst garde, tirait le coutiaulx et le frappit en l'estomach et le tuait tout mort en la plaice. Et pensez, ceulx qui estoient présents, veant le villain crime, furent bien esbahis et doubtoient bien de leur pel, Treses et sergens; et creoient que s'il ne fuist esté enfargié des ii. pieds, il eust encor fait pis; mais les sergents que presents estoient, l'empongnirent et le tinrent avec aultres gens voisins qui y vinrent. [Il] fuit remené en la voulte et fuit plus estroitement tenu. Or falloit ung nouviaulx bouriaulx; il y avoit ung appellé Géraird Noirel qui estoit banni de Mets pour sa malvaise vie; [il] se présentit d'estre bouriaulx, fuit receu, vint et fuit abillié tout de nuef de blanc et de noir et une xeulle à long de son bras, car il estoit plus désiré qu'ung loup. Et tantost après s'en vint ung de France, sa femme avec luy; mais il avoit trop demouré; Géraird Noirel avoit prins la plaice.

Item, le xxe. jour de Fewrier fut mené le malfaiteur en pillori, et en le menant fut trouvé ducul et joie, car on menoit ung espousé et une espouse à Saint Gergonne à menestriez et trompettes sonnant. [Il] fuit boutté en pillori et fuit Maistre Géraird Noirel aidié dudit bouriaul de France, qui milleur maistre en estoit que luy, et ly fit ung grant plaisir pour la première fois; car on disoit que le pouvre maleureux malfaiteur estoit si fort et si terrible qu'il sembloit qu'il deust mangier les charettes de fer. [Il] fut mis on pillori à x. heures en la manière acostumée et à ii. heures apres midy fuit mené à Pont des Morts et olt la teste coppée par Maistre Geraird Noirel, à l'ayde dudit bouriaulx de France qui l'aydait et ly monstrait le mestier.

Item, tout le temps de mouxon et de vendanges fuit bialx et si olt assez bonne planteit de tous grains de bledz, d'awoine, d'orge, de pois, de fewes et d'aultres grains; mais il n'y olt pas trop grant planteit de vins, et estoient asses bons, par quoy ils furent chiers; et vendoit on la cue en vendange ix. frans et x. frans, l'ung plus, l'aultre moyns, selong la bonteit et les lieux.

Item, le jour de la sainct François, iiiie. jour d'Octembre morut dame Barbe, femme S[gr] Jehan Chaverson.

Item, en celle année fuit justice avertie que Mangin le munier, maire de Woippey et Anthoinne son filz avoient malicieusement par une fine et malvaise cautelle fait ung escript d'une debte de iiii. livres, sus ung prestre qui estoit chappelain de ladite Woippey, qui estoit bien riche, et per grant subtilité l'avoient mis on sachet d'ung pouvre ancien homme, eschevin de la justice de Woippey, et une esdemise qui faisoit mention que ledit prestre se esdemetoit de tous ses biens, meubles, héritaiges, debtes et waigières qu'il avoit; et ne sçavoit ledit powre homme mot de lettres ne d'escripture. Après ledit maire voult user de ses ii. crants de debtes et de demises; et quant il voult constraindre ledit presbtre, appelé seigneur Pierre Lescevoiens, fuit bien esbahis, se deffendoit, crioit, offroit son corps, tellement que ledit pouvre bon homme eschevin fuit prins pour en sçavoir la vérité. Le powre homme detenu congneust qu'il n'en sçavoit aultre chouse que ceu qu'il en disoit; mais bien ly avoit il apourté son saichet d'eschevinaige devant luy et devant son filz par ceu qu'ils luy disoient qu'ils

voulloient querir des escriptz de son saichet, desquelz ils avoient affaire, et y prinrent lesdits ii. escripts : « Et me don-
» noient à entendre que ainsy l'avoit cranté, avec menaces qu'i
» me donnoient ; je les tesmonignis inocenment, » ce disoit le bon homme eschevin. Et incontinent que ledit maire et son filz furent avertis que ledit eschevin estoit prins, se absentirent et s'enfuirent comme saiges et bien advisés. Et tantost ledit eschevin fuit mené, ung saicque sus son col, les mains liées darrien le doz, az annelz pour le noier. Mais pour la grant vieillesse et ignorance qu'estoit en luy, on ly perdonnait et ne fuit point noié ; mais il fuit banni et forjugié à tousjoursmais ; toutesfois on s'avisait qu'on polroit avoir aulcunement be- soing de luy et qu'on le polroit prenre et ly faire faire quel- que tesmognaige, por tant qu'il estoit homme ignorant ; fuit rappelé et revint en Mets. Et tantost ledit maire et son filz furent huchiés sus la pierre, selon l'usaige, qu'ils se venissent excuser ; et por tant qu'ils n'en firent rien, furent bannis et forjugiez, ses biens confisqués ; ceulx de Mets à la Cité et ceux de Woippey à Trésorier et furent tous vendus par estault. Et tantost ledit maire et son filz cuidèrent faire merveille, assem- blèrent gens, vinrent pour courrir ; mais il ne firent rien, et plusseurs requestes et poursuittes en firent que biaulcoup leur coutait. A la fin, à la requeste de grants personnaiges, [le maire] revint à Woippey et reut quelque chose du sien.

En l'an m. v. c. et viii. fuit Maistre-eschevin S^{gr} Jehan Roucel.

Item le venredi après Paisque mourut la fille Jehan Laicy, Mairguerillte, femme Nicollais le Buef, aultrement Nicollais Laicy.

Item, le jour de Quasimodo fit bien froid et gellait que les vignes furent en bien grant dangier, et aulcuns en lieux bais furent ung poc atteintes de gellée.

Item, le sabmedi, ixe. jour de Jung, fuit brullé ung jonne compagnon qui avoit copé une bourse ; mais, comme fol, en (fol. 79) la gehenne congnust plusseurs aultres meffaits.

Item, le 23º jour de Juillet morut dame Calin Chaverson, femme du vicomte.

Item, ondit temps morut dame Perette, femme S⁼ʳ Thiébault le Gournaix.

Item, morut aussi dame Barbe, femme S⁼ʳ Jehan le Gournaix.

Item, ondit temps morut Jehan Houdebrant l'amant.

Item, on moroit fort en Mets et estoient la pluspart des seigneurs, des dames, des borjois fuiant fuer de Mets.

Item, ondit temps Messeigneurs les Trezes mandirent les Eschevins des esglises et leur prioint que le diemanche prochain fût fait en chescune paroche une procession, tout ainsy que le jour du sᵗ Sacrement, et le plus honnorablement qu'on porroit, portant le sainct Sacrement, faisant le service du jour comme faire se debvoit. Et tout ensy en fuit fait et parellement à la grant esglize, as Ordres mendiants, et as aultres; et que encor on voulsist faire chescun lundy, une procession autour de la paroche et chanter la grant messe à diacre et soudiacre, à reverence de Monseigneur sainct Sébastien, et prenre une collecte de sᵗ Andrian, une collecte de sᵗ Rock, une de sᵗ Joppe et une de sainct Sébastien, jusques à la fin de la mortallité, affin que Dieu se voulsist appaisier et que les benoits saincts ly en voulsissent prier, qui le don de graice en ont.

Item, le   jour morut dame Gertrude, fille S⁼ʳ Francois le Gournais, qui estoit religieuse à Saincte Marie.

Item, l'année fuit fertille et eut on des biens assez, bledz, avoinne, orge, pois, fewes, et aultres grains et à bon merchié plus qu'on n'avoit heu par avant, et en la vendange plus de vin qu'on ne cuidoit avoir.

Item, durant la mortallité Messeigneurs les Trezes souffrirent qu'on juaist as guilles partout; et avoit à chescune porte jeux de guilles, ii. ou iii.; et tantost que la mortalité fuit passée, ils furent deffendus et as portes et partout.

Item, le xxii⁼. jour de Novembre morut Gille Lebel, clerc

des Treses; et tantost après fuit donnée l'office à Jehan Thiriat, dit Jehan Nolz.

Item, en mil v. c. et ix. fuit Maistre-eschevin S⁣ʳ Nicolle Dex.

Item l'année fuit bonne, bien disposée de temps, planctureuse et de tous biens assez.

Item, le jour de la saint Nicolais fut tuée une volle fille, en Anglemur, d'ung homme taborin qui la hantoit; lequel ly coppait la gourge, et tantost fuit prins, mis en l'hostel du Doien, congneust le cas, fuit condempné avoir la teste coppée. Et ensy comme le bouriaulx le lioit pour l'enmener en la brouatte, les x. heures touttes sonnées, [il] commençait à nier le fait et dire et jurer qu'il ne l'avoit point fait; et si l'avoit tout en l'heure congneu devant Justice et devant les comtes; et estoit le peuple en merveilleux grant nombre, qui attendoient c'on l'amenaist et y furent atendant jusques à xi. heures. Toutesfois Messeigneurs les Trezes rallont en leur chambre, conclurent de le laisser pour celle fois et ainsy fuit fait.

Item, après ceu qu'on vit qu'on n'en auroit aultre chose et que jamais plus ne le volt congnoistre, et toutes fois on sçavoit bien par vraies conjectures qu'il l'avoit fait, [il] fuit remené en l'hostel de la ville, où solloit estre la Burlette [231] et là fuit condampné en charte perpétuelle, dont il morut à bout de près d'ung an que les poulx le mangeoient.

Item, en celuy temps vinrent en Mets ii. compagnons logiez au Chaudron; se trouvont devant le Chainge, et là desrobèrent cautelleusement à ung merchand d'Alamaigne, de quoy on fuit adverti. Et quant ils virent qu'ils estoient rancusés, l'ung s'enfouyt as Cordelliers et l'autre à Sainct Vincent, qui s'avoit vollu desfendre d'ung dollequin et oultragier ceulx qui le chassoient; de quoy Messeigneurs les Treses disoient qu'il ne debvoit point avoir de franchise en ladite esglise, pour ii. raisons; la première, portant qu'il avoit fouy en franchize, la main armée, c'est assavoir, une daigue en sa main; et de fait en voulloit user de frapper mesmement tout dedans la court de Sainct Vincent, jusque devant le portaul de l'eglize ; l'aultre raison, pour tant qu'il estoit tendeur de hault chemin, veu qu'il avoit prins et robé en pleine rue, en plein carefour et devant l'hostel du Chainge, qui est bien hault chemin. Les religieux ne s'y voulloient consentir, por tant que l'abbé n'y estoit point. Touteffois ledit laron fuit prins darien le grant autel, criant à haulte voix, *franchise, franchise*, et mené en l'hostel du Doien tout ensy criant.

Item, l'abbey qui n'estoit point en la ville en fuit adverti ; fuit malcontent et disoit ce que bon ly sembloit, et en fit question, demandant qu'il fût remené. Monseigneur de saint Anthonne [2] vint en Mets ; oyant le débat, le demandit à Messeigneurs les Treses, pour tel qu'il estoit, lesquels ly donnèrent ; et quant il l'eut, en fit avec Monseigneur de Sainct Vincent qu'ils eurent accord. Et celui des Cordelliers que les sergents gardoient bien songneusement, Messeigneurs les Treses le requeroient très instamment qu'il leur fuit delivré ; et les religieux disoient que faire ne le debvoient, prioient qu'on ne leur fit nulle force et disoient : « Nous ne sommes point pour » résister contre vous ; vous estes bons et saiges, gouvernez-» vous y saigement. Se vous le prenez, nous ne le vous res-» courrons point. » Aussi, comme on disoit et comme je crey, il fust esté prins ; et la nuit, par nuit, fut perdu qu'on ne soit qu'il devint.

Item, la vigille des Rois, v^e. jour de Décembre, cheurent II. maisons en Taixon ; et furent aussi demolues comme se cent cherpentiers les eussent demairtellées, et cheurent à telle heure qu'il n'y avoit personne ; qui fuit bien graice de Dieu, car devant et tous les jours y avoit heu gens, hommes, femmes et enffans.

Item, le jour de la saint Pol fut bel et cler et ne ventoit quasy point et fit le matin une petite gelée.

Item, le IIIIe. jour de Feuvrier vinrent en Mets Monseigneur de Liége, [213] Messire Robert de la Marche, son frère, et plusseurs signours; et furent en Mets IIII. jours, auxquels on fit bonne chière et fut fait ung présent audit seigneur de Liége d'ung moult biaulx et riche becheit, couvert en manière d'une couppe dorée dedans et dehors, laquelle fuit prinse enchiez Jacomin Husson, le merchant, et leur coulit cent florins de Mets.

Item, le jour des brandons, xviie jour de Fevrier commensont les grands pardons qu'on disoit le grant Jubillé à la grant'esglize de Mets; et furent apportés par ung commissaire, chevalier de saint Jehan de Roddo [214], auquel estoient plenières remissions de peines et de coulpes de tous cas du monde, autant comme se on eust esté à Rome en l'an Jubilé, réservez chasteteit et le veu de religion, et duront jusques à diemanche après Quasimodo. Il est vrai qu'ils ne debvoient durer que jusque Quasimodo, mais pour aulcune cause furent ravanciez de viii. jours.

Item, Sr Jehan Chevin avoit ung filz de l'aige de environ xi. ans, appellé Humbert, lequel l'avoit envoyé delez ung sien parent, appellé Guillaume de Dun, à Dun le Chastel, lequel en abruvant ung cheval, per fortune cheut en la rivière de Fain [215] et fuit noié. Ledit Guillaume, son maistre, le fit vuidier et les entrailles furent mises en la cimitière de Dun le Chastel et son corps embalmé comme se fuit esté le filz d'ung grant prince, cuidant le faire amener à Mets; mais ils trovèrent en consell de le faire ensevelir à Bair, où moult honorablement le fuit. (Fol. 80).

Item, en ladite année ung corcheicheval, entre le Pont des Mors et le Ponthieffroi, avoit tué ung chevaul; au moins cuidoit qu'il le fut, car il ly avoit boutté le coutel en la gorge et gisoit à terre; en prenant la jambe de dairien pour cuidier commencier acorchier, le cheval ly donnait tel colp de pied contre l'estomak qu'il le tuait, et s'appelloit Liénard ou Maistre Liénart, à cause de son office ou mestier.

En l'an mil v. c. et x. fuit Maistre-eschevin S⁀ʳ Michiel le Gournais, filz S⁀ʳ Regnalt le Gournais don Nuefbourch, lequel l'avoit jà esté en l'an mil v. c. et iiii.

Item, en ladite année ung jonne filz pechoit à la verge devant les Mollins, en Chadellerue; ne sçay per quelle fortune fuit trouvé noié le visaige en l'yawe et y avoit si peu d'yawe qu'il n'avoit que le visaige en l'yawe, et n'alloit point l'yawe par dessus sa teste, qui estoit une chose merveilleuse; se donc n'est que on disoit qu'il cheoit d'ung bien de sainct, que pot bien estre la cause de sa perdition, et estoit venu depuis demy an en Mets servir à maistre [236].

Item, ung marichaulx, appellé Jehan Maillat, avoit esté banni de Mets pour certaines parolles injuricuses qu'il avoit dites à Jennin Praillon, le clerc. Comme mal conseillé, [il] revint en Mets devant le terme de son bannissement expiré, fuit prins, mis enchiez le Doien et tantost mené à Pont des Mors et fuit en bien grant dangier d'estre noié; toutes fois il heut les ii. oreilles coppées et fuit banni et forjugié de Mets à tousjours mais.

Item, l'année en son commencement fut asses de bonne sorte, tellement que les arbres furent aussi bien flouris qu'on les vit de grant temps; toutesfois per l'indisposition du temps de froide ars [237] et p'ne les fleurs furent perdues, et n'eut on quasy nulz fruicts, sinon des noix et ung peu de serixes en aulcuns lieux, non point en Mets, mais en aulcuns villaiges, mais il y olt des noisettes de boix asses, car tous les boix en estient pleins.

Item, en la fenal fit ung biaulx temps pour fener et mettre les foins à l'hostel; maix il en y eust bien pou et furent chiers.

Item, la moisson fuit asses belle par raisons; toutefois il pleut aulcuns jours parmy le biaulx temps. Il y eust plenteit de bledz, et asses bons; touteffois ils ne furent point si bons que ceulx de l'année précédant, ne de si bonne nature et gaingnoient les cillours plusseurs une quarte de bledz pour chescun journal à ciller, pour tant qu'on estimoit qu'ils seroient à bon maircbié.

Il n'y eust gaires d'awoine; pourtant furent elles quasi aussi chieres que le bledz, et valloit iiii. sols la quarte, et on avoit du bon bledz pour le pris et pour moins; mais depuis il vallut iiii. sols et demy et le plus biaulx v. sols et tantost vallut vi. sols, vi. sols et demy et vii. sols.

Item, en ladite année fut la perdonnance à Nostre Dame d'Airs [239], et y olt tant de gens de Mets et d'aultre part que ce fuit grant merveille; et en y olt beaulcoup qui se portirent bien mal sus le chemin, tant des malaides que à poinne povoient revenir, et des mors en grant nombre, de Mets et d'aultre part.

Item, quant se vint devers la mitte du moys de Jung les gens, hommes et femmes et enffants, commencèrent à estre malaides d'une je ne sçay quelle malaidie que on apelloit la coquelluche, et en estoient jusques à morir; et de fait plusseurs en morurent. Ladite malaidie prenoit subitement; maix le bien qui estoit, elle ne duroit point longuement, car à bout de iiii. ou v. jours, le principal mal estoit passé, à l'ung plustost qu'à l'autre; maix quasi la pluspart des gens en furent malaides, et reingnoit ladite malaidie en plusseurs lieux; et après furent malaides plusseurs des aprinssons.

Item, la première semaine d'Aoust ung bouchier de Verdun, quasy des plus riches, avoit sa femme qui se monstroit estre *bonne mallaide* [240]; maix pour tant qu'elle estoit bien femme de bien et des Paraiges de Verdun, on l'antreportoit et ne la voulloit on point boutter dehors avec les aultres malaides. Néanmoins on commandoit audit bouchier qu'il n'usist plus de son mestier de tuer, ne vendre chair; lequel bien mal content de ladite deffense, que pour la mallaidie de sa dite femme [lui avoit esté faite], conspirait une hayne per la temptation du diable; [il] s'en vint en son lit où elle dormoit et ly frappait d'une daigue parmey la fourcelle, entre [les] deux poitrines. La powre femme, se sentant férue, mist la main sur le trou et incontinent [il] frappit encore un colp et ly cousut la main parmey le corps joindant le premier coup et ly en donnait encor un aultre qui fuit le iiie. colp; lequel fuit prins et appréhendé, et olt per sentence, la vigille de l'Assomption Nostre Dame, en my Aoust, le bras couppé sur son propre taultz et puis la teste coppée en la ville, en Maixel; après trayné aux champs et mis sus une roue.

Item, en la fin du moys de Juillet espousit Jehan le salnier, filz Jacob le grant soldiour que fuit, Barbe, fille du notaire de Noviant, demourant à Porte Muzelle, sans que ledit notaire en sceust rien, et estoit ledit Jehan filz de la femme dudit notaire. [Ils] s'en allirent espouser à Sainct Hylaire, ung dimanche à matin, afin que ledit notaire, père de ladite Barbe l'espouse n'en sceust rien, qui gissoit en son lit; et leur fallit ensy faire, pour tant que ledit notaire avoit juré et entreprins que jamaix ne l'espousevoit; et pour détourner l'avoit enmenée à la feste à Alez sus Muzelle. Mais ledit Jehan, l'espousé avec sa mère, la ramenont à Mets de son consentement et gré de ladite Barbe; et par ensy fallit ledit notaire de son entreprinse. Vous debves sçavoir que ledit diemanche après la saint Jalcque et saint Christophe, le jour qu'ils [s'es]pousirent, ne firent point de feste; maix le dimanche après firent une bien belle noce; et fut l'espouzée menée à l'esglize solempnement à nue teste comme le premier jour, que fuit une grant novelleteit.

Item, audit moys, le tonnoire chut sur le chastel de Naimur qui estoit le plus biaulx chastel et fort quasy de tout le païs; et encor chut du feu du ciel qui bruloit la meitte du chastel et touttes les robes et habillements de velours, de soie, de camellot du capitaine du chastel et v. hommes hallebardiers brulés et morts des xxv. hallebairdiers que ledit capitaine avoit continuellement avec luy; et furent encor dudit feu brullées plusseurs maisons à l'entour dudit chastel, qui fuit une chose moult estrainge.

Item, oudit moys fut trowé on boix, près de laditte Naimur,

vi. chiens qu'une louve avoit portés. Ladite louve estoit si chaulde, quant elle estoit en amour, s'en vint près de la herde de Naimur; le matin du pastre la sentit ensy chaulde, s'en vint à elle et la saillit. Cela venu à cognissance le braconnier [240] de ladite Naimur heut souvenance, et à la fin, au bout du terme la trovait et les print; mais ils furent bientost après morts et ne les pot on nourir.

Item, le xxvie. jour du mois d'Aoust morut une moult noble et vaillante dame, dame Gertrude, femme S^{gr} Philippe Dex.

Item, le venredi vi^e. jour de Septembre fuit faite une procession generalle pour tant que le temps estoit pluvieux et froit, et ne povoient bonnement murir les vignes, affin que Dieu y volsist pourveoir pour le temps aussy, qui estoit ung poc dangereux, comme vous aves ouy, de maladie et d'aprinsons; de quoy aulcuns en mourrent, et affin que Dieu nous voulsist maintenir en la bonne paix où nous sommes, Dieu mercy, laquelle procession pairtit fuer par Sainct Thiebault et rentrit en Mets par la nuewe porte Serpenoize, que fuit la premiere entrée faite (fol. 81) per ladite nuewe porte, et s'en vint on dire la messe en la grant esglize; et fuit chantée une ewangile sur ladite porte sus ung autel que on y avoit bien noblement préparé; et si avoit de l'artillerie dessus, qui tiroit souvent en manière d'une joieusseté; de quoy les femmes s'apouventoient d'ouyr le bruit du trait.

Item, le viiie. jour morut S^{gr} Lambert, chanonne de la grant esglize et curé de Sainct Maircel, lequel estoit natif de Mets; et estoit pourtant, on temps de la discension des chanonnes, l'ung des contraires que la Cité eust et est le dairien de tous mort. A Dieu le commant ly et Maistre Gérairt Tanars.

Item, le londemain morut Maistre Gérairt Tanars, dolen de Sainct Salvour, qui estoit ondit temps de la discension des chanonnes demy chanonne et l'un des pires de tous. S'ils ont bien fait, ils le trouvent.

Item, le jeudi xixe. jour du mois de Septembre, fuit faite justice d'ung jonne homme qui estoit venu en Mets depuis la Pentecoste, lequel s'appelloit Bernairt d'Anjol, [¹¹¹] lequel faisoit des faulx grants blanes, et les commençoit à faire les premiers as Pucelles; maix pour tant que on les oyoit frapper et forgier, se doubtoit d'estre rancusé; s'en allit en la coste Sainct Quentin et en forgit une quantité; et puis s'en allit devers les viez chauffours près de Meley, et là en forgeait par plusseurs fois; et tousjours sa femme avec luy et la femme d'ung aultre faulx menoieur, son compaignon, et leur mère; lequel, ung pou devant la prinse dudit Bernaird, morut de la gourre en l'hospitault sainct Nicollais; lesquelles iii. femmes se tenoient sur le chemin pour faire le guet, s'il venoit personne, pour luy faire signe qu'il cessaist de forgier, afin qu'il ne fuit point ouy. Toutefois, je ne sçay comment, fuit accusé, fuit prins luy et les iii. femmes et mis en l'hostel de la ville; cognust son cas, fuit trayné sus la brouatte on pillori à x. heures et y demourait jusques à ii. heures, et de là fuit amené près du corse du Champaisseille, darien l'estault des bouchiers, où Messeigneurs les Treses avoient fait faire de pierre de taille [ung engien [¹¹²]] en manière d'ung puix ou d'ung four creus, et dessus une chauldière pleine d'yawe et environ vi. quartes d'huille, qu'il sembloit que ce fuit toutte huille cuisant et boullant de force de feu. Après qu'il eust congneu son cas, fut mis sur une petite eschielle joindant audit four; et quant le bourlaulx l'eust bien lié, le print per les pieds et le levait, incontinent [il] cheust la teste devant en la chaudière. Ledit bourlaulx avoit une forche de laquelle il luy tint la teste en la chaudière et fuit incontinent mort, et si olt bien belle fin. Et puis tantost fut tiré hors de la chaudière, mis en ung tumerel et mené par le bourlaulx enterrer à St Lowys, en terre profane.

Item, la vendange fuit asses bonne selon l'espérance et le temps devant, car il fuit telle fois par l'indisposition du temps qu'on cuidoit qu'elle duist biaucopt moins valloir; toutefois les vins ne furent mie si bons que l'année précédant; mais il en y eust environ autant, et valloit la cue iii. frans, iiii. frans, iiii. frans et demy les meilleurs. Et, tantost après la vendange, fit le plus biaulx temps qu'on eust veu de bien longtemps; car environ viii. jours après la sainct Remey vint le chault et le biaulx temps, et durait jusque viii. jours après la sainct Mairtin, qu'il vint une pluc; et tantost le biaulx temps et la gellée revint.

Item, en ladite année, environ la sainct Remey, ung jonne filz de Liége venoit de la taverne; luy venu à l'hostel, sa mère le print à tancer, luy disant s'il voulloit tousjours ensy taverner. Le jonne filz mal avisé, fault bien qu'il fuit yvre, tirait ung coustiaulx et tuait sa mère. La justice avertie [il] fuit prins, mis et lié tout nud sus une planche et trayné per toute la ville, et puis ly furent les ii. jambes rompues, et frappé d'une tonne contre le cuer; et ensy morut, que bien l'avoit deservi.

Item, le jour de la Toussains l'ung des varlets Dedier de Vaulbecourt, ung cherpentier d'Oultre Seille, demourant devant l'hostel Ssr François le Gournaix, se print à une jonne garcette, fille dudit Dedier, et, comme on disoit, l'anforçait. Le père averti, en grant fureur volt courre sus ledit compaignon, lequel s'en fouyt amont des degrez, et par la fenestre d'ung guernier sallit emmy la rue et s'entonnit tellement les jambes qu'il le faillit porter en l'hospital. Messeigneurs de Justice advertis du cas l'envoièrent quérir, et fut mis sus l'ung des chevalx de l'hospital et mené en l'hostel de la ville, et après fuit porté sur une cevière par iiii. sergents en Pallais. Et le viie. jour de Décembre, ung sabmedi, vigille de la Conception Nostre Dame, fut mis tout nud sus la brouatte, et battu bien aisprement par le bouriaul jusques à Pont des Morts; et estoit le lucchien sur le cheval qui menoit la brouatte.

Item, en la première sepmaine de Décembre deux presbtres estraingiers, l'ung de Rowen, et l'autre de Bourgonne, estoient logiés à l'hostel au Chauldron; soupplrent ensemble, firent bonne chière. A compter l'escot, leur sembloit que l'hostesse les comptoit trop; l'ung dit en latin : « *Beguis soit le puits de*

France, » celui de Rowen et l'aultre de Bourgonne dit : « *Begnis soit le païs de Bourgonne.* » De ces ii. parolles, comme fols, s'entreprinrent tellement que l'ung qui estoit de Bourgonne, frappit l'autre d'ung coutel et firent ung grant alarme. [Ils] furent prins, mis en l'hostel de la ville et environ xv. jours après furent tous deux menés fuer de Mets et bannis à tousjours mais.

Item, le ixe. jour dudit moys de Décembre advint à Sainct Michiel, le varlet d'ung bouchier de la ville coupait la gourge d'une jonne fille, servante de l'hostel, qui seoit près du feu et se chauffoit, attendant ledit varlet qui mettoit à point le cheval de son maistre qui estoit couchié ; et puis [il] vint au lit où son maistre et sa maistresse gissoient, ii. bien jonnes gens et une bien belle femme, et les assommait tous deux de la maille de quoy ils assommoient les buefs, car c'estoit ung bouchier et l'ung des plus riches de la ville ; et print tout l'or, l'argent, tuisses et juaulx qu'il pot trower ; et, à fin matin, montit sur le cheval de son maistre et s'enfouyt le traistre lairon et murtrier ; et si estoit la jonne femme enceinte et grosse d'enffant. Ce furent iiii. qu'i tuait.

Item, le premier ou second jour dudit mois de Décembre ung corvixier servant frappit d'une daigue ung aultre corvixier appellé Wolffgang, demourant en Fournirue. Ledit compaignon fut prins à Sainct Jullien de nuit, couchié et fut mené en l'hostel de la ville ; toutefois aulcuns seigneurs le demandirent, comme je croy, et comme on disoit, Monseigneur de Liége et Monseigneur d'Esdan [113]. Et néanmoins qu'on l'eust jà pardonné à la requeste et prière de Monseigneur le mairquis, fuit encore delivré auxdits seigneurs qui le demandèrent, parmey qu'il debvoit satisfaire à partie ; et avoient pourtant ses amis argent pour le racheter, qu'il n'eust point le poing couppé.

Item, ce pouvre maleureux, de quoy ci-devant est fait mention, fut bien tost prins après l'offense et le vilain crime fait, fuit mené à Nancey et fuit le xie. jour de Janvier exécuté en la manière qui s'ensuit : premier, fuit trayné sur une cloie permy la ville et puis fut mis on checrant et du checrant on ly couppit les ii. mains, et après on ly frappit iii. coups de haiche sur la teste, de quoy il ne (fol. 82) molrut point, pour tant qu'il avoit une secrete en la teste, pour essevir Justice, por tant qu'il avoit frappé les iii. personnes de iii. coups de haiche ; et puis ly fuit frappé iii. coupz du propre coutiaulx parmey la gorge, et après, la teste coppée et mis en iiii. quartiers.

Item, le xxvie. jour de Janvier morut Monseigneur le viquaire de la grant esglize de Mets, lequel donnait par sa devise à chescune des Ordres mendiants, c'est assavoir : as Carmes, as Augustins, as Preschours, as Cordelliers, et as frères Bauldes cent livres d'argent, une cue de vin et xii quartes de bledz ; aux deux religions de saincte Claire, dessus les Murs et en grant Meze, à chescune l. livres, vi. quartes de bledz et une cue de vin.

Item, ii. jours après fuit esleu et fait vicquaire Monseigneur le serchier, bien homme de bien et pensionnaire de la cité de Mets.

Item, après le biaulx temps de quoy nous avons ci-devant fait mention, qui durait comme vous avez ony jusques après la sainct Mairtin, la gellée bientost après commençait à venir bien fort et bien aispre et gellait merveilleusement ; et fuit l'opinion de plusseurs qu'il n'avoit si fort gellé depuis l'année de [1477] que le duc Charles fuit perdu devant Nancy, et negeait tant et si longuement que depuis Noël jusque le iiie. jour de Feuvrier ne fuit gaires de jour qu'il ne negeait, quelque pou que ce fuit, tellement qu'on ne povoit aller par les champs. La gellée, l'iver et les neiges furent si grandes que les povres bestes salvaiges moroient de faim, et fut trouvé plusseurs loupz morts en la neige, lièvres, perdris, et aultres bestes ; et combien que ci-devant soit fait mention de plusseurs années de grants neges, c'estoit pourtant l'opinion de plusseurs anciens, que de bien longtemps n'avoient esté si espaisses ne si grandes; et estoient les loupz si constraints de grant famine qu'ils assailloient les gens qui alloient seulz, et de fait fut dit et certifié qu'ils avoient oultragié et estranglé gens; maix bien est vrai que les gens n'osoient aller seuls pour la paour des loupz. Toutefois le temps se deffit et les neges fondirent bien doulcement, sans faire domaige, ce que on doubtoit bien; maix à cause desdites grants gellées furent plusseurs vignes engellées.

Item, le x°. jour de Feuvrier vinrent en Mets le comte de Nassowe, Monseigneur de Chievre, Monseigneur de Bergues, l'evecqe d'Arras, Monseigneur le trésorier des païs de Flandres, de Brabant, de Hollande, etc., et avec eulx plusseurs nobles desdits païs, acompagniés de environ ii. c. et l. chevalx, toute fleur de gens, lesquels furent des seigneurs de Mets bien honnorablement receus et furent logier: Monseigneur de Nassowe en l'hostel de Sʳ Philippe de Raigecourt que fuit, Monseigneur de Chieuwres en Passetemps, Monseigneur de Bergues chiés Sʳ Andreu de Rinck, Monseigneur l'evecque d'Arras chez le saiellour, Monseigneur le trésorier en l'hostel de Monseigneur de Wauldoncourt où soloit demorer Sʳ Wiriat Roucel; et leur fit la Cité présent de x. cues de vin et de c. quartes d'avoine et le IIIe. jour partirent et s'en allirent logier à Delme; et en alloient les dits signours devers l'empereur.

Item, le xviiie. jour de Feuvrier partirent de Mets Sʳ François le Gournaix, chevallier, Sʳ Regnault le Gournais, son filz, Sʳ Nicolle Dex, Sʳ Nicolle Roucel, chevalier, pour aller as noces de Monseigneur le palsegrewe, ᵛᵛᵛ comte palentin, lesquels la Cité avoit commis pour y aller et ly portirent p. ur et on nom de la Cité ung juel d'argent, qui valloit iiii. xx. livres, car ledit seigneur comte avoit envoié prier la Cité bien cordiallement qu'il leur pleust ly faire compaignie et honneur à ses noces qui furent à Hedelberche; lesquels y allirent à bien belle compaignie et tous armés, et dessus leurs hernex bien joieux abillement; et leur fuit faite dudit seigneur une merveilleuse recueille et leur fit on grant honneur, et furent assis à table le jour des noces après les comtes, par dessus toutes les aultres cités. Et à retourner ceulx de Strabourch les festoièrent honorablement, et [ils] revinrent le viie. jour de Mars.

Item, le premier jour de Mars fuit fait ung huchement sur la pierre, que se ung presbtre appellé S^{gr} François ne se venoit excuser d'aulcune larrecin que lui et une bien jonne et petite fillette avoient fait par le soubornement dudit presbtre qui faisoit d'elle sa volentoit; toutefois comme saige s'enfuyt et ne revint point. Et à bout des vii. neuts on fit ung aultre huchement, que s'il y avoit personne qui sceût ou qui heust aulcune chose de la larrecin, qu'ils l'annuncissent ou aportissent à Messeigneurs de Justice sur poine de confiscation de corps et de biens.

Item, le xxviie. jour de Feuvrier une jeune femme qui demoroit en Chambre se pairtit de sa maison environ les iiii. heures du matin et se gettit en Muzelle; on ne sçait pourquoy, ne comment, et quant on vit qu'elle ne revenoit point en sa maison, on fit doubte qu'elle ne s'eust noyée comme elle avoit [fait. Elle] fuit serchiée en la rivière de Muzelle et fut trouvée à bout de ii. semaines à Moncourt, à ii. lieues d'icy.

Item, le iie. jour de Mars le feu se print en une maison à Landonviller, à heure de midy, et fut tout le villaige brulé, arrez iii. maisons; et iiii. ou v. jours après se print le feu à Buren près de Bassompierre et fuit tout brullé, bien cent maisons.

Item, en ladite année une femme s'en allit as Agustins, en la chambre d'ung religieux et tantost fuit trouvée morte en ladite chambre; et comme on disoit, fuit à cause de feu de chairbon, car c'estoit on temps des grants froidures et n'avoit point de chaminée en ladite chambre; et ung jeune novice se moroit aussy, s'il ne fuit venu ung religieux qui le tirait dehors. S'il heut demoré le long de iii. patenostres de venir en la chambre, ledit novice fuit esté mort aussy bien que la femme, de quoy lesdits Augustins en heurent une grant esclandre et leur fuit fermé des huis que per avant n'avoient point esté fermés.

En l'an mil v. c. xi. fuit Maistre-eschevin de Mets S⁩ᵉʳ Jehan le Gournais que jay l'avoit esté, en l'an mil IIII. c. lxv.

En ladite année, le iii⁰ jour d'Avri fuit couppée une oreille à ung compaignon qui usoit de faulx liairds, et ly fit on grant graice d'en eschapper pour le prix, combien qu'il ne les faisoit. Il les achettoit à des faulx menoiers et les blanch[iss]oit, et bientost après fut brullé à Troie en Champagne.

Item, le mairdi après viii⁰. jour d'Abvril une femme fuit mise on chercant, laquelle estoit fille d'ung chevallier de grant maison, pour tant qu'elle avoit desrobé du conseille et à la requeste d'ung presbtre qui la hantoit et [l']avoit tirée de l'hostel de son père en l'aige de xi. ans; et ledit presbtre s'enfuist comme saige et bien advisé, car il ly en eust mal prins.

Item, ii. jours après, le x⁰. d'Abvril olt la teste coppée et [fut] mis sus la roue ung homme corier appellé le Vexol, pour tant qu'il avoit tué ung homme, lequel ne ly demandoit rien et n'avoit quelque question à luy; bien est vray qu'il avoit heu question à son frère; le trouvait d'aventure as champs, le frappit d'ung espié permey le corps.

Item, en ladite semainne une femme cheut de dessus le pont du Saulcy en Muzelle, ne sçay de quelle fortune, et l'emmenait l'yawe tout oultre le pont saint George et ne fuit point noiée.

Item, le jour du grant venredy ung enffant fuit aporté à Braidy d'une jonne fille qui en estoit accouchiée ledit jour; et pour tant que ledit enffant avoit esté fait à ladite Braidy du serviteur, les amis de la fille (fol. 83) l'y portirent et le laissirent et s'en allirent. Le moistrier adverti prinl l'enffant et le repourtait bien courant après les femmes, lesquelles ne le volrent reprendre. Le moistrier mist l'enffant devant lesdites femmes tout sus la terre, enmy le chemin, et le laissèrent en la plaice et y demorait toute la neut jusque le grant samedy à matin que gens qui venoient à Mets le trovèrent qui se moroit, le prinrent et le portirent à ladite Brady. Et pour tant qu'il n'estoit point baptisé, la moistriere le rechauffait en de l'yawe chaulde, aultrement il estoit mort et eust perdu baptesme; d'aventure virent venir deux frères de l'Observance, lesquels le baptisèrent et tantost il mourut. Ledit moistrier fut prins, paiait une amende et fuit banni vii. ans.

Item, le xie. jour de Maic, en ladite année, S^{gr} Thiebault le Gournaix espousit dame Margueritte Dex, fille S^{gr} Jacque Dex, qui estoit en la mainburnie de S^{gr} Jehan le Gournaix, en bien grande sollemniteit, en l'hostel de S^{gr} François le Gournaix, son père.

Item, le xvie. jour de Maye ⋆⋆⋆ fiancèrent et espousèrent les ii. filz S^{gr} Philippe de Ratchecourt, tous en ung jour; c'est assavoir Philippe espousit Anon, fille de S^{gr} Nicolle Remiat et Nicolais espousit Comtesse, fille de S^{gr} Jacques Dex; et furent faites les nopces sollempnellement, tout en une maison et en ung jour.

Item, le xie. jour de Jung, ung appellé Henzel Lelouet de Saint Avolt envoiait deffier la cité de Mets pour une querelle qu'il disoit avoir à Jehan Nemmery, filz Nemmery, le pelletier, en laquelle querelle il n'avoit point de droit; et iiii. jours devant il avoit prins ung jonne filz qui venoit de Treuves.

Item, ung serviteur qui estoit à Dolixi, venoit du Paiis Bas et amenoit xxxii. chevaulx; et pour fouyr le chamin et dangier desdites deffance, il les fit passer la rivière de Muzelle, et en les abruvant, il en y oit vi. des noiez et [ce] fuit bien près de Rodemack.

Item, le londemain xiie. jour de Jung fuit menée une femme allemande chiez le Doien, qui estoit de Budange, laquelle avoit vendu des tuppins de boure, plussours en Mets, lesquelz tuppins estoient pleins d'ordures ; et y avoit en chacun tuppin des villains et ors drappiaulx qui emplissoient les tuppins, et n'y avoit de beure qu'ung bien pou dessus et dessoubz. Et le xxie. jour dudit moys elle fuit mise on carquant et y demourait iiii. heures, et fuit en bien grant dangier d'en estre noiée, se n'eust esté à la requeste et prière de Madame de Créhange; et avoit pendus autour d'elle vii. tuppins de ladite faulce beure le temps qu'elle estoit ondit carquant; et en la menant en avoit ii. tuppins pendant devant et dairien.

Item, la iiie. sepmaine de Jung furent brullés ii. sorciers à Chemenat devant le Pont.

Item, le dairien dimanche de Jung ung homme appellé Cugnin Navelz, demourant dairien les Carmes, espousit une femme et le viiie. jour de Jullet il ly coppait la gorge d'ung serpon, de froid sens, car il l'appelit et la fit venir en sa maison; et incontinent fermist son huix et la print par les cheveux et subitement d'ung serpon luy coppit la gorge et s'enfuyt as Carmes. Et le londemain, de son plein gré, yssit hors des Carmes en présence de Justice et de plusseurs sergents, et incontinent qu'il fuit fuer, les sergens le prinrent et le samedy après fuit trainé on pillori à x. heures et à ii. heures fuit traynd sur la browatte entre ii. ponts, et là olt la teste tranchée et après on ly coppait la main destre, de quoy il avoit fait le crime.

Item, le xxve. jour d'Aoust vint en Mets Monseignour Woulffgang, filz du comte Palentin, ung jonne filz environ de xvii. à xviii. ans, qui s'en alloit en France; et fuit mené aval la Cité per plusseurs des seigneurs de Mets et fut sus le clouchier de Moutte.

Item, le premier jour de Septembre le feu fuit en l'hostel Gerardin Couppat le chaingeour, et fuit la maison en grant dangier d'estre brulée, se n'eust esté une pluie qu'il fit tout ensy que le feu s'emprint, et aussi la bonne diligence que le peuple y fit; et se print ung peu devant minuist.

Item, le viii°. jour de Septembre, Sʳ Philippe Dex fiancit Anon, fille Sʳ Jehan Chevin, et le lendemain il l'épousit, et furent faites les noces en l'hostel du Sʳ Philippe Dex et ne print ledit Sʳ Philippe point d'argent de ceulx de sa partie qui furent à noces.

Item, l'esteit, le temps de ladite année de l'an mil v. c. et xi., fuit de bien mauvaise sorte et ne fit quasi point d'esteit, par quoy il y eust biaucoup de foins perdus et furent bien chiers et la vendange bien petite; et si eust bien pou de vin et bien mendre, car pour le froit et les pluyes que continuellement faisoit, les vignes ne polrent murir. Toutesfois il fuit chier et vallut la cude au cheraulx ix. francs et x. francs, pour tant qu'il en y avoit si poc, et furent tantost mis les viez vins à vii. et à viii. deniers et vallut le bledz vi. sols, vi. sols vi. deniers, et vii. sols le milleur, et à la fin de l'hiver viii. sols.

Item, en ladite année, le xxi°. jour d'Octembre fuit mort d'un saingler messire Philippe de Port, filz Sʳ Anthonne de Port sus Saille, et depuis que le porc l'eut navré à la mort, encore le tuait il. Et avoit esté ledit seigneur de là les monts, devant Venise et ez guerres de par delà, où il s'avoit très vaillamment porté et en avoit ung grant bruit.

Item, le viii°. jour de Novembre, ung sabmedi, fut fait ung huchement sus xl. livres d'amende, que nulz ne prenist or que de poids ne de monnoies aultrement qu'elles estoient escriptes en ung tablet pendant à la porte du Palais; et le lendemain fut annucié per les paroches.

Item, le xi°. jour de Décembre, ung jeudi, fut pendu ung magnier qui avoit derobé ung aultre maignier, appellé Dedier le magnier de Salnerie, bien v. c. livres de mette à plusseurs fois et les avoit vendus à la Grantbarbe et pezés en sa maison, de quoy il en fuit à viii. xx. livres d'amende, pour tant qu'il ne les avoit pezés as poids de la Ville.

Item, la dairienne semaine de Janvier, en ladite année, ung chair et v. chevalx en paissant per dessus la glace de Muzelle, entre Joicy et Corney, furent enfondus desoubz la glaice et furent lesdits v. chevalx noiés, maix le chairton et ung garçon se salvèrent.

Item, en ladite semaine espousirent en Mets ii. petits enfans à heure accoustumée et acoustrés bien triumphamment, et en l'amenant à l'esglize sembloit que ce fuit une petite saincte Katerine, et estoit le filz François Traval et la fillette estoit fille de Gérardin Coppat le chaingeour; et tout du long du jour y avoit tant de gens qu'on ne povoit aprouchier, pour tant qu'ils estoient si jonnes et si petits, car chacun les vouloit veoir.

Item, l'hiver de ladite année fuit asses gracieulx et sec et gellait asses moderéement bien xii. semennes, per quoy il fit bon chairier et amenont on blaucoup de boix en Mets, car aultrement il fuit esté bien chier, car il n'en venoit point per la rivière, pour tant qu'elle estoit engellée et prinse en aulcuns lieux. Toutefois il fit bien fort froid et gellait bien fort les dariens viii. jours de Fevrier; et la première semenne de Mars on ne povoit ouvrer en vignes, et si olt aulcuns domaiges en vigne de ladite gellée d'hiver.

Item, en l'an mil v. c. et xii. fuit Maistre-eschevin S^{gr} Phillippe de Raigecourt, qui estoit novel marié et bien jonne.

Item, le jour des Palmes, iiiie. jour d'Abvril après, ung pouvre idiot et sot qui s'appelloit Jacomin de l'astuwe, estoit allé peschier à la verge (fol. 84); ne sçay de quelle fortune, cheut en Muzelle près de Wadrinowe et fut noié.

Item, le pénultime jour dudit mois d'Abvril, environ ii. heures après minuist, partie des vignes de Mets et en plusseurs lieux du païs furent engellées, per quoy les vins furent plus chiers et ne trovoit on a peine où aller, telle fois fut, as vins. Le iiiie. jour de Maye ung notaire appellé Bacquarat mit sus du vin novialx à ix. deniers la quarte, et fuit le premier et tantost valurent les viez vins x. deniers.

Item, on mois de Mars vint l'empereur Maximilian à Trèwes

et y fuit environ viii. semaines, et avec luy les princes de l'empire la pluspart, lequel fit cerchier la robe de Nostre Seigneur et la trovait dessoubz le grant autel de la grant esglize, la robe sans couture que la Vierge Marie ly fit à l'aguille et qui avoit tousjours creu avec son corps, et y fut trové le drappel de quoy la Vierge Marie l'envellopait, quant elle le mist en la creche, l'ung des deiz de quoy ses abillements furent juez et le coutiaul de quoy il fuit circoncis, le corps de saint Materne tout entier, le chief saint Cornille et des reliques de plusseurs saints et saintes; et furent trouvés le jour saint Jaicque et saint Philippe dudit empereur, de l'archevesque Richairt de Trewes et du comte de Rineck, contre de ladite esglize. Et furent lesdites relicques envoyées audit lieu de Treves par saint Silvestre et les y aportait saint Aguclus [1], patriarche d'Antioche, qui fuit après arsevecque de Treves à Madame sainte Helenne, mère de Constantin l'empereur, l'an iii. c. xlviii.; et furent remis ondit autel et le londemain de la Pentecoste après, furent monstrées à plusseurs personnes.

Item, le xiii°. jour de Maye saillirent ii. hommes en la Xuppe; l'ung pour ceu qu'il avoit vendu sa femme, et l'aultre estoit de mauvaix gouvernement, ung jueux qu'on ne povoit chaistier, et furent banis.

Et ledit jour furent menez au gibet ii. dont l'ung fuit pendu, et avoit bien intencion de boutter le bouriaul avaul, car il prioit et demandoit pour l'amour de Dieu qu'il n'eust point les yeulx bandez, ce que ly fuit aicordé; et puis demandait à boire, pensont que le bouriaul duist descendre pour prendre sa boutcille, et en descendant qu'il heust fait, l'eust aitteint du pied et ensy l'avoit promis à son compaignon; mais le bouriaul averti en demandant à boire le boutit en bas. Et l'aultre qui estoit ung jonne filz de l'eage de xviii. ans, de Rozérieulle, une jonne fille le demandoit, et à la requeste de S⁺ Regnal le Gornais et S⁺ Claude Baudoche qui estoit son parain, fuit donné à la fille, et le londemain espousirent à Sainct Arnolt, et ne ly fit qu'ung pou de bien.

Item, le lendemain fuit pendu ung homme à Rouzérieulle, lequel print sur sa mort qu'on ly faisoit tort de la lairecin qu'on ly mettoit sus, et disoit et affermoit, en moult fort jurant, que par force de gehenne on ly avoit fait dire.

Item, le mardi après, qu'estoit le jour de la saint Urbain, xxve. de Maye, fuit mise en cherean une femme et forjugiée à tousjours mais, pour ceu qu'elle sostenoit et vendoit les lairecins que le jonne filz devant dit qui olt graice, faisoit et en fut en grant dangier de pis avoir.

Item, en la dairiene semaine de Maye une jonne fille de l'aige de xiiij. ans se levait de nuist de son lit et s'en allait chiez une de ses voisines, et ly dit qu'ils avoient des gens en leur maison et que son père luy envoioit, et se couchait avec ladite femme; et la nuit, quant elle fuit endormie, d'un serpon qu'elle avoit aporté de leur maison ly cuidait coupper la gorge et ly fit une lairdesse; de quoy ladite femme s'esveillait, commençait à crier: *alarme, as murtriers.* Le londemain elles furent prinses; toutefois pour ceu que la femme estoit mal famée et la jonne fille avoit bone fame, et aussi les voisins vinrent en grant nombre prier pour elle et demander graice, elle fuit quitte. Toutefois ce fuit une grant graice qu'on ly fit.

Item, le iiie. de Jung fuit battu ung malvais garson appellé Noël le sairgier, que jamais ne se volut chaistier, depuis le Palais jusque la porte Serpenoize et bien aisprement.

Et à celle fois meyme fuit menée et banie à tousjours mais une femme boiteuse, pour ceu qu'elle avoit esté banie et avoit revenu devant son banissement. Je croy, s'elle n'eust esté grosse d'enffant, elle n'eust point eschappé pour le prix.

En ladite année, le iiiie. dimanche après Paisque se tint le grant chapitre provincial as Cordelliers, onquel avoit des religieux de la province de France iii. c. religieux, moins trois. Et y estoit venerable religieux frère Boniface, docteur en sainte Théologie et en Decret, ministre de la Province de France, acompagné de plusseurs constitués en offices et digniteits d'icelluy ordre, c'est assavoir : ix. custodes et les plus gradués en sainte Théologie, xxii. docteurs, xlvii. gardiens, lIIii. discrets, lxiii. bacheliers en Théologie, lesquelz furent moult chairitablement receus des seigneurs de la Cité et et de tout le Commun et leur fuit donné des biens en grant nombre, tellement qu'ils s'en retournirent joieusement et bien contents, et firent durant ledit chapitre v. sermons par v. docteurs, lesquels prinrent pour leurs theumes à chescun sermon : *veritatem dico vobis*. Et le dairien collaudoit moult bien la noble cité de Metz par l'interprétation des v. lettres M·E·T·I·S, et en remerciant la Cité de l'honneur, des biens qu'on leur avoit fait en si grande abondance, disoit que jamais n'avoit esté à chapitre en lieu du monde là où ils furent esté si bien receus; et si avoit esté lii. fois à Rome à chapitres. Toutefois ils heurent certaine altercation en l'encontre des frères Baudes et firent lesdits frères Baudes citer le ministre, pour tant qu'il disoit qu'ils soustenoient et avoient receus de leurs frères contre leur voulenteit, ce que faire ne povoient [ne] ne debvoient [117].

Item, le jour du Real dimanche fut trouvé noié ung garçon en Metz, venant aval l'yawe, qui avoit esté noié le jour de la Pentecoste, près d'Airey.

La sorveille de la saint Jehan ung presbitre fut prins par ii. sergents et mené enchiés le Doien, pour tant qu'il avoit dementi S⁰ʳ Nicolle Remiat, et y fut xxiiii. heures; à la requeste des Ordinaires fuit mis fuer, per ainsi qu'il debvoit demander perdon audit S⁰ʳ Nicolle Remiat, maix il n'en voit point de son perdon.

Item, le vi⁰. jour de Juillet furent brulées à Loppei iii. femmes et ung homme, lesquels accusèrent leur curé et soutinrent qu'il estoit sorcier, jusques à la mort; et ly estant en la Court l'evesque prisonnier, comme saige trovait manière d'eschapper.

Item, ondit moys de Juillet vinrent logier on païs de Mets à

Maixières, à Semécourt et ès villaiges à l'entour, je ne sçay quelle manière de gens, piétons ensamblez de touttes parts. Plusseurs de Metz sy boutoient et vouloient se bouter avec eulx ; maix on fit ung huchement que nulz n'allit servir hors de la Cité nul signour se donc n'estoit qu'ils vuidaissent incontinent hors de Metz femmes et enfants et tous leurs biens, sur confiscation de corps et de biens.

Item, le xviie. jour dudit mois de Juillet morut Monseigneur le vicaire de Metz, ung venerable personaige (fol. 85) saige, devot, fort ecclésiastique, qui amoit Dieu et l'Ésglize et un grant almosnier et amé de toutes gents ; et avoit esté procureur et pensionnaire de la Cité, lequel s'y avoit très saigement gouverné et oit ung merveilleux plaint des povres gens, et disoit on tout communément qu'il estoit mort du desplaisir qu'il print de celui malheureux presbtre de Loupey devant dit ; car il l'avoit nori et ly avoit donné la cure de Loupey et l'amoit, car il le cuidoit bien aultre.

Item, le dairien jour dudit mois ung clerc qui se voit Jehan Laicy s'estoit allé baignier au Raiz l'evesque on Saulci, et en saillant par plusseurs fois en la fousse fuit noié, et estoit habile en la practique des clercs.

Item, ledit jour dairien de Juillet fuit exécuté ung à Boullay en la manière qui s'ensuit : premier on luy couppait le membre d'en bas et les génitoires, et puis ly fendit on le ventre jusque la forcelle, et d'ung aultre couteit ly fuit couppée la forcelle. Incontinent le bouriaul aux ii. mains ly ouvrit et enlargit la forcelle de grant force, tellement que toutes les tripes cheurent à terre et ly dit le pouvre maleureux qu'il ly monstrit son cuer, lequel ly fuit monstré et le vit, ly estant encor vif, car plusseurs ly oïrent dire qu'il le veoit. Adoncque le bouriaul frappit dedans le cueur et incontinent morut et puis fuit détranché en v. pièces, les iiii. quartiers et la teste, et mis en v. lieux, pour tant qu'il estoit traystre et qu'il debvoit trahir la ville de Bolay et la mettre en la main du filz S^{er}

Robert de la Marche, lequel comme on disoit, l'eust fouraigiée et brulée.

Item, la dairienne semainne de Juillet vi. jonnes compaignons de nuit, après la cloche, prinrent ung cercle de tonnel pendant devant une maison où on vendoit vin, et le portirent bien loing en ung aultre quartier et le pendirent devant la maison d'ung appellé Mairtin Lambel. Messeigneurs de Justice advertis les envoient guaigier chescun de xl. solz et l'organiste de la grant esglize [qui] en estoit ung, fuit mis en la Court l'évesque.

Item, le iiiie. jour d'Aoust morut dame Barbe Dex, femme S^{er} François le Gournais, laquelle laissait audit S^{er} François son mari xiiii. enffans, c'est assavoir : v. de dame Perette Lowe, sa première femme, v. de dame Françoise Le Gournaix, sa seconde femme et iiii d'elle, qui estoit une belle compaignie.

Item, le iie. et le iiie. jour d'Aoust les seigneurs de Mets firent visitation aval la cité de Mets, pour veoir et sçavoir quel puissance de bledz, d'avoine, de vin il y avoit.

Item, le xie. jour dudit mois d'Aoust, de nuit se print le feu en une maison en Chamblière enchiez Michiel le pauxour, brulit une belle chambre et biaucoup de bien dedans.

Item, le xxixe. jour dudit mois d'Aoust ung tourel courut sur ung homme devers le molin à vent, en allant à Saincte Barbe et le tuait. Et le ixe. jour de Septembre il fuit pendu par les ii. jambes do dairien; maix pour tant que le bouriaulx ly avoit si fort lié d'une corde parmy les narines, il morut incontinent, aultrement il eust vesqu longuement.

Item, le londemain une volle garse appellée la Donnowe battit tant une aultre garse de sa sorte qu'elle en fuit jusque la mort et en fuit enollée, et l'aultre s'enfouyt.

Ondit mois de Septembre furent trouvés en Mets ii. jonnes compaignons frères qui avoient derobé des taisses d'argent enchiez ung cabaret en Chambre, appellé le Tortu pied, desquels l'ung fuit prins et l'autre s'enfouyt à Sainct Victor; le soir il fuit prins, ne sçay comment, maix à bout de ii. jours il fuit ramené à Saint Victor, et ii. jours après il s'enfouyt de nuit per dessoubz les bairres, et l'autre fuit battu à cul d'une charette bien aisprement, avec ung aultre, magister d'escolle qui avoit desrobé et coppé plusieurs borses ; et fuit le xxviiie. jour de Septembre et fuit une chose novelle de les battre liés à cul d'une chairette.

Item, le xixe. jour de Septembre fuit jué le jeus de la royne Ester, comment le grant roy Asuerus tenoit court sollemnelle accompagnié de tous ses princes [et] envoiait querir la royne Vasty, sa femme, qu'elle venist à la feste faire honneur au prince ; laquelle désobeyt et n'y volt point aller. Le roy, fort indigné de sa désobéissance, la répudiait et la bannist de son royaulme et print à femme, du conseil de ses princes, la noble Ester ; et ondit jeu que durait ii. jours, en y olt iii. des pendus bien subtillement et y demourarent asses longuement.

Item, le xxve. jour dudit mois vinrent novelles que les denrées des merchands de Mets qui venoient de Francquefort estoient ruées jus d'ung appellé Pierre Burtal, avec plusseurs aultres mauvais garsons, lesquels decopirent tonnels et fardels et prinrent et emportirent tout ceu qu'ils en polrent porter et laissèrent le demeurant respandu en la plaice et avaul les champs, et enmenèrent aulcuns des chertons et contraindirent l'ung des chertons d'aporter les defflances en Mets, per ensy qu'ils le quittoient, luy, sa charette et ses chevaulx, ceu que ledit cherton fit ; et le demeurant qui valloit encor grant somme d'argent comme cire, serge, chandelliers et arcs d'arbollestre, qui estoient choses pesantes, le duc Albert avecq les chertons les remenèrent ensamble et les reffardellèrent au mieulx qu'ils polrent et les amenèrent.

Item, le xe. jour d'Octobre, ung dimanche fuit jué ung jeu sus Saint Illaire, de ii. gens estant en mariage. Après qu'ils eurent vesqus certain temps en mariage, heurent alccord ensemble de vivre chaistement le demeurant de leur mariaige.

Or avint que le marit voit avoir compagnie à sa femme, laquelle de son povoir y resistoit pour le vœu qu'ils avoient faict. Toutefois faullit qu'il fût. La femme courroucée dit que le diable y heust part, et que se elle concepvoit ung enffant que à diable fuit il et qu'elle ly donnoit; dont elle fuit mal avisée, car à celle heure elle conceut ung filz, de quoy elle en maldit l'heure plus de cent mil fois, car ce devint ung si bel enffant et si saige que point on en sceust trower; de quoy le père en avoit si grant joie que tout son reconffort estoit ondit enffant, et toutes fois que la mère le veoit, fondoit en larmes, de quoy le père s'en esmervilloit, et plusseurs fois ly en demandoit la cause, et aussy faisoit l'enffant, quant il commença à devenir grant, ce que jamaix ne leur voulut dire, tant que une fois que l'enffant, qui jay avoit environ xiii. ans d'aige, très instamment l'en prioit, laquelle ly dit qu'elle l'avoit donné à sa conception à diable et comment le diable l'infestoit et demandoit et ly disoit que dedans ces xv. ans il le prenroit et emporteroit. Le pouvre enffant, bien estonné et esbahi, dit qu'il y porveroit et qu'il s'en iroit à Romme, se recommandant à la benoite Vierge Marie, laquelle moult humblement saluoit tous les·jours. Or pour abrégier l'histoire, à bout des xv. ans, iii. diables le vinrent prenre : Sathan, Astarot et Leviatan et l'emportirent en enfer. (Fol. 86.) Ce veant, la Vierge Marie prioit Dieu Nostre Signour, son enffant, qu'il ly voulsist rendre cest enffant que les diables en avoient porté, qui estoit son bon ami. Nostre Signour permist et ly donnait congié de l'aller prendre tout dedans enfer, acompaignié de sainct Michiel, de sainct Gabriel et Raphael, qui fuit une chose bien belle à veoir, et de la joie que le père et la mère heurent de veoir leur enffant et d'estre quitte du diable, car il leur racontait tout ensy que la chose estoit avenue et des grants et horribles torments d'enfer qu'il avoit veus; et fuit ledit jeux aussy bien jué qu'on en vit point de longtemps. """

Le temps d'esteit fuit en son commencement de bien mavaise sorte, car il gellait plusseurs fois, de quoy les vignes furent engellées. Après il fuit pluvieux et froit, et quant vint après la saint Jehan, commençit à faire fort chauld et souvent faisoit oraige de tonoire et de grelle, tellement que les vignes qui s'estoient ung peu reffaites, furent encor plus gaistées que per avant. Et furent les biens gaistés as champs en plusseurs lieux, et les fins fondriées, comme se on les heust battus de flëel. Toutesfois il fit le plus biaulx temps après que jamais heust fait, la plus belle fenal et mouxon; la vendange vint qui fuit asses belle, maix il n'y avoit nulz vins, au moins si pou qu'à merveille. Cestui pou qui fuit, fuit mervilleusement bon, aussi on les vendoit bien chier, car aulcuns achetirent le cheral xv. xvi. et xvii. frans. Toutefois il en vint asses à la Taippe selong l'année, car plusseurs n'en avoient que des demi cues et des tonneillons, pourtant les amonoient à la Taippe.

Item, le xve. jour d'Octobre molrut dame Barbe de Cumheim, femme S^{gr} Regnal le Gournais don Nuefbourch, une vaillant et bonne dame.

Item, ondit mois d'Octobre ung pouvre homme porteur d'estrain, aussy s'appelloit il Blancstrain, accoustumé de juer souvent as cartes, estoit en l'hostel d'ung cabaret appellé l'hoste Sidure. En juant as cartes, dit que à diable fuit il et que le diable ly tordit le col, s'il juoit jamaix as cartes avec celluy avec qui il juoit; et en l'heure il recommençait à juer à ly, et tout incontinent cheut à terre en criant: *Le diable m'emporte, le diable m'emporte*, perdit la moitié de son corps et heust la teste tournée, sens devant dairier et demourait en tel estat tant qu'il fuit mort.

Item, en ladite année furent ostés et condempnés les mollins dessus Muzelle et y fut fait une venne de pierre, telle comme vous veez; et depuis qu'elle fut à demi faite, on s'avisait d'y faire ung pont et fuit abatue la maison de l'aimurier qui avoit esté faite toute nueve et y fit on ung biaulx pont comme veez et des mollins.

Item, les ii. frères de quoy ci-devant est fait mention, c'est à sçavoir, celui qui fuit battu à cul de la chairette et celui qui avoit esté à S¹ Victor, furent trovés robant et tendant sur les haults chemins et avoient tué et murtri ung mercier qui de Mets s'en alloit au Pont, asses près de Féy. [Ils] furent pris de la justice de Bacourt, condampnés à estre defaits et mis sur la roue. Le jour que l'exécution se debvoit faire, on en trovit ung des eschappés à l'ayde de ii. hommes de la ville, lesquels furent, l'ung battu par le bouriaul et l'aultre heut les ii. oreilles copées. L'aultre murtrier, celluy qui avoit esté à Saint Victor fuit mis sur la roue et heut les ii. mains coppées et puis la teste, que bien l'avoit desservi, et fuit le xxvi⁰. jour d'Octembre.

Item, le xxviii⁰. jour dudit mois d'Octembre, Messignours les commis de l'empereur mandirent en la Chambre des Sept de la guerre tous les eschevins des esglizes, et leur fuit dit et ordonné qu'ils fissent faire commandement à tous les parochiens de se trover, chascun en sa parosse, et de nommer et eslire iiii. hommes des plus suffisants et entendus, et que les quatre esleus, avec les quatre eschevins, se trovissent en ladite Chambre et à ladite heure, et ils leur diroient aulcunes choses qu'ils avoient en volenteit de leur dire; et leur fut assigné le jeudi après, que fuit le jeudi après la Toussains, iiii⁰. jour de Novembre. Lesquels dits eschevins en firent leur debvoir et prinrent en chescune paroche iiii. hommes, comme il leur estoit ordonné, et à jour préfis, se trovirent tous ensemble on Hault palais, et là leur fut dit de Messieurs les commis, par la bouche de S⁹ʳ Andreu de Rinek, chevalier, comment l'empereur, nostre sire, prioit qu'on luy voulsist faire subside et ayde d'argent. Il y ait plusieurs circumstances ez demandes premier qu'il faisoit, lesquelles estoient fuer de mesure et indiscrètes. Toutefois, à la remonstrance des princes de l'Empire, pour viii. ans qu'il demandoit, fuit remis à ung ans sans plus, en telle manière que ung homme qui avoit vaillant cinquante florins d'or ou moins debvoit paier le tiers d'ung solz, et s'ils avoient enffants en leur gouvernement, ne paieroient rien.

Item, tous ceulx qui ont depuis cinquante florins jusques à cent, doient paier les deux parts, et de chescun enffant qu'ils aueront en leur gouvernement, aigiés de xii. ans ou plus, paieront le tiers d'un solz.

Item, tous ceulx qui ont vaillant depuis cent florins jusques à iiii. c. florins paieront ung solz, et pour chescun de leurs enffants, aigés de xii. ans et plus, le tiers d'un solz.

Item, toutes personnes non mariées, serviteurs et aultres, estant en liberté, soient spirituels ou temporels, et aussi gens mariés non ayant enffants, paieront chescun ung solz.

Item, ceulx qui aueront plus de iiii. c. florins jusques à mil florins, ii. solz et s'ils avoient enffants, comme dessus, chescun les ii. parts d'ung solz; et ceulx qui ne seroient point mariés, paieroient aussy ii. solz, qui aueroient autant vaillant.

Item, ceulx qui aueront vaillant mil florins, iiii. solz, et pour chescun de leur enffant dudit aige de xii. ans et plus, non ayant propre, chescun ung solz; mais s'ilz avoient propres, ils paieroient, comme dessus est dit, à l'estime du leur.

Item, ceulx qui ont vaillant de xv. c. jusques à ii. mil florins, le quairt d'ung florin, et pour chescun enffant aigié, comme dessus, ii. solz.

Item, ceulx qui ont la vallue depuis ii. mille jusques à iiii. mil florins, paieront demy florin, et de chescun enffant non assigné en mariaige, iii. solz.

Item, celuy qui ait iiii. mil florins et plus jusques à x. mil, paierait ung florin, et pour chescun enffant non assigné en mariaige, dudit aige de xii. ans, ung demi quairt de florin.

Item, celuy ayant la vallue de x. mil jusques à xx. mil florins, paierait ung florin et demy, et de chescun enffant, jonne ou viez, chescun ung quart de florin.

Item, celluy qui aueroit vaillant xx. mil, xxx. mil, xl. mil et encore plus, doit paier iii. florins, et pour chescun enffant non marié, jonne ou viez, demy florin.

Ceste demande oye des parochiens et peuple de Mets, les ung et le plus firent response qu'ils avoient en leurs signours bonne fiance et qu'ils avoient le temps passé bien et saigement governé et qu'ils leur en donnoient la chairge totalle, espérant qu'ils en sauroient bien faire et que bien envis feroient chouses que à culx ne à nous fuit trop préjudiciaille; et ensy respondirent ceulx de Sainte Croix, ceulx de Saint Jaicque, ceulx de Saint Vit, de Saint Jehan à Nuef moustier, de Saint Gengoulx, de Saint Hylaire, de Saint Ferroy, de Sainte Seguolenne, de Saint (fol. 87) Mamin, de Saint Euquaire, de Saint Victor, de Saint Esteve le despenné. Les aulcuns ne s'i volrent point accorder, comme ceulx de Saint Simplice qui dirent qu'ils n'en vouloient rien paier; mais le dimanche après furent arrière recommandés, [et] comme saiges dirent que s'en tenroient à ce que leurs seigneurs en feroient; ceulx de Saint Mairtin furent de plusseurs opinions; et donnèrent les commis per escript de trois sortes d'opinions. Plusseurs aultres parouches n'estoient [ne] ne furent point d'aiscord de rien paier, sans respondre, comme les aultres, de laissier le gouvernement à leurs signours. S'ils firent bien, il ne me le semble point.

Item, Messignours les commis ordonnèrent qu'on leur donnait par escript la conclusion d'une chescune paroche, et que une chescune cédule fuit signée de l'ung des eschevins et de l'ung des iiii. commis et ensy fuit fait.

Item, le   jour de Novembre Messeigneurs les commis mandirent touttes les gens d'esglize de Mets, religieulx et religieuses ayant revenues, et leur fut dit et remonstré tout paireillement qu'aves oy; lesquelz firent response que faire ne le porroient ne ne doient.¹⁴⁹

Item, le jour de la saint Brice, xii⁰. jour de Novembre, tonnait et enlodait bien fort, et le londemain il fit un grant vent.

Le xxie. jour dudit moys ung corvixier appelé Jasper se print à ung serrier appellé Guiot. Tellement se combaittirent que ledit Jasper ferut Guiot d'ung dollequin et d'ung coutel v. cops mortels, dont il s'enfouyt en la cimitière de St Hillaire et là demourait près de xl. jours, tant qu'il heust sentence qu'il debvoit paier lx. livres d'amende, paier le barbier et la gistjuz dudit Guiot. Après s'en vint en la grant esglize et se plaindit à Maistre-eschevin du portefuer des Treses; et à bout de vi. jours fut sentencié que les Treses avoient bien porté fuer. Et tantost fut fait ung huchement, que se nulz avoient aulcuns biens dudit Jasper, sur poine de confiscation de corps et de biens, qu'ilz les anuncissent à Justice; et bien tost après furent vendus tous les biens dudit Jasper. La semainne après la fille Monseigneur de Port le demandait le jour de ses noces, et on ly ottroyait par tel qu'il satisfaist à partie. Il ne polt avoir accord à partie; il s'absentit et s'en allit à Pont à Mousson.

Item, ondit moys de Novembre une femme heut une oreille coppée, pour tant qu'elle avoit rompu son banissement.

Le xviiie. jour dudit mois cheut en Muzelle Jean Peltre, bannerat de St Livier, et fuit si près d'estre noié qu'il fut ionguement sans parler, et cuidoit on qu'il fuit mort.

Le xxiie. jour dudit mois Joffroy de Richecourt espousait Magouttin fille Sgr François le Gournais.

L'onzième jour de Décembre, ung dimanche, fuit trové ung enffant en la cimitière de Saint Victor, qui n'estoit point plus gros qu'un hairant.

On mois de Décembre morut Dan Jaicque de Lisus, abbé de St Arnold, et fuit esleu Sgr Domange, ung des religieux de léans. 250

Item, la sorveille du novel an ung presbtre qui estoit chappellain de Saint Gegoulx fuit mené chiez le Doien; et le londemain fuit mené par ii. sergents, tenant par les bras, en la Court l'evesque,

Item, le dimanche après les Roys fut mené ung presbtre estraingier enchiez le Doien, qui estoit fort accostumé à derober et de malvaise vie, tellement que les Ordinaires ne le volrent point réclamer et fuit chassié dehors.

Le xxie. jour de Janvier Ser Jehan Bauldoche fiancit Annon, fille de Ser Anthonne de Port; et le londemain, vigille de la conversion saint Pol, il l'apouzait et estoit après le cesse de l'esglize. Et le londemain, jour saint Pol, il tonnait et grellait environ iii. heures après minuit bien fort.

Le jeudi après fuit pendu ung pelletier pour tant qu'il estoit enclin à derober.

En ladite année, le jour des Innocents, ceulx de Northousen en la duchié de Riguen se mutinèrent contre leur Ser et gouverneur et en partant du Conseille en assomirent viii ou ix.

On mois de Janvier ceulx de Liége se mutinèrent contre la Justice et gouverneur de la Cité, en tel façon que se n'eust esté l'evesque, leur signour, qui se mist entre deux et print et se tint de la partie de la Commune pour la plus fort partie, dont il fit très saigement, et leur priait qu'ils luy voulsissent donner la chairge de leur différent; et pour les appaisier, leur dit qu'il voulloit vivre et morir avec eulx, et ensy le firent pour ceu qu'il parloit à eulx si doulcement; car s'il heust aultrement fait, il y heust heu une grant tuerie et par adventure luy mesme; et à bout de vii. ou viii. sepmaines, ils se remutinèrent de rechief.

Item, ondit temps ceulx de Nostre Dame d'Aiez paireillement se mutinèrent, la Commune contre les signours et gouverneurs de la Cité, et y eut une merrilleuse dissension.

En ladite année ceulx de Colongne se mutinèrent, la Commune contre leurs signours et gouverneurs de la Cité, en telle manière qu'ils prinrent lesdits signours et en firent copper la teste à plusseurs et gouvernèrent la Cité à leur volunteit, et fuit on mois de Janvier.

En l'an mil v. c. et xiii. fut Maistre-eschevin S⁽ʳ⁾ Jehan Baudouche, lequel morut l'année après.

Et en ladite année, la semaine devant qu'il fut Maistre-eschevin, fuit trouvé ung homme noié as bairres dedans la ville et estoit ung allemant qui n'estoit point des plus saiges.

La semainne après en fuit trové ung noié au dessoubz des bares, près du Taral, qui estoit jay demengié des bestes et ly yssoient les trippes du ventre.

Le londemain de Païcques une jonne fille, servante à François Chevel en Visenuef, voulant tirer de l'yawe en un puits, cheut dedans et fuit noiée.

En ladite année, le xxi⁽ᵉ⁾. jour de Feuvrier, morut le pape Julius 2¹⁵, que fit biaucoup de mal à roy de France; et per luy et à son occasion morurent plusseur François; et le x⁽ᵉ⁾. de Mars fuit esleu et coronné Léon, cardinal des Medicis.

Item, le second dimanche de Caresme les seigneurs de Mets firent faire une bure on Champaissaille, merveilleusement haulte, d'une sorte qu'on n'avoit jamajs veu en Mets; car il y avoit ung sapin planté, et y avoit vi. tonnels haranguiers de haranes en vi. lieux ondit sapin, pleins de certaines choses pour mieulx bruler et grant puissance de boix à l'entour, et gettoit, quant on y boutoit le feu, une bien haulte flamme, et dansirent lesdits signours et dames en l'entour; et pour tant qu'à l'occasion du feu degelloit, s'en allirent dansier en une salle devant, en l'hostel que fuit S⁽ʳ⁾ Maheu le Gornaix.

On mois d'Abvril fuit grant novelle que l'esprit de cellui Vincent, le pelletier, qui avoit esté pendu à l'issue de l'hiver, revenoit et parloit souvent à ung jonne clerc qui servoit ung presbtre appelé S⁽ʳ⁾ Otho, lequel il avoit voulu tuer en cuidant derober son maistre; pour lequel cas avec aultre il avoit esté pendu; et le constraindit par parolle et menace d'aller à Rabay et à Sainte Barbe, disant que cela fait il s'en alloit en Paradis, et que audit clerc en penroit bien; et ensy le fit ledit clerc, et puis n'en oyt plus novelle.

La seconde feste de Paique, ung presbtre d'un villaige passoit par dairien Jondreville, ung villaige près de la Mergrée [231], qui avoit deux chiens. Ledit presbtre les fit courrir après ung trouplaulx d'oies qui estoient dairien le villaige, et en estranglirent iiii. Ung homme de la ville veant qu'il faisoit ensy estrangler les oyes par ses chiens, ly dit : « Sire, » ce n'est point bien fait à vous de faire ensy estrangler par » vos chiens les oyes des pouvres gens. » Le presbtre orgueilleux ly dit : « Villain, en vuels tu parler ? — Oy, dit-il, pour » quoy non ? C'est très mal fait, encor si près du bon jour. » Le presbtre se print à luy et le battit tant qu'il luy rompit une espalle (fol. 88), et puis print les oyes et les aportait on villaige et en donnait ii. au presbtre du villaige ; ledit presbtre les apportait enchiez l'hoste et ly dit qu'elles fuissent cuyttes pour le londemain. Le londemain, après qu'il heust dit messes, s'en vint pour diner, trouvait qu'elles n'estoit encor point prestes, dit à l'hoste : « Hates vous, faites faire du feu en la chambre. » L'hoste ly dit : « Sire, je vous prie, demeurons icy, nous y » serons bien, car je fais doubte que la chaminée ne soit » pleine de suie, et il fait maintenant si sèche. — Taises vous, taises, » dit il, et print luy meyme des faigots et emprint le feu et pour le faire airdre plus brief, print du lart de quoy on debvoit appreiter les oyes et en gettait dedans le feu, de quoy le feu s'emprint tellement qu'il y eust xliii. que grainges, que maisons brulées, moyennant le bon gouvernement desdits ii. presbtres.

Le xiie. jour d'Abvril, ung mairdi, fuit battu ung jonne garson de environ xvi. ans et fuit battu le plus horriblement que jamais on en battit point, et d'une sorte qu'on n'avoit point veu ; car depuis le Palais jusques à la Xeuppe fuit battu de toute la puissance du bourial, et là fut mis on cherçant jusques à midy ; et puis les xii. heures sonnées, fuit mené jusques la croix devant le Pont des Morts, tousjours baittant à rechainge de verges tant que le bourial n'en povoit plus, tant estoit las de frapper; et fuit bien fait, car il l'avoit bien deservi. Le mauvais garson avoit enclos en leur maison ung jonne enffant soubz aige de ce faire, car elle n'avoit d'eaige que environ vii. ans; car je la vis porter devant Justice, dessoubz ung mantiaulx, plusseurs fois par sa mère; et néanmoins quelque petite qu'elle fuit, la contraindit tant et si longuement qu'il la corrumpit et enforçait. Et de bien grant adventure qu'il n'eust heu ung pal fichié parmey le corps, et estoit l'opinion d'aulcuns des Treses.

Le xxiie. jour d'Abvril grellait bien fort, de quoy plusseurs vignes furent engellées, le lendemain encore plus; iiii. jours durant gellait si trèsfort, que on ne povoit à poine rompre la glaice ez cuvels et gewes devant le moustier, et furent les fossés de Saint Thiebault bien fort engellées, per quoy oit biaucoup de dommaiges ez vignes. Néanmoins elles ne furent mie si fort engellées, comme on cuidoit selon les mervilleuses gellées qu'il avoit fait, car on a plusseurs fois veu engellées toutes les vignes de Mets et du païs, qu'il n'avoit point gellé à xx. fois près. Les gens disoient que c'estoit miraicle et grant graice de Dieu, que si pou de domaige y avoit, et que tout n'avoit esté perdu, veu les grants gellées. Toutefois dès le premier jour que la gellée vint, en commençait à sonner les clouches et à faire procession par toutes les parouches de Mets et en fit on tant et en sy grant nombre que nul ne le sçauroit croire, s'il ne l'avoit veu, car ceulx de Saint Eukaire et de Saint Mamin en faisoient tous les jours ii., une au matin et une au soir; et furent toutes aval la Cité et per toutes les paroiches et estoient recueillies honnorablement, les clouches sonant, le luminaire emprins, venant au devant d'eulx les presbtres revestus des monastères, religions et paroiches et en firent plusseurs, ceulx de Saint Eukaire xii. et ceulx de Saint Mamin xii.; il n'y ot parouche en Mets, qui n'en firent grandement leur debvoir l'une iii. iiii. v. vi., à Saint Clement, à Saint Arnoult, à Nostre Dame aux Champz, à Saint Mairtin, à Saint Éloy, as Carmes, et devant Mets ceulx du paiis de Mets, de jour et de nuist; et d'aulcuns villaiges du Val en firent tout du long de la nuit; à Nostre Dame de Mance, à Saint Germain, ils venoient souvent à Mets à porcessions, et les aulcuns à Sainte Barbe et en y eust à Rabay plusseurs. Ils se mettoient plusseurs villaiges ensemble, tant qu'ils estient en grant nombre et en bien belle ordonnance, portant leur cierge pascal ardent. Ceulx du Hault chemin en firent une où ils estoient xviii. villaiges, xviii. cierges pascals, cinquante torches, xlii. banières et plusseurs presbtres et hommes revestus, en sy belle ordonnance que tous les enfans alloient après les presbtres, les jonnes filles après, les hommes après, et les femmes les dairiennes, sans qu'il y eust une femme mellée avec les hommes; et fut nombré qu'ils estoient plus de ii. mil et iiii. c. personnes; [ils] entrirent par les Allemans et en vinrent en la grant esglise et puis as Carmes. Et pour tant qu'il faisoit tousjours froit, les clouches sonoient causy jour et nuit per touttes les esglises de Mets. Les Ordres mendians faisoient aussy bien leur debvoir de faire processions et de sonner. Et tantost après le temps se commençait à échauffer et fit une pluye le jeudy devant la Pentecoste, qui fit biaulcoup de biens, car aultrement tout se perdoit, car il plut assez après.

En ladite année fut pendu ung compaignon pour tant qu'il avoit merchandé à une femme de l'amener à Mets, la cuidant tuer, et la laissait, cuidant qu'elle fuit morte.

En ladite année, entre le dairien jour d'Abvril et le premier jour de Maye, environ minuyt, le feu se print en l'hospitaul au lieu où on faisoit la servoise et fuit le lieu tout bruié; et s'il n'eust esté bien diligemment rescous, il eust fait ung grant domaige inestimable. Toutefois les gens disoient que c'estoit bien fait, et n'en chailloit guère à biaulcoup de gens, pour tant que nul n'osoit faire servoisse pour vendre, et en faisoient souvent de la bien mellée, et souvent qu'il n'en y avoit point. Toutefois, le dimanche après, on fit anuncier per les parouches que quiconque en volroit faire, si en faisit et vendit. Ensy furent aulcunes gens rapaisiées ; toutefois il y ait tousjours des murmurants ; ceulx qui avoient biaulcoup de vin et les vignerons ne lowoient point la chose.

La première feste de la Pentecoste fut jué le Jeu en Chambre de la Sainte Hostie, et fuit ung bien biaulx miraicle et bien jué. Le londemain, la seconde feste, fuit jué ung miraicle de Saint Nicolais, que fuit aussy bien gentement jué. On cuidoit juer la troisième feste le Jeu de la Malvaise Langue ; maix pour tant qu'il pleut, on le jua.t le dimanche après.[235]

Item, le mercredy devant dit, dairienne feste de Pentecoste, on fit une procession générale à Saint Vincent et as Carmes ; et y fuit porté le bras saint Estenne, lequel n'avoit esté porté fuer de la grant esglize, il y avoit longtemps. Et fuit annuncié le jour de la Pentecoste, de part Messeigneurs les chanonnes et aministrateurs de l'eveschié de Mets, que tous presbtres se trovissent à ladite procession sus peine d'excomuniement et sus ung mark d'argent, toute excuse arrier mise ; et donnoient de leur auctoriteit à une chescune personne qui s'y troveroient, xl. jours de pardon. Et je vous promet que bientost après le temps qui estoit bien refroidié, comme aves oy, commençait à se eschauffer et faire si chault que les biens de terre, vignes et aultres biens commencèrent à croistre, que c'estoit belle chose.

Ondit temps vint en Mets ung homme qui se porchaissoit et portoit une lettre scellée qui contenoit qu'il avoit esté rué jus on bois de Montagu et avoit ii. mullets chairgiés de merchandixes ; et l'avoient lié à ung arbre et ly avoient coppé la langue et l'avoient laissié ensy lié, cuidant qu'il y dust morir [fol. 89]. Adoncque promist de faire plusseurs voiaiges ; les voiaiges promis, se rompirent les cordes dont il avoit esté lié iii. jours et iii. nuyts sans boire et sans maingier, comme sa faulse lettre le contenoit ; et y avoit escript que on gaingnoit grants pardons en ly donnant l'almone ; et contrefaisoit avoir la langue coupée sy cautement qu'on cuidoit qu'il fuit ainsy et qu'il ne peust parler, et emportit de Mets ung grant argent. Et le malvais garçon le contrefaisoit et de tout n'estoit rien; car quant il vint à Nancy, se combatit à son compaignon qui le conduisoit, au despartir l'argent, tellement qu'il fuit prins, et fuit battu per la ville du bouriaulx à rowars d'amy; mais on luy duist avoir coppé la langue, qui ly heust fait droit, car il desroboit Dieu et le monde, et affin que plussieurs y heussent prins exemple, qui bien saulvaigement se gowernent.

Le iiiie. jour de Jung, ung samedy, environ une heure devant mydy, le feu se print en la mason d'ung ollier appellé Jehan Noittin sus Muzelle, et jaysoit ce qu'il n'y fit point troup grant domaige; mais ce fuit pour la bonne diligence du peuple et que l'yave estoit près et que c'estoit à heure de nonne. S'il s'y heust aussi bien prins de nuit, il eust fait ung grant dompmaige là et as aultres masons à l'entour.

Ledit jour fuit noié ung jonne filz qui servoit à Porsailly enchiés Glauddon Dorottie, près le la malegoulle, c'on dit Waudrinowe.

Le londemain, ung dimanche, v^e. jour de Jung, fuit tué ung homme per ung de Flandres qui avoit amené vendre du hobillon en Mets. Celui qui fuit tué estoit ung tixerant qui estoit de nation dudit païs et demouroit à Courcelle. Le samedy après il heut la teste coppée après qu'il heut esté on piloris; et quant il fuit sur le taullement, il prial à la Justice que on voulsist donner son corps as Augustins, affin d'estre mis en terre sainte, ceu qui luy fuit accordé; et le firent coudre bien honestement en biaulx lincieulx, et eusy porté auxdits Augustins, acompaigniés d'aulcuns merchands de Metz pour l'amour de luy, car il estoit merchand homme de bien, de son père et de ses amis et estoit l'ung des belz hommes c'on sçauroit regarder; et si heut le plus grant coraige et la plus belle fin qu'homme du monde sceust avoir. A bout de iiii. jours après, ung sien frère vint en Mets, demandant à Messeigneurs les Treses ce de bien qu'il avoit, lesquels ly donnont et fuit bien fait à eulx.

Item, le xvie. jour dudit mois de Jung, plusseurs cordiers avoient acheté de la chanve qui estoit en ung guernier en Chambre, qui estoit par fardel, et pesoit chescun fardel cent livres; la gettèrent per une fenestre en la rue et cheut l'ung des fardels dessus ung homme appellé Philippe le Battart, l'abattit à terre et ly denowait le col, qu'on cuidoit qu'il fuit mort; lesquelz cordiers s'en allirent en la grant esglize, eulx v., et y furent v. jours; toutefois ils firent tellement mediciner et secourir ledit Philippe qu'il n'en morut point.

Le xxe. jour dudit mois de Jung fut enmenée une sorcière d'enchiez le Doien à Flanville et là fuit la pouvre meschante bruslée.

La semene après ondit mois fut trouvée une femme morte de iiii. jours on Waidedebouton en son lit, et puoit si très fort que à l'ocasion de la puanteur on en fuit adverti, car elle demoroit toute seulle en ladite mason.

Item, encor ondit moys de Jung fuit de là les monts, près de Navairs ²⁵⁶, une merveilleuse rencontre et grant tuerie de François et de Suwisses, et y en morut entre ix. ou x. mil; et gaignèrent les Suwisses la journée, jaiçoit ce qu'il y en morut bien xxiiii. c.; mais ils gaingnèrent l'artillerie des François, et bien la vallue de iii. c. mil escus, comme on disoit pour vray.

Le ixe. jour de Jullet on coupit les ii. oreilles à ung jeune malvais garson qui jamais ne volut bien faire; il avoit desservi d'estre pendu, maix il nyoit tousjours ses malvistiés; pourtant fuit il deschaissié et banni à tousjours mais.

Ung samedy, xvie. jour dudit mois de Jullet, il cheut vii. maisons sus les Murs, tout ensemble, si subitement que à poinne les gens yssirent dehors; et fuit une bien grant aventure et graice de Dieu qu'il n'y oit personne affolée; car elles estoient l'une sur l'autre, iii. dessus et iiii. dessoubz.

Item, encor ondit mois de Jullet le feu se print en la seivoserie des Cordelliers et [fuit] airse, et aussy à celle des frères Baudes, que guaires n'en faillit qu'elle ne fuist aussi brulée ; maix ès ii. lieux ils s'y gouvernirent si saigement que la Cité n'en fuit point esmeute, et n'en sceut on rien pour l'heure.

Item, encor à la fin dudit mois avoit en la court de Viller ung qui juoit sus la corde à merveille bien, et si avoit ii. jonnes garsettes bien petittes, de environ l'une entre vi. et vii. ans et l'autre viii. ans, qui faisoient merveille, l'une de souplesse de corps plus que jamaix on n'eust veu faire à tel enfant, et de aller juer, danser dessus la corde, et l'autre de danser de morixe, de juer du boclet, qui estoit chose bien joieuse à veoir ; et gaingnèrent biaulcoup d'argent, car on paioit iii. deniers pour les veoir, et depuis ii. deniers à la fin.

L'esteit fuit en son commencement froid ad cause des gellées qu'il faisoit souvent, comme vous avez ouy ci-devant ; et cuidoit on c'on ne duist avoir nul vin ; après la gellée, le temps se commençait ung pou à s'eschauffer et si sec qu'il fuit trois mois sans plevoir que rien fuit, tellement qu'on ne cuidoit avoir ne foin, ny avoinne ; et furent si chers qu'on vendoit une charrée de foin v. frans et ii. florins de Mets et cuidoit on bien vendre la quarte d'awoine v. frans ; toutefois il fit des plues qui amendirent toutes les vignes qui grant besoing en avoient, les awoines et les foins. Et fit la plus belle saixon c'on sceust demander, tant c'on heut des foins et des awoines asses par raison, selonc le commencement de l'année et selonc c'on cuidoit ; toutefois à la fin l'awoine vallut v. francs.

Item, en ladite année le roy d'Angleterre [237] à mervilleuse puissance descendirent sur terre et vinrent en France et mirent le siége devant Tirewoine, et à bout de vi. semaines elle fuit prinse per tel que les gens d'armes de France s'en allirent, salve leur vie et leurs bagues ; maix il est bien vray que le roy d'Angleterre ne sçavoit mie la famine qui estoit en la ville, car ils avoient jay mengié plusseurs chevaulx, chiens et chats. Il fist abattre tout à rez i. esglize et viii. maisons près de l'esglize.

Item, ung peu devant qu'elle fuit prinse, le roy de France cuidoit envoier vivres à la ville; les Anglois en furent avertis et leur vinrent courir sus, en telle façon qu'ils prinrent tous les vivres, et y heut grant tuerie de François, et en prinrent plusseurs prisonniers, entre lesquels y fuit prins prisonnier le duc de Longueville, capitaine de cent gentilz hommes de la maison du roy de France, le maistre d'hostel duc et capitaine de xx. gentilshommes, qui ly ont esté donnés en charge, Monseigneur de Clermont, lieutenant de Monseigneur d'Angoleme, le porteur d'ensaingne Monsgr. d'Angoleme, Monsgr. de Humbercourt, capitaine de cent lances, (fol. 90) Monsgr. de Faiet, capitaine et lieutenant de Monsgr. d'Alençon, le capitaine Baiart, lieutenant de Monsgr. de Lorrene, le porteur d'enseigne Robinet de Framezelle, le porteur d'enseigne Galiace, le grant escuier du roy de France, Monsgr. de Brie, le capitaine Heralx, une trompette, le mairquis de Rotelemme; Monsgr. de la Palisse donnait sa foi et son espée. ²⁵⁸

Ceulx qui furent tués: premier Mons.gr de Buxey, le batart de Vandome, Monsgr. de Pienne.

Item, les ensaignes qui furent prinses: premier, l'ensaigne d'Angoleme, l'ensaigne d'Alençon, l'ensaigne du grant escuier Galiasse, l'ensaigne du senechalx d'Arminaique, l'ensaigne de Robinet de Fremezelle, l'ensaigne de Monsgr de Buxy, l'ensaigne de Sgr Robert de la Marche et encor ii. aultres; et des prisonniers en grant nombre d'aultres. Et à la fin les Anglois le firent toute abattre et aruyner, tellement qu'il n'y demorait ung seul lieu où on sceust demorer à covert, réservés ii. esglizes, et iii. maisons de costé.

Asses tost après, on mois de Septembre en ladite année, l'empereur Maximilians mist le siége devant la cité de Tornay; et de premier il les volt prenre à mercy, salve leur vie, et bien mal avisés, n'en volrent rien faire; adoncques fit tirer son artilerie vi. jours sans cesse ne jour ne nuyt, tellement que force leur fuit de se rendre à sa voulenté. Toutefois il les traitait asses gracieusement.

Le mardi devant la Nostre Dame, c'est assavoir la Nativité, ung gentilhomme appelé Philippe Xeloter ?? de Herfensteinne deffiait la cité de Mets, et n'avoit la Cité que faire à ly; mais qu'il disoit qu'il avoit acheté la querelle de Burtal. Mais asses tost fuit prinse une journée à laquelle fut envoié S^{gr} François le Gornaix, chevalier, acompaignié de tous les soldiours allemants de la Cité, une belle compagnie, tous vestus pareille de rouge et jaune; maix il ne fist rien pour celle fois.

Le jour de la Nativité Nostre Dame les Xowisses assigèrent Dijon et firent du mal as paiis en l'entour, tant que ce fuit pitiet; maix bientost après il tirent la paix as rois de France, parmy bien iiii. c. mil escus que le roy leur donnait.

Le jour de la sainte Croix, ondit mois de Septembre, fuit faite une porcession generalle à Nostre Dame as Champs, et fuit commandé par Messeigneurs les administratours de l'eveschié de Mets que tous presbtres de Mets y fuissent, sus peine de perdre ung marke d'argent; et donnont lesdits seigneurs xl. jours de perdons à tous ceulx qu'à ladite procession yroient, per quoy il y heut ung grant monde de gens.

Item, le xe. jour dudit mois de Septembre S^{gr} François le Gournais, chevalier, espeusit sa femme Madame de Monquaintin; et le xxve. jour après, ung dimanche, elle fit son entrée qui fuit bien belle, car tous les seigneurs de Mets y estoient et tous les soldiours et plusseurs aultres.

Le iiiie. jour dudit mois il tonnait et enlodait aussi fort que [se] ce eust esté on plus fort de l'esteit, et sonoient les clouches per tout Mets.

Ledit jour ung jonne homme menuxier, appellé Thiry, bien gentil compaignon, juoit à la palme en Borgonne; en frapant après la palme, se rompit le brais tout franchement, sans ceu qu'il cheut, ne fust boutté, ne heurté, qui fuit une chose bien merveilleuse, et que chescuns qui le virent disoient que jamais n'avoient veu cas pareille.

Ondit temps on fit fort ovrer ez ii. Ponts des Morts et Ponthieffroy, car aultrement ils fondoient, se n'eust esté le remède. Et ensy c'on y ouvroit, ung menowrier estoit dessus le Pont des Morts, qui tiroit amont une pièce de boix; ung cheval venant de Mets s'espoventait tellement qu'il vint hurter à la pièce de boix et boutit en bas ledit homme et [il] fuit tué. Celluy de dessus le cheval s'enfouyt à S¹ Mairtin.

Item, la vendange fut si très belle c'on ne la sceust avoir souhaidié plus belle, et fuirent les vins si bons et milleurs qu'ils n'avoient esté de longtemps; et sy en y heut asses selonc les grants dangiers, comme vous aves oy, des gellées et froid temps. Toutefois ils furent chiers, pour tant qu'ils estoient fort bons et qu'il n'en y avoit guères des viex; et aussy les marchands les venoient fort acheter et achetoient la cuée xii. frans, xiii. frans et xvi. frans, et sy valloient aultant à la Taippe, par quoy les bonnes gens du Val furent ung pou reffaits. Il ₌ aussy le plus bel temps pour enhaner qu'il sceust faire, car il ne pleut guères tout le mois de Septembre, d'Octembre et de Novembre.

Item, le jour saint Jude, xxviiiᵉ. d'Octembre, fuit faite une procession à Saint Pierre as Champz par la prière et ordonnance de nostre Saint Père le pape, lequel prioit qu'ung chescun voulsist prier Dieu qu'i ly voulsist donner graice de bien gouverner la papalité et de joïr de sa bonne intencion, qui estoit de mettre et norrir paix per tout.

Item, on remontoit les vins pertout, tellement que les merchands les commencèrent venir acheter en Mets, por tant c'on ne paioit aux portes que xxii. solz pour l'issue; mais incontinent c'on vit qu'ils commençoient à les emmener, on mit l'issue à portes à l. solz.

Item, le xviiiᵉ. de ... morut dame Uguette, abbaisse de Sainte Marie, et on fit élection de dame Françoise Chaversson, fille de S^{er} Jehan Chaversson, qui tantost fuit sacrée abbesse. ²⁶⁰

L'hiver de ladite année fuit merveilleusement froid, angous-

seux et aispre, et gellait bien xii. semainnes si très aisprement
que les glaices estoient en plusseurs lieux de v. pieds d'espes;
et grant pièce après qu'elles furent degellées en Muzelle, en
fuit trouvé en l'Ille du Pont des Morts, qui encor estoient de
iii et quatre pieds d'espes.

Item, on mois de Janvier ung bon malaide, sa femme et
ung enffant qu'ils avoient, estoient en leur maladrie entre
Wauppey et Laidonchamps; furent asomés de nuit et [on]
bouttit le feu dedans; [ils] furent tout cuyts et brullés; ii.
vaiches, plusseurs gelines y furent brulées et ne sceut on
jamais qui l'avoit fait, pour quelque grant diligence qu'on en
sceut faire, et furent les ii. testes de l'homme et de la femme
emportées qu'on ne sceut [ce] qu'elles devinrent, et sy en firent
les amis bien leur debvoir de les cerchier.

Le xviiie. jour de Mars, ung sabmedy, fuit pendu ung compaignon qui s'appelloit Bonne année, pour ceu qu'il estoit
acostumé à derober.

En l'an mil. v. c. et xiiii. fuit Maistre-eschevin S^{gr} Michiel
Chaversson, que jay l'avoit esté en l'an mil v^c. et vii. Et
comme il est de costume tous les ans d'aller à Sainte Marie as
Nonnains faire le serment et de baiser l'abbesse dudit monastère, ladite abesse estoit suer germaine audit S^{gr} Michiel,
novial Maistre-eschevin; et ensy le frère baisait sa suer, ceu
qu'on n'avoit jamaix veu avenir.

Le iie. jour de Mars morut S^{gr} Jehan Baudouche qui avoit
esté Maistre-eschevin en ladite année, et n'avoit que ix. jours
qu'il en estoit yssu, et estoit ung bien gentil signour, bien
aimé et fuit bien plaint.

En ladite année, la semainne des Palmes, en la cité de
Wourmes furent exécutés viii. borgeois : Jacob Munsner,[261]
Jasper, le pelletier, Gasper, le cordier, Niclasse Raez, Willame
le nonnelier; ces v. heurent les testes coppées; Conraid, le
permantier, eust ung chauld fer boutté tout permy le visaige,
Hannes Ruter heut ii. des dois de la main couppés et Michiel,

le pottier, fuit battu tout neud par la ville, pour ceu qu'ils avoient vollu conspirer aulcunes choses faulces contre la (fol. 91) Cité et les signours, comme ceulx de la ville disoient.

Le xxiie. jour de Mars, le samedy devant Quasimodo, furent battus ii. hommes, tous deux ensemble. L'ung s'appelloit Lambottin, ung chairpentier, pour ceu qu'il estoit ung jueulx ordinaire et ung grant puttier et qu'on ne povoit chaistier pour menasses c'on ly fit, et fuit trové couchié avec sa puttain en plain bordialx, le jour du venredi des Palmes; et l'aultre avoit dérobé des boteilles et en avoit vendu plusseurs, contre-faisant qu'elles estoient siennes; et aussy il en avoit ii. autour de sa teste, quant on le baittoit, et furent tous ii. banis et forjugiez de Mets et du paiis.

En ladite année, le xiiiie. jour de Maye, ung dimanche, se tint le grant chapittre provincial as Proischours, où il y avoit de grants docteurs et grants personnaiges, et estoient cent et cinquante quatre religieux. Les Augustins leur donnont chescun une pomme d'orange, et en escript dessus: *cent mille escus d'or*, en lettres d'or et ung petit bocquet de fleurs dorées.

Item, le xviiie. jour de Jung, ung dimanche, ung tixerant venoit de souper et avoit ung peu beu trop. En allant en sa maison sur la nuyt, ne sçay per quelle fortune, cheut en Muzelle et fuit noié, et nul n'en sçavoit rien, tant qu'il fuit trové.

En ladite année, ung qui avoit esté soldiour en Mets, appellé le gros Richairt, amenait en Mets ung cheval qui estoit ronsin et jument, et avoit réallement ii. natures, l'une de jument, l'autre de ronsin.

Item, en ladite année on voulut derober Thionville, et debvoit on boutter le feu en plusseurs lieux. L'ung de ceulx qui debvoit boutter le feu, estoit en la taverne avecq plusseurs aultres qui chantoient et faisoient bonne chière; ledit qui avoit troup beu leur dit: « Ceulx de Thionville font maintenant » bonne chière, maix avant qu'il soit iii. sepmainnes, ils

» n'aront tallent de rire. » [Il] fut prins pour sçavoir ce qu'il voloit dire; incontinent congneut comment Poincelet, capitaine de Florhange, avoit merchandé à luy et à pluseurs aultres et combien ils en avoient receu. Le capitaine, disant du contraire, estoit présent par exurement, quant il fut exécuté, lequel luy maintint jusques à la mort, quelque remonstrance c'on ly sceut faire. On ly coppait le premier le membre viril et les génitoires; et ly fuit fendu le ventre, son cuer tiré hors, et ly fuit monstré, luy encor vivant, tousjours soutenant que ledit capitaine ly avoit fait faire, et puis mis en iiii. quartiers. Et on mois de Jung en fuit encor exécuté ung qui tout pareillement le maintint, et tout en semblant manière, de Rodemack, se Dieu n'y eust mis sa graice.

En ladite année, on mois de Septembre vint en Mets la Blanche Rose, [262] celluy qui debvoit estre roy d'Angleterre; et l'y envoyait le roy de France, lequel prioit à la Cité qu'il fuit receu; et ly donnoit ledit roy de France xxxvi. mille escus d'or pour tenir son estat. Il fuit logié à l'hostel saint Mairtin; maix à bout de iii. jours s'en allit tenir son estat en Passetemps, car Monseigneur de Molin, Sʳ Claude Baudoche luy pretait ladite maixon. Car, parmey le traitié fait entre le roy de France et les Anglois, il fallit que le roy le mist hors du realme de France; et pour ceste cause il [l']envoiait en Mets, comme vous oyes.

En ladite année et ondit mois vint en Mets à plusieurs fois grande multitude de Lantzquenets qui venoient de France, après que l'apointement fuit fait, et avoient tous argent et se habillèrent fort en Mets.

Item, ung presbtre, curé de Saint Gergonne, estoit famé qu'il avoit en sa maison une jonne fille, et disoit on qu'il l'avoit sobornée et tirée en sa maison. Le maistre de la fille se vint plaindre à Justice, requerant qu'elle fuit prinse par force en sa maison, ce que Justice permist. [Elle] fuit prinse et menée en l'hostel de la ville pour sçavoir la manière comment il s'y avoit gouverné ; et fuit ledit curé ung jour et une nuyt en son esglize, qu'il n'osoit yssir dehors, pour ceu qu'il sçavoit bien qu'on l'eust prins et mené enchiez le Doien. Le loudemain, le procureur fiscal aveeq iiii. sergents vinrent devers luy, en l'esglize dont il n'osoit partir, et ly dit le procureur fiscal qu'il venist dehors, et que s'il n'yssoit hors de l'esglize, ils l'yroient prendre, et fuist il sur le grand aultel. Toutefois il n'osait mieulx, s'en vint ; car aultrement les sergents le fuissent allé prendre du conseille de Messieurs les Ordinaires ; [il] fuit mené en la Court l'evesque et y fut iiii. ou v. jours. Vous sçavez que les loups ne s'estranglent point l'ung l'autre ; ne sçay quelle amende qu'il paiait.

Ung presbtre appellé S^{er} Hugo Haraut fuit trové faussaire, fut privé et banni de toute dignité sacerdotalle et à xx. livres d'amende pour les Ordinaires et xx. livres pour la partie intéressée. Il appelait à Rome.

Item, en ladite année, tousjours de mil v. c. et xiiii., ung tixerant appellé Gueraird, qui demouroit tout devant Saincte Claire, yssit fuer par la porte à Maizelle, et ung peu avant se tuait et se desesperait. Il se cuidait coupper la gourge d'ung de ses coutiaulx, et se fist une lardesse en la gourge ; le coutiaulx estoit reboullé devant, ne polt pleinnement entrer dedans ; [il] print ung aultre coultiaux, car il en avoit iii. en une gayne, et le frappit dedans la foussette de sa gourge jusques à ii. dois près du manche et là mourut misérablement. A la prière de ses enfants il fuit enterré en la plaice, tout joindant d'une vigne. Celluy à qui estoit la vigne se complaindit à Justice ; disoit qu'il ne devoit point estre enterré en sonheritaige, n'en pot avoir aultre chose, se plaindit au Maistre-eschevin et demeurait la chose en tel point.

Item, en ladite année de mil v. c. et xiiii., Philippe Schlichterre, ung gentilhomme de la Leefs, [205] qui avoit acheté la querelle de Pierre Burtaulx, que rien ne valloit, vint courre le ve. jour d'Octembre on Hault chemin et y brullait en v. villaiges, à Oxey, à Marsilly, à Coligney, à Mon et à Puixe, et emmenèrent grant quantité de bestes et aulcuns prisonniers, lesquels ils laissirent aller, et les bestes revinrent quasi toutes, car ils ne les osèrent emmener de grant peur de la chaisse ; car le peuple yssit après bien diligemment et fut jusque Chaussey ; et y avoit v. pièces d'artillerie et plussours signours. S'ils les heussent suys, la [re]nommée fuit qu'ils heussent heu grant honneur, car [les ennemis] estoient si très las et foulés, que plus n'en povoient. Maix pour tant qu'ils estoient iiii. c. chevalx et bien ii. c. piétons, et que il y avoit à Bollay plusseurs gens d'armes, et estoient les Lorains ensemble, par quoy on ne s'y osait fier, et [ils] retournèrent. Et y fut S^{er} Jehan Makehan, le prestre, chappellain au S^{er} Nicolle Remiot, lequel avoit ung harnois d'armes devant et darien et une albarde sur son cou, lequel faisoit comme ung bon messin ; car se plusseurs aultres prestres y fuissent allés, ils heussent tous nos ennemis que tuez que ramenez.[264]

Encor en ladite année les signours ordonnèrent et firent commandement à plusseurs bourjois qu'ils heussent des chevalx et hommes armez pour servir la Cité : as aulcuns ung homme et ung cheval, et à aultres, ii. ensamble, ung cheval et ung homme [fol. 92]. Aulcuns desdits bourjois furent contents de le faire ; les aultres différoient et disoient qu'on ne l'avoit jamais fait. Les signours voiant et considérant que alcuns en murmuroient, mandirent lesdits bourjois asquels on avoit fait commandement d'avoir et de tenir homme et cheval, et leur dirent qu'ils cessassent de ceu faire et qu'ils s'en passeroient, et qu'ils n'avoient annemis desquelz ils ne se deussent bien deffendre à plaisir de Dieu, et qu'ils avoient mis des soldiours as gaiges, et remercièrent bien ceulx qui volloient obéir et qui en estoient contents, les aultres non.

Le ve. jour de Novembre morut S^{er} Jehan Chaversson, ung signour bien amé de la Commune, et heut ung grant plaint, car il avoit bonne coustume de nourrir et mettre paix entre gens qui estoient en plaintif et qui avoient différent ensemble.

Le penultime jour dudit mois de Novembre fuit battu ung homme.

Item on mist ondit mois de Novembre plusseurs souldiours à gaiges, environ xxxii.; qui estoient d'Ardenne et de Borgogne.

Item, ondit temps, c'est assavoir on mois d'Octembre, de Novembre, de Décembre, Sᵉʳ Robert de la Marche et ses gens faisoient plusseurs malx en plusseurs lieux, de courre, de prendre, de rober, de piller et principalement autour de Thionville, et rançonnirent ceulx de Rechimont à iii. c. francs; et jay pourtant ne furent exurés. Et avoit à Florhange, je ne sçay quelle maniere de gens Albanois, qui valoient pis que Sarrazins, et faisoient des mals sans nombre; et bouttirent le feu à Marange et y ardirent vi. maixons, rompirent l'esglize, cuidant qu'il y heust biaulcoup de biens; maix non, car ils les avoient fouys à Mets, à Thionville et aultre part. Ils n'y prinrent que iii. bien pouvres hommes, des plus pouvres de la ville. Ceulx qui estoient en l'esglize en tuèrent ung et ung cheval, et après la guerre s'enflambit plus fort, et brulont l'ung sur l'autre plusseurs villaiges, de quoy ce fuit grant pitié. Les poures gens de Marange et d'aultre part se tenoient à Mets et ne se osoient tenir ez vilaiges, ne en leur maison. Toutefois bientost après la paix se fit.

Vous debves sçavoir que l'esteit de ladite année fuit fort pluvieux et ne fuit point fort chauld, per quoy les vignes et tous les aultres biens furent bien tardives à yssir, et fuit telle fois qu'on doutoit des vignes et aultres biens. Touteffois le temps commençait ung pou à se mettre à point, et eut on des biens asses, des fruits à grant planté et singulièrement des pommes. La vendange vint, dont on heut des vins à bien grant planté et furent à bien bon merchié, et donnoit on le cheral de vin communément pour iii. francs, et en amenoit on tant à la Tappe qu'à poine le volroit on croire. Les vins qui avoient vallu l'année devant xii. deniers la quarte, et x. deniers, comme ci-devant est faite mention, ne valloient que iii. deniers et le plus chier iiii. deniers, et en donnoit on à ii. deniers; maix ils n'estoient point si bons. A la fin en fut vendu à iii. mailles et à ung denier.

L'hyver en son commencement fuit bien fort pluvieux et plust longuement, tant que les yawes furent bien grandes; et faisoit sy malvaix par les champs qu'on ne povoit chairier, ne rien amener à Mets, par quoy le boix, laigne et faixins, fuit si chier et plus qu'on ne l'avoit jamais veu; car la pesée de boix valloit ung gros de Mets, vi. Lorains, et vous promet que la pesée me fuit demandée à moy-meyme, Jacomin Husson, d'ung bolangier pour iii. solz. Je ne ly voulus point vendre si chier, mais je ly en laissi prenre ung moncel que j'avois, et il debvoit remettre pleins le lieu et la plaice où il les avoit prins, quant elles seroient à bon merchié; per quoy je ly fis grant plaisir et grant prouffit. Le cent de faixins valoit xiiii. solz, xv. solz et xvi. solz, et vendoit on ung faixin ii. deniers, qui estoit bien chier pour pouvres gens. La chair aussi estoit bien chière et les porcs estoient si très chiers, que chescun disoit qu'on ne les avoit jamais veu si chiers, car ce n'estoit guère de chose d'ung porc de v. frans, de vi. frans. On en vendoit plusseurs ix. frans, x. frans, xii. frans et plus d'aulcuns, car il n'y avoit heu point de glant.

La vigille du Novel an, en ladite année de mil v. c. et xiiii., morut le roy Lowis de France, que per avant estoit duc d'Orliens; et ledit jour il fit ung merveilleux grant vent à l'heure que le roy trepassoit, tel que entre Saint Denis et Paris, il y heut des chertons que chers et cherettes, furent renversés et tournés, ce dessus dessoubz, et puis remis tout droits sur les rocs. Et en Metz aussi, à celle heure meyme ventoit si très fort que les [e]staulx devant le mostier furent tombez et ruez per terre, pouldre, saffran, mercerie, espicerie. C'estoit une chose hideuse à veoir et y heut des pouvres merciers qui eurent grant domaige.

Item, tantost après fuit fait roy de France François de Vallois et sacré à Rains, moult sollempnellement, lequel signour estoit devant duc d'Angolemme et fut son entrée à Paris une chose inestimable.

En ladite année fut fait ung pont de boix à travers de Muzelle, on Saulcis, en droit le mollin à vent, bien bialx.

On mois de Feuvrier vint à Sainte Elizabet celui qui avoit rué jus, prins et emmené les chevalx d'ung merchant appellé Dollixey, entre Montigny et les Ormes, comme ci-devant est fait mention, lequel cuidoit bien avoir sa paix. Il oyt des malvaises nouvelles, ne sçay quelles, s'aperçut qu'il y avoit garde sur lui, se doubtoit qu'il ne fust mie bien sur, envoiait son cheval devant et s'en cuidoit partir de nuyt. Les gardes qui tenoient sur luy, le vinrent assaillir, mais tellement se deffendit qu'il en navrit ii., et fuit force de le tuer en la plaice, le xiiii° jour de Feuvrier, car il ne se volt point rendre et amait mielx d'estre tué que de se laissier prendre ; et depuis on en fit action, comme vous orrez.

Item, pour l'an mil v. c. et xv. fuit fait Maistre-eschevin Ser Philippe de Raichecourt, que jay l'avoit esté en l'an mil v. c. et xii,

En ladite année et on dit caresme, ung frère de l'Observance, appellé frère Ollivier, proichoit le caresme à Sainct Pierre, et proichoit très bien à gré du peuple. Le jour du grant Venredi, il proichit la Passion en la grant esglize où il fit ceu que jamais on n'avoit veu, car il monstrit une hostie sacrée et fit crier le peuple *miséricorde*, en monstrant ladite hostie. Et puis quant Pilaite volt donner la sentence, commençoit à crier de toutte sa puissance : *à la mort, à la mort*, et en criant ensy, la trompette de la Cité commencit à sonner pareillement : *à la mort, à la mort*. Et quant Nostre Seigneur fuit mort en la croix, il monstroit ung crucifix, en faisant encor crier *miséricorde*, et crioient les gens à haulte voix. Le jour de Paisque, il proichit encor en la grant esglize, et à l'heure qu'il fît dire l'*Ave Maria*, les chantres de l'esglize sur les petites orgues commencèrent à chanter moult mélodieusemen *Regina*; et à la fin du sermon les grosses orgues commencèrent à juer bien longuement, tant que les gens furent hors.

En ladite année, en la grant semaine de Paisque, iiii. drappiers venoient de la foire de Francquefort, furent prins de Philippe Xeletter, annemi de (fol. 95) la Cité et en furent menés et ransonnés, l'ung iiii. c. et cinquante florins de Metz, appellé Jehan de Bousse, l'aultre appellé Baudesson, à v. c. frans ; les ii. aultres, Pierre Lallemant et Wernerthe, l'ung à l. florins et l'aultre à x. florins d'or. [205]

L'année fuit bien dangereuse de gens insensez et alterez de leur bon sens. Il y eut ung tixerant, en yssant de sa maison, cuidoit aller oyr la première messe as Carmes, comme il avoit de coustume, commencit à braire si affraémment que tous les voisins furent esmerveilliés, et le fallit lier et le convint mener en la volte de l'hospitaul, où il y fuit longuement ; à la fin revint ung peu à luy. Ung aultre tixerant entrit en une fernaisie, s'en allit en la grant esglize et n'en voulloit partir, et disoit qu'il estoit lairon et qu'il avoit derobé en plusseurs lieux.

Item, ung aultre fuit mené aussi en la voulte ; bientost après on y mist une femme qui disoit merveille, rioit, dansoit et chantoit. Ung aultre homme, aussi tixerant, se levoit du lit, de nuyt, d'auprès sa femme et vestit le pellisson de sa femme qui estoit endormie, et sen allit getter en Muzelle et fuit noié.

Ung merchant de Vizenuef, appellé Rollin, se volt jetter en ung puix en sa maison, où son père s'i avoit getté et noié, qui s'apelloit Nicolais le drappier, comme ci-devant est fait mention, s'il n'eust esté bien gardé et rescous ; maix c'estoit per chaude maladie. Une femme se gettoit dedans ung puis sur le chemin de Saincte Barbe et fut noiée.

Item, vi. soldiours en alloient à service de la Cité ; quant ils vinrent à [206], l'ung d'eulx se despartit des aultres tout de pied et laissit son cheval avec les aultres en l'hostellerie, et fuit xv. jours perdus, qu'on ne savoit [ce] qu'il fuit devenu. A la fin fut tant cerchié qu'il fuit trové à . . . ., fuit rammené et estoit ung peu revenu à ly, et fuit caissé des guaiges, quant il revint.

Item, en ladite année avint ii. choses bien merveilleuses. A Molins nacquist ung agnelz qui n'avoit que trois jambes; à Magney nacquit ung poullain qui avoit les ii. pieds de devant fendus, tout ne plus ne moins qu'une vaiche; le maistre le tuait, ce que je n'eusse point fait.

Le xixe. jour de Jung nos signours, c'est assavoir, S^{gr} Nicolle de Heu, chevalier, S^{gr} Jehan le Gornais, S^{gr} Michiel Chaverson se partirent de Mets pour aller à Palces, à une journée, pour le fait de Burtault; et se mirent en une nef qui estoit bien gentiment acoustrée, une chambrette dedans et dessus en manière d'une gallerie, où il y avoit gens armés, colverines et arbelestriers et plusseurs petites pièces d'artillerie ; à laquelle [journée] ils ne firent rien, car les villains Allemands ne s'y trowèrent point.

A Monthoy, on Hault chemin, ii. enffans en l'caige de xi. ans, ung garçon et une fillette, se jouoient ensemble avec des aultres enffants. Le garçon gettit une pierrette aussi grosse qu'une single, moins grosse qu'un xallat en jus, tellement l'ataindit dairien l'oreille qu'il la gettit toute morte.

Le iiie. jour de Jullet, Jowachim Chaverson espousit Claude, fille S^{gr} Conraid de Serriere, et furent les nopces faites en sa maison en la Vignette; et le soir, après soupper se combattirent à l'espée tout armés, à son de trompette vi., c'est à savoir : S^{gr} Phillippe de Raigecourt qui estoit Maistre-eschevin, contre Sgr Nicolle Dech, demexeurs Joffroy de Raichecourt contre Sendonnel, ung gentilhomme de Bourgogne, qui estoit as gaiges et Monseigneur d'Ancerville contre Michon, filz S^{gr} François le Gornaix, chevalier. Et puis quant ils heurent combattu ii. contre deux et que leur harnex fuit rabillié, les trompettes commencèrent à sonner dedans, et tous vi. se prinrent à frapper l'ung sur l'aultre, en façon telle que le feu en sailloit. Se n'eust esté aulcuns signours et soldiours à ceu commis, pour les faire cesser en cas qu'ils seroient desarmez ou qu'ils entreroient en rigueur, ils se fuissent gaistés, car ils ne voulloient cesser pour deffense que les commis en sçeussent faire; et vous certifie que qui les heust laissié faire, autant comme on povoit dire ii. *Pater Noster*, on n'y sceust avoir remédié qu'ils ne se feussent blecié, decouppés et tués, car les hernex n'eussent point duré des grants coups d'espées qu'ilz se donnoient, l'ung la visière avalée, l'aultre la grant garde; il y eut une haulte piece copée en iii. lieux comme en une planche, et si vous jure qu'ils firent vaillamment et comme nobles signours, à gré et dit de toutes gens.

En ladite année, toujours de mil v. c. et xv., François de Vallois, roy de France, renvoiait ses gens d'armes à merveilleuse puissance et luy meyme de là les Monts, en l'encontre des Xowisses et du duc de Millan, et emmenait avec lui messire Robert de la Marche, ses ii. filz, Monseigneur de Florhange et Monseigneur de Jamais et Monseigneur de Lorraine, Anthoine; et le jour de la saincte Croix, en Septembre, heurent une merveilleuse baitaille, en laquelle morut bien xl. mille, que d'ung que d'aultre, et demorirent les François victorieux; et bientost après prinrent Millan, la ville et le chaistiaul, et s'y tint ledit roy longuement, et heurent ung traictié ensemble Le Mor, duc de Millan, et le roy, et firent aussy apointement ledit roy et les Xowisses, per ainsy que les Xowisses heurent une merveilleuses somme d'argent, comme on disoit, xii. c. mil escus, et tous les ans l. mille escus de pension; mais l'appointement ne tint point. ²⁰⁵

On mois de Jullet on fit une ordonnance et huchement, que nul n'achetit chairbons, lengne, blocquel, boix ne faixins que on Champaisaille, en Chainge ou en Chambre et pour son defruit, tant seulement pour l'année, et que on ne vendist le chairbon que vi. frans, et la pesée de boix xii. deniers, le cent de faixin viii. solz, les verts et les seches ix. solz; et que tous ceulx qui avoient chairbon le vendissent à tous ceulx qui en volroient avoir pour vii. frans la née, et pareillement ceulx qui vendoient boix et faixins en vendissent à ung cheseun pour le prix accoustumé, comme dit est. Dudit huchement furent les bonnes gens de villaige malcontents, pour ceu, quant ils venoient à Mets, ils n'osoient vendre que ès dites plaices et pour ledit prix, per quoy laissirent le venir vendre, en tel manière qu'on ne trovoit rien à vendre, laigne, faixins ne chairbon, et tellement que la moitié des marichaulx ne faisoient rien et alloient souvent devant Justice, prier qu'on y mettit remede. Touteffois on mit le chairbon à vii. frans la naie, per quoy il en vint ung pou plus, mais de boix, ne de faxins n'en vint gueres.

Le jour de la saint Lorent, x^e jour d'Aoust, on fit une procession générale.

Item, le xxe jour de Septembre, ung jeudy, de nuyt vint nouvelle que les anemis estoient as champs à grant puissance. On fit assembler les soldiours, varlets d'hostel, environ cent chevalx, et le lendemain à matin, le venredy, on y envoioit une belle compaignie des gens de la Cité, avec eulx vii. pièces d'artillerie et avec eulx S^{gr} Jehan le Gornaix, S^{gr} Philippe Dex, S^{gr} Michiel le Gornais, et se logirent à Servigney, et y furent en les (fol. 94) attendant jusques à Dimanche qu'ils virent qu'ils ne venroient point; mais les soldiours demoront ii. jours après. Vous debves sçavoir que le temps que la Commune fut dehors, la Cité leur envoiait du vivre, et du vin. Le venredi, de nuyt, leur sorvint une allarme, qu'on ne cuidoit point aultrement que les anemis n'aprouchissent pour estre combattus; mais à la vérité les compaignons et toute la Commune se trovirent prests et bien deliberés de les attendre, de quoy les signours furent fort contents. Le lendemain, veant les signours et soldiours qu'ils avoient heu bon couraige, conclurent de les

esprower bien à vray, les mandirent tous et leur dirent: « Or
» çà, enffans, vecy maintenant qu'il fault estre resollus de vivre
» ou de morir, car nous sommes bien certains qu'ils viennent
» tout à ceste heure et si sont forts; pour ceu, s'il y ait aulcuns
» de vous qui ne soit délibéré de bien faire son debvoir, qu'il
» se tire à part, car nous ne voulons point que nulz se mette
» à l'aventure, s'il ne ly plait. » Adoncq commencirent tous à
dire qu'ils vouloient tous vivre et morir avec eulx, et que
jamais ne les abandonneroient; de quoy les signours les remercièrent grandement.

Pour parler de l'esteit de ladite année mil v. c. et xv., vous
debves sçavoir qu'il fuit en son commencement bien froid,
humide et pluvieux; que tout du long de l'esteit ne fuit iiii.
jours entiers sans plevoir, de quoy on heut bien peine de fenner,
et y heut biaucoup de foins gastés et perdus, par quoy ils furent
fort chiers; et pareillement la moxon, il y ait loingtemps
qu'on n'eust sy grant peinne de messonner, comme on heut
en ladite année; car à bien grant peinne on povoit avoir un
demy jour de biaulx temps, et cuidoit on que les vignes ne
deussent rien valoir. Toutefois, à la fin d'Aoust, le temps se
commençait ung peu à eschauffer et cessait la pluc, qu'il ne
plust point ou comme rien depuis la fin d'Aoust jusques en
l'encommencement d'Octembre. Adoncq les vignes commencèrent à amander et furent les vins bien bons, si que on vendoit la cuée viii. frans, ix. frans et x. frans en fut vendus le
cheraulx; et devant le biaulx temps, on en eust heu pour ung
florin de Mets et xxx. solz assez, et aussi on en vendit pour le
prix; et fit ung bien bialx temps, per quoy on heut une belle
vendange. Toutefois, viii. jours devant la vendange, il fit une
gellée qui portit domaige, car il y eut bialcoup de vin moins
qu'on ne cuidoit, et les failut hater et vendangier plus tost c'on
n'eust fait; et les blancs vins en vallurent bialcoup de moins,
car ils n'estoient mie meurs. Après la vendange le temps fuit
bien mal disposé pour enhenner; toutefois en bottant et hai-

chant on enhagnoit asses bien, car le temps estoit mieulx disposé à la fin que à commencement.

Au fait de l'hiver, il fuit le plus gracieux c'on n'eust veu de longtemps; il plut aucune fois et souvent à commencement, mais il ne gellait, ne neigeait comme rien; de quoy ce fuit ung grant plaisir pour pouvres gens, car le boix et faixins estoient bien chiers. Toutefois, à commencement du moix de Fevrier il commençait à geller asses fort, selon le temps.

En ladite année fut fait le murtel depuis le Pont saint George jusques as baires.

Le jour de la saint Luc furent noiez à ponton d'Aye ii. hommes, le père et le filz, ii. cherettes avec ii. cheraulx de vin, et les chertons furent en mon grant aventure et y heut ung cheval noié.

Item, le xvie. jour de Novembre fuit mise la première pierre on fondement de la tour dessus Magulz à Waissieux, et y estoit commis Monseigneur d'Avery, lequel fit ledit jour chanter une messe du saint Esperit, à laquelle luy meyme y estoit, son filz, le maistre maçon et tous les mainovriers. La messe dite, on allit asseoir la première pierre, en laquelle pierre ledit seigneur fit chever une foucette, et y fit mettre deux voirres de vin, rouge et blanc, et y mist ung florin de Mets, et demesseur Nicolais, son filz, y mist ung florin de horne, et y fuit mise une tauble de plonc, en laquelle estoit escript la date qu'elle fuit commencée, le Maistre-eschevin qui alors estoit en Mets, quel empereur rengnoit, quel roy rengnoit en France et le maistre qui la fit et le nom de luy qui en avoit la commission.

Item, ledit jour furent les yawes si très grandes que tous hommes disoient qu'ils ne les avoient jamais veues si grandes sans glaice.

Item, le xxve. jour de Novembre ung cherpentier de Taixon, appellé Anthonne, cheut de dessus son allut, dont il ovroit, et se rompit le cou. Et deux jours après ung soldiour, appellé Nicolais Helbrande, demorant à Port Muzelle, revenoit de la taverne; il y avoit en sa maison ung menuxier, frère à Jehan d'Anowe, appellé Baltazar, qui ly vint ouvrir. En entrant dedans, [ils] se dirent boinsoir, boinsoir; en ce disant, ledit Helbrande tenoit son dolquin et en frapit ledit Baltazar à l'estomacq. Adoncq ledit Baltazar li dit : « Ha! Helbrande, tu m'as blecié. Je suis mort. Pourquoi as tu fait ce colp? » Et n'avoient lesdits ii. jamais heu debat, mais estoient bons amis. Le diable y owrit bien.

Le mairdy devant Noel, xviiie. jour de Decembre, Mon^{sr}. de Florhange envoiait defller la cité de Mets. Trois ou quatre jour après y allirent des seigneurs de Mets, S^{gr} Andreu de Rineck, chevalier, S^{gr} Regnal le Gornais don Neufbourch, S^{gr} Claude Baudoche, S^{gr} Nicolle Roucel et, ne firent rien; de quoy il falit fouyr toutes les bonnes gens des villaiges. Toutefois on fit si bonne diligence que la paix en fuit faite; et estoit le different venu pour ceu qu'il est vrai que S^{gr} Androwin Roucel print à mariage Perrette, fille S^{gr} Pierre Baudouche. Avint après ceu qu'ils heurent esté ensemble en mariage, per l'espace de viii. ans et iiii. moix, ladite dame se print à se complaindre dudit S^{gr} Androwin, son marit, disant qu'il n'estoit point homme, et qu'elle estoit aussi enthiere que quant elle partit du ventre de sa mere; ce que vrai estoit; de quoy plait et procès s'en esmeurent. Et en fuit ledit S^{gr} Androwin condampné à Romme, qu'il l'avoit à quiter et rendre tous ses biens et qu'elle se povoit remairier.

La seconde feste de Noël, ung jeudi xxviie. jour de Décembre, S^{gr} Phillippe Dex et S^{gr} Michiel Chaversson estoient en la Chambre des Sept, avec plusseurs bonshommes de Very qui estoient là pour aucun différent qu'ils avoient; lesdits ii. signours, tenant chescun une partie, firent grant diligence de les adcorder. Toutefois ils entrirent en parolles rigoureuses l'ung contre l'autre, en telle manière qu'ils vont getter leur gaige et se defller as champs, et promirent que incontinent se trouveroient enmy l'ille du Pont des Morts, ce qu'ils firent tout subitement, sans en dire mot à homme vivant ne à leur femme. Sr Philippe fuit ung peu plus haitif, et ne fit rien que d'aller en sa mason prenre une picque. Signour Michiel s'en allit devant Nostre Dame la Ronde faire son oraison bien haitivement, et puis devant Saint Estenne; et incontinent avecq une picque et de grant tire, s'en allit à Pont des Morts. Je croy que Dieu voulut que les portiers différarent de les laissier fuer; tellement leur promirent [lesdits signours] de les en garder de perdre, car ils estoient Trezes, [qu'ils] n'ousirent qu'ils ne les laissirent aller; et s'ils n'eussent ce fait, on n'y fuist jamais venu à temps. Tantost, les nowelles oyes par lesdis bons hommes, pleusseurs signours et soldiours corrurent après en bien grant diligence, (fol. 95) tellement que Monseigneur d'Ancerville fuit le premier qui ratteindit Sr Michiel sur le Pont as Loupz; et veoit as yeulx ledit Sr Philippe en porpoint, sa picque fichée devant luy, lequel dit signour se gettait dessus ledit Sr Michiel de dessus son cheval, de grande hativeteit, pour ceu qu'ils approchoient l'ung l'autre.. Tantost plusseurs y arrivèrent, que force leur fuit de retorner; et estoient lesdits ii. signours cousins germains, enffans de frere et de suer et que paravant se entramoient comme frere et suer, et estoient ii. signours saiges et aussi bien conditionnés c'on en sçaroit trover et forts de leur corps. Et en desplut bialcoup à la Commune, car ils estoient tous deux bien amés et en povoit venir ung bien grant mal inconvenient, comme chescun puet penser. Bientost après l'apointement en fuit fait par le moien de leurs amys et du duc de Chiffort.

Le dimanche devant Noel on annonçait per les parouches que tous les pouvres de la Cité se trouveissent le mairdy après en la court de Sainct Vincent, et que ou y vouloit faire une dendé, et quant ils furent là assemblés, on fit ung huchement, que tous ceulx qui n'estoient de la Cité se tirassent tous à part, et puis leur fuit dit que nulz ne porchaisassent parmey Mets, s'ils n'avoient une enseigne de laiton, en laquelle estoit l'escusson de Mets, et puis on donnoit à ung chescun ung desdits escussons, c'est assavoir, à tous ceulx qui estoient de la Cité et qu'il sembloit qu'il estoit bien emploié, et as estrangiers point; per quoy plusseurs s'en allirent.

Le jour de la sainct Pierre en Fewrier, xxiie. jour, environ les x heures, le feu se print à Saincte Claire sus les Murs, de quoy il y eust ung grant troble en la Cité; maix on fit si grant diligence que en peu de temps il fut esteint.

Le lendemain Monseigneur de Guise, frère à Monseigneur de Lorenne fuit à Saincte Bairbe; il ne passait point parmy la Cité, ne sçay à quelle occasion. Il couchait à Gorze et print son chemin par Magney; toutevoie plussours des signours y allirent le faire bien vegnant et ly presentirent, s'il luy plaisoit à venir à Metz, on luy feroit bonne chière; et luy pourtit S^{gr} François le Gournaix ii. boteilles d'Ipocras.

Item, ledit S^{gr} de Guise donnoit à l'esglise de Saincte Barbe ung bien gros cierge, qui pesoit viii. xx. et ix. livres, et fuit fait en Mets et montait à iiii. xx. iiii. francs.

Ledit jour S^{gr} Philippe Dex faisoit essaier et tirer des hocbus de fer que la Ville avoit achetés; avint que l'une frappit en une porte, et retornait la pierre et entrit en la jambe dudit signour Philippe, per quoy le covint porter en sa maixon et en fuit fort malaide.

Le premier jour de Mars ii. femmes olrent chescune une oreille couppée, pour ce qu'elles estoient makerelles et avoient la semenne devant soborné et soustenu ii. jeunes filles.

Le jour du My caresme, iie. de Mars, fuit trowé ung enffant tantost né en la cimitiere, c'est asçavoir on chairnez dés Proichours. Les Proichours bien estonez le firent sçavoir à Justice, les quels firent si bonne diligence que la mère qui l'avoit fait, fuit trowée, laquelle fuit incontinent prinse, et le samedi après elle fuit brulée. Elle ne fut point mise on pilori, pour ceu qu'elle estoit flebe.

La semenne apres vint grande multitude d'Allemans, lantzquenets, qui venoient de France et se lougèrent par les villaiges de la terre de Mets où ils firent grant domaige. Toutefois les signours, toujours saiges et advisés, firent tant avec les capitaines, qu'ils ne sejournèrent qu'une nuyt, et passirent le paiis de Mets le plus légièrement qu'il leur fuit possible.

On caresme de ladite année de mil v. c. xv. fuit ung grant pardon en la grant esglise de Metz, aussi grant comme en l'an Jubilé à Romme; et estoit on absolt de peine et de coulpe en donnant sa dévotion, sans aultre tasse, en visitant les vii. esglises à ceu ordonnées; et toute et quante fois qu'on faisoit lesdits voaiges, en donnant quelque chose en la huge, on raichetoit une ame du purgatoire.

Le lendemain de Paicques ung clerc apartenant à ung chanone, Monseigneur le scelleur troultoit ung cheval en Saulcy; [il] laissit courir son cheval tellement qu'il rencontrit ung homme appellé Jehan Syonne de Franconrue, tellement qu'il le ruit per terre, c'on ne cuidoit point aultrement qu'il ne fuit mort. Toutefois il en fuit porté en sa maison.

Item, à la sainct Benoit, que fuit le Grant venredy, et ne fit on le Maistre-eschevin jusques à lendemain, vigille de Paicque, et le fuit S^{gr} Michiel le Gournais, fils S^{er} François le Gournais, pour l'an mil v. c. et xvi.

En ladite année, la vigille de la saint George ung racovatour cheut de dessus St Hilaire et s'asomist, et mourust le lendemain.

Le jour de la saint George furent publiées et estachiées les lettres et mandement de l'empereur, en l'encontre de Philippe Xeleter, nostre annemi ad cause de Durtal, pour ceu qu'il avoit deshobéi à ses journées per ly assignées et mandement que tous princes, spirituel et temporel, quelsqu'ils fussent, à toute cité, ville, justice, capitaines, provosts, justiciers et à toutes manières de gens aiant puissance, acunement tenus, contumas et eschus ez bans et ariez bans de l'empire. Et ordonne et commende ledit seigneur empereur à tous les devant ditz, que nulz d'eulx ne les compaigne, favorise, ne faice ayde, faveur ne confort, en parlant, buvant, ne mangeant, mais leur deffault de toute sa puissance. Et qu'ils soient à ceulx de Metz favorisant, aydant de tout leur povoir, en cas qu'ils prenroient, pilleroient ou enmenroient quelque chose desdits de Mets; ainsy les prennent, detiennent et aprehendoissent, comme vrays annemys du saint Empire. Et de laquelle prinse rescousse ou tuerie, s'il advenoit, n'en polroient ne sçairoient estre reprins de Nous, des signours eliseurs, ne de signours [de] Justice, ne aultre, en faiçons que ceu soit, et plusseurs aultres merveilleux biaulx mots estoient contenus en ladite bulle d'or.

Le samedi après ung pouvre malheureux appellé le Grantdieu eut les ii. oreilles coppées, fuit banni et forjugié, et avoit desservi d'estre pendu.

Le xvie. jour de Maye S^{gr} Andreu de Rineck, chevalier, S^{gr} François le Gournaix, chevalier, demesseur Joffroy de Raigecourt, chevalier, s'en allirent à Nancey faire bien vegnant Madame de Lorenne, Renée de Borbon, novellement venue de France en Lorenne, et ly donnèrent une coppe d'argent doré, en laquelle avoit ii. c. et l. florins de Metz; laquelle coppe j'avois moy meyme vendue cinquante deux livres x. solz. Et furent resceus bien amiablement et leur firent bonne chière, et les remercioit bien la jonne duchesse [1].

En ladite semaine avint ung grant trouble en Lorenne, car ils furent desflez de certains comtes d'Almaigne, à grant compaignie d'Almans qui entrirent on paiis per devers la Vousge et prinrent Saint Polins, une petite ville, Conflans, et pourtirent grant domaige à paiis de Lorenne, principalement en vivres, car les vivres estoient chiers. Et y faulloit que le duc de Lorenne gouvernit son armée qui estoit en grant nombre et bien de x. et xi. mil, que chevalchours que piétons; et environ viii. ou ix. semainnes après on en fit ung appointement.

En la première semainne de Maye, à Millerey, ung homme et une femme avoient esté longtemps ensemble en mariaige.

Ledit homme estoit ung peu volle sur les femmes et s'y gouvernoit bien lubricquement ; la femme ennuyeuse du gouvernement de son mari s'acointait du serviteur qu'elle avoit, en façon telle qu'ils conspirèrent et conclurent de le tuer (fol. 96), ce qu'ils firent. La Justice avertie, le garçon s'enfuyt ; la femme prinse cognust incontinent le cas ; mais quant la Justice vint pour prenre la femme, elle entrit en une chambre et d'ung coutiaulx se frappit v. fois la gorge, se cuidant tuer [et] fuit brulée.

Item, à la fin du moys de Jung les maistres et vi. des olliers estoient en leur tour ; [ils] volrent tirer d'ung baton à feu ; la fortune advint qu'il tuèrent une jonne fillette qui estoit en ung jardin, dairier Chambir.

Le xxie. jour de Jung morut dame Claude, femme Jouachin Chaverson, fille de S^{gr} Conraid de Serrière, chevalier, une bien noble et bien amiable dame, amée de pluseurs ses voisins et aultres ; et fut domaige, car c'estoit ung biaul mariage, et si n'avoit qu'ung an qu'ils avoient espousé, encore moins.

Ledit jour ung homme d'Oultre Seille se noyit en Seille en se baingnant. Le jour de la saint Jehan, iii. jours après, se noyit aussi en baignant ung homme en Muzelle, et ledit jour ung homme se laissit cheoir de dessus le Pont des Morts, et cheut sur la greve et fuit fort afollé et derompu ; mais il n'en morut point ; et le mairdi après furent pendus ii. freres germains, bien jonnes. L'ung n'avoit point xx. ans et sy debvoit espouser une femme le dimanche devant ; l'autre estoit ung pou plus viez et avoit tant derobé que c'estoit merveille, principalement en pluseurs boticles de draps et avoit commencé, ce crois je, qu'il n'avoit point ix. ans et tousjours avoit continué jusque la mort à desrober. L'ung s'appelloit Claussequin, le plus viez, et l'aultre s'appelloit Thiebault, lequel Thiebalt fut pendu per maistre Thiebalt, le jour de la sainct Tiebalt, tout à plus haut, une chose que jamais n'avint.

La semenne après, londemain de la division des Apostres, ung jenne gairçon de l'eaige de xv. ans se noyit à Moien pont; en cuidant puissier de l'yawe cheut; et le lendemain se noyit ung homme as Vaissieulx, et ledit jour se noyit ung homme en Champ Nemmerey, et ledit jour fuit encor ung jonne garson en péril de noier, et en bien grande difficulteit fuit rescous.

Item, ledit jour meyme iii. jonnes garsons, jonnes enffants, demandant leur almosne prinrent et desrobèrent ung reliquiaire, de quoy on touschoit journellement à Sainct Pierro as Ymaiges, et prinrent les relicques qui estoient des ossements de sainct Pierre et les gettirent on Viviers; [ils] furent trovés en ce faisant, furent menés en ung jardin tout près et furent battus très fort.

Le penultisme jour de Jullet Monseigneur d'Annery, Ser Jehan le Gournais et Ser Michiel Chaversson s'en allirent à Florhange à la requeste de Ser Robert de la Marche, lequel signour Robert cuidoit bien faire la paix des Almans, touchant le fait de Burtal; maix ils ne firent rien. A bout de xv. jours Ser Michiel Chaversson s'en allit à Jamaix devers ledit Messire Robert, porter la response de Messeigneurs de la Cité.

En la dairienne semaine d'Aoust Monseigneur le mairquis de Baude [270] vint en Metz, acompaignié de xl. chevalx merveilleusement bien en point, tous vestus de rouge; fuit logié à l'Ainge et eut ung présent de la Cité.

On mois de Jullet cheut et enfondit la vanne des Viez mollins oultre Muzelle, et la maison dessus et une partie de la maison du Saulcis que Ser Andreu de Rineck chevalier tient, que bientost après et en grant dilligence fuit reffaite, et ii. ponts de pierre, bien gentement faits comme appert; mais il coulit ung bien grant argent, avec les crovées des paroches qui sovent y furent.

Item, en ladite année fuit fait ung grant owraige à la Mallegoulle, c'on dit Waudrinowe, et furent souvent les paroches à crovées.

Le xxviiie. jour d'Aoust ung homme appelé Adenat, qui tenoit ung jeu de paulmes, se partit de nuyt de sa maison et s'en allit on Saulcis à Raix l'evesque et se gettit en Muzelle et se noyit. Justice advertie du cas lo fit prendre et traigner en la brouatte du Palais per le bouriaul, et fuit pendu en une forche, non point per la gorge, d'une corde, comme on fait les aultres, mais heut le col boutté en une forche. Le samedy après sa femme et ses amys furent demander à Justice c'on leur voulsist donner le corps pour le ensevelir aultre part, et que ils voulsissent laissier les biens à la femme. Touchant le corps, ils ne porent obtenir de l'avoir, mais les biens furent laissiés à la femme.

Ledit jour ung homme d'ung villaige on Hault chemin cheut de dessus ung chanolz et se tuait tout mort.

Item, le jour de la sainte Catherine, xxve. jour de Novembre, iiii. brigants enmenoient ung merchant qu'ils avoient prins prisonnier, qui estoit de Vergaville, et bien grant riche homme [et] vinrent logier à Avancey. Ledit merchant dit en l'oreille à l'hostesse : « Hélas ! ce dit-il, je suis ung pouvre prisonnier. » L'hostesse s'en allit bien vite à Verey et dit as soldiours du chastel comme il y avoit ung prisonnier en sa maison, lesquels s'en vinrent bientost eulx deux et le prinrent et les iiii. brigants, et les enmenont on chaistel de Very ; et le lendemain furent amenez à Mets ; le samedy après furent tous iiii. pendus et estranglés.

Ondit temps le feu se print à la petite Tury de jour, et y heut bien xl. pièces de bestes à cornes et ii. c. bestes à lainne brulées, sans sçavoir dont le feu vint, synon qu'il y avoit ung sien varlet qui l'avoit menacié pour son paiement.

Le jour de la saincte Catherine ung homme qui tenoit une garse devers la Nuewe rue, la battit tant qu'elle en morut. Ledit jour meyme ung appellé Xaffs Hannes, ung nattenier, frappit ung mercier d'ung tisson, tellement qu'il ly rompit et fendit la teste ; maix il n'en morut point ; ung escord en fuit fait, mais il ly coutit bon.

Le xxiiiie. jour de Novembre qu'estoit la vigille de la sainte Catherine, morut dame Catherine, femme Ser Jehan Xawing et fille de Ser Michiel le Gournaix.

Item, la sorveille du novel an ung prisonnier eschappit de l'hostel du Doien, qui avoit esté prins par ung piéton appellé Mark et s'en allit à grant mostier; lequel homme avoit esté prins per ledit Mark, cuidant avoir ung des annemis de la Cité du fait de Burtault, et fuit iiii. ans en l'hostel dudit Doien, tousjours à la taublo as despens de la Ville, lequel se excusoit tousjours et disoit estre innocent. A la fin Messeigneurs le quittèrent et [il] s'en allit et eut encor quelque chose. Le Doien appellé Georges s'en fuit as Cordelliers, et en fuit banni ung an.

La semaine après ung homme à Gorse se couppit la gourge d'ung coutiaulx. En ladite semainne, le dimanche après les Roys, le feu se print en une maison près de porte Serpenoize et fuit brulée de fonds en fonds. (Fol. 97.)

Pour parler du gouvernement de l'esteit et de l'hiver de ladite année de mil v. c. et xvi., vous debves sçavoir qu'il fit merveilleusement chauld et de grande chalour; on eust une bonne année de merveilleusement bons bledz qui vallurent mieulx biaulcoup que l'année précédente; maix il n'en y out point trop grant planté, per quoy ils furent chiers, et valloit la quarte de forment x. solz, et bientost après xii. solz, la quarte d'awoine iiii. solz et demy, et aulcunes foys v. solz. La vendange vint après, qui fuit la plus belle que de longtemps n'avoit esté, et les vins bien bons; maix comme des bledz, il n'en y heut mie grant planté, per quoy ils furent chiers, et vallut le cheral viii. frans et ix. frans, aulcuns x. frans, et estoient les chakeurs cloz devant la sainct Remy. L'hiver après fuit tant froid que de longtemps n'avoit esté pareille, et gelloit si très fort qu'il gelloit per tout ez maisons, ez voltes, ez celliers, ez palle et ez cisternes; et fuit Muzelle si très fort engellée c'on chairioit per dessus, aussi facilement comme en plain champz, et duroit jusques xv. jours après la Chandellour, et fuit encore bien froit lontemps après.

Le xviie. jour de Fevrier vint à Mets Mark Anthonne Colloneis[371], ung grant signour merveilleusement puissant, et disoit on pour vray qu'il avoit bien ix. bonnes villes fermées et xxv. chastiaulx bien forts; lequel s'en alloit devers l'empereur et avoit en sa compagnie bien xl. chevalx que mullets. Les soldiours le conduisirent ii. journées pour ceu qu'il n'estoit point bien xeure de Messire Robert.

Le londemain, xviii. dudit mois, le feu se print à Maixières devant Mets, tellement que tout le villaige fuit brulés, arez iii. maisons; et fuit une bien grant pitié le veoir et oyr les pouvres gens complaindre, qui avoient tout perdu.

En la première semenne de Caresme le maire de Turci s'en alloit devers Nomenci; en passant permey le rut de Bioncourt, cheut et se noyit.

Le xve. jour de Mars, le second dimanche de Caresme, le feu se print en une maison entre Saint Salvour et Viez Boucherie, enchiez Tiry le meneuxier, et fut entre xi. et midy, à l'heure que les gens estoient à sermon. On vint crier *à feu* devant les Cordelliers, que fuit une grande mutation, pour ceu que la court des Cordelliers estoit pleine de gens; mais à l'occasion que c'estoit de jour, il fuit rescous per la grant diligence des bonnes gens. Toutevoie il y heut pour plus de cent florins de Mets de domage.

Le mairdi après le feu se print de nuyt en ung logis, en Glategnei, d'une volle fille et fuit tout brulée.

Ondit temps ung jonne homme tuoit son père à Comerxei de froid sens.

En ladite semenne ii. hommes de la boucherie de Porte-Muzelle, Nicolais le boucher et Michiel le trippier, s'en alloient à Sainct-Avold à une foire qui là estoit. Quant ils vinrent à Longeville et estoient à la tauble, s'entreprinrent de parolles à aulcuns qui estoient ondit logis, en tel façon et manière frapèrent à eulx et tellement les navrèrent que ledit Nicolais en morut à bout de iiii. jours, et ledit Michiel fuit tellement navré que à pou qu'il n'en morut.

Quinze jours après, la semenne après la Moy caresme, ung soldiour appellé Ramonet et ung homme d'arme estoient à la court sainct Mairtin; [ils] s'entreprinrent de parolles et desgainèrent l'ung sur l'autre. Ledit homme d'arme appellé le grant Arnolt, qui avoit esté aultre fois à gaiges à Mets, fendit la teste audit Ramonet; mais il n'en morut point. Ledit Arnolt s'enfouyt as Carmes, et l'autre à Saint Clément; et pour ce que ledit Ramonet avoit esté motif et qu'il avoit couru sus ledit grant Arnolt, ung appointement en fuit fait.

En l'année de mil v. c. et xvii., les vignes furent engellées per tout le paiis de Mets, le Val, le petit Val, le Val de Mey, toutes les vignes de Gorse, du Pont, de Nomeney, de Hame et de plusseurs lieux; car la gellée vint iiii. jours devant la saint George et gelloit bien viii. jours le plus fort que jamais on heust veu en tel temps; et disoient les anciens que jamais ils n'avoient veu les vignes si effait engellées, car rien n'achappait que tout ne fuit perdu; et si heut des soilles engellés, per quoy les bledz furent encor plus chiers. Toutevoie le forment valloit jay xii. solz la quarte, le soille vii. solz, l'avoine v. solz. L'orge, on en povoit à painne finer pour les servoises c'on faisoit, pour le vin qui estoit chier; et vallut la quarte ung gros, que devant la gellée ne valoit que vi. et vii. deniers. Et bientost on mist l'issue des vins, à la porte, à cent solz et le bled xvi. solz. Le plus chier fuer de Mets y valloit xx., xxv. et xxx. solz per tout.

Item, à la saint Denoit fuit Maistre-eschevin de Mets pour l'an mil v. c. xvii., Ser Jehan Roussel que jay l'avoit esté en l'an mil v. c. et viii.

Le jour de la saint Clement, second jour de Maie, on corust l'avoine comme on a de coustume, et la goingnait Claussequin, l'hoste de l'Ainge.

Ledit jour, à matin, devant que l'avoine fuit corue, le duc de Chiffort, aultrement nommé la Blanche Roze, lequel estoit de la ligne realle d'Angleterre et S⁹ʳ Nicolle Dech, l'eschevin, ung des signours de Mets, coururent ladite course eulx meymes, chescun sur son cheval et valloit iiii. xx. escus au soleil et chescun escu valloit xxxiii. solz, et iiii. deniers, somme ii. c. xxi. frans, iiii. solz, laquelle somme et course gaingnait ledit S⁹ʳ Nicolle Dech; de quoy plusseurs en furent bien joieux, car il estoit ung bien cordial signour, amiable et bien amé de plusseurs.

Item, le viiᵉ. jour de Maie furent osté plusseurs hostelleries et cabarets de Mets, en nombre de xxxiiii. et leur fuit expressément commendé de incontinent cesser et de oster leur taublet et enseigne. Et fuit fait pour ii. raisons ou pour iii.; la première, pour ceu que les vins estoient fort chiers, car la quarte valloit xii. deniers; pour ceu que plusseurs y alloient troup souvent, enffans et aultres gens pouvres qui y despendoient ceu que leurs femmes et enffants debvoient vivre, et aultres malx, comme jour et aultre chose et cetera; et fuit bien fait, comme plusseurs disoient.

Le premier dimanche de Maie fuit anuncié per toutes les paroches de Mets, que quiconque volroit faire servoize pour ly et pour vendre, que faire en povoient.

Le xxviᵉ. jour de May il cheut ung feu du ciel qui bruloit plusseurs maisons à Mondelange, et cheut le premier feu sus une maison où il ne demoroit personne; il y avoit vii. ans c'on n'y avoit fait feu.

Le iiiiᵉ. jour de Jung fuit pendu ung pouvre malheureux homme boitoulx.

Le ixᵉ. jour de Jullet fuit battu ung jonne filz qui estoit du Pont à Mousson.

Le xviᵉ. jour dudit mois de Jullet, à mynuyt, (fol. 89) mourût dame Mairgot de Pol, fille à Monseigneur de Pol sus Seille et femme à S⁹ʳ Michiel le Gornaix, qui estoit une bien gracieuse dame et bien devotte, amée de ses voisines et d'aultres.

Le viii⁰ jour d'Aoust vint en Mets ung cardinal Des Colonnes de Rome, et ly fit la Cité présent de ii. cucs de bien bon vin, qui costoient bien près de xl. francs et de cinquante quartes d'avoine ¹⁷².

Devers la meittie du mois de Septembre vint novelle que nos annemis, signour Francisque, Philippe Xeletter, ceulx du fait de Burtalz, s'assembloient pour venir courir on païs de Mets, on Hault chemin. La vigille de la saincte Croix, ung dimanche, xiii⁰. jour dudit mois, les signours de Mets firent faire les monstres de ceulx de Mets et du païs; maix ils ne vinrent point jusques le jour de la saint Luc, et boutirent le feu à Burlixe, brullirent biaulcoup de bledz et firent moult grant domage.

Le sabmedi après la saint Remy fuit battu ung homme jà viez, pour avoir derobé. Le lendemain de la saint Luc ung jonne garson de l'aige de xiiii. ans, se pendit et estoit de gens de bien et riche; [il] fuit despendu par le bourriaulx, mis en la browatte du Pallais et trainé enterrer entre les ponts.

En ladite année de mil v. c. et xvii., le bledz devint si chier que on vendoit la quarte, telle fois fuit xx. solz; l'awoine fuit vendue vii. solz, l'orge xii. solz, les pois xiiii., xv. solz. Et fut une année bien perilleuse et de bien malvaise sorte, car toutes choses estoient chières, car on ne donnoit que iii. œufz pour ii. deniers, et tout permey l'esteit temps, on n'en donnoit que iiii.; et que pis estoit, on moroit fort de la peste. On avoit la guerre, et si avoit on la famine et le chier temps, et ne trovoit on point de vin à vendre le plus souvent, per quoy on fuit visiter les celliers. Adoncque, le mercredy après la saint Luc, fuit dit et ordonné que chescun vendit le vin à quel pris qu'il vo!roit, per quoy fuit tantost mis à xv. deniers et à xvi. deniers la quarte, ceu que jamaix ne se fit plus en Mets. Toutefois, devant la sainct Mairtin, le bledz descheut de v. et vi. solz sus la quarte et ne vallut que xii., xiii. et xiiii. solz la quarte.

En la semenne devant la saint Remey furent prins par les soldiours de Very iiii. larons, on Hault chemin ; et ledit jour ung près de Conflant ne se volut point rendre, se deffendit, per quoy il fuit navré et morut enchiez le Doien, et les aultres v. menés à gibet et en y olt iiii. des pendus ; l'autre fuit lié et estachié, qu'il ne le faulloit que bouter jus : mais pour ceu qu'il estoit jentilhomme et ung fort biaul jonne filz, et pour ceu aussi qu'i n'avoit gueres derobé, on ly fit graice.

On mois de Novembre, à la fin, cheut ung jonne compaignon sus la rue du Mollin à foulant et heut les ii. jambes rompues au dessus des genoulz et l'amenait l'yawe jusque bien près du pont saint George. Ung sien frere qu'il avoit, saillit en Muzelle, le tiroit dehors et [il] fuit rescous de mort.

Le viie. jour de Novembre morut Ser Joffroy de Raichecourt, ung jonne escuier.

Le viie. jour de Novembre morut . . .²⁷³ abbé de St Clement.

En ladite année, morut dame Perette Guerdefer qui estoit bien fort ancienne dame.

Le xixe. jour de Décembre fuit crié à son de trompes, sur la pierre à plus près du Palais, là où on huche les Trezes. Après que la trompette heut sonné iii. fois, Mairtin des Sept crioit à haulte voix, que quiconque polroit prenre, apprehender et amener à Mets, en vie, Philippe Xelleter, nostre annemi, on ly donroit xii. c. florins de Mets et seroit as gaiges à cheval toute sa vie et qui le tueroit, il aroit [c. florins]²⁷⁴, et qui polroit amener Burtal Soffroy, en sa vie, il aueroit iiii. c. florins de Mets et seroit aux gaiges de piéton toutte sa vie ; et qui le tueroit, il aroit xl. florins de Mets.

Le viiie. jour de Feuvrier, René de Bialvairt espousit . . .²⁷⁵ fille Ser Claude Baudouche, signour de Mollins, à ladite Mollins, et estoit après la Septuagésime.

Item. le grais dimanche ung homme appellé Loxillon, clerc des mollins, homme de bien et bien riche, se trouvoit de nuyt en l'hostel du Ser nommé Jowachin, pour cuider couchier avec la servante de l'hostel. Ledit signour revenu de la ville le trovait et le battit tellement que à bout de iii. semennes il en morut.

Le premier samedi de Mars une femme maquerelle heust une oreille couppée et [fut] banie.

Item, pour l'année de mil v. c. xviii. fuit Maistre-eschevin de Mets S{sr} Jowachin Chevresson.

En ladite année, ondit caresme, vint ung Cordellier en Mets qui proichoit merveilleusement bien, et avoit si grant xeutte de gens, que tous les jours, meyme les jours ouvriers, toute la court des Cordelliers estoit pleine de gens, et tellement qu'il proichit plusseurs dimanches et festes en Chainge, que tout Chainge estoit pleine et y avoit si très tant de gens qu'on y estimoit bien vi. et vii. mille personnes, car [il en vint] du paiis de Mets, du Vaulx, du Hault chemin, de Marange, de Piervilliers, de Rombaix, et du petit Val; [il] proichit tellement des macquerelles, qu'il en fit plusseurs bannir, plusseurs dechaissier, plusseurs mises on charcan; pereillement proichit tant des jeux et disoit que nul jeu du monde n'estoit licite et que à nulz jeux on ne sçaroit juer, sans péchier mortellement. [Il] priait affectueusement que tous ceulx qui vendoient cartes, dez et taublits, voulsissent cesser de en jamais plus vendre, ne s'en mesler; et à chescune fois qu'ils en vendoient, ils péchoient tousjours mortellement pour chescune fois ; et que pis estoit, ils estoient causes de tous les jeurements et mots qui s'y faisoient et que de tout leur en faulloit rendre compte.

Item, [il] prioit oultre plus que tous ceulx qui en avoient en leurs maxons, fuissent deiz, cartes ou taublis, que incontinent partis du sermon, chescun brulllt ceu qu'ils en avoient. Et pour vray, les gens ne povoient attendre qu'ils feussent à l'hostel pour les bruller, et moy meyme en brullis vi. jeux de cartes, bien xxv. dez, plus de lxx. taubles et ung taublis ou ii. Oultre plus, il proichit tant et si souvent des chaines d'or que les seignours et dames portoient, et meymemont des baigues, des anneaux, des grosses ceintures desmesurées, des effichets qu'elles portoient en leur col et que toutes telles choses estoient tous pechiés mortels, que la pluspart le missent jus et ostèrent de leur col, bourjeoises, jeunes femmes et jeunes filles.

FIN

NOTES, REMARQUES

ET

INDEX

NOTES & REMARQUES

1. Les abbayes de Clairvaux au diocèse de Langres et de Pontigny au diocèse d'Auxerre, toutes deux de Cîteaux, furent fondées en 1114.
2. L'abbaye de Prémontré, au diocèse de Laon, fut fondée en 1121, par s{t} Norbert.
3. Jean de Gaëte fut élu par les Romains sous le nom de Gélase II, le 25 janvier 1118. L'empereur Henri V fit élire à sa place, le 9 mars, Maurice Bourdin, archevêque de Brague.
4. Innocent II fut élu le 15 février 1130, par une partie des cardinaux. Les autres élurent Pierre de Léon qu'ils nommèrent Anaclet ; fils d'un juif converti nommé Pierre de Léon, il fut d'abord moine de Cluni, puis cardinal-prêtre.
4, ligne 18. Lothaire II qui ramena Innocent II à Rome, en mai 1133.
5. Allusion à la légende de l'enfant de Lincoln, très populaire dans toute l'Europe à cette époque.
6. Alexis-le-Jeune.
7. Le chroniqueur fait ici une confusion. Henri II, roi d'Angleterre eut de la reine Éléonore, femme répudiée de Louis VII : Mathilde, mariée à Henri-le-Lion, duc de Saxe (ici Sansonne), père d'Othon IV ; Éléonore, femme d'Alfonse VIII, roi de Castille ; Jeanne mariée à Raymond VI, comte de Toulouse. Louis VII, roi de France, épousa en secondes noces, l'an 1154, Constance, fille d'Alphonse VIII, roi de Castille.
8. Frédéric Barberousse.

9. Lieu de pèlerinage au diocèse de Cahors, très fréquenté au moyen âge et célèbre par les miracles qui s'y opérèrent au XIIe siècle. M. Gustave Servois a consacré deux articles à l'examen du Recueil des miracles de Notre-Dame de Roc-Amadour. (Biblioth. de l'École des Chartes, t. XVIII, p. 21 et 228. 1857.)

10. Robert prévôt d'Aire, de Saint-Omer, élu évêque de Tournai, d'Arras et de Cambrai, chancelier de Philippe d'Alsace, comte de Flandre, fut assassiné à Condé, selon les uns en 1172, suivant d'autres en 1174, en se rendant à son nouveau siège dont il allait prendre possession. Les faits qui le concernent sont assez obscurs. Pierre de Blois lui adressa sa 42e épître, où il lui reproche son luxe, son avarice, son insolence et l'oubli de ses devoirs. (V. Gallia christ. Eccl. Atrebat et Tornac.)

11. Philippe II était fils de Louis VII, dit le Jeune, et d'Alix de Champagne, troisième femme de ce roi. Le règne de Louis se calcule de quatre manières différentes dans les Chartes; on compte environ 43 ans depuis la mort de son père, en 1137.

12, p. 4. Louis VII fut inhumé à l'abbaye de Barbeaux, au-dessus de Melun, qu'il avait fondée en 1147. Il eut trois femmes dont aucune n'a porté le nom d'Odille. C'étaient: Éléonore d'Aquitaine, Constance, fille d'Alphonse VII, roi de Castille, et Alix de Champagne.

12, p. 7. Il s'agit ici des vagabonds rassemblés par un hongrois nommé Jacob, moine apostat de l'ordre de Cîteaux, sous le prétexte d'une croisade pour la délivrance de saint Louis. Ils furent défaits entre Mortemer et Villeneuve sur le Cher. Plus tard on retrouvera sous le même nom d'autres bandes qui commirent les mêmes excès.

13, ligne 4. Les bigames et les usuriers furent en effet excommuniés au concile de Lyon; nous ne savons ce que le chroniqueur entend par Sachier.

13, ligne 10. La condamnation à mort et l'exécution de Pierre de La Brosse eurent lieu en 1276 et non en 1278. Il est à remarquer ici qu'on assigne un motif tout nouveau à l'animosité du chambellan du roi contre la reine.

14. Il y a ici une omission de celui qui a copié le manuscrit original, lequel portait, après ces mots : « *suer du roy de France*, et le filz dudit roi d'Angleterre print à femme la fille du Roy de France, *Ysabel*. » Cette addition est indispensable pour compléter le sens.

15. Philippe-le-Bel eut à Vaucouleurs, en 1300, une conférence avec Albert Ier d'Autriche, empereur d'Allemagne, dans le but, dit-on, de poser des bornes pour limiter l'empire et le royaume de France.

16. Un atour ou ordonnance de 1300 établit qu'à l'avenir les Maistres eschevins seront pris à tour de rôle dans chacun des six Paraiges

ou groupes de familles nobles qui gouvernaient la République, réparties en quelque sorte en six tribus qui s'appelaient dans l'origine, probablement d'après leur quartier respectif, paraiges de Porte-Muzelle, de Port-Sailly, de Jurue, d'Outre-Seille, de Saint-Martin, auxquels on ajouta plus tard celui du Commun. Cette organisation se retrouve dans la plupart des villes libres de l'empire d'Allemagne et notamment à Cologne, Worms, Strasbourg, Augsbourg, Nuremberg, Bâle, Zurich, où les Paraiges étaient désignés par le mot de *Geschlecht* qui n'en est que l'équivalent ou la traduction.

17. Guillaume de Nogaret, envoyé secrètement à Rome par Philippe-le-Bel, s'empara à Anagni, le 7 septembre 1303, de la personne de Boniface VIII, qui mourut, dit-on, de chagrin quelques jours après.

18. Nicolas Bocasin de Trévise, général de l'Ordre des Frères Prêcheurs, fut élu pape le 22 octobre 1303 et prit le nom de Benoît XI.

19. Clément V transporta le Saint-Siége à Avignon, au mois de mars de l'année 1309.

20. Philippe de Marigni, archevêque de Cambrai, de 1306 à 1509, et de Sens, de 1309 à 1316, et Jean de Marigni, évêque de Beauvais de 1313 à 1347. Il n'existe pas de cardinal de ce nom.

21. Henri VII, dit de Luxembourg, dont Clément V favorisa secrètement l'élection contre son compétiteur, Charles de Valois, frère de Philippe-le-Bel.

22. Il mourut à Buonconvento en Toscane, le 24 août 1313, des suites d'une fièvre pestilentielle, à l'âge de 51 ans, le deuxième de son empire, universellement regretté de ses sujets. On a accusé les Dominicains de l'avoir empoisonné, mais cette imputation est formellement contredite par les témoignages contemporains.

23. Cette femme est plus connue sous le nom de Marguerite Porrée. Le chroniqueur n'a fait que reproduire le passage de Guillaume de Nangis, qui la concerne. Selon la chronique de Saint-Denis, elle fut condamnée et brûlée elle-même avec son livre.

24. Louis X, dit le Hutin, épousa Clémence, fille de Charles Martel, roi de Hongrie, avec laquelle il fut sacré à Rome, le 3 août 1314.

25. Philippe V, dit le Long, deuxième fils de Philippe-le-Bel, appelé à régner faute d'héritiers mâles, malgré l'opposition du comte de la Marche et du duc de Bourgogne qui prétendaient que la couronne devait échoir à Jeanne, fille de Louis-le-Hutin.

26. Ce nom est en blanc dans les deux manuscrits. En tête de l'original on trouve une liste des maistres-eschevins de Metz, qui à partir de Poince Chameure, en 1317, donne les noms suivants :

        Jehan Witry, en l'an 1318.
        Jehan de Laistre, en 1319.
        Pierre Paillat, en 1320.

On lit aussi en marge de cette liste, à l'année 1313, la mention suivante :
« En celle année de mil iii. c. xviii., furent grantz feu à Mets le jour
» saint Salveur. »

27. A la suite de la persécution dirigée contre les Albigeois, Vaudois, Bigards, appelés aussi Fratricelles, il se forma, sous prétexte de les venger, des bandes de vagabonds qui prirent le nom de Pastoureaux, comme celles de 1251, et ravagèrent tout le midi de la France ; on finit par les disperser et les détruire dans les environs de Carcassonne.

28. Musiaulx pour Mezels, nom qu'on donnait aux lépreux, appelés aussi *bons malades.*

29. Jourdain de l'Ile, neveu, par sa femme, du pape Jean XXII, fut, malgré cette alliance, condamné par le Parlement à être pendu pour les crimes dont il s'était rendu coupable dans le midi. Il fut exécuté à Paris.

30. Ce théologien était Jean de Pouilly qui fut cité par le Pape XXII et obligé de se rétracter. Ce pape le condamna par son Extravagante de l'an 1321.

31. Ce fait a déjà été raconté par le chroniqueur à la page précédente.

32. Charles IV épousa en troisième noces, Jeanne, fille de Louis de France, comte d'Evreux. Sa seconde femme, Marie, fille de l'empereur Henri VII, était morte à Issoudun, en février 1324, des suites d'une fausse couche.

33. Pierre de Remi (Petrus Remigii), argentier du roi Charles V, fut condamné à mort pour ses malversations, d'après Guillaume de Nangis, et pendu, le 25 avril 1328, au gibet qu'il avait fait édifier à neuf.

34. Jean de Luxembourg, roi de Bohême, ne fut pas empereur ; il prit le parti de Louis de Bavière contre Frédéric d'Autriche. Il contracta alliance avec Ferri IV de Lorraine, Édouard I de Bar et Baudouin de Luxembourg, archevêque de Trèves, de 1308 à 1354, pour ravager les environs de Metz ; ils l'investirent à trois reprises sans en faire le siège en forme.

35. Louis I, dit de Nevers et de Créci, comte de Flandres, fut fait prisonnier, le 22 juin 1328, par les habitants de Courtrai et livré aux Brugeois qui lui fesaient la guerre pour avoir cédé au marquis de Namur le port de l'Écluse.

36. Édouard II, déposé par Isabelle son épouse et enfermé au château de Berklei, où ses gardiens le firent périr, le 31 septembre 1326. Les détails de cet événement et le supplice des Hugh Spenser, père et fils, (surnommés le Dépensier) se trouvent dans Froissart et dans les chroniques de Flandres, t. XXII du Recueil des hist. de France.

37. Les magistrats messins tenaient à conserver intacte la qualité de leurs vins qui étaient en réputation, c'est dans ce but qu'on fit arracher les cépages inférieurs nommés *goult* ou *goultz* qui donnaient des récoltes plus abondantes, mais inférieures de qualité.

38. Il s'agit de la bataille de Crécy, livrée le 26 août 1346. Le chroniqueur, un peu plus loin, lui donne son véritable nom au lieu de celui d'Abbeville en Ponthieu, qu'il appelait par erreur en *Poitiers*.

39. Le manuscrit original porte « par un de leurs compaignons *meyme*. » Ce dernier mot écrit en abrégé a été mal lu par le transcripteur qui a cru voir *nommé* et a laissé en blanc le nom soi-disant omis.

40. La secte des Flagellants qui prit naissance en Italie, au XII° siècle, se réveilla avec une nouvelle ardeur, en Allemagne, pendant la première moitié du XIV°. Elle fut condamnée, en 1359, par Clément VI.

41. Adhémar de Monteil, 73° évêque de Metz, de 1327 à 1361, mort le 12 mai de cette dernière année.

42. Charles II, dit le Mauvais, fait prisonnier à Rouen par le roi de France, Jean II, qui fit immédiatement décapiter le comte d'Harcourt, avec quatre seigneurs normands et fit transférer le roi de Navarre au château d'Arleux en Cambrésis, d'où il s'échappa.

43. Le chroniqueur veut dire qu'on perdit les boîtes qui contenaient les noms des Paraiges où devait être pris le maistre-eschevin. Ce fait est rapporté plus en détail et plus clairement dans le Recueil de chroniques de Huguenin, où on donne à entendre que ce fut une supercherie à laquelle le maistre-eschevin n'aurait pas été étranger.

44. Par la *Cour l'évêque*, on entendait la juridiction épiscopale à laquelle ressortissaient les faits de discipline ecclésiastique, malgré l'absence presque continuelle des évêques qui n'exerçaient plus la justice temporelle dans la ville, comme autrefois.

45. Pierre II, de Bar, seigneur de Pierrefort, fit la guerre aux Messins au sujet de la terre de Norroy-le-Veneur, que Robert, duc de Bar, avait cédée à Poince de Vic pour 2,000 florins. Pierre de Bar voulait exercer un droit de rachat que la législation de Metz lui interdisait comme se substituant aux droits d'un tiers, Ferri de Bar son cousin.

46. Jean de Vienne fut transféré à Bâle et non à Worms (*Vermoixe*) qui était le siège occupé par Thierry de Boppart, avant sa nomination à l'évêché de Metz. Il eut pour successeur, à Worms, Jean I°', Schaldenland.

47, p. 25. Willaume Poujoise, dit Pallement, citain de Metz, irrité d'avoir vu rejeter la revendication d'un héritage venant de sa femme, avait vendu sa querelle au comte de Spanheim. C'était pour lui un moyen de se venger ; le comte, comme tant d'autres seigneurs de cette époque, trouvait un prétexte pour détrousser, piller et rançonner les marchands et les citoyens paisibles. (V. les Preuves de l'histoire de Metz, t. III.)

47, p. 27. C'est le 4 avril que Robert de Bar fut fait prisonnier par les Messins.

48. Ce chef d'aventuriers s'appelloit Yvain de Galles. (Preuves, t. IV.) On trouve fréquemment ce nom d'Albanais qui servait à désigner les Écossais, mais plus spécialement ceux du nord de l'Écosse appelé Albanie. On a pu confondre avec les Écossais, les Gallois, d'origine celtique comme eux.

49. Le cardinal d'Aigrefeuille fut envoyé à Metz, par une bulle de Clément VII, du 25 août 1381, pour opérer une réduction dans le chapitre de la Cathédrale, sur la propre demande des chanoines, vu l'insuffisance des prébendes ; il n'eut rien à démêler avec l'archevêque de Trèves, bien que celui-ci fût chef de la province ecclésiastique.

50. Charny-sur-Meuse, village et forteresse de l'évêché de Verdun dont Pierre de Bar, seigneur de Pierrefort, s'était emparé par surprise, ainsi que de Sampigny, et d'où il dévastait tout le pays. Pressé vigoureusement par les ducs de Bar et de Luxembourg, Robert et Wenceslas Ier, venus au secours de l'évêque et du chapitre, il mit le feu à la forteresse et à la faveur du désordre causé par l'incendie, il s'échappa et se glissa dans le château de Sampigny, où il mourut peu après.

51. Les corporations ou confréries de métiers furent abolies à cause des conciliabules fréquents qu'elles tenaient ensemble et dans la crainte qu'elles ne s'unissent pour conspirer et changer le régime de la Cité messine.

52. Le doyen de Saint-Thiébault (Preuves de Lorraine, t. II) l'appelle le duc Taxin. On peut supposer qu'il s'agit de quelque membre de la maison de Tour et Taxis, qui n'a jamais eu le titre de duc, mais celui de comte et de prince. Le roi des Romains était Wenceslas.

53. Ce pont était exactement sur l'emplacement de la porte Sainte-Barbe, derrière l'arsenal d'artillerie, entre la porte des Allemands et la Moselle.

54. Jean maria sa fille Elizabeth, Isabelle selon d'autres, à Enguerrand de Couci, en 1380. Elle avait pour mère Sophie de Wurtemberg.

55. Le Vaul ou Val, tout court, comprenait la vallée supérieure de la Moselle, au-dessus de Metz.

56. Raoul de Couci, 77e évêque de Metz, de 1388 à 1415. Il fut escorté, à son entrée qui eut lieu le 6 janvier 1388, par les comtes de Blamont, de Deux-ponts et de Salm.

57. Cette lettre est une espèce de mystification qui eut cours dans plusieurs contrées de l'Europe. Les énonciations mêmes de l'intitulé font reconnaître qu'elle a été inventée à une époque bien postérieure à celle où le chroniqueur l'a placée.

58. La bataille de Nicopolis, livrée en 1396, à la suite de laquelle Bazajet, nommé ici Baisacle, fit égorger de sang-froid l'élite de la chevalerie française.

59. Pierre de Luna, aragonais, élu pape le 28 septembre 1394, par les cardinaux de l'obédience de Clément VII, pour lui succéder, prit le nom de Benoit XIII; il fut déposé en 1417 et mourut en 1424.

60. Yvoy ou plutôt Carignan, chef-lieu de canton dans les Ardennes, arrondissement de Sedan, station sur la ligne de Mézières à Thionville. Callait de Mexey est Collard de Mercy. (Ann. du doy. de Saint-Thiébault. Preuves de Lorraine).

61. Par ces noms bizarres on ne peut entendre que la Samogitie et la Courlande, conquises à cette époque par les chevaliers Teutoniques, appellés ici Prussois. Le duc Witasse est sans doute quelque prince slave du nom de Witzlas, ou de Wenceslas; on ne trouve cependant aucun détail précis dans Naruszewicz (Hist. nar. Polsk.), ni dans les chroniqueurs slaves du temps.

55. p. 12. Robert, élu empereur le 21 août 1400, après la déposition de Wenceslas et mort le 18 mai 1410, du vivant de ce même Wenceslas qu'une partie de l'empire reconnaissait encore pour chef.

62. Collard de Mercy, dont le nom avait été omis, est désigné dans le ms. original où il s'appelle comme toujours Callait. Dans ce même alinéa, *lisez*, « venaient de courre en Allemagne ». Le copiste a cru voir une abréviation, dont il a fait un nom de lieu. Au lieu de pance et pant, lisez : panie, mot qui signifiait troupeau, convoi. Mercy est un village de l'arrondissement de Briey, fesant alors partie du Barrois.

63. Le peuple ou ce qu'on appelait alors le Commun de Metz, se révolta à diverses reprises contre l'aristocratie qui le gouvernait. (V. l'entreprise d'Uguignon, en 1317.) La cause de ce dernier mouvement paraît avoir été une imposition extraordinaire. Il en est resté comme trace le « grand atour » qui énumère les griefs qui y donnèrent lieu. (Preuv., t. III.) Il est à remarquer que pendant le XIVe siècle et une partie du XVe, les séditions furent fréquentes dans les Républiques gouvernées comme Metz l'était alors.

64. C'est en 1418 que Jean de Bavière, évêque non sacré de Liège, épousa, avec dispense (Gall. Christ.), Elizabeth de Gorlitz, veuve d'Antoine de Bourgogne, duc de Brabant et de Luxembourg. Il se fit donner le gouvernement de la Hollande par sa nièce Jacqueline, et mourut empoisonné à La Haye, le 6 janvier 1425.

65. Balthazard Cossa fut élu pape le 17 mai 1410, pour succéder à Alexandre V et prit le nom de Jean XXIII. Il fut déposé au concile de Constance et mourut en 1419. Son pontificat ne dura que cinq ans.

66. Ces traités qui se trouvent dans les Preuves de l'histoire de Metz, à la date de 1409, paraissent avoir été fidèlement observés de part et d'autre. La ville de Metz demeura en paix avec tous ses voisins jusqu'en 1415, où elle fut attaquée par Henri de Latour.

67. Ce Forel remplissait probablement le rôle de souffleur. Par l'original des personnages il faut entendre le texte du mystère. Il a été imprimé.

68, p. 45. Pierre d'Ailli, archevêque de Cambrai, cardinal du titre de S. Chrysogone, de la création de Jean XXIII. Il fut célèbre par son enseignement au collège de Navarre, dans l'Université de Paris, où il eut pour disciples Nicolas de Clamenges et Jean Gerson. Les autres chroniques ne parlent pas de cette réforme des ordres religieux à Metz. (V. Hist. litt. de la France, t. XXIV.)

68, p. 46. Le Saulcis était une forteresse, maintenant ferme près de Tronville, canton de Gorze, appartenant à Henry, seigneur de la Tour en Woivre; pour se venger des Messins qui avaient pris part à sa destrution, il leur fit longtemps la guerre. L'histoire de Metz, des bénédictins, cite pour autorité le doyen de Saint-Thiébault, qui désigne Collart comme seigneur et propriétaire du Saulcis.

69. La bataille d'Azincourt, livrée le 25 octobre 1415.

70. Adolphe, duc de Mon (traduction de Berg), époux d'Yolande de Bar, sœur puînée d'Yolande de Bar, reine d'Aragon et d'Édouard III, dernier duc, éleva des prétentions sur le Barrois du chef de son épouse et chercha à les faire valoir contre René d'Anjou.

71. Jean Huss fut condamné dans la 15e session du Concile, le 6 juillet 1415, et brûlé vif malgré le sauf-conduit de l'empereur Sigismond. Jérôme de Prague, disciple de Huss, eut le même sort, le 30 mai de l'année suivante. Le pape était Martin V.

72. Jean-sans-Peur fut assassiné à Montereau-faut-Yonne (Seine-et-Marne), le 10 septembre 1419, par Tanneguy Duchatel qui s'en défendit toute sa vie, Le Bouteiller, Robert de Loire, le vicomte de Narbonne et Frottier. Philibert Mainier, dit Jossequin, n'assista pas à l'entrevue, mais avec la dame de Giac, il poussa vivement le duc à s'y rendre.

73. Le duc de Clarence, fils de Henri IV et frère de Henri V, fut tué le 22 mars 1421 à la bataille de Baugé en Anjou où les Anglais furent battus par le dauphin, renforcé d'un corps d'Écossais commandé par le comte de Buchan.

74. Ce fait assez insignifiant qui se trouve dans les chroniques de Hug. où Simonin est appelé Lenoire, a été ajouté en marge dans le ms. original.

75. C'étaient des Cordeliers observantins ou Frères de la stricte observance. Ils prirent à Metz le nom de frères Baudes, de celui du premier religieux qui y vint et qui était originaire du pays de Bade. Leur couvent situé dans le grant Meis (retranchement de Guise plus tard) fut détruit lors du siége de 1552. Ils furent expulsés de la ville en 1555 à la suite d'une conspiration qui devait la livrer à l'empereur. (Voy. de Bouteiller. Mém. de l'Acad. de Metz, 1868).

76. Saint Sigisbert, roi d'Austrasie, mort en 555 ou 56, dont la fête se célèbre le 1er février. Ses restes étaient déposés dans l'abbaye de Saint-Martin, qu'il avait fondée et qui fut détruite une première fois en 1129 à l'occasion de la guerre du duc de Lorraine. Ils furent définitivement transportés à Nancy en 1552; la translation dont il s'agit ici, eut lieu à Metz, comme on le verra plus tard. (V. Bolland.)

77. Il existait plusieurs châteaux de ce nom, notamment un près de Champagney (Haute-Saône), dont on voit encore les ruines, et un auprès de Darney, dont il ne reste plus de vestiges depuis longtemps. D. Calmet, dans la Notice de Lorraine, indique le château de Passavant, siège d'une baronie considérable, comme situé à deux lieues de Châtillon-sur-Saône et de Bourbonne-lès-Bains, au diocèse de Besançon et dans la province de Champagne. Il a été complètement détruit par les Suédois. C'est sans doute celui dont il est question ici.

78. Cette liste sur plusieurs points diffère de celle qui se trouve à la page 32 des Chr. de Huguenin, ce qui s'explique aisément par l'époque reculée où l'on vit paraître successivement les Paraiges. Il est à remarquer que dans les deux listes on ne voit pas figurer ceux d'Oultre-Seille, de Saint-Martin, ni du Commun.

79. Isabelle, fille aînée de Charles I, avait épousé René d'Anjou qui succéda à Charles; Catherine, sœur puînée, fut mariée à Jacques, marquis de Bade. Le duc de Bavière s'appelait Ernest; il régna de 1397 à 1438. Étienne ou Steffen dont il fut l'arrière successeur était mort en 1375 ou 1377. L'archevêque de Cologne était Thierri de Mœurs, 70e archevêque de 1414 à 1462.

80. On voit encore les traces du baile entre les deux tours qui sont à l'extrémité de l'Esplanade, au bord de la Moselle. Des travaux exécutés récemment par le génie ont fait découvrir dans les fondations de la porte d'Anglemur une inscription et des antiquités romaines.

81. Cette mention se reproduit un peu plus loin. Le passage est extrait textuellement du Doyen de St-Thiébault. Jean III Dieuamy fut nommé Maître-échevin, âgé seulement de 16 ans, à condition que son père, Jean II Dieuamy, l'aiderait dans ses fonctions. Les Chroniques de Huguenin ajoutent qu'on lui permit, malgré son jeune âge, d'entrer en Paraiges; le nom de Dieuamy ne figure pas sur la liste donnée plus haut, mais comme le père avait épousé une demoiselle de Paraige, Marie Drouin, ce mariage conférait au fils le droit d'en faire partie.

82. Philippe le Bon épousa en troisièmes noces, le 10 janvier 1429, Isabelle, fille de Jean I, roi de Portugal.

83. Chatelvillain, aujourd'hui Chateauvillain, département de la Haute-Marne, était un château considérable à 4 lieues de Chaumont et 6 de

Langres. Le seigneur de Chateauvillain était alors Guillaume, chambellan du roi, gouverneur de Langres, qui mourut en 1439. (V. le P. Anselme t. VIII). Le capitaine Fortapice, ou plustot Fortépée était le chef d'une de ces bandes d'aventuriers qui pillaient et dévastaient la France alors.

84. La fameuse bataille de Bulgnéville, livrée malgré les représentations de Barbazan, par René d'Anjou au comte de Vaudemont, qui lui disputait la possession de la Lorraine, fit tomber René entre les mains de son rival, qui ne sut pas profiter de sa victoire, mais le tint longtemps prisonnier et lui fit payer une énorme rançon.

85. A cette époque il existait quatre maisons régnantes de Brunswick : Brunswick Wolfenbütel, Lunebourg, Gubenhagen et Gœttingue. Il est sans doute ici question de la branche de Wolfenbüttel, célèbre par les succès de ses armes.

86. Eugène IV, élu le 3 mars 1431 et couronné à Rome le 11, était vénitien; il ne vint jamais en France, il chercha à traverser les opérations du Concile de Bâle qui le déposa le 22 juin 1439 et nomma à sa place Amédée de Savoie. Ce dernier prit le nom de Félix V.

87. Louis de Châlons, prince d'Orange, surnommé le Bon, fut défait à la bataille d'Anthon gagnée le 11 juin 1420 par Raoul de Gaucourt, gouverneur du Dauphiné. Ce ne peut-être lui qu'on ait voulu désigner par le nom de Rodigo ou Rodrigue de Villandras que portait réellement un capitaine espagnol.

88. Toute l'affaire du frère Guillaume Jossealme, dont les prédications avaient commencé à soulever le peuple, est racontée en détail dans Huguenin. Il est à noter seulement que l'official d'Amiens y est nommé l'official de Daine, ce qui ne semble offrir aucun sens.

89. La captivité de René se termina par le mariage d'Yolande d'Anjou, sa fille, avec Ferri II, comte de Vaudemont, mariage qui en 1473 fit rentrer dans la maison de Lorraine, par la branche cadette, en la personne de René, le duché qui était passé dans celle d'Anjou. La forteresse appelée Afflcourt ou Africourt est probablement Affracourt dans la Meurthe, arrondissement de Nancy, canton de Haroué. Le capitaine qui y commandait est nommé dans l'original Perrin de Montdorel, et Montdoré par D. Calmet.

90. Les biographes représentent Pothon de Xaintrailles comme ayant mené une conduite plus honorable que les autres chefs des grandes compagnies qui prirent le nom d'écorcheurs. Les trop fréquentes apparitions qu'il fit dans nos contrées prouvent que comme tous les grands seigneurs de cette époque, il sacrifiait les intérêts du royaume aux siens propres et qu'il ne lui répugnait pas de s'enrichir par le pillage.

91. Le Ronffou (Ronfou dans l'Hist. de Metz) était un simple soldoieur de

la cité; c'est ce qui semble résulter d'une lettre des magistrats messins du 13 mai 1433 où ils annoncent à Jean de Landrenecourt, bailli de l'évêque de Verdun, qui se plaignait de menaces faites par le Rouffoux, que ce soldoieur n'est plus à leur service depuis 6 ou 7 semaines. Parmi les nombreuses quittances de soldoieurs on n'en trouve point de ce nom, ce qui semble indiquer que c'était un sobriquet.

92. Pommes douces : ce mot s'est conservé dans le patois actuel.

93. Le franc de Metz, d'après de Saulcy, aurait valu alors 72 fr.; ce qui donnerait une fortune de 4 millions, chiffre qui paraît exagéré.

94. Les routiers furent atteints à Sercœur entre Epinal et Chatel, sur la rivière de Durbion.

95. Les mots *il y a faulte* ne se trouvent pas dans l'original : c'est sans doute une remarque du copiste, qui n'était peut-être pas convaincu que ce fût réellement la Pucelle. A la fin de l'alinéa *mais ce fut une fiction* est une addition faite sur l'original par une main un peu plus récente.

96. L'original porte : *abilliés de blant*, comme on lit également dans les Chroniques de Huguenin.

97. Le salut valait environ 1f,75.

98. L'original porte simplement *la ville de Bruges*. Le copiste avait lu *vigille* croyant qu'il s'agissait d'une date; en tous cas avant *de*, le mot *ville* était indispensable. Ce fait eut lieu le 22 mai 1437.

99. Montereau-sur-Yonne, assiégée par le roi en personne, fut emportée d'assaut au mois d'octobre 1437; le château se rendit alors par composition, et les Anglais commandés par Thomas Guerrard se retirèrent avec leur avoir.

100. On appelait écorcheurs ou routiers les bandes d'aventuriers, de pillards et de soldats, qui, ne recevant point de solde à la suite des guerres avec les Anglais et les Bourguignons, se mirent à courir les provinces qu'elles dévastaient impitoyablement. Rodrigue de Villandras les emmena dans le midi où elles se dispersèrent. Le doyen de St-Thiébault les appelle Gascars et leur donne pour chef un certain Ponchon qui mourut en 1438 auprès de Verdun. Il en vint plus tard une seconde troupe sous le commandement d'un Rodrigue, peut-être encore Rodrigue de Villandras.

101. Il faut, d'après l'original, rectifier ainsi ce passage : « le Rouffoux qui estoit capitaine de Longuion, avec les provosteit, entre deux yawes… » Le chroniqueur reproduit le même fait un peu plus loin avec quelques variantes, mais plus clairement, après la conclusion de la paix avec l'auteur de la querelle.

102. Les Chroniques de Huguenin l'appellent le grant Taize. C'était un habitant d'Annon (arrondissement de Briey) qui aurait eu à se plaindre

d'avoir été maltraité ou rançonné par les soldoieurs de Metz. Le Rouffoux qui avait été au service de la cité qu'il avait quittée en 1433, devenu prévôt de Longuion, aurait saisi cette occasion d'exercer des représailles contre ses anciens seigneurs.

103. Pendant la captivité de René I, en 1436, Guillaume de Dommartin, seigneur de Haroué, fut assiégé dans ce château par le capitaine Fortépée, au service du comte de Vaudemont. Ce même capitaine est nommé Fortapice, p. 56. Haroué est un chef-lieu de canton situé sur la rive droite du Madon, à 30 kil. S. de Nancy.

104. Le récit de cette entrée est présenté avec d'autres noms dans le doyen de Saint-Thiébault que les Bénédictins ont suivi ; l'auteur de la chronique semble avoir puisé à une autre source. Quelques-uns de ces noms sont tellement défigurés qu'il est impossible de les reconnaître ; notons seulement que le cardinal de Portingal est le cardinal de Pieregort ; le dauphin, le duc de Normandie, le fils du roi ne sont que le même personnage ; le comte de Catrebaillo est peut-être un Quatrebarbe d'Anjou ; d'autres relations nomment le comte de Tancarville ; le comte de Dampar, est appelé dans l'original Dampair, ce qui laisse plus aisément reconnaître *Dampierre;* sauf le titre de comte donné au roi de Danemarck, de Navarre, etc ; les autres n'offrent pas de difficulté, excepté le duc de Voiwam, dans l'original *Waiwain*, qui est un prince de Jauer, principauté importante de la Silésie, à laquelle fut réunie celle de Schweidnitz. L'empereur était en effet allié à cette famille.

105. Ce tremblement de terre eut lieu le mardi 18 octobre 1356 et se fit sentir dans tous les pays du Rhin et même sur la Moselle, où quelques châteaux s'écroulèrent, ainsi qu'un nombre considérable d'édifices à Bâle, en Alsace et à Strasbourg, où on fonda une procession annuelle en commémoration de ce sinistre. (V. Albert. Chron. Argent, et Histoire d'Alsace du P. Laguille.)

106. Le jeu de Saint-Erasme, suivant la prononciation messine *Aresme,* ne semble pas avoir été publié ; peut-être même est-il perdu.

107. Ce passage semble indiquer que les mots *baccon* et *flèche* avaient alors une autre signification ; le mot baccon a désigné quelquefois le porc mâle, comme la truie la femelle ; puisqu'il s'agit évidemment ici d'animaux vivants, il faut peut-être entendre, suivant la rédaction donnée par Hug., un porc mâle, une truie et un troisième destiné à être salé.

108. Ce fait est déjà rapporté un peu plus haut p. 60, à la date du 17 octobre ; il en est de même pour quelques autres, notamment ce qui concerne le grant Tex d'Aunou ; d'où il faut conclure que Jacomin

Husson puisait à diverses sources des renseignements qu'il transcrivait avec peu de critique.
109. Forme messine pour Albert, Aubert dans Hug.
110. C'est à cette condition seulement qu'il recouvra la liberté ; c'était du reste un usage assez généralement adopté à Metz, d'engager comme soldoieurs au service de la cité, des prisonniers de guerre, ou des chevaliers qui avaient pris les armes contre elle. L'inverse avait lieu comme on a pu le voir par le Rouffoux et d'autres encore.
111. Pour bien comprendre le sens de cette ordonnance qui est rapportée ici trop en abrégé, il faut la lire dans Hug., où elle est exposée très clairement. En effet, il s'agissait d'une part, pour maintenir le gouvernement oligarchique de la cité, de forcer à accepter les charges municipales, les membres des Paraiges qui cherchaient à s'en affranchir, soit par l'absence, soit par un refus, et en même temps on voulait éliminer ceux qui s'étaient fait inscrire indûment parmi les Paraiges, diminués par suite des épidémies et de la mortalité qui les avait suivies.
112. D'après D. Calmet, Conrad Bayer rétablit et selon d'autres ne fit qu'achever la chapelle des évêques, commencée par Adhémar et continuée par Thierri de Boppart. Ce fut Conrad qui termina les voûtes. Quelques historiens prétendent qu'on l'appelle la chapelle des Curés, parce que tous durent contribuer à sa construction. Ce passage est resté en blanc dans les chroniques de Hug.
113. Il est question ici de Fléville, village de l'arrondissement de Briey, canton de Conflans. M. Lepage, malgré son exactitude habituelle, a cru qu'il s'agissait de Fléville, dans la Meurthe ; la mention d'Ozerailles et Lixières *(Lexir)* ne laisse aucun doute à cet égard.
114. Ce pont, qui s'appelait autrefois Quincoraille, prit le nom de Pont-aux-Loups, de Nicolle Louve, qui le fit construire. Il se trouvait au-delà du Pont-des-Morts, et menait dans l'Ile, ce qui correspond à peu près à l'emplacement du Fort et de la porte de France actuelle.
115. Ce ne fut qu'une trêve entre le roi de France, Charles VII et Henri VI d'Angleterre. Elle fut signée à Tours, le 1er juin 1444, et devait durer jusqu'au 22 avril 1446 ; elle se prolongea ensuite jusqu'en 1449.
116. D'après les calculs de M. de Saulcy, la ville de Metz eut à payer une somme de six millions quarante-huit mille francs au roi de France, sans compter un grand nombre de dépenses accessoires ; et le bon roi René extorquait aux Messins sept millions deux cent mille francs. M. de Quatrebarbe et tous les apologistes de René

ont oublié de relever ce trait d'habileté, qui ne fait pas honneur à sa loyauté.

117. Cette tour avait pris le nom de l'architecte et venait immédiatement après celle des Tonneliers. (V. le plan de Metz donné par M. Larchey à la suite du Journal d'Aubrion, et le *Siège de Metz*, par de Sauley et Huguenin, p. 70, avec le plan.)

118. C'est le même architecte qui avait fait construire une tour sur la courtine entre le pont des Morts et le pont Thiffroi. La ville de Metz employa successivement le père Henry de Ranconval et son fils, nommé Hans ou Jean de Ranconval.

119. Ce fait est ajouté en marge dans l'original ; le mot mechaille n'aurait aucune signification si on ne le trouvait écrit plus correctement dans Hug., à savoir le meis Chairle, c'est-à-dire le jardin de Charles.

120. Les bourgeois d'Épinal se révoltèrent en 1426, contre Conrad Baier, qui les fit rentrer dans le devoir ; après une seconde révolte, il leur permit de se mettre sous la garde de René d'Anjou, duc de Bar ; enfin, en 1444, la ville se donna au roi de France, et ce dernier la conserva malgré Frédéric III, qui réclamait, comme faisant partie de l'empire, cet ancien fief de l'évêché de Metz.

121. Isabelle, fille du duc Charles, épouse en premières noces de René d'Anjou, mourut le 27 février 1453.

122. Guillaume Huyn d'Étain, archidiacre de Sarrebruck, délégué au concile de Bâle, y fut créé cardinal de Sainte-Sabine et nommé abbé de Saint-Vincent, en mars 1453, par Nicolas V, quoique les religieux eussent élu canoniquement Jacques Copel, dont le pape annula l'élection.

123. Jean II, duc de Calabre, fils aîné de René d'Anjou et d'Isabelle de Lorraine, le 22 mai 1453, prit possession du duché qu'il administrait depuis 1442.

124. Tout ce récit est controuvé. Il faut supposer que le chroniqueur a voulu parler du siège de Belgrade, par Mahomet II, qui fut forcé par Huniade de le lever. Le roi Lancellot est Ladislas V dit le Posthume, qui mourut à 18 ans, au moment d'épouser une fille de Charles VII. Le chevalier blanc désigne peut-être Huniade.

125. Ce passage est souligné dans l'original. Le cardinal qui mourut est Guillaume Huyn du titre de Sainte-Sabine, dont il est parlé plus haut et auquel en effet succéda enfin Jacques Copel.

126. A cette époque il n'a pu exister de cardinal de Grèce que Théodore Paléologue, de la famille de Montferrat ; nous ne savons si c'est de lui qu'il est question ici, puisque Jacques Copel, grâce à une transaction pécuniaire, put entrer en jouissance de son abbaye.

127. Ce mot est écrit d'une manière irrégulière, qui rend le sens douteux. Il y a eu dans la Phénicie maritime un évêché de Panéas ou Césarée (aujourd'hui Banias), nommé *Paneadensis*; il y en avait un autre en Thrace, suffragant d'Héraclée, qui portait le nom de *Panidensis*; il est probable que c'est de ce dernier qu'il s'agit. Le *Gallia Christiana* dit seulement de ce Simon, prieur des Carmes, suffragant de Metz, qu'il fut enterré dans l'église Saint-Vincent, le 26 novembre 1482. Son nom était Simon de Rubo ou du Buisson.

128. Guillaume de Haraucourt, connu par ses relations avec le cardinal de la Balue et la captivité que lui fit subir Louis XI, prit possession de son évêché de Verdun le 10 aout 1457. Il est possible qu'il ait été sacré à Saint-Arnould par trois évêques suffragants, mais ils semblent désignés ici d'une manière inexacte. Le suffragant de Toul était Jean d'Ivoy, évêque de Christopolis en Thrace ou en Macédoine; celui de Metz était frère Isambart, de l'ordre des Prêcheurs, évêque de Chrisopolis; Simon du Buisson qui, comme on l'a vu, fut plus tard suffragant de Georges de Bade, était à cette époque vicaire général de l'évêché de Verdun.

129. Charlotte, fille de Louis, duc de Savoie, laquelle épousa, en mars 1451, le dauphin de France, plus tard Louis XI.

130. Conrad Baier de Boppart, 78ᵉ évêque de Metz, mourut le 20 avril 1459, chez son neveu Jean Baier, archidiacre de la cathédrale, celui-ci demeurait à la Haute-Pierre, où Conrad s'était fait transporter de Vic. Il avait eu pour suffragant Jean Francqueloy, de Vic, frère mineur, évêque de Caures aux Philippines, mort en 1452.

131. Mayence fut enlevée par surprise, le 27 octobre 1462, par Adolphe II de Nassau-Wiesbaden, qui disputait l'archevêché et le siége électoral à Thierri II d'Isembourg, déposé par le pape en 1462. Ce dernier cependant fut élu de nouveau et reprit ses fonctions en 1475, après la mort d'Adolphe.

132. Omis, p. 97, ligne 5, après ces mots: la division des Apôtres; en cette année 1462 elle tombait le mercredi 15 juillet. (Voy. Hug. où l'on trouve toutes les pièces relatives à cette affaire.)

133. Paul II, successeur de Pie II, qui, sur les dénonciations calomnieuses des chanoines, avait pris leur parti contre la ville de Metz.

134. L'empereur Frédéric III avait également pris le parti des chanoines et leur avait envoyé une sauvegarde à Pont-à-Mousson, où ils s'étaient retirés d'abord. Mieux renseigné plus tard, il accorda aux Messins des lettres d'abolition, datées de Neubourg (Neufchâtel?) 6 avril 1564.

135. Selon M. Larchey (Journal de Jean Aubrion), l'hospice de la Trinité aurait été situé à l'entrée de la rue des Clercs.

136. Thiébault de Neufchâtel, maréchal de Bourgogne, avait obtenu du roi la ville d'Épinal, qui s'était donnée à Charles VII ; les bourgeois refusèrent de recevoir le maréchal, comme s'étant donnés conditionnellement à la France, et avec l'autorisation du roi ils choisirent pour souverain le duc de Calabre, Nicolas, marquis du Pont.

137. La ville de Huy *(Heu)*, où s'était réfugié l'évêque de Liége, Louis de Bourbon, fut prise par les Liégeois révoltés, le 16 ou le 17 novembre 1467. C'est à la suite de cet événement qu'eut lieu le fameux siége auquel Louis XI fut forcé de prendre part.

138. Alain de Coëtivy, cardinal d'Avignon, auquel le pape Paul II conféra en commande l'abbaye de Saint-Arnoult. Eray de Voul est Érard Du Val. Guillaume, cardinal de Sainte-Sabine, avait obtenu en commande le prieuré de Lay, qu'Érard avait voulu réunir à la manse conventuelle. (V. Gallia Christ.)

139. Guillaume de Haraucourt, évêque de Verdun, fut arrêté comme complice du cardinal de la Balue, par l'ordre de Louis XI, en 1468, et détenu pendant une quinzaine d'années environ ; il ne recouvra sa liberté qu'en échangeant avec Jean de Nicolinis l'évêché de Vintimille contre celui de Verdun, où il rentra néanmoins à la mort de Louis XI. Il mourut à Hattonchâtel, le 20 février de l'année 1500.

140. Il y a plusieurs villes de ce nom de Belmont ou Beaumont ; on en trouve dans le Hainaut, le Cambrésis et le Beauvoisis, mais on ne trouve nulle part que le duc de Bourgogne en ait fait le siége. Philippe de Commines, dont le témoignage est irrécusable ici, ne parle que de Nesle et de Roy, qui furent prises en effet ; le duc épargna Montdidier et les autres villes et, pour se rendre en Normandie, passa devant Beauvais, où il échoua.

141. Cet alinéa est souligné dans le manuscrit B. Dans l'original, on lit à la fin, après les mots : *sur ses brais,* cette addition qui a été faite postérieurement et s'étend jusque sur la marge : *et moy meyme Jacomin II. en estoient bien prez.* C'est la seconde fois que se nomme l'auteur. (V. p. 109, l. 29). Il semble qu'il ne faisait encore que copier une autre chronique et qu'il n'ait ajouté cette mention que plus tard.

141. Louis de la Tremouille, seigneur de Craon.

142. Il faut, d'après l'original, rectifier ainsi ce passage : *s'en vinrent les Borguinons de devant Nusses, en la duchié de Bar.* Ce fut cependant longtemps après la levée du siége de Nuitz *(Neus* ou *Nuys* en allemand), que Charles-le-Téméraire, voulant faire la conquête du duché de Lorraine, s'empara de Briey, dans le Barrois, où il fit pendre tous les Allemands qui avaient pris part à la défense de cette ville.

143. Jacques, comte de Romont, était fils de Louis, duc de Savoie, dont la fille, Charlotte, avait épousé Louis XI.
144. Louis de Luxembourg, comte de Saint-Pol, de Brienne et de Conversan, etc., nommé connétable par Louis XI, le 5 octobre 1465, fut condamné à mort pour crime de trahison et de lèze-majesté, et eut la tête tranchée à Paris, le 19 décembre 1475, à l'âge de 57 ans.
145. La nuit même de la bataille, les Bourguignons se précipitèrent en masse à la porte Saint-Thiébault, comptant trouver un refuge assuré dans les murs de Metz. Andreu de Rineck, craignant d'abord une surprise, refusa d'ouvrir ; ce n'est qu'après avoir ouï d'un chevalier le récit de la bataille qu'il donna asile aux fuyards.
146. Mœurs ou Mœrs est une petite ville située entre Cologne, Clèves et Gueldre ; elle avait ses comtes particuliers, dont l'un, Frédéric I, hérita par mariage du comté de Saarwerden, situé dans le Westrich. Cette seigneurie resta dans sa famille jusqu'en 1527, où, par les femmes, elle passa dans la maison de Nassau qui la conserva jusqu'à la Révolution.
147. Augsbourg n'a jamais été le siége d'un archevêché : l'évêque d'alors était Jean, comte de Werdenberg, qui le fut de 1469 à 1486. Les chroniques de Hug. disent bien, évêque.
148. Marie de Bourgogne, qui avait épousé Maximilien d'Autriche, plus tard empereur, mourut à Bruges, le 27 mars 1482, des suites d'une chute de cheval, à l'âge de 25 ans ; elle fut vivement regrettée.
149. Louis de Bourbon, fils de Charles, duc de Bourbon, et d'Agnès, fille de Jean-sans-Peur, nommé évêque de Liége, fut tué sur le champ de bataille, où l'abandonnèrent ses sujets, le 30 août 1482.
150. Guillaume de Haraucourt, à qui Louis XI ne rendit la liberté, comme on l'a vu plus haut, qu'à la condition de céder son évêché de Verdun contre celui de Vintimille, où cependant il ne resta pas.
151. C'est à tort que le chroniqueur attribue au maréchal de Luxembourg les excès commis par le comte de Virnembourg. Les bénédictins ont cru qu'il s'agissait des seigneurs de Warsberg ou Warnersberg (canton de Boulay). Virnembourg était le chef-lieu d'un comté considérable, situé sur les confins des électorats de Trèves et de Cologne, dans l'Eifelt, qui passa au quinzième siècle dans la famille de Manderscheit. Deux comtes de Virnembourg ont été électeurs de Mayence et de Cologne ; un troisième, élu à Cologne, n'obtint pas la confirmation du pape.
152. Cette épidémie était la peste dite marranique qui infesta l'Europe à la suite de l'expulsion des Marranos ou Maures clandestins d'Espagne, ordonnée par Ferdinand-le-Catholique en 1492.

153. D'après le Gallia Christiana, Georges de Bade est mort le 11 octobre, à Moyen (Mediani), d'où son corps fut apporté à Saint-Arnoult; les funérailles eurent lieu le 13. Moyen était le chef-lieu d'une châtellenie importante du temporel de l'évêché de Metz; il fait partie du canton de Gerbevillers, arrondissement de Lunéville (Meurthe).

154. De 1478 à 1506, l'évêque de Strasbourg fut Albert, fils d'Othon de Mürbach, comte palatin du Rhin et cousin de Robert de Bavière, auquel il succéda. Il fut enterré dans la collégiale de Saverne, où son successeur Guillaume de Hohenstein lui fit ériger un superbe mausolée. Le fait raconté par Jacomin Husson, et placé à l'année 1484 dans les Chroniques de Hug., pourrait bien n'être qu'un canard.

155. C'est à Mastricht, où il fut attiré par trahison par Jean de Hornes, que Guillaume de la Marck, dit le Sanglier des Ardennes, eut la tête tranchée par ordre de Maximilien, en représailles du meurtre de Louis de Bourbon, évêque de Liége, que Guillaume avait tué dans une embuscade, le 30 août 1482.

156. Le jeu de sainte Barbe a été imprimé sous le titre de *Vie de Madame Sainte Barbe*. Paris, in-4° gothique. (V. Brunet.) La Bibliothèque imp. en possède deux exemplaires manuscrits.

157. La maison de Passe-Temps était située sur le bord de la Moselle, à peu près sur l'emplacement de Sainte-Constance et des Ursulines. C'était une habitation des plus somptueuses, au témoignage des contemporains; Pierre Baudoche y reçut même des souverains. M. Prost a consacré une notice des plus intéressantes à l'habitation des Baudoche. (V. Revue de l'*Union des Arts*.)

158. L'empereur était alors Frédéric III, qui venait de marier son fils Maximilien avec Marie de Bourgogne, fille et héritière de Charles-le-Téméraire. Frédéric menait alors une vie errante et fort précaire par suite de la guerre que lui faisait Mathias, roi de Hongrie, qui s'empara même de Vienne, où Frédéric ne rentra qu'en 1490, à la mort de Mathias.

159. Le jeu de saint Laurent a été imprimé comme celui de sainte Barbe, sous le titre de *Vie de Monseigneur Sainct Laurent*. Paris, in-4° gothique. (V. Brunet).

160. Les autres chroniqueurs disent: *daraulx* et *maillaux*, qu'on explique par pains ronds et pains longs. Il résulte de quelques atours que ces pains étaient plus délicats que les autres et permis seulement aux gens riches et aux malades; les boulangers de Metz, comme ceux de Paris aujourd'hui, se croyaient sans doute dispensés de leur donner le poids.

161. Quoique la forme de ce nom rappelle plutôt Waville, canton de

Gorze; cependant la mention de Batilly et Saint-Aille, ne permet pas de douter qu'il s'agisse de Jouaville, arrondissement et canton de Briey. Dans l'index du *Journal d'Aubrion,* on lit Houaville : c'est une faute d'impression.

162. Les tonneaux remplis de terre auraient fait l'office de gabions et servi à établir des ouvrages de fortification ; c'est pour parer à ce danger que l'on forçait les vignerons à les mettre en douves.

163. Le noir et le blanc étaient, comme on sait, les couleurs de la ville de Metz, qui portait parti d'argent et de sable ; à défaut d'uniforme ou d'écharpes, ces bandes d'étoffes servaient à rallier le Messins dans le combat et à les distinguer de leurs adversaires. Les autres villes libres faisaient de même porter leurs livrées à leurs milices. Dans la guerre contre Charles-le-Téméraire, on reconnaissait les Alsaciens à leur habit rouge : pour Strasbourg rouge et blanc, pour Haguenau rouge et bleu.

164. Jean II de Bade, 75e archevêque de Trèves, élu par compromis le 21 juin 1456 et mort le 9 février 1503. Ce fut par les efforts de ce sage prélat que se conclut la paix de Metz avec René II, duc de Lorraine.

165. Cet abbé était Jacques Fay de Neufchâteau, qui fut abbé commendataire de Saint-Vincent de Metz, de Notre-Dame de Luxembourg et voulut l'être encore d'Epternach. Les religieux de ce dernier monastère furent forcés de l'élire à la place de François Plick d'Orviet, qui, déjà élu en 1466, s'était retiré pour faire nommer à sa place son frère Colin, qui fut le 50e abbé. Gallia Christ. Eptern.

166. Voir dans l'ouvrage de MM. Maréchal et Didion, p. 90, le récit de cette épidémie qui paraît avoir été le typhus.

167. Le chroniqueur prend sans doute pour une réforme la règle donnée aux religieuses du Tiers-Ordre de Saint-Dominique en 1405, par le P. Munio de Zamora et approuvée en 1489, par le pape Eugène IV ; à moins qu'il ne s'agisse d'une réforme particulière au couvent de Metz.

168. La fête de saint Vit, 15 juin, tombait cette année le mardi ; le vendredi suivant était donc le 18 juin.

169. Par le mot parage, il faut entendre ici la famille des Renguillon et non le Paraige dont ils faisaient partie. C'était l'usage au moyen-âge, surtout dans les pays germaniques, lorsqu'une famille s'éteignait, d'enterrer ses armes avec le dernier de ses membres. (V. Sainte-Palaye.)

170. On trouve le récit détaillé de la captivité de Philippe de Vigneulles dans ses Mémoires publiés à Stuttgart, 1852, et dans les Chroniques de Huguenin.

171. Ce mystère a été imprimé sous le titre suivant : *Le Mystère de Griselidis, marquise de Saluces, par personnaiges*, nouvellement imprimé à Paris. Jean Bonfons, sans date ; in-4° gothique de 20 feuillets à 2 colonnes.

172. Sur ce mariage qui fut désapprouvé, et qui dans le fait était peu convenable pour une dame d'une si haute naissance et d'un rang si élevé, on trouvera des détails circonstanciés dans l'excellent travail de M. de Bouteiller sur Robert de la Marck, publié dans les Mémoires de la Société d'histoire et d'archéologie de la Moselle, en 1865.

173. C'était un lieu d'inhumation, en terre profane, pour les suppliciés, qui obtenaient cette faveur : il était situé près de Saint-Thiébaut. C'est là que furent enterrés les Lorrains qui périrent lors de la surprise de la ville de Metz, le 13 avril 1473.

174. L'original écrit ce nom en abrégé. Aubrion et les Chroniques de Huguenin donnent toutes deux Mousson ; c'est en effet le château qui commandait le Pont qui fut brûlé.

175. Voir dans Aubrion et les Chroniques de Huguenin le récit détaillé de ce fait qui donna lieu à une émeute, et qui pouvait avoir des suites très graves.

176. Le roi des Romains était Maximilien I, fils de Frédéric III ; c'était le grand maréchal de l'empire qui portait l'épée devant lui, et non, comme le disent les chroniques, un évêque d'Ausai, Anstatt dans Aubrion et le ms. A ; d'Utrecht, dans Huguenin. Si par Anstat on a voulu désigner Aichstadt en Bavière, l'évêque était alors Guillaume de Reichenau ; celui d'Utrecht, David de Bourgogne, que Maximilien avait secouru contre ses sujets révoltés en 1483.

177. Le ms. A ne dit pas seulement qu'on demanda à emprunter ; voici le texte exact : « Et leur fuit demandé argent à prustez sus bon gaige et convint que chacun pretoit pour essevir la dite somme. » Les emprunts, comme on voit, étaient forcés, mais les remboursements se faisaient exactement et parfois même très promptement.

178. Le bailli de l'évêché était Jehan Baier, le président de Lorraine, ou plutôt le bailli de Lorraine, Jehan de Wisse.

179. Le criminel est appelé Firmin par Aubrion, et Fumière par Huguenin. Quant à la femme, c'est un miracle qu'accusée par d'autres personnes avant de mourir elle n'ait pas été condamnée au feu. Le ms. A porte : « qui avoient mouru soutenant, » en sorte qu'on ne sait pas au juste si les accusateurs étaient des condamnés. La Lorraine et le Pays Messin furent d'ailleurs ceux où l'on exécuta le plus de sorciers et de sorcières ; c'était une véritable épidémie chez les juges comme chez les victimes, aussi se trouve-t-elle comprise dans la statistique de M. Maréchal, p. 204, ch. IX.

180. Jehan de Vy était alors prévôt et capitaine de Thionville qu'il gardait pour Maximilien, à qui Marie de Bourgogne avait apporté le Luxembourg. Aubrion dit que c'est le même qui commandait Metz pendant le siége de 1444, et que les chroniqueurs français ont représenté comme si cruel sous le nom de Jean de Vitout. Le fait est douteux, car nous le retrouvons à Florange en 1498, et en 1500 à Metz, où il marie deux filles de sa femme.

181. Par l'étang de Dieuze, il faut entendre celui de Lindre, le plus grand de toute la Lorraine; il couvre 671 hectares. L'étang de la Chaussée, le plus considérable du département de la Meuse, n'a que 350 hectares 58 ares de superficie. La Chaussée, canton de Vigneulles, arrondissement de Commercy, était le siége d'une prévôté qui depuis a été transportée à Thiaucourt.

182. René II, duc de Lorraine, avait pris le titre de roi de Sicile, lorsque les Napolitains, soulevés en 1480 contre Ferdinand, l'appelèrent en Italie pour lui donner la couronne.

183. Waucon, Brey et Daille, aujourd'hui Dale, désignent les côteaux situés derrière Woippy, sous Lorry et Plappeville.

184. Cet incendie de Thionville, qui paraît avoir été si considérable, n'est pas mentionné dans l'histoire de M. Tessier. Aubrion le cite également.

185. La maison de Linange, Leiningen, se divisait en deux branches, Dagsbourg et Westerbourg, qui se fondirent au XVIe siècle; plus tard elle acquit par mariage le comté d'Apremont. Il est à remarquer que ces seigneurs n'avaient aucune hostilité personnelle contre la ville de Metz et qu'ils étaient ses ennemis seulement en qualité de vassaux des ducs de Lorraine.

186. Frédéric III mourut à Lintz, le 19 août 1493, à l'âge de soixante-dix-huit ans.

187. C'était plutôt Georges d'Enfer, écuyer de Christophe, marquis de Bade, gouverneur de Luxembourg pour l'empereur Maximilien. Ce gouverneur n'était sans doute pas étranger aux déprédations commises par son écuyer. Borcette est Burscheidt, fief important situé dans l'Eifel.

188. Ce fait est raconté dans les mêmes termes par les chroniqueurs sans qu'aucun d'eux nous ait fait connaître quelle fut la place ainsi détruite; cependant, d'après les indications qu'ils donnent, il y a tout lieu de supposer que ce fut le château de Burscheidt même, situé à peu près à cette distance de Luxembourg.

189. Monseigneur du Fay était Gérard du Fay ou Faï, surnommé d'Athies, qui avait épousé en secondes noces, en 1480, Catherine d'Inchi, dame d'honneur de Marie de Bourgogne, comtesse de Flandres et femme de

Maximilien d'Autriche. Le seigneur du Fay passa à Metz à cette époque, en se rendant de Bourgogne à Malines, auprès de l'archiduc. (V. les autres chroniqueurs.)

190. René II avait épousé, en 1485, Philippine, fille d'Adolphe d'Egmont, duc de Gueldres. Ce dernier cependant n'est pas compté dans la série des ducs, parce qu'il n'avait pas reçu l'investiture. Ce fut son fils Charles, frère de Philippine, dont il est question ici, qui lui succéda.

191. La Leffs est l'Eifel, région montagneuse et volcanique située au N.-E. du Luxembourg.

192. C'est en effet le 31 décembre 1494 que Charles VIII fit son entrée à Rome à la lueur des flambeaux, sous le pontificat d'Alexandre VI.

193. Il est certain que Charles VIII fit son entrée solennelle à Naples, le 13 mars 1495, revêtu des ornements impériaux. « La raison qui porta Charles VIII à contrefaire ainsi l'empereur d'Orient, est que, par traité du 6 septembre précédent, ce monarque avait acquis d'André Paléologue, neveu et héritier de Constantin Paléologue, dernier empereur de Constantinople, tous ses droits sur l'empire grec. » (V. l'*Art de vérifier les dates*, t. VI, p. 121.)

194. La procession de Victoire avait été instituée en commémoration de la tentative du duc de Lorraine Nicolas contre la ville de Metz, que le boulanger Harel sauva par son courage et sa présence d'esprit.

195. Bouillon, petite ville du diocèse de Liége, dans le pays de Luxembourg, donnée par engagement par le chapitre et l'évêque à Guillaume de la Marck, seigneur de Lumain, qui l'avait cédée à son frère aîné Robert I de la Marck, comte d'Aremberg, seigneur de Sedan, tué en 1489, au siége d'Ivoy, et auquel avait succédé Robert de la Marck.

196. Blaise de Flocourt était un partisan lorrain, renommé par ses attaques et ses pillages sur le territoire du pays messin. Le village où il fut attaqué n'est pas Lessy près Metz, mais, comme l'indique Aubrion, Lucey, ancien village de l'évêché de Toul, arrond. et cant. dud. Toul.

197. De semblables demandes se reproduisirent plusieurs fois, notamment en l'année 1512. (V. la note 249, où l'on trouve expliquée en détail la marche qu'on observait dans les affaires de ce genre.)

198. Jean Clerée, tel est son véritable nom, fut un des hommes les plus éminents de l'ordre des Frères-Prêcheurs au quinzième et au seizième siècles; il a laissé des sermons qui ont été imprimés, et loin de se rompre le col en visant trop haut, il devint le confesseur de Louis XI. (V. la notice détaillée de J. Clerée, dans Quetif et Échard, t. II, p. 11.)

199. Aubrion dit Airs, ce qui semblerait indiquer Ars-sur-Moselle, tandis qu'il s'agit d'Aix-la-Chapelle, que Philippe de Vigneulles écrit Als. Ce pardon se renouvela en l'année 1500; on en trouvera l'indication plus loin, p. 249.

200. Il n'y eut pas de réforme chez les Prêcheresses de Metz ni dans l'ordre ; mais à la suite d'une contestation entre les religieuses et la prieure, le Maître-échevin et le conseil durent intervenir et rendre une décision. Aubrion donne le détail de ce débat, p. 378. Huguenin l'a reproduit dans les mêmes termes.

201. Maximilien fit épouser à Philippe son fils, le 21 octobre 1496, à Lierre-en-Brabant, Jeanne, fille de Ferdinand-le-Catholique, roi d'Aragon, et d'Isabelle, reine de Castille. Ce mariage apporta à la maison d'Autriche les royaumes d'Espagne.

202. A la mort d'Antoine de Neufchâtel, Olry de Blamont, parent de René II, fut élu évêque de Toul par le Chapitre. Cette élection déplut au pape Alexandre VI, qui non-seulement l'annula, mais disposa du siège épiscopal en faveur de Jean de Maradas, son camérier d'honneur, et excommunia le Chapitre. Le duc de Lorraine et l'empereur soutinrent Olry ; toute la ville et l'évêché se divisèrent entre les deux compétiteurs ; le pape mit fin au débat en partageant les revenus et les fonctions. Olry demeura en possession ; Maradas devait lui succéder, mais il mourut le premier. Olry vécut jusqu'en 1506 et mourut le 3 mai, à l'âge de 80 ans, dans son château de Mandres-aux-Quatre-Tours, arrondissement de Toul. (V. Robert. Sigillographie de Toul.)

203. On suivit sans doute la même marche que l'année précédente, à l'égard de l'empereur (v. p. 195 et la note 249), mais la demande du duc de Lorraine était encore moins motivée que celle de l'empereur.

204. Le Lorrain dont il s'agit ici était un nommé Didier de Ville ; quoique ce passage se trouve dans les mêmes termes chez tous les chroniqueurs, il y a lieu de supposer une erreur de copiste et peut-être faudrait-il lire *à l'avance* au lieu de *à la main ;* c'est le seul sens raisonnable d'après la remarque qui suit, que l'on se plaignait dans la lettre du 5 d'une injure qui ne fut faite en réalité que le 6.

205. C'est Olry de Blamont, évêque de Toul, compétiteur de Maradas et proche parent du duc de Lorraine, René II, qui se faisait toujours appeler roi de Sicile.

206. Tragny, qu'on reconnaîtrait difficilement sous le nom de Trongnuefz, que lui donne Aubrion, p. 388, faisait partie de l'évêché de Metz ; on ne voit donc pas à quel titre René II réclamait l'impôt dans un village où il ne possédait aucun fief et qui appartenait à l'abbaye de Saint-Vincent.

207. Charles VIII, auquel succéda Louis XII, l'année suivante, le 7 avril 1498.

208. Aubrion désigne par le même nom la rue du Wad-Billy ; on a prétendu expliquer le nom de ces trois rues Grand-Wade, Wade-Billy et Wade-Bouton, par celui des gardes chargés de veiller sur les vignes Saint-Avold situées dans le voisinage. Le mot wade n'a jamais signifié garde,

qu'on écrivait wairde ou warde, mais un passage, une ruelle, un gué, etc. Le Wade-Billy tirait son nom d'un hôtel qui est déjà signalé dans le cartulaire de la grande église de Metz, en 1230, comme appartenant à Jean Bugley, le changeur.

209. Il y eut de la part du tuteur Wiriat Roucel, oncle de la mariée, opposition au mariage à cause de la grande jeunesse de celle-ci ; et peu après il y eut pour le partage de ses biens des contestations qui se terminèrent par un arrangement. (V. Aubrion, qui est reproduit par Huguenin.)

210. Les mots, *poires molles,* ne se trouvent pas dans le texte ; ils avaient été écrits sur l'épreuve avec le chiffre de la note qui donnait cette explication ; malgré la correction, on les a rétablis dans le texte par erreur.

211. Pendant cet été il y eut de grands sinistres partout ; la chronique de Cologne et d'autres signalent une crue excessive du Rhin ; Aubrion et Philippe de Vigneulles mentionnent les dégâts que cette tempête fit à Metz et dans le pays, mais aucun historien de Danemark, de Flandres, de Hollande, d'Allemagne ni de France, ne parlent de désastre semblable. Peut-être comme négociant, Jacomin avait-il reçu des nouvelles particulières de l'étranger.

212. Le ms. B, dit : « capitaine de Bienne » ; Aubrion et les Chron. de Hug., portent : « de Bruges, comme le ms. A. — L'église Sainte-Marie, où les maîtres-eschevins prêtaient serment, se trouvait à la Citadelle, à la place occupée par les bâtiments de la direction du génie.

213. Cette indication, qui manque également dans Aubrion, est donnée par Huguenin. Il existe des vies de saint Alexis dans presque toutes les langues modernes ; le Mystère, qui ne paraît pas avoir été imprimé, est perdu aujourd'hui.

214. Maximilien, élu roi des Romains en 1486, avait été couronné en cette qualité à Aix-la-Chapelle en 1493. Il passa par Toul en 1498, pour aller s'emparer de la Bourgogne ; mais son expédition échoua. En 1508, il voulut se rendre à Rome pour se faire couronner empereur ; il fut repoussé par les Vénitiens ; il se fit dès lors donner le titre d'empereur romain élu, l'usage n'accordant celui d'empereur qu'à ceux qui avaient été sacrés à Rome ; ses successeurs ont suivi son exemple.

215. Aubrion dit : *on mit en wairdage,* ce qui signifierait : on mit en gage les bleds de la Cité ; peut-être faut-il lire *vendage,* car on vendit réellement pour rembourser les prêteurs suivant l'usage de la seigneurie de Metz. Le Ms. B ne portait pas les mots *firent vendre* qui se trouvent dans A.

216. Les autres chroniqueurs l'appellent Jehan de la Steppe et ajoutent le

nom d'un troisième capitaine, André le Maimbour. Tous trois étaient des capitaines bourguignons du Luxembourg ; l'année suivante ils se rendirent auprès de Maximilien, à Bèsançon, pour l'accompagner en Suisse.

217. On entend par waullours les conducteurs de trains de bois qui venaient des Vosges par la Moselle.

218. Aubrion écrit de *Hamme ;* on désignait sans doute par ce nom, qui ne figure pas dans la *Bataille des vins*, par Henri d'Andeli, les vins de Thiaucourt dans le voisinage duquel se trouve le village de Xamines ; ils étaient et sont encore fort recherchés en Lorraine. Les vins d'Ausai sont les vins d'Alsace, qu'il ne faut pas confondre avec les vins d'Auxois qui sont de Bourgogne.

219. Xoul, chaume, paille, estrain ; c'est dans les Ardennes et le Luxembourg qu'a persisté le plus longtemps ce mode de toiture, malgré les dangers qu'il offre.

220. Louis Sforza dit le More, assiégé dans Novarre par les Français, espéra leur échapper en se plaçant sous le costume d'un soldat dans les rangs des Suisses qui avaient refusé de se battre contre leurs compatriotes servant dans l'armée française. Il fut trahi par un nommé Turmann, du canton d'Uri, et le bailli de Dijon vint s'emparer de sa personne au milieu des Suisses, le 9 avril 1500. Il fut conduit dans diverses prisons et enfin à Loches où il mourut en captivité, en 1510.

221. D. Calmet rapporte ce fait dans la Notice de Lorraine, d'après Aubrion. Les Cordeliers avaient été établis à Neufchâteau en 1249, par le duc Matthieu II, et leur église construite en 1261, sous Ferry III. On ignore pourquoi René voulut les remplacer par des Observantins, qui suivaient aussi la règle de saint François.

222. Immédiatement avant ce fait on lisait la mention suivante qui depuis a été raturée, mais cependant est restée parfaitement lisible : « Item le x⁰ jour d'Octembre, en ladite année morut | Jehan Abrion, lequel avoit copié se livred, se qui en | estoit fait et avenue devant luy depuis ; qu'il oit entendement ne xxii ans, | escript et mist en registre tout ceu que vous veez sy devent | qui fuit depuis fait et avenus en Mets et acune | foy altre part. Et fuit domaige de sa mort, car | c'estoit ung homme saige, bon et de grant conseille | et estoit eschevin de Sainte Croix, Dieu ait son ame | . Item depuis la mort dudit Jehan Abrion, Jacomin Husson | le merchampt demorant à Port Muzelle, en la paroche | de Sainte Croix, de ceu pety d'entendement que Dieu | ly ait donés, ait escript et registrés en ensuiant | ledit Jehan Abrion, seu que depuis est advenus qui est | venus à sa congniscence bien mal pareille à celle dudit | Jehan Abrion, pour la grant differance des sciences de ses | ii personnaiges. Toute foy il y ait passés

son temps et se il heust | mieulx sceu faire, très voullentier l'eust fait. Prenes en grez son pety sens. | » Cette notice n'est pas reproduite dans la copie, et Jacomin Husson regretta sans doute de l'avoir consignée dans sa rédaction originale, si, comme on peut le supposer, ce fut lui qui la raya.

223. Les autres chroniqueurs prenant le nom de l'auteur pour le titre de la pièce, l'ont appelée *le Jeu de Terentius*.

224. Jean Paperel, écuyer, seigneur de Secourt, maître-échevin en 1471 et 1491, aman de Saint-Jacques et échevin, avait épousé, le 1ᵉʳ août 1475, Alixette Renguillon, morte le 5 septembre 1514. Les Paperel portaient d'azur à trois chevrons d'or surmontés de deux coquilles d'argent. (*Metz ancien*, par M. d'Hannoncelles.)

225. Il est à remarquer que le prédicateur était ce même Jean Clerée dont il a été question plus haut, et qui, au dire du chroniqueur, se serait rompu le col en voulant monter plus haut.

226. Les seigneurs de Raville, en allemand Rollingen, dont l'ainé portait généralement le prénom de Henri, étaient depuis longtemps en possession de l'office de maréchal de Luxembourg, par leur alliance avec les comtes de Daun; c'est à la suite de contestations survenues à ce sujet que le sire de Raville tua le maréchal Frédéric, alors en exercice.

227. Le manuscrit A raconte le fait dans les termes suivants : « Le ixᵉ jour » de Décembre fult mize on pillori et à ii heures brullée une jonne fille ; » estant grosse d'anffant, et en l'anffantant le print et le gettait en ung » pulx à Porsaly, en la maison que fuit à Jehan d'Oultre-Seille où son » filz meyme demoroit... » Les autres chroniqueurs ne rapportent pas ce fait, d'ailleurs sans importance.

228. La seconde tour de Charlemagne était située sur l'emplacement de celle qui mène à la grande terrasse dans le pourtour du chœur à droite. La nouvelle a conservé ce nom en souvenir des deux grandes tours élevées sous le règne de Charlemagne, et démolies pour la construction du nouveau chœur. (V. Begin, le plan et l'explication, t. II, p. 347.)

229. C'est le 20 octobre 1505, selon le Gallia Christiana, et le 23, d'après les Bénédictins, que mourut à Joinville, où il résidait, sans avoir jamais mis les pieds à Metz, Henri de Lorraine, fils d'Antoine, comte de Vaudemont, et de Marie de Harcourt. Il avait eu pour compétiteur Olry de Blamont, sur qui il l'emporta à la fin. Les difficultés qu'eut Henry avec les Treize ne semblent pas justifier l'éloge de Jalcomin Husson, qui à la vérité était d'origine lorraine.

230. Cette date manque dans Aubrion, et Philippe de Vigneulles (Mémoires et Chroniques de Hug.) signale une grande mortalité dans Metz, sans donner de détails, sauf en ce qui concerne sa famille. Par la suite, ces

lacunes de dates deviendront plus fréquentes. La maladie qui régna en 1508 fut une peste qui fit de nombreuses victimes. (Voy. Maréchal, p. 125.)

231. La Burlette, qui avait été d'abord rue du Four-du-Cloître et ensuite en haut de Jurue, venait d'être transférée dans la rue de Vaisselle (Chron. Hug.) qui formait un des côtés du Palais.

232. Mgr de Saint-Antoine était Théodore de Saint-Chamon, qui posséda la commanderie de Saint-Antoine du Pont, de 1497 à 1513. L'ordre des Hospitaliers de Saint-Antoine fut fondé vers 1070, à l'occasion d'une épidémie causée par le mal connu sous le nom de feu de saint Antoine. La maison de Pont-à-Mousson fut fondée avant l'an 1200, et portait le titre de commanderie générale.

233. L'évêque de Liége était, en 1500, Érard de la Marck, fils de Robert de la Marck, frère de Robert de la Marck, seigneur de Sédan. Il fut élu le 30 septembre 1505, et succéda à Jean VIII de Horn. On trouve dans les comptes de Jean d'Esch, trésorier de la ville, la mention du cadeau que la ville fit à Érard de la Marck. (Voy. note 260).

234. Philippe de Vigneulles (Chr. Hug.) dit « ung chevalier de l'ordre de sainte Élisabeth de Hongrie. » C'est ainsi que s'appelaient à Metz les chevaliers de l'ordre Teutonique ; ils avaient une chapelle sous le vocable de sainte Élisabeth, hors la porte des Allemands qui leur doit son nom.

235. Dun-le-Chastel est le même que Dun-sur-Meuse, qui est arrosé par ce fleuve. On ne sait ce qu'il faut entendre par la rivière de Fains ; ce ne peut être la Fensch qui se jette dans la Moselle à Thionville ; il y aura eu quelque confusion chez Jacomin Husson.

236. Chadelrue n'est pas la rue qui est située entre celles du Neufbourg et des Prisons-Militaires. Il existait au quatorzième siècle, sur la paroisse Sainte-Ségolène, une rue Chadelleirue qui aboutissait juste aux moulins de la Seille (v. Cartulaire de la grant église) ,il est d'autant plus certain qu'il est question ici de cette dernière, qu'elle existait encore en 1518, lors du siège de Metz par Sickingen. (V. Chron. Hug.) Ce que le chroniqueur appelle *bien de sainct* était sans doute une de ces maladies dont la guérison était attribuée à l'influence spéciale d'un saint. Peut-être était-ce la danse de saint Gui.

237. Il faut lire d'après le ms. A : *l'indisposition du temps et la froidure de l'air*.

238. Il s'agit bien ici du pèlerinage d'Aix-la-Chapelle que Philippe de Vigneulles a raconté dans de très grands détails. (V. ses Mémoires, p. 173.)

239. On appelait ainsi les lépreux, ou bien mezels. Autrefois on les séquestrait complètement du monde, à la suite de cérémonies religieuses qui semblaient les retrancher du nombre des vivants, quelle

que fût leur position de fortune. Au seizième siècle on était plus accommodant, et l'argent servait déjà à lever bien des difficultés.

240. Ce nom de braconnier désignait alors les chasseurs qui chassaient au chien courant et plus particulièrement encore ce qu'on appelle le valet de limier. C'est beaucoup plus tard que ce terme a servi à distinguer ceux qui chassent en fraude. (V. notre édition du *Trésor de Vénerie*, de Hardouin de Fontaine Guérin.)

241. On le nomme Bernart d'Anjol, Danjou; comme il venait de France, il est probable que le mot d'Anjou désigne son origine. Il est à remarquer, du reste, qu'il ne fabriquait que de la monnaie française. Les grands blancs avaient remplacé, depuis Philippe de Valois, les gros tournois. Sous Charles VIII et Louis XII ils valaient 13 deniers. On les appelait, selon l'effigie, Carolus ou Ludovicus.

242. Philippe de Vigneulles le nomme ainsi et le décrit très en détail. (V. Mémoires et Chron. de Hug.)

243. L'évêque de Liège, comme on l'a vu plus haut, était Erard de la Marck, et Monseigneur de Sedan, Robert II de la Marck, son frère. (V. la savante monographie publiée par M. de Bouteiller.)

244. Ce comte était Louis V, dit le Pacifique, qui succéda, en 1508, à Philippe son père. Il épousa, en 1511, Sybille, fille d'Albert, duc de Bavière, qui mourut le 18 avril 1519, sans lui avoir donné d'enfants.

245. Le ms. B porte Richecourt. L'hôtel de Jean Dex était nommé Bonne-Aventure, et situé rue de la Hale. Les Raigecourt en avaient plusieurs : un au Vuide-Bouteille, un en Vincentrue et un autre place Chappé.

246. Lisez Agreclus ou Agriclus, évêque de Trèves en 313, mort en 332. Sa vie a été donnée par Bollandus, le 13 janvier; on y a ajouté un supplément à saint Paulin, son successeur, dont la fête tombe le 31 août. Agriclus n'a jamais été patriarche d'Antioche, et n'a reçu aucune mission pour sainte Hélène. Philippe de Vigneulles (Mémoires) donne des détails sur l'invention de ces reliques et les décrit exactement.

247. Philippe de Vigneulles (Mémoires et Chroniques de Hug) décrit en détail la tenue de ce Chapitre. Les frères Baudes, qui étaient de la stricte observance, non-seulement refusèrent d'y assister, mais ils voulurent faire excommunier les Cordeliers pour avoir reçu, contre la règle, des frères de leur ordre.

248. Ce Mystère, qui fait partie du Recueil des Miracles de Notre-Dame, par personnages, a été publié à Tubingue, en 1853, par Ch. Adelbert von Keller, professeur à l'Université, sous le titre suivant : « Un miracle de Nostre Dame, d'un enfant qui fu donné au diable, quant il fu engendré. » Il est tiré du ms. 819, f. fr. Bibl. Imp. à Paris.

249. En tête du ms. original, fol. 0, on trouve la mention suivante, qui semble bien se rapporter au fait signalé. Elle nous prouve que l'auteur jouissait d'une certaine considération dans sa paroisse :

« Après la remostrance et rellacion faictes par les eschevins, c'est assavoir Michiel Cheversson, Jehan Col, clerc des Treises, Fransoy Calat, Jacomin Husson et par les iiii commis avec eulx, az parochiens de la paroche Saincte Croix, touchant les article pour le fait du commun de Mets que l'empereur demande, ont donné lesd. parochien pour responce comme il s'ensuit :

» Premier, qu'il leur sembloit que jay soit ceu que la demande que ledit empereur demande soit de petite extime quant à l'ergent, maix la consequance que s'en poiroit trouver seroit malvaixe pour l'advenir, entendus qu'il leur sembleroit que s'estroit une subjection pour les habitant de la citeit, ad quoy il prie à Vous, Messeigneurs les commis, que sur ceu ayes le regard.

» Secondement, Vous font remonstrer que de toutes anciennetcit vous predecesseurs qui ont heu le gouvernement de la Citeit et vous qui l'aves de present, les aveis tousjours entretenus sens estre tailliés ne paiet aucuns tribus ne ayde à nulz prince ni seigneur, senon pour la garde et deffance de la Citeit et pour garder et entretenir les franchize et liberté d'icelle, laquelle franchize et libertés il Vous prie que veulles garder et deffandre à Vostre loialz povoir, comme aves fait du passés jusques à present, et en ceu faisant, il prient et offrent d'exposer leur corps et leur bien avec les Vostres pour garder les franchize et libertés d'icelle citeit et des habitans.

» Thiercement, pour concluzion dient que toutes choses considerées et pour eviter le ban et l'indignacion dudit empereur et aulcy les dommaiges et inconveniant qui en poiroit advenir à la citeit et az habitant d'icelle, remetre du tout la chose en Vostre bonne discrecion, comme vrais et loialz obeyssant, eulx confiant en Vous preudance et noblesse, que Vous en feres à l'onnour de la Citeit de Vous et des habitans d'icelle. »

250. Dans le Gallia Christiana on donne pour successeur à Barthelemy de Lucey, élu abbé en 1480 et mort en 1514, Dominique Mariaire, désigné par les religieux et pourvu par Léon X. Si Dommange fut élu, il ne fut pas reconnu.

251. Nordhausen, dans la Thuringe, appelé ici duché de Riguen. Déjà en 1324 avait eu lieu un soulèvement analogue contre le conseil de la ville. C'était un fief des comtes de Hohenstein qui châtièrent à plusieurs reprises les rebelles.

252. Pareil fait avait eu lieu déjà en 1300. A la suite de la sédi...on, la

bourgeoisie, partagée en 22 tribus, avait expulsé l'ancien conseil et pris la direction des affaires. En 1513, on accusa le conseil de vouloir rétablir l'ancien ordre de choses, de là la sédition. Après quelques exécutions, le peuple installa un nouveau conseil.

253. Jules II de la Rovère, élu pape en 1503, mort à l'âge de 72 ans, dans la nuit du 20 au 21 février 1513.

254. La Malgrée, plus connue aujourd'hui sous le nom de Saint-Quirin, était un ermitage et lieu de pèlerinage sous le patronage de sainte Marguerite, situé près de Norroy-le-Sec (arrondissement de Briey).

255. Ces Mystères ont été imprimés sous les titres suivants, à Paris : 1° Le *Jeu de la Sainte Hostie*; 2° le *Miracle de S. Nicolas*; le 3°, à ce que nous croyons, sous celui de *Moralité des Blasphémateurs*, à dix-sept personnages. Ce dernier a été réimprimé par Sylvestre. Paris, 1831.

256. Le ms. porte Ravenne. La bataille de Ravenne a été gagnée par les Français le jour de Pâques, 11 avril 1512 ; mais il s'agit ici de celle de Novarre, qui fut livrée le 6 juin 1513 et gagnée par les Suisses sur les Français. Le copiste avait confondu les deux noms.

257. Henri VIII fit une descente à Calais, au mois de juillet 1513, avec une armée de 30,000 hommes, à laquelle vint se joindre Maximilien, qui amenait 23,000 Allemands. Le siège fut mis devant Therouenne, qui capitula le 23 août.

258. Il est question ici de la bataille de Guinegate, appelée aussi journée des éperons, dont la perte entraîna la reddition de Thérouenne que le Sr de Piennes, gouverneur de Picardie, avait essayé de secourir. Elle fut livrée le 18 août 1513.

259. Philippe Schluchter était seigneur d'Erphenstein, château situé dans le Palatinat, près d'Esthal, canton de Neustadt, dans la vallée du Speierbach. On en voit encore les ruines en face de celles de Spangenberg, autre château ruiné. (V. Weiss : Le Palatinat; Frey : Description de la Bavière rhénane, II, 544.)

260. C'est le 18 du mois de novembre ou décembre que mourut dame Uguette d'Ivoi, abbesse de Sainte-Marie. Elle est seulement mentionnée en 1504, dans la série des abbesses donnée par le Gallia Christiana, et Françoise Chaverson, nommée Chevresson, en 1527.

261. Ce mouvement populaire était la suite des troubles qui n'avaient pas cessé d'agiter la ville à la fin du siècle précédent, sous l'épiscopat de Reinhard de Sickingen; l'évêque d'alors était Reinhard II, de Rieport, suivant le Gallia Chr.; de Kibourg, selon M. de Bouteiller, qui a donné des détails sur cet événement dans son Histoire de Franz de Sickingen.

262. Richard de la Pole, fils de Jean de la Pole, duc de Suffolk, qui par

sa mère Élisabeth, sœur d'Édouard V, roi d'Angleterre, descendait de la maison d'York, connue dans les guerres civiles sous le nom de Rose blanche, tandis que celle de Lancastre prenait celui de Rose rouge. Richard mourut à la bataille de Pavie, en 1524.

203. Cette indication fausse de l'Eifel a dû nécessairement induire en erreur. Il était plus naturel cependant de chercher la résidence habituelle de Schluchter dans le voisinage de Landstuhl, comme l'est effectivement Erphenstein, et la route que ces pillards prenaient indique bien une contrée au-delà de la Sarre, loin de l'Eifel. On pourrait cependant admettre que Keisester, autre résidence de Schluchter, est Keisersesch, qui est en effet situé dans l'Eifel; mais non Kaiserslautern, qui au moyen âge s'appelait simplement Lautern, ou en latin Loutra. (Sur cette famille Schluchter, voy. Bucellinus; Vidder: Description du Palatinat du Rhin, et Remling: Histoire des Cloîtres, etc.)

204. Ce dernier fait n'est pas mentionné dans le ms. A et a été ajouté dans B par le copiste, depuis ces mots: « Et y fut... » jusqu'à la fin de l'alinéa.

205. Le chroniqueur avait écrit d'abord v.c. florins pour Baudesson; il a raturé pour remplacer florins par francs; Wernerthe fut taxé à xl et non à x florins d'or. Le franc ou le florin représentait la même valeur, 72 francs environ, sous Charles VII, et n'avaient pas dû varier beaucoup.

206. Les noms sont restés en blanc dans les deux manuscrits et ne se trouvent pas chez les autres chroniqueurs qui ne mentionnent pas ce fait.

207. Il ne peut être question ici que de Pfalzel, petite ville située au bord de la Moselle, dans l'Électorat de Trèves, à un mille environ de cette dernière. Son nom vient de Palatiolum. Adela, fille de Dagobert, avait acheté en 600, de Pépin, un bien à Pfalzel où elle fonda un monastère de femmes. (V. Stramberg: Moselthal.)

208. La bataille de Marignan, commencée le 14 septembre 1515, veille de l'Exaltation de la Croix, continuée le lendemain et gagnée par François Ier sur les Suisses, qui y perdirent 15,000 hommes.

209. On trouve dans les archives municipales la mention suivante extraite « du Compte IIIe de Nicolas d'Esch, receveur des deniers de la ville pour ung an, commençant le xxiiie jour de juing, mil v. c. et quinze, et finissant le xxiiie jour de juin, mil v. c. et seize. »

« Palé par l'ordonnance de mesdits seigneurs à Jacquemin Husson, le marchant, pour ung bichier couvert et tout doré, pesant trois m. et demy, deux tresc. moins qui a été donné à madame la duchesse de Lorraine ce mois de may dernier passé lii. lib. x. ss. » Bichier, de l'allemand *Becher*, en italien *Bicchiere*.

270. Il est sans doute question du margrave Christophe, quoiqu'à cette époque il eut déjà abdiqué en faveur de ses trois fils, Bernard, Philippe et Ernest, entre lesquels il avait partagé ses terres, le 25 juillet 1515, à condition qu'ils n'exerceraient le pouvoir qu'en son nom et comme ses vicaires. Peut-être était-ce un des trois frères.

271. Marc-Antoine Colonna, fils de Pierre Antoine, prince de Salerne. Après avoir servi Jules II et l'empereur Maximilien, il passa à la paix de Noyon, en 1516, au service de François Iᵉʳ, et fut tué au siège de Milan, en 1522. C'était un des généraux les plus distingués de cette époque.

272. Ce cardinal était Pompée Colonna, fils de Jérôme Colonna, neveu du cardinal Jean et de Prosper, promu au cardinalat par Léon X, le 1ᵉʳ juillet 1517. Après une carrière très agitée, où il perdit à deux reprises ses bénéfices, il fut fait vice-roi de Naples et y mourut le 28 juin 1532, âgé de 53 ans.

273. Cet abbé, dont le nom a été omis, était Michel Le Boux, auquel Gabriel, cardinal de Sainte-Agathe et Sainte-Praxède, avait résigné, en 1512, l'abbaye qu'il avait fait ériger en commende en 1500, au préjudice de Pierre Nutz, religieux de Saint-Clément, élu canoniquement, mais non confirmé. (V. Gall. Christ.)

274. Ce chiffre, qui manque dans les deux manuscrits, est donné par les autres chroniqueurs.

275. Elle se nommait Claude comme son père ; sa mère était Philippe de Serrières, dame de Pange ; elle épousa René de Beauvau, baron de Manonville et de Rorthe, sénéchal de Barrois, conseiller et chambellan du duc Antoine de Lorraine ; elle mourut en 1541. *(Metz ancien*, t. II).

TABLE DES NOMS DE LIEUX

ABAUCOURT. (Meurthe). Arr. Nancy. C. Nomeny. Les Messins pillent, p. 153. Il existe un autre Abaucourt annexe d'Eixe (Meuse), arr. Verdun.

ABBEVILLE, en Ponthieu (Somme). Bataille de Crécy près, 10.

ABOUWEY. Auboué, arr. et c. Briey. Les Lorrains battus par les Messins, 152.

ACRE, en Palestine, 5 ; prise en 1200, 0.

AFLINCOURT (forteresse d'), prise par René, 50.

AIEY, près Espernay. AI près Epernay (Marne). Naissance de deux jumeaux attachés ensemble, 108.

AIEZ (Nostre Dame d'). Aix-la-Chapelle (Prusse rhénane). Pèlerinages en 1400, 100 ; grands pardons, 249 ; sédition, 275.

AIEY. V. AYE.
AIPREMONT. V. ASPREMONT.
AIRS (Nostre Dame d'). V. AIEZ.
AIRS SUR MUSELLE. V. ARS.

AMELANGE, ferme près de la Moselle, c. de Hauconcourt, arr. et 1er canton Metz. Bestiaux enlevés, 117.

AMELÉCOURT (Meurthe). Arr. et c. Château-Salins. Maisons abatues, 21.

AMELLE. Amel (Meuse), arr. Montmédy, c. Spincourt. (Soldoieurs messins à), 153.

ANCERVILLE. Arr. Metz, c. Pange. (Soldoieurs messins à) 70.

ANCEY. Ancy-sur-Moselle, arr. Metz, c. Gorze (Allemands à), 37 ; Pothon et les écorcheurs, 63 ; le damoiseau de Commercy, 82 ; fête criée au nom du Maître-échevin en 1405, 09 ; pillé par Gracien de Guerre, 122 ; brûlé par les Lorrains, 151 ; le moustier assiégé par Joachim, pris par trahison, 88.

ANGLEMUR (boulevard et tours construits en), 50.

ANNERY. V. ENNERY.

ANOWE. Anoux, Aunoux-la-Grange, ann. de Jouaville, arr. et c. Briey. Le damoiseau de Commercy, 81. Il existe un autre Anoux plus au N., même arr. et c.

ANTILLEY. Antilly, arr. Metz, c. Vigy. Incendié par les Luxembourgeois, 170.

ARANCEY. Arrancy (Meuse), arr. Montmédy, c. Spincourt. (Pothon et les écorcheurs à), 63.

ARCANCEY et ARCHANCEY. Argancy, arr. Metz, c. Vigy. Le troupeau enlevé par la garnison de Thionville, 00; incendié par les Luxembourgeois, 170.

ARDENNES. Grande mortalité, 220.

ARS SUR MUZELLE. Ars-sur-Moselle, arr. Metz, c. Gorze. (Les Allemands à), 37; assiégé par Pothon, 62; (coureurs et pillards à), 68; racheté par Conrad Baier, 76; attaqué, 80; (le damoiseau de Commercy à), 81; (le duc de Lorraine logé à), 113; pris et pillé par Gracien de Guerre, 122; pris par les Messins, 238.

ASPREMONT (Meuse). Arr. Commercy, c. Saint-Mihiel. Occupé par les soldoieurs messins, 72; assiégé, 83.

AUSSAY. L'Alsace. Vins de mauvaise qualité en 1408, 217.

AVANCEY. Avancy, ann. de Sainte-Barbe, arr. Metz, c. Vigy. (Marchand de Vergaville emmené par des brigands à), 308.

AVIGNON. Mortalité, 21; le pape Urbain y vient, 28.

AYE. Ay, arr. Metz, c. Vigy. (Bourguignons logés à), 103; charretiers noyés au pontoni, 300.

AZINCOURT. (Bataille d'), 40.

BAILE. Basle, en Suisse. Tremblement de terre, 23, 71; seigneurs Messins en ambassade, 60.

BAIR, BAI. Bar. (Ville et duché de) (Le roi René revient à), 98; les Bourguignons envahissent le duché en 1475, 114.

BAIRCELONNE, capitale de la Catalogne. (Le duc Jean de Lorraine mort à), 104.

BAISONNE. Bastogne, Luxembourg belge. Robert de la Marche dévaste la contrée, 217.

BAITELLEY. Batilly, ann. de Jouaville, arr. et c. Briey. Pillé par les Messins, 149.

BAZAILLE, BAIZELLE. Bazailles, ann. de Ville-au-Montois, arr. Briey, c. Longwy. (Courses de la Huste au ban de), 144; (Bourguignons à), 187.

BARROIS. (Grande mortalité au), 04.

BASSOMPIERRE. Ann. de Boulange, arr. Briey, c. Audun-le-Roman. (Les Messins devant le château de), 110.

BAULDRECOURT (Meurthe). Arr. Château-Salins, c. Delme. Brûlé par Crance, 147.

BELLEVILLE. (Meurthe). Arr. Nancy, c. Pont-à-Mousson. Pris par les Messins, 28; (les Allemands passent la Moselle à), 37; pris par les Lorrains, 101.

BELMONT. Assiégé par le duc de Bourgogne, 107.

BERCASTELLE. Berncastel, petite ville sur la Moselle, au-dessous de Trèves (Prusse rhénane). Messin réfugié à), 104.

BERGUE. Duché de Berg. (Messins fait prisonniers en revenant de), 127.

BIALVAIS. Beauvais. Assiégé par le duc de Bourgogne, 107.

BIALVOISIN. Beauvoisis. La Jacquerie, 22.

BILLEY, Billy-s.-Mangiennes (Meuse), arr. Montmédy, c. Spincourt. (Les Messins à), 123.

BILLON. Bouillon, au pays de Liège. Assiégé, puis rasé et brûlé par le marquis du Pont, 102.

BIONCOURT (le rupt de). Ruisseau près Bioncourt (Meurthe), arr. et c. Château-Salins. Le maire de Thury noyé, 310.

BLETANGE. Blettange, ann. de Bousse, arr. Thionville, c. Metzerwisse. (Les Bourguignons logés à), 103.

BLORUY. Bloury et Blory, ferme, ann. de Montigny, arr. et c. Metz, 3. (Les croix portées à), 123.

BOCCONVILLE (Meuse). Arr. Commercy, c. Saint-Mihiel. Pris par les Messins en 1307, 20.

BOULAY. Arr. Metz. Willegrin défait, 31; villages brûlés, 37; exécution d'un traître, 200; rassemblement de gens d'armes ennemis, 201.

BOURCETTE. Borcette (château de), Burscheidt (Luxembourg allemand). Brûlé par les Messins, 180.

BOURGES. Défaite des Pastoureaux, 7.

BOUSONVILLE. Pillé par les Messins, 103.

BOUSSE. Arr. Thionville, c. Metzerwisse. (Les Bourguignons logés à), 103.

BOUXIÈRES. Bouxières-aux-Chênes (Meurthe), arr. et c. Nancy. Sorcières brûlées, 128; courses des Lorrains, 111; courses des Messins, 121.

Bovigne. Bouvigny (Meuse), arr. Montmédy, c. Spincourt. (Messin pris en allant à), 124.
Braidey (la grange). Bradlin, ferme, ann. de Marly, arr. Metz, c. Verny, 197; gagée par le roi de Sicile, 207; enfant abandonné, 259.
Brey. Hauteurs situées entre Woippy et Plappeville. Vignes gelées, 177.
Bribra ou Bibra. Maison détruite, située sur les hauteurs de Plantières. (La reine de Sicile à), 184.
Briey, Brii, Briy (Moselle). Garnison défaite en 1422, 48; les habitants du Val s'y réfugient, 99; pris et rançonné par les Bourguignons, 114.
Bruges. Sédition, 10; le comte de Flandres prisonnier, 10; bourgeois de Gand tué par ordre du comte de Flandres, 84; échec du duc de Bourgogne, 66.
Bruxen (château de). Pris par les Lorrains, 101.
Bucley (Walde de), Oultre-Seille; aujourd'hui Wad-Billy. Incendié, 200.
Bulgnéville (Vosges), arr. Neufchâteau. (Bataille de), 58.
Buren, Bure, près Bassompierre, ann. de Tressange, arr. Briey, c. Audun-le-Roman. Incendié, 257.
Burlixe. Berlize, ann. de Bazoncourt, arr. Metz, c. Pange. (Soldoteurs messins à), 70; incendié par Schluchter et Sickingen, 133.

Calais. Pris, 10; assiégé par le roi de France en 1300, 28.
Caldée en Prusse, 42.
Chadellerue (Moulins en), 248.
Chailley. Chailly-lès-Ennery, arr. Metz, c. Vigy. Troupeaux enlevés par la garnison de Thionville, 66; incendié par les Luxembourgeois, 170.
Chainge ou Change (En). Le jeu de l'Apocalypse, 40; de saint Victor, 50; de sainte Catherine, 62; de saint Erasme, 72; joûtes à lices, 120; défense de vendre le blé ailleurs en 1482, 133; joûtes, 204; id. au mariage d'Anne Le Gournay, 224; (voleurs en), 240; défense d'acheter le bois, le charbon ailleurs, 207; prédications d'un cordelier, 315.

Challegnei. Chaligny (Meurthe), arr. et c. Nancy. Pris par les Lorrains, 101.
Chalons sur Marne. Pris par Jeanne d'Arc, 56.
Chambre (En). Jeu de Monseigneur saint Michiel, 120; jeu de sainte Barbe, 130; id. de saint Lorant, 143; exécution de Jean de Landremont, 166; jeu de saint Alexis, 123; jeu de la sainte Hostie et de la Mauvaise langue, 280; défense d'acheter le bois et le charbon ailleurs, 207.
Chambir. Chambière. Jeune fille tuée par une pièce d'artillerie, 300.
Chamenat, Chamenot. Cheminot, arr. Metz, c. Verny. Courses des Lorrains, 21-141; gagé par le roi de Sicile, 201; Sorcières brûlées, 260.
Champapanne. (Courreurs de Pierrefort au), 30; joûtes à fer émoulu, 75; (malfaiteur battu à la croix du), 112.
Champassaille. Repas de l'empereur Charles IV, 22; grandes joûtes en 1434, 61; joûtes sur chevaux blancs, 65; cour plénière de Charles IV, 70; joûtes, 117; combat en champclos de deux soldoteurs, 130; combat à outrance, 134; joûtes en 1480, 154; supplice d'un faux monnayeur, 252; bures ou feux de joie extraordinaires, 270; défense d'acheter le bois ailleurs, 207.
Charexei. V. Cheresey.
Charme (Vosges), arr. Mirecourt. Pris et incendié par les Bourguignons, 114.
Charny (Meuse), arr. Verdun. Pris par le duc de Bar, 33.
Chartres. Brûlée, 5.
Chastel sus Muzelle (Vosges), arr. Epinal. Assiégé par les Lorrains, 101.
Chastel Saint-Germain, arr. Metz, c. Gorze. Sorcières brûlées, 128-144; vignes gelées en 1480, 143; grêle, 238.
Chastel-Brehain (Meurthe), arr. Château-Salins, c. Delme. Assiégé par les Messins, 78; pris et brûlé, 81.
Chastillon, ferme près de Grimont. Bombardes dressées par les Lorrains, 54.
Chaussey. Courcelles-Chaussy, arr.

Metz, c. Pange. Schluchter poursuivi, 201.

CHAUZELLE. Chazelles, annexe de Scy, arr. et c. Metz. Brûlé, 37.

CHAVENCEY. Chauvency-le-château (Meuse), arr. et c. Montmédy. Captivité de Philippe de Vigneulles, 163.

CHERISEY. Arr. Metz, c. Verny. Abattu par les Messins, 28; gagé par le roi de Sicile, 201; tenu quitte, 206.

CHOIDEY. Cheuby, annexe de Sainte-Barbe, arr. Metz, c. Vigy. Incendié, 37.

CLEMERY (Meurthe), arr. Nancy, c. Nomeny. Pris par Thiébault d'Abaucourt, 118.

CLERVAUX. Fondation de l'abbaye, 1.

COLLIGNEY. arr. Metz, c. Pange. Incendié par Schluchter, 201.

COLOGNE (Prusse rhénane). Translation des reliques des trois Rois, 3; fausse pucelle, 64; grande mortalité, 71; sédition, 275.

COMMERXEI. Commercy (Meuse). Soldoieurs prisonniers, 61; assiégé par René et les Messins, 62; rendu au duc de Lorraine, 63; soldoieurs de Metz y font des prisonniers, 70; assiégé par les Messins, 82; parricide, 210.

CONDEL. Condé, aujourd'hui Custines, arr. et c. Nancy. Détention de l'évêque Baier en 1140, 75.

CONFLANS. Arr. Briey. Pris par les Messins, 22; par les Bourguignons, 111; pillé par les Messins, 183.

CONFLANS vers la Vousge (Haute-Saône). Arr. Lure, c. Saint-Loup. Pris par les Allemands, 305.

CONSTANCE, grand-duché de Bade. Concile, 47.

CORCELLES. Courcelles-sur-Nied, arr. Metz, c. Pange. Incursions du comte de Forbach, 112; les Bourguignons y logent, 178.

CORDELIERS. Grand incendie, 100. Les Cordeliers étaient en haut de la rue des murs.

CORNEY. Arr. de Metz, c. Gorze. Incursions des Français de la garnison de Gorze, 74; orages violents, 144; défense du roi de Sicile de se soumettre à la juridiction de Metz, 188.

CREPPEY. Crepy, annexe de Peltre,

arr. Metz, c. Verny. Dévasté par les Lorrains en 144, 54.

CUVEREY. Cuvry, arr. Metz, c. Verny. Saccagé par le Roufoux, 60; défense du roi de Sicile de se soumettre à la juridiction de Metz, 188.

DAILLE. Dalle, hauteurs en avant de Plappeville. Vignes gelées, 177; procession, 101.

DAMLECOURT. V. Amelcourt, 21.

DAMVILLER (Meuse), arr. Montmédy. Gracien de Guerre, 122; assiégé par les Messins, 123.

DANEMARK. (Le roi de France demande en mariage une sœur du roi de), 5; flotte submergée par la tempête, 211.

DESME. (Meurthe), arr. Château-Salins. (Aventuriers de Gorze au ban de), 132.

DEUSSE. V. Dieuse.

DEVANT LES PONTS, arr. et 1er canton de Metz. Le comte de Saint-Pol brûle les blés, 40; pillards et coureurs, 68; Collart et son armée en bataille, 80.

DIEULEWAY. Dieulouard (Meurthe), arr. Nancy, c. Pont-à-Mousson. Les Allemands y passent la Moselle, 37.

DIEUSE (Meurthe), arr. Château-Salins. (Le sire de Commercy ramené à), 65; le duc de Lorraine fait pêcher l'étang, 173.

DIJON. Assiégé par les Suisses, 285.

DOMMANGEVILLE. Annexe de Sanry-sur-Nied, arr. Metz, c. Pange. Courses de France, 107.

DONREMY près Vaucouleurs (Vosges). Arr. Neufchâteau, c. Coussey. Lieu de naissance de Jeanne-la-Pucelle, 55.

DORNAT. Dornot, annexe d'Ancy-sur-Moselle. Contestations avec Ancey, 87.

DUDELANGE (maison des) près Forbach. Prise par les Messins; 21; par le comte de Bar, 42.

DUN LE CHASTEL (Meuse). Dun-sur-Meuse, arr. Montmédy, 247.

DUNEMARK. V. Danemark.

DUREN. Petite ville de la Prusse rhénane. Bataille livrée par le duc de Brabant contre le duc de Gueldre, 20.

ENNERY. Arr. Metz, c. Vigy. (Le

comte de Saint-Pol chez Nicole de Heu à), 30; forteresse rendue aux Messins, 48; les écorcheurs, 81; mort de Jean de Heu, grand-aumônier de Metz, 101; incendié par les Luxembourgeois, 179.

ENTRE-II-YAWES. Territoire situé entre la Moselle et la Seille. Les Bourguignons; 115; tempête qui détruit les récoltes, 125.

EULON. Arlon, Luxembourg belge. La fausse pucelle, 64; suicide, 210.

ESDAN, ESSEDAN. Sedan (Ardennes). Assiégé par le marquis du Pont, 192; journée prise par les Messins pour accorder Robert de la Marche avec le roi de Sicile, 199; Robert de la Marche s'y retire, 210.

ESPINAL (Vosges). Défaite des routiers de France, 64; pris par les Bourguignons, 111.

ESTAIN (Meuse), arr. Verdun. Lorrains faits prisonniers, 153.

EUCKANGE. Uckange, arr. et c. Thionville. Tendeurs de Haut chemin, 115.

FAIEY. Féy, arr. Metz, c. Verny. Suicide, 130; courses du Roufoux, 69.

FAILLEY. Failly, arr. Metz, c. Vigy. Attaqué de nuit par le maire de Villers, 218; voleurs arrêtés, 214.

FALKENSTEIN. Château ruiné au-dessus de Philippsbourg, appartenant au duc de Lorraine. Messins prisonniers, 144.

FALQUEMONT. Fauquemont, arr. Metz. Repris par Simon de Fenestrange, 78; l'église prise par les Messins, 151; (seize villages brûlés par les Messins autour de), 153; courses des Messins, 154.

FLANDRE. Chevauchée du roi de France, suivi de chevaliers Messins, 31; ambassade des Messins au duc de Bourgogne, 87; id. à l'empereur, 143.

FLANVILLE. Annexe de Montoy, arr. Metz, c. Pange. Sorcières brûlées, 282.

FLEVILLE. Arr. Briey, c. Conflans. Blés coupés par les soldoieurs de Metz, 81.

FLEVEY. Arr. Metz, c. Vigy. (Les Lorrains à), 21; le Roufoux, 69; les Bourguignons, 103.

FLORENANGE. Florange ou Fleurange, arr. et c. Thionville. (Robert de la Marche à), 207-210; donné à Jean de Vy, par le roi des Romains, 216; garnison d'Albanais, 263; journée prise pour la guerre de Burtal, 307.

FOLWILLE. Foville, arr. Metz, c. Verny. Les Bourguignons, 208.

FORBACH. Arr. Sarreguemines. (Maison des Dudelange, près), 21.

FRANCQUEFFONT Ambassade des Messins pour se plaindre du roi de Sicile, 201.

FRISTORFF. Fristroff, arr. Thionville, c. Bouzonville. Brûlé par les Messins, 155; gagé par le roi de Sicile, 203.

FROWAY. Frouard (Meurthe), arr. et c. Nancy. Assailli et pris par les Messins, 21.

GAINQUIRCHIEN. Guinkirchen, arr. Metz, c. Boulay. Incursions de Cappelaire, 150.

GANT. Révolte des Gantois contre le comte de Flandre, 31.

GENETROY. Ancien gibet de Metz, situé au Sablon. Bataille perdue par les Messins, en 1404, 43.

GLATEGNEI. La rue Clatigny à Metz. Incendie, 310.

GOIN. Arr. Metz, c. Verny. Dévasté par les Lorrains, 54; incursions du Roufoux, 69; pris et brûlé par les Messins, 81.

GORSE. Abbaye de Gorze, arr. Metz. Le comte de Saint-Pol, 37; grand débat pour l'élection de l'abbé en 1440, 80; Andronin d'Ariocourt, prisonnier, 88; Monseigneur de Guise, y passe en allant à Sainte-Barbe, 303; vignes gelées en 1517, 311.

GRANDPRÉ (Ardennes), arr. Vouziers, assiégé par René duc de Lorraine, 60.

GRANGE AUX DAMES (la). Ferme sur la Moselle, annexe de Wolppy. Butin vendu aux enchères, 150.

GRANGE AUX ORMES (la) ferme et château, annexe de Marly. La fausse Pucelle, 64.

GRANTS FAIXINS. Gué de la Moselle, en aval de Metz. Passage des Bourguignons, 177.

GRAVILETTE. Gravelotte, arr. Metz, c. Gorze. Débat du seigneur avec celui de Mars-la-Tour, 119.

GRIMONT. Ferme et château, annexe de Saint-Julien-lès-Metz. Butin vendu, 149.

HAGONDANGE. Annexe de Talange, arr. et 1er c. Metz. Brûlé, 70.
HAME. Xammes (Meurthe), arr. Nancy, c. Thiocourt. Vins de faible qualité en 1217, 498; vignes gelées en 1517, 311.
HAROWEL. Haroué (Meurthe), arr. et c. Nancy. (Prise de), par Antoine de Vaudémont, 69.
HATTANGE. Hettange-la-Grande, arr. Thionville, c. Cattenom. Attaquée et prise par les Messins, 140.
HAUCONCOURT. Arr. et 1er c. Metz. Incendié, 37.
HAULT CHEMIN. (Villages du). Plateau élevé à l'Est de Metz, occupé en partie par les cantons de Vigy et Pange. Incendiés, 37; incursions de seigneurs allemands, 78; Bourguignons, 115; Vignes gelées en 1401, 143; processions, 270; incendiés par Schluchter, 200; incursion de Sickingen et Schluchter, 313; larrons pris par les soldoiers de Vry, 314.
HAULTE RIVE. Ferme sur la Seille, annexe de Cuvry, arr. Metz, c. Verny. Gagée par le roi de Sicile, 203.
HEDELBERG. Heidelberg, grand-duché de Bade. (Messins envoyés en ambassade à); pris par Emich de Linange, 228.
HELZ (château de). Pris par les Messins, 26. Localité inconnue; ce ne peut-être Elz sur la Moselle.
HEMME. V. Hame.
HERFENSTEIN et HERSTEINE. Erphenstein, château ruiné près de Neustadt an der Hardt (Bavière rhénane). Messins prisonniers, 142; résidence de Schlichter ou Schluchter qui achète la querelle de Burtal, 285.
HESSE, au pays de Liége. Hasselt. Pris par les La Marck, 133.
HEU. Huy (Belgique). Pris par les Liégeois, 102; les La Marck s'en emparent, 133.
HORGNE du Savellon. La Horgne-au-Sablon, ferme, annexe de Montigny. Procession, 101; toitures enlevées par la tempête, 223.

HOUVAVILLE. Jouaville, arr. et c. de Briey. Pillé par les Messins, 149.
ILE ou ISLE DU PONT DES MORTS. Les Ecorcheurs dans l'île, 84; grande revue des troupes messines, 208; assemblée des Messins et des Luxembourgeois, 200.
IVOIX ou YVOIXE. Carignan (Ardennes), arr. Sedan. Combat singulier d'Aimé de Sarrebruck et Collard de Mercy, 40; siège par Robert de La Marck, 141.

JAMAIX. Jametz (Meuse), arr. et c. Montmédy. Résidence de Robert de La Marck, où se rend Chaverson, 307.
JEUVILLE EN SALNOY. Juville (Meurthe), arr. Château-Salins, c. Delme. Incursions de Crance, 140; Bourguignons, 208.
JHERUSALEM prise par Saladin, 4; retour de Nicolle Louve, 52; Pèlerinage de Pierre Renguillon et Jean de Varize, 88; pèlerinage de plusieurs chevaliers messins en 1477, 121.
JOIEY. Jouy-aux-Arches, arr. Metz, c. Gorze. Courses de la garnison française de Gorze, 74; faux prêtre brûlé, 180; défense du roi de Sicile de reconnaître la juridiction de Metz, 188.
JONDREVILLE. Joudreville, arr. Briey, c. Audun-le-Roman. Incendié par la faute d'un prêtre, 277.
JOYEUSE GARDE ou Tomboy (la maison de la) achetée par Robert de la Marck, 213.
JUVEGNY. Juvigny-s.-Loison (Meuse), arr. et c. Montmédy. Jennon le Bâtard fait prisonnier, 208.
JUVILLE (Meurthe), arr. Château-Salins, c. Delme. Bourguignons, 208.
JUXEL. Jussy, arr. Metz, c. Gorze. Sorcière brûlée, 144.

KERSTAINE en la Leefs. Messins prisonniers, 127. Cette localité devait se trouver sur la route de Berg à Luxembourg.

LABRIE. Labry, arr. Briey, c. Conflans. (Piétons Messins à), 147.
LA CHAUSSÉE (Meuse), arr. Commercy.

c. Vignculles. Brûlée par les Messins, 153 ; le duc de Lorraine fait pêcher l'étang, 173.

LADOMCHAMP, annexe de Woippy, arr. et 1er c. Metz. Lorrains faits prisonniers, 27 ; Bourguignons reconduits, 177 ; bestiaux enlevés par Bassompierre, 147.

LA FOLIE, incendiée, 37. Il existe un assez grand nombre de localités portant ce nom ; mais aucune ne se trouve dans la région indiquée.

LAGNY SUR MARNE (revenant à), 18 ; pris par les Anglais en 1357, 23.

LA MARGRÉE, près Jondreville, aujourd'hui Saint-Quirin, annexe de Norroy-le-Sec, arr. Briey, c. Conflans. Ancien hermitage sous l'invocation de sainte Marguerite.

LANDONVILLERS, arr. Metz, c. Pange. Détruit par un incendie, 257.

LANDRES, arr. Briey, c. Audun-le-Roman. Le damoiseau de Commercy, 81.

LAQUENEXY, arr. Metz, c. Pange. Incursion du comte de Forbach, 142.

LA TOUR EN ARDENNES, prise et abattue par les Liégeois en 1433, 59.

LEEFFE, LEEFE. L'Eifel, contrée montagneuse au nord du Luxembourg (Prusse rhénane). (Kerstaine dans la), 127 ; incursions des Messins, 148 ; le roi de Sicile défié par des seigneurs de cette contrée, 180 ; Schluchter, 200.

LE GAY. Lesey (Meurthe), arr. Château-Salins, c. Vic. Détruit par les Messins, 21.

LENEY. V. Ligny.

LESSEY, arr. Metz, c. Gorze. Grêle, 239.

LESSEY Lucey, arr. et c. de Toul. Blaise surpris et tué, 104.

LEXIR. Lixières, annexe de Fléville, arr. Briey, c. Conflans. Blés coupés par les Messins, 81.

LIÈGE. Pris par le duc de Bourgogne, 102 ; les de La Marck s'en emparent, 133 ; Bourguignons, sédition et mutinerie, 275.

LIGNY SUS MARNE. (Voyez Lagny).

LIGNY EN BARROIS (Meuse), arr. Bar-le-Duc, Journée prise, 23 ; le comte de Saint-Pol y retourne, 37.

LION. V. Lyon.

LIRRE en Brabant. La ville de Lierre. Mariage de l'archiduc d'Autriche avec la fille du roi d'Espagne, 200.

LIVERDUN (Meurthe), arr. Toul, c. Dommèvre-en-Heis. Assiégé et pris par les Lorrains et les Barrisiens, 101 ; dévasté par la pluie et la grêle, 185.

LOIRE. Débordements de la Loire, 185.

LOIVILLE sur Seille, annexe de Sillegny, arr. Metz, c. Verny. Incursions du Roufoux, 60 ; poursuite d'aventuriers, 132.

LONGEVILLE LÈS METZ, arr. 1er c. Metz. Gens d'armes en marche pour l'Autriche, en 1375, 32 ; incendié, 37 ; dégâts commis par des coureurs, 68 ; écorcheurs pris par les Messins, 85 ; jeune homme tué par un picard, 103 ; soldoieurs luxembourgeois, 209.

LONGEVILLE LÈS SAINT AVOLD, arr. Metz, c. Faulquemont. Marchands messins tués, 311.

LONWI. Longwy, arr. Briey. Incursions de seigneurs allemands avec le roi des Romains, 35.

LOPPEY. Luppy, arr. Metz, c. Pange. Sorciers brûlés, 205.

LOREY. Lorry-lès-Metz, brûlé par Collart, 80 ; repris par les Messins, 85 ; mauvaise vendange en 1401, 86.

LOREY DEVANT LE PONT, arr. Metz, c. Verny. Courses des Lorrains, 111.

LORRAINE. Grande mortalité en 1452, 91 ; passages des Allemands en 1510, 305.

LOUWY. V. Longwy.

LOWENEY. Louvigny, arr. Metz, c. Verny. Incendié ; 35 ; pris par le comte de Saint-Pol, 37 ; courses des Lorrains, 141 ; (gentilshommes à), 150 ; gagé par le roi de Sicile, 201.

LOYNEILLE SUS SEILLE. V. Loiville.

LUBECQUE. Grande tempête qui noie 1800 hommes, 211.

LUCEMBOURG. Luxembourg, séjour du roi des Romains ; ambassade messine, 35 ; gagné par le duc de Bourgogne, 82 ; les seigneurs messins vont saluer le duc d'Autriche, 120 ; ambassade messine à Philippe archiduc d'Autriche, 220.

LYON. Concile en 1245-46 et 1274, 8 ; Robert de La Marck envoyé à Lyon, au roi de France, 208 ; le duc de Milan emmené prisonnier, 221.

MAOULZ (tour de) en Waissieux, construite en 1515, 300.
MAIENCE (la ville de) prise en octobre 1402, 90.
MAIGNY arr. Metz, c. Verny. Brûlé, 37; dévasté par les Lorrains, 51; incursions du seigneur de Commercy, 70; repris par les Messins, 85; Georges de Bade, évêque de Metz, reçu à son entrée, 90; sorcières, 143; femme brûlée vive, 239; poulain extraordinaire, 296.
MAI LA TOUR. Mars-la-Tour, arr. Metz, c. Gorze. Routiers de Pothon, 64; Collart s'y retire, 80; pillé et brûlé par les soldoieurs messins, 154.
MAINVILLE. Marville (Meuse), arr. et c. Montmédy. Prisonniers faits par les piétons messins, 147.
MAIXEY. Méchy, ann. de Saury-lès-Vigy, arr. Metz, c. Vigy. Incendié par les Luxembourgeois, 170.
MAIXIÈRES. Mézières, arr. et 1er c. Metz. Incendié, 79; bestiaux enlevés, 147; bourguignons, 245; rassemblement de troupes de piétons, 260; détruit entièrement par un incendie, 310.
MAIZELLE (bourg de), faubourg à la porte Mazelle. Courses des Lorrains, 54; abattu en 1444, 84.
MALECOUILLE (la) à Wadrinowe. Grands travaux exécutés, 307.
MALENCOURT, ann. de Montoy, arr. et c. Briey. Incendié par les Messins, 152.
MALLEROY. Malroy, arr. Metz, c. Vigy. Vignes détruites par les Lorrains, 54.
MALLINE (Belgique). Assignation de seigneurs Messins, par l'empereur, 181.
MANCE (Notre-Dame de), ann. d'Ars-sur-Moselle, arr. Metz, c. Gorze. Procession, 270.
MANEY DEVANT LE PONT. Many, arr. Metz, c. Faulquemont. Courses des Messins, 152.
MARANGE-SILVANGE, arr. 1er et c. Metz. Dévasté par les Messins et les Lorrains, 113; sorcières brûlées, 128, 129, 143; incendié par Robert de La Marck, 292.
MARIGNAN (bataille de), 297.
MARLEY, arr. Metz, c. Verny. Commandement du roi de Sicile, 188.

MARSALLE, Marseille; pris par le roi d'Aragon, 49; (le roi René revient de), 98.
MARSILLY, arr. Metz, c. Pange. Brûlé par Schluchter, 201.
MANY. Mairy, arr. Briey, c. Audun-le-Roman. (Le damoiseau de Commercy à), 81.
MEIEY. MEY, arr. et 2e c. Metz. Grande tempête, 223; Faux monnayeurs dans les vieux chauffours, 252.
MERCHAULT (château de) pris par les Messins en 1307, 23. Il semblerait que ce fût Marsal écrit Marxsal dans A. En réalité, il s'agirait plutôt de Mandres-aux-Quatre-Tours, arr. Toul, c. Domèvre. Il existe un autre Mandres. Arr. Bar, c. Montier-sur-Saulx.
MERDENEY. Mardigny, ann. de Lorry-devant-le-Pont, arr. Metz, c. Verny. Soldoieurs messins en garnison, 70.
MENOREE (la). V. Lamargrée.
MESCLUVE. Mécleuves, arr. Metz, c. Verny. Brûlé par Blaise, 169; Bourguignons, 177.
METS, METZ. Siège en 1344, 15; guerre avec la duchesse de Lorraine, 21; arrivée de l'empereur Charles de Bohème, 22; tremblement de terre en 1357, 23; tremblement de terre en 1372, 30; arrivée de Thierry Boppart en 1376, 32; arrivée du cardinal de Cambray, 45; défi de Henry de la Tour, 46; grandes solennités en 1427, 50; attaques des Lorrains en 1429, 55; arrivée de Conrad Baier, évêque, 56; conspiration découverte en 1431, 57; arrivée du duc de Brunswick, 58; id. de Robert, archevêque de Trèves, 60; id. du comte de Vaudemont, 61; jeu de la Passion et de la Vengeance, 63; entrée de Charles IV, 70; monnaie frappée par l'empereur, 71; tremblement de terre, 71; arrivée de Conrad Baier, 82; siège par Charles VII et René en 1444, 83; nettoyage des fossés derrière Saint-Médard, 83; Grosse imposition, 86; prohibitions du duc de Lorraine sur les importations, 98; sorcières brûlées, fausse monnaie, 93; arrivée de la Dauphine, fille de Savoie, 94; id. du comte de Vaudemont, de Jean de Bade,

archevêque de Trèves, 91; id. du marquis de Bade et de ses frères; vérification des mesures en 1459, 95; ambassadeur envoyé par l'empereur en 1463, 98; arrivée du cardinal d'Albi, abbé de Saint-Denis, de Gorze, de Saint-Symphorien, 103; tentative avortée du duc Nicolas de Lorraine, 108; grande procession à l'occasion de la paix, 111; entrée de Bonne de La Marck, 114; arrivée de Monseigneur de Romont, 115; passage du bâtard de Bourgogne, 110; envoi de l'artillerie de Lorraine, 117; arrivée de Campobasso avec sa fille, 118; expulsion des étrangers, 118; arrivée des fuyards bourguignons à la bataille de Nancy, 109; tremblement de terre en 1477, 120; défi de Gracien de Guerre, 122; Farces et joyeusetés en 1480, 120; arrivée de Monseigneur de Verdun en 1488, 133; peste, 135; défi de Crance, 139; grand chapitre des frères Baude, 142; sorcières brûlées en 1480, 144; arrivée et entrée du roi des Romains en 1492, 171; arrivée de Blaise; 173; vignes gelées, 175; peste en 1493; 178; ordonnances relatives aux étrangers, 181; vignes gelées en 1494, 182; voyage de la reine de Sicile, 183; arrivée du duc de Gueldre, 186; ambassade du Président de Lorraine, 188; journée tenue entre le roi de Sicile et Robert de la Marck, 200; entrée de l'évêque de Liège, 200; appointement avec Robert de la Marck, 200, 207; dégâts causés par une tempête, arrivée de la sœur du roi de Sicile, 211; service du roi Charles VIII, 213; processions générales à l'occasion d'une épidémie, 214; arrivée du roi des Romains, 215; ambassade d'Espagne et de Milan, 216; séjour du légat envoyé au roi des Romains, 217; vins et blés recherchés, 218; seigneurs Bourguignons, 220; grande mortalité, 221; abondance de vins en 1499 et fin de la mortalité, 222; grande tempête, 223; voyage du comte de Blamont en 1500, 225; grandes pluies en 1501, 227; passage d'une ambassade de France envoyée au roi des Romains, 228; voyage du comte Palatin, se rendant en France, 230; arrivée du roi des Romains en 1503 et du marquis de Brandebourg, 231; baladins extraordinaires, 231; service du roi de Castille, 240; grande épidémie en 1509, 244; arrivée de Monseigneur de Saint-Anthoine, 246; id. de La Marck et de son frère, 247; coqueluche violente en 1510, 249; arrivée du comte de Nassau avec d'autres seigneurs, 250; voyage de Wolgang, fils du comte Palatin, 260; grand chapitre des Cordeliers, 265; inspection des approvisionnements, 267; refus d'une imposition demandée par l'empereur en 1512, 273; bateleurs extraordinaires, 283; grand chapitre provincial des Frères Prêcheurs en 1514, 28; arrivée de la Blanche-Rose, rassemblement de lansquenets, 289; grande tempête en 1514, 293; prédication extraordinaire, 294; convocation de tous les pauvres à Saint-Vincent, 302; rassemblement de lansquenets en 1516, 304; grands pardons à la cathédrale, 306; arrivée du marquis de Bade, 307; arrivée de Mark Antoine de Collonels, 310; suppression de cabarets en 1517, 312; arrivée du cardinal des Colonnes, 313; prédication remarquable d'un cordelier, 315.

METZ (pays de). Ravages commis par le duc de Lorraine en 1371.

METZ pour Helz ou Heis, 20.

MEUSE. (Les écorcheurs sur la), 67.

MEZE (Grand). Construction de l'église des frères Baudes, 51.

MIAULX en Brie. Meaux. (Seine et Marne). Pris par les Anglais, 49.

MILLAN. Bourgs du pays brûlés par le comte de Savoie, 31. Château rendu aux Français, 223. Pris par les Français, 297.

MILLEREY (Meurthe), arr. Nancy, c. Pont-à-Mousson. Assassinat et exécution, 305.

MOINNEVILLE, arr. et c. Briey. (François le Gournay à), 149.

MOLLIN. Moulin-lès-Metz, arr. et 1er c. Metz. Incendié, 37. Henry de la Tour, 46. Le duc de Lorraine, 114.

(Croix portées à), 107. Soldoleurs luxembourgeois, 209. Entrevue du roi des Romains et du roi de Sicile, 210. Agneau singulier, 200.

Mox. Mont, arr. Metz, c. Pange. Brûlé par Schluchter, 201.

Moncourt. Mancourt, ferme, annexe d'Ennery, arr. Metz, c. Vigy. (Femme noyée retrouvée à), 257.

Mondelange, arr. et c. Thionville. Incendie causé par le feu du ciel, 312.

Monteral. Monterwals sur Senne. Montereau-faut-Yonne. Assassinat du duc de Bourgogne, 47; (Messins au siége de), 60.

Montfort. Assiégé par le marquis du Pont, 192.

Montigney (lès Metz), arr. et 2e c. Metz. (Croix de Saint-Quentin, portées par), 107.

Montoy, arr. Metz, c. Pange. (Les Bourguignons à la maison forte de), 174; enfant tué en jouant, 200.

Morville delès Cheminot. Morville-sur-Seille (Meurthe), arr. Nancy, c. Pont-à-Mousson. Courses du bâtard de Tantonville, 147.

Mouson. Mousson (Meurthe), arr. Nancy. Le château brûlé par accident, 168.

Moustier en Allemagne. Munster sur la Rode (Meurthe), arr. Château-Salins, c. Alberstroff, 21.

Moyen pont des monts. Le pont des Pucelles. Barré par les glaces, 212.

Moyeuvre-la-Grande, arr. et c. Thionville. Brûlée par les Messins, 65.

Murs (sur les). Maisons écroulées, 282.

Muselle, Muzelle. La Moselle. Hautes eaux en 1374, 31; eaux très basses en 1424, 49; barrage au moyen d'une vanne en pieux d'osier, 90; remplacement des vieux moulins par une vanne; construction de nouveaux moulins et d'un pont de pierre au Sauley, 270.

Musy (château de). Château en ruine près Longuyon, arr. Briey. Pris par les Messins, 26.

Naimur. Namur (Belgique). Le château brûlé et détruit par la foudre, 250.

Nairbonne. Narbonne. Le roi Philippe, y meurt, 9.

Nancey. (Les Messins devant), 21; le duc des Monts (Berg) prisonnier, 48; translation des reliques de saint Solbert, 52; le seigneur de Commercy prisonnier, 65; pris par le duc de Bourgogne, ambassade des chevaliers Messins qui lui portent un présent, 115; journée prise pour la guerre de Cranee et de Bassompierre, 148; paix conclue avec le duc de Lorraine en 1493, 176; ambassade messine, 188; autre ambassade au sujet des villages gagés, 201; journée prise à ce sujet, 206; le président de Lorraine décapité, 223; ambassade messine pour saluer la duchesse de Lorraine, Renée de Bourbon, 305.

Naples. Conquête par le roi de France, 186.

Navair, Navar. Novarre. Le duc de Milan fait prisonnier par les Français, 224. (Bataille de), 282.

Neufbourch. L'hôpital incendié, 169.

Neufchaistel (Vosges). Brûlé par les Messins en 1371, 20; le roi de Sicile en expulse les Cordeliers, 225.

Neufchaistel devant Thionville. Brûlé, 37.

Nied (villages de la). Dévastés par Cappeler, 149.

Noeroy. V. Noweroy.

Nomeney (Meurthe), arr. Nancy. L'évêque Thierry, 25; Liebault d'Abocourt prisonnier, 118. (Aventuriers de Gorze au ban de), 132; embuscade des Messins, 150; vignes gelées en 1517, 311.

Northousen au duché de Ringen. Nordhausen en Thuringe. Révolte et mutinerie, 275.

Nostre Dame aux Champs. Eglise située hors de la porte Saint-Thiébault, détruite en 1552. Procession générale, 180, 232, 278, 283.

Nostre Dame de Mance. V. Mance.

Nostre Dame de Roche Amadour. Rocamadour (Lot.), arr. Gourdon, c. Gramat, Miracles, 3.

Nouviant. Novéant, arr. Metz, c. Gorze. Pothon et ses gens, 63; courses des Français, 74; orages, 144; Bourguignons, 200.

NOWEROY. Norroy le Veneur, arr. et 1er c. Metz. Vente par Robert de Bar à Poince de Vic, 21; troupeaux enlevés par les gens de Thionville, 90; incendié par les Messins; 151; ravagé par la grêle, 234.
NOWESSEVILLE. Noisseville, arr. Metz, c. Vigy. Incendié, 37.
NUCES, Neutz. (Prusse-Rhénane). Assiégé par le duc de Bourgogne, 112.
NUEWEVILLE. Neuville-en-Verdunois (Meuse), arr. Commercy, c. Pierrefite. Château repris par René, duc de Bar, et les Verdunois, 52.

OFFENBACH, Grand-Duché de Hesse-Darmstadt. Eboulement d'une montagne, 185.
OLLEXEY. OLXEY. Olgy, ann. d'Argancy, arr. Metz, c. Vigy. Incursions du comte de Forbach, 142; incendié par les Luxembourgeois, 170.
ORLIENS. Orléans. (Miracle à), 4.
ORMES (les), près Montigny, 205.
ORNY, arr. Metz, c. Verny. Bourguignons, 177.
OULTRE SEILLE. Partie du territoire Messin, situé au-delà de la Seille. Le duc de Lorraine, 20. Vignes gelées en 1437, 60; id. en 1486, 143; processions, 192.
OXERAILLES, arr. Briey, c. Conflans. Blés coupés par les Messins, 81.
OXEY. Ogy, arr. Metz, c. Pange. Drôlé par Schluchter, 201.

PAIGNY DESSOUS PRENEY. Pagny (Meurthe), arr. Nancy, c. Pont-à-Mousson. Butin pris par les Messins, 140.
PAUS'BAIS. Mauvaise récolte, 218.
PALAIS à Metz. Incendié, 83.
PALCES. Pfalzel sur la Moselle, près de Trèves (Prusse rhénane). Journée prise pour la querelle de Burtault, 200.
PANADENSIS. Evêché en Grèce, 02.
PARIS. Pavé, 4; clos de murs, 5; mortalité en 1348, 21; voyage de l'empereur Charles en 377, 132; le petit pont écroulé en 1190, 223.
PASSEAVANT (château de), pris par René de Bar, 52; v. la note 77.
PASSETEMPS. Construit par Pierre Baudoche, 141; repas donné à la reine de Sicile, 184; séjour de Robert de La Marck, 200; De Claude y tombe dans la Moselle, 206; souper donné à la sœur du roi de Sicile, 211; grandes fêtes pour le baptême de Robert Baudoche, 240; le duc de Suffolk, la Rose blanche, y loge, 280.
PAULLEY. V. Poulley.
PENPON. Pierrepont, arr. Briey, c. Longuyon. Polhon et ses gens, 63.
PIERFORT (Meurthe), annexe de Martincourt, arr. Toul, c. Domèvre. Assiégé par les Messins et le duc de Lorraine, 28; excursions de la garnison jusqu'à Metz, 30.
PIERREVILLER, arr. et c. Briey. Ennemis pris, 170.
PLAPPEVILLE, arr. et 1er c. Metz. Excursions de la garnison de Commercy, 67, 68; mauvaise vendange, 180; ravagé par la grêle, 230.
POISSY près Paris. (Le roi d'Angleterre à), 10.
POITIERS. (Bataille de), 22.
POLLIN en Hongrie, Nicopolis en Hongrie. Grande bataille livrée en 1303, 39.
PONT A CHAUSSY, annexe de Courcelles-Chaussy, arr. Metz, c. Pange. Voleurs pris, 60.
PONT A MOUSSON (Meurthe), arr. Nancy. Accord passé entre Pierre de Bar et les Messins, 21; entrée de Madame de Bar, 49; grandes joûtes, 61; butin vendu aux enchères 69; grand pardon à Saint-Antoine, 82; paix signée par les Rois et les Messins, 85; grande mortalité, 91; les chanoines de Metz s'y retirent, 97; visite des seigneurs Messins à René et à sa cour, 98; les bonnes gens du Val de Metz s'y réfugient, 99; pris par les Bourguignons, 114; dégâts causés par une tempête, 125; fossés vidés par corvées, 127; vignes gelées, 175; passage de la reine de Sicile, 185; journée prise par les Messins pour un accord entre le roi de Sicile et Robert de La Marck, 199; vignes gelées en 1517, 311.
PONT AUX LOUPS, commencé, 82.
PONT DES MORTS. Exécution de Henry le Bahignon, arches couvertes par les grandes eaux, 48; croix et puits construits par Nicole Louve. (Tour

neuve construite entre le) et Saint-Vincent, 83; croix abattue, 86; passage interdit, 90; refait en 1518. 286.
PONTIHEFFROY. Entrée de l'empereur Charles IV, 70; (vivres préparés aux Bourguignons à la Croix du), 177; refait en 1513, 286.
PONTIGNY (Yonne), arr. Auxerre, c. Ligny-le-Chastel. Fondation de l'abbaye, 1.
PONT SAINT CLOUD. Bataille en 1400, 44.
PONT SAINT GEORGES. (Murtel du), construit jusqu'aux barres, 300.
PONTOY, arr. Metz, c. Verny, Bourguignons, 717; pris par des aventuriers et repris par les Messins, 110.
PORCHEZ. Porcher sur la Signeul, annexe de Brainville, arr. Briey, c. Conflans. Gens de Bassompierre pris, 147.
PONT SUR SEILLE, annexe de Morville-sur-Seille, arr. Nancy, c. Pont-à-Mousson. Attaqué par les soldoieurs de Metz, 83; courses du Rouffoux, 69.
PRUSSE. (Chevaliers Messins se rendant à la croisade en), 41.
PUXE. Puxe, arr. Briey, c. Conflans. Brûlé par Schluchter, 201.
PUXIEULX, annexe de Mars-la-Tour, arr. Metz, c. Gorze. Routiers de France, 64.

QUINQUAIRAILLE (Pont de) rallongé, 72.

RABAY. Rabas. Eglise consacrée par Léon IX, annexe de Befey, arr. Metz, c. Vigy. Pèlerinage, 276; 270.
RACOURT. Raucourt (Meurthe), arr. Nancy, c. Nomeny. Courses des Lorrains, 141.
RAINS. Rheims (Marne). Roi d'Angleterre, 31; seigneur Louve fait chevalier au sacre de Charles VII, 55; pris par Jeanne d'Arc, 56.
RANCONVAL. Ranguevaux, arr. et c. Thionville; bestiaux enlevés, 150.
RAVILLE, arr. Metz, c. Pange. (Larrons conduits à), 73; le roi des Romains y loge, 172.
REGHIEFMONT, REGHMONT. Richemont, arr. et c. Thionville. Assiégé par le maréchal de Luxembourg et les Messins, 134; rendu aux assiégeants, 135; dégats causés par une tempête, 223; mis à rançon par Robert de La Marck, 202.
RENGMONT. (Tour du pont). Porte Sainte-Barbe, 30.
RHIN débordé de Bâle à Cologne, 126.
RICHARTMANEY. Richardménil (Meurthe), annexe de Flavigny, arr. Nancy, c. Saint-Nicolas. Pris par les soldoieurs messins, 80.
RIGUEN (duché de). La Thuringe, 275.
RIMPORT. (Meurtre commis en l'hôtel du Cygne en), 219.
RODDE (hôtel de), près Moustier en Allemagne. Rhodes (Meurthe), arr. et c. Sarrebourg. Abattu par les Messins, 21.
RODEMACK, arr. et c. Thionville. Dévasté par les Messins, 54; deux cents Suisses veulent s'en emparer, 120; rendu aux Lorrains et Bourguignons, 135; assailli par les soldoieurs messins, 170.
ROMBAIS, arr. Briey. Incendié par les Messins, 152, pris par eux, 151.
ROME. Pèlerinage en 1300, 10; Guillaume de Nogaret, 11; pèlerinage pour les grands pardons, 80; députation de chevaliers messins au pape pour l'affaire des chanoines, 97; entrée du roi de France, 188;
ROUEN. (Le roi de Navarro pris au château de), 22.
ROUZÉRIEULLE, arr. Metz, c. Gorze. Brûlé, 37; vignes gelées en 1480, 143; mauvaise vendange en 1491, 180; grêle, 236; homme pendu, 264.
ROUZINE. (Rozières (Meurthe), arr. Nancy, c. Saint-Nicolas. Assailli par les Messins, 21; brûlé en partie, 20.
RUMELLEY. Rémilly, arr. Metz, c. Pange. Sorcière brûlée, 128.

SALBRUCHE. Sarrebrück (Prusse rhénane). Brûlé par accident aux noces du fils du comte de Saverne et de la fille de Jean de Fenestrange, 99.
SALINE. Rozières-aux-Salines, ou Château-Salins en Franche-Comté? Messins pris en y allant, 142.
SALNEY. Saulny, arr. et 1er c. Metz. Soldoieurs de Metz, 121; sorcières brûlées, 110, 144; mauvaise vendange en 1491, 180; grêle, 234.

SAMECH (pays de), en Prusse. Croisade de chevaliers messins, 42.
SAMPIGNY (Meuse), arr. Commercy, c. Pierrefitte. Messins tués, 30.
SANRY sur Nied, arr. Metz, c. Pange. Courses de Crance, 107.
SAULCIS (le) à Metz. Murs éboulés et refaits, 107 ; le pont rompu par les glaces, 212 ; le raiz l'évêque, 206 ; maison occupée par Andreu de Rineck, 307.
SAULCY (la forteresse du), détruite par les Messins, 46.
SAULNERY (la rue), brûlée en 1320, 14.
SAVELLON, Le Sablon, arr. et 3e c. Metz. Vignes gelées en 1480, 143 ; mauvaise vendange en 1494, 186.
SECOULX, Secourt, arr. Metz, c. Verny. Pris par le comte de Salm et repris par les Messins, 150.
SEILLE. Hautes eaux en 1375, 31.
SEMELCOURT, Semecourt, annexe de Fèves, arr. et 1er c. Metz. Bestiaux enlevés, 147 ; Bourguignons 215 ; rassemblement de piétons, 266.
SERVIGNEY lès Sainte-Barbe, arr. Metz, c. Vigy. Brûlé, 37 ; soldoleurs messins, 208.
SIERK, arr. Thionville. Le sire de Commercy, 65 ; hommes de Crance, pris au-delà, 147.
SOLIEUVNES (château de), château situé aux environs de Luxembourg. Pris par un moine de Gorze, 77.
SOUGNE. Soigne, arr. Metz, c. Verny, pris par les Messins en 1372, 31.
STRAGNEI. Tragny, arr. Metz, c. Pange. Relevé de gage par le roi de Sicile, 206.
STRASBOURG. Suicide d'un évêque, 138 ; retour de Jean Chaverson, 109 ; festoiement de seigneurs messins, 257.
St AILLE, arr. et c. Briey. Pillé par les Messins, 110.
St ARNOULT (abbaye de). Les gens du Damoiseau de Commercy, 81 ; grande procession, 127 ; Georges de Bâde, évêque de Metz, y meurt, 138 ; dîner donné à la reine de Sicile, 184 ; procession générale, 185 ; 195 ; journée prise avec les Bourguignons, 200 ; grande procession, 278.
St AVOLD, arr. Sarreguemines. Inondation causée par les pluies, 185 ; marchands messins à la foire, 310.
Ste BARBE, arr. Metz, c. Vigy. Pèlerinage de la reine de Sicile, 183 ; Pèlerinages nombreux en 1494, 185 ; grande procession, 270 ; Pèlerinage de Monseigneur de Guise, 303.
Ste CLAIRE sur les Murs. Incendie, 303.
St CLÉMENT. Le feu aux mainandies, 81 ; procession de Victoire et autres, 100, 101 ; grandes processions, 178.
St DENIS (le roi Philippe enterré à), 5 ; (saint Louis, id.), 7 ; (ouragan violent à Paris et à), en 1641, 209.
Ste ELISABETH. Église entre les portes des Allemands et Mazelle, hors la ville. Voleur arrêté, 291.
St ELOY. Ancien monastère, aujourd'hui fermé, annexe de Woippy, arr. 1er c. Metz. Procession, 191, 278.
St EPVRE (Meurthe), arr. Château-Salins, c. Delme. La maison forte abattue par les Messins, 21 ; Courses de Capeler, 150.
St GERMAIN en Laye (le roi d'Angleterre à), 10.
St GERMAIN. Prieuré et château au-dessus de Chastel-Saint-Germain, arr. Metz, c. Gorze. Processions, 270.
St ILLAIRE. Représentation du miracle de Notre-Dame, 142.
St JULIEN lès Metz, arr. 1er c. Metz. Bande d'Egyptiens avec leur chef, 180.
St JURE, arr. Metz, c. Verny. Courses du batard de Tantonville, 147.
St LADRE. Hôpital de Lépreux et ferme, ann. de Marly, arr. Metz, c. Verny. Incendié par le Damoiseau de Commercy, 81 ; Français de la garnison de Gorze tués, 112.
St LOUIS. Lieux de sépulture des suppliciés, 165.
Ste MARIE AUX CHÊNES, arr. et c. Briey. (Soldoieurs messins à), 112.
St MARTIN devant Metz. Ban-Saint-Martin. Troupes de gens d'armes en 1370, 21 ; détruit au sujet de la guerre de la hottée de pommes, 51 ; courses et pillards, 68 ; courses des Lorrains, 151 ; procession, 278.

St Maur des Fossés, près de Paris. Pèlerinage de l'empereur Charles, 32.

St Michel. St Mihel (Meuse), arr. Commercy. Messins rançonnés, 115; meurtres commis par un boucher, 254.

St Pierre aux Images. Toiture enlevée par la tempête, 24.

St Pierson. Ancienne abbaye, ferme, annexe d'Avril, arr. et c. Briey. Le damoiseau de Commercy, 81; suicide d'un religieux, 130.

St Polins. St Hippolyte (Doubs), arr. Montbelliard. Pris par les Allemands, 305.

St Privait. St-Privat-la-Montagne, arr. et c. Briey. Brulé par le damoiseau de Commercy, 81.

St Quaintin (les Bretons sur le mont), 23; croix portées, 123; sorcière brûlée, 128; faux monnayeurs, 252.

Ste Ruffine. Arr. Metz, c. Gorze. Brûlée, 37; Henry de La Tour et ses gens y abattent le gibet, 46; coureurs, 68.

St Symphorien. Abbaye détruite en 1552. Messins repoussés jusqu'à la porte, 55; le bourg brûlé et abattu, 84; église commencée en 1480, 128; dégats causés par une tempête, 211.

St Soibel (le pré). Ban-St-Martin. Butin vendu, 149.

St Supplat. Arr. Briey, c. Audunle-Roman, Pothon et ses aventuriers, 63.

St Thiébault. Porte refaite en 1480, 125.

St Trond (Belgique). Pris par les de La Marck, 133.

St Vincent (abbaye de). Ormes déracinés, 24; grand incendie, 40; prise de possession par monseigneur d'Epternach, 137; grandes joutes dans la cour, 154; procession générale, 280; convocation des pauvres de Metz, 302.

Talange. Arr. et 1er c. Metz. Incendié, 37; (Bassompierre à), 110.

Taippe. Teppe. (La grande et la petite), fermes près de Ladonchamp. Annexe de Wolppy, arr. et 1er c. Metz. Bétail enlevé à la, 147; à la petite, 170.

Taral. (Les barres près du). Noyé retrouvé, 270.

Terme. (Les moulins du). Brûlés en 1471, 105.

Thignomont. Annexe de Plappeville. Arr. 1er c. Metz. Coureurs, 68; brûlé par Collart de Fléville, 80.

Thilicourt. Tellancourt. Annexe de Frenois-la-Montagne, arr. Briey, c. Longuion, 21.

Thionville. Incursions de sa garnison sur le territoire messin, 66; sorciers brûlés, 111; grand incendie en 1493, 177; journée tenue entre les Messins et Bernard de Luxembourg, 180; passage du roi des Romains, 217; complot pour s'en emparer par surprise, en 1514, 238; environs dévastés par Robert de La Marck, 202.

Tirewoine. Therouenne. Assiégée et prise par le roi d'Angleterre qui la rase, 283.

Tongres (Belgique). (La ville de), prise par les La Marck, 133.

Tornay. Tournay (Belg.), assiégé et pris par l'empereur Maximilien, 284.

Toul (Meurthe). Assiégé par le duc de Lorraine, 40; visite des seigneurs de Metz au marquis du Pont, 105; vignes gelées, 175; mis en interdit, 201; arrivée du roi des Romains, 215.

Tremery, annexe d'Ay, arr. Metz. c. Vigy. Incendié par les Luxembourgeois, 170; les Bourguignons, 103.

Trèves, Triewes; Trèves (Prusse rhénane), journée assignée entre les Messins et Bernard de Luxembourg, 182; arrivée de l'empereur Maximilien, pour visiter les saintes reliques, 203.

Trez. Mastricht (Hollande). Guillaume de La Marck décapité, 130.

Troie, Troyes en Champagne. Pris par Jeanne d'Arc, 56; faux monnayeur brûlé, 258.

Tronville, annexe de Mars-la-Tour, arr. Metz, c. Gorze. Les routiers de France, 64.

Tury (la petite), annexe de Wolppy, arr. et 1er c. de Metz. Incendiée, 308.

Vallerat. Valleroy, arr. et c. Briey. François-le-Gournay, 149.

VALLIÈRES, arr. et 2ᵉ c. Metz. Courses du comté de Forbach, 142; le comté de Salme et d'autres seigneurs, 170.

VANTOULX, arr. et 2ᵉ c. Metz. Sorcier pris, 119. Le comté de Salme et autres, 170.

VAUCOULEURS. Vaucouleurs (Meuse). arr. Commercy. Le roy Philippe et l'empereur Albert s'y rencontrent, 9.

WAUCON. WAUÇON. WOUCON. Hauteurs entre Woippy et Lorry. Coureurs, 68; vignes gelées, 177.

VAULX DE METS, Val (le). La vallée de la Moselle en amont de la ville. Les grands Bretons, 23; gens d'armes se rendant en Autriche en 1375, 32; dévasté par les Allemands, 37; Henry de La Tour, 40; Pothon de Xaintrailles et les aventuriers, 63; vignes détruites par la tempête, 74; les quatre mairies vendues par l'évêque, 100; Monseigneur de Craon, 113; Bourguignons, 115; les mairies rachetées, 233; ordonnance relative aux censives des mairies, 230.

VAULX. VAL (le petit) ou de Mey. Dévasté par la tempête, 131; vignes gelées en 1571, 311.

VEGEY. (V° Vigey.)

VERDEL (Église de). Abbaye de Barbeaux, près Melun. Louis VII inhumé, 4.

VERBOMIE. V. Nairbonne.

VERDUN (Meuse). (Français autour de), 125; vignes gelées, 175.

VERGAVILLE (Meurthe), arr. Château-Salins, c. Dieuze. (Marchand de), pris par des brigands, 308.

VERMOIXE. V. Worms.

VERNEY. Arr. Metz. Courses des Messins, 153.

VERTON. Virton (Luxembourg belge). Pris par le comte de Ligny, 38.

VENY. (Petite Metz). Vry, arr. Metz, c. Vigy. Château pris par les Barrisiens, 25; cédé par moitié, 51; (le Roufoux devant), 60; les Écorcheurs, 84; brigands emmenés par les soldoteurs du château, 308.

VIC (Meurthe), arr. Château-Salins. Maison de la garde près Vic, 21; ambassadeurs de l'empereur en 1463; les chanoines de Metz s'y retirent, 68.

VIEZ BOUCHERIE. Incendie d'une maison, 310.

VIEZ MOULINS outre Muzelle. Vanne effondrée, 307.

VIGEY. Arr. Metz. Brûlé par les Allemands, 78; sorcière brûlée, 111; incendié par Bernard de Luxembourg, 170.

VIGNETTE (Maison de la). Noces de Joachim Chaverson, 206.

VIGNEULLE. Annexe de Lorry, arr. et 1ᵉʳ c. Metz. Sorcière prise, 129.

VIGNEY. Arr. Metz, c. Verny. Incendié, 150.

VILLER. Villers-l'Orme. Annexe de Failly, 2ᵉ c. Metz. Le maire va assaillir de nuit Failly, 218.

VILLE SUR YRON. Arr. Briey, c. Conflans. Les routiers de France, 64; courses des gens d'Ars, 147.

VINCENNES, près de Paris. Clos de mur, 4; construction de la tour, 18.

VIVIER (Ban de), composé de Viviers avec quatre hameaux. Arr. Briey, c. Longuyon. Courses des Messins, 151.

VOUSGE. Les Vosges. (Les Allemands entrent en Lorraine par la), 305.

WAIDE DE BOUTON. Femme morte, 282. WAIDE DUGLEY. Incendie, 209.

WAIDE OULTRE SEILLE. Maison brûlée, 175.

WAISSIEULX. (Abreuvoirs en), 221.

WANIXE. Arr. Metz, c. Boulay. Coureurs, 73.

WAUCON. V. Vaucon.

WAUDEMONT. Vaudemont (Meurthe). Arr. Nancy, c. Vezelize. Pris par les Bourguignons, 115.

WAUDRINOWE, WAULDRINOWE. Les écorcheurs, 84; rompu par les glaces en 1469, 104; grands travaux a la Malegoulle, 307.

WAUPPEY, Woippy. Arr. et 1ᵉʳ c. Metz. Le comte de Sᵗ Pol, 37; brûlé par Collart, 80; sorcières brûlées, 129; vignes gelées, 177; maladrerie, 192; condamnation et retour du Maire, 243.

WENNEPERT, Warsberg. (Les deux) abattus, 59.

WIDEBOUTEILLE ou Hôtel de Raigecourt, devant Sᵗ-Vincent. La sœur du roi de Sicile y loge, 211.

WORMES, Worms. Duché de Hesse.

Darmstadt (Évêque de Metz transféré à), 21; (appel porté à la chambre impériale de), 222; exécution de bourgeois mutinés en 1514, 286.

Xeveny, Xivry-le-Franc. Arr. Briey, c. Audun-le-Roman. Pothon et ses gens, 63.

Yvoixe. V. Ivoix.

TABLE DES NOMS DE PERSONNES

Ablecourt (Jean), m⁰ échevin. 23
Abrion (Jean) 127, 128
Adenat 308
Augucius (S¹) archevêque de Trèves 263
Aigreville (le cardinal d') . . . 33
Albert, empereur d'Allemagne. 9
Albert d'Autriche, empereur. 68, 69
Albert, le duc 208
Albin (le cardinal), abbé de S¹-Denis, S¹-Symphorien. 102, 103
Alençon (le comte d') 10
Alexandre, empereur de Constantinople 3
Alexandre, pape. 3, 45
Alienor, femme de Louis VII. 3
Alverade 220
Amant (S¹), Anselme, évêque de Cantorbery 6
Amiche, seigneur d'Apremont. 178
Ancerville (Monseigneur d'). . 206
Ancillon (Jehan) 193
Andreu le Maimbour. 220
Andreu de Wauldrevange. . . 47
Androuin d'Arlocourt. 68
Angleterre (le roi d'). . . 10, 283
Angleterre (le fils du roi d'). . 31
Anery (Monsᵉʳ d'). Ennery. 300, 307
Anoy (Gauthier et Philippe d'). 12
Anthonne de Maline 113
Anthonne le charpentier. . . . 300
Anthonne, maître fondeur . 73, 82
Antoine, comte de Vaudemont. 58
Antoine de Lorraine. 207
Apremont (Jehan d'). 120
Aragon (le roi d') 8
Armagnac (le comte d'). . . . 44
Armoises (Collart des), 27 ; Philippin, 27 ; Robert, 65 ; de Linon, f⁸ de Jean de Villers, 231 ;
Arnoult de Clercy, seigneur. . 135
Arnolt, le grand. 311
Arras (l'évêque d') 250
Artus, comte de Richemont. . 62
Aubrion (Jehan), m⁰ échevin. 42
Augsbourg, l'archevêque. . . . 130
Aulrez (Jehan), seigneur. . . . 43
Aulte (Monseigneur d'). 120
Ausay (l'evesque d') 170
Autriche (le duc d') . . . 31, 120
Autriche (l'archiduc Philippe). 200
Autriche (l'archiduc), duc de Bourgogne 213
Avignon (le cardinal d') 102
Axiez Joffroy 70
Baccarat, notaire. 202
Bade, Daude (le marquis de), 54 ; 80, 95, 170 ; George, coadjuteur de Metz ; Mark, chanoine de Cologne, 95, 96 ; George, évêque Saint-George.
Baiart (le capitaine) 284

Baier, V. Conrad et Thierry; Henry et Thierry, 78, 79, 82; Jean, 178.
Bair, Bai, Bray, Bay (Pierre de) 24, 31, 33; (Henri et Jean, fils de Robert de), 40; (Jasper de), 95.
Baillat (Didier). 111
Baitelle (Thiébault), m° échev. 40
Bajazet. 40
Balue (le cardinal de la) . . . 103
Baltazar. 110
Banestroff (Jean de), 62; (Jacob de), 70, 72; le fils de Jean, 73.
Bar (le duc de). 33, 71
Barbazan, Ser. 41
Baroy (Jehan Simon). 31
Bassompierre (Joffroy de). 146, 149, 157
Bataille, Baitaille, Jennat, 25; Gillat, seigneur, 60; Jehan, 62; Ysabelle, f° Regnault le Gournais, 234.
Batard (le) Antoine de Bourgogne, 110; d'Arensière, 76; de Barbelz, 150; Baudouin de Bourgogne, 110, 119; de Calabre, 211; Cordon, 153, 220; de Tantonville, 147; de Vendome, 284; de Vertus, 98.
Baudesson. 205
Baudoche, Nicolle, m° échev. 13; Jean, id. 18, 19; Nemmery, id. 22; Nicolle, id. 22; Jean, fils de Nemmery, id. 28; Perrin, 33; Arnoult, 35; Nicolle, id. 38; Nemmery, id. 40; Arnoult, id. 47; Jean, 62, 66, Jean, id. 75; Jean, 76; le Ser chevalier, 81; Jean, 82, 87, Jean 89; Poince, 90, 92, 98; Pierre, id. 98; Catherine, 103; Béatrix, 124; Pierre, 129, 144; Pierre, 145; Claude, sa fille, 164, 165; Isabelle, f° Michel de Kuhen, 173.
Baudouin, archev. de Trèves. 15
Baudouin (Jean) 69
Baudouin, neveu du comte de Flandres, empereur à Constantinople. 5
Bavière (Georges duc de) . . . 216
Béatrix, fille de Simon de Halferdanges. 30
Beauvau (René de). 314
Bel (le), voyez Lebel. . . . .
Belrains (Jehan de). 73, 74
Belsebonne (la femme). 137
Benedic, pape, Nicole, évêque d'Ostie 10
Benedict, pape, Pierre de La Lune. 40
Bergues (Monseigneur de). . . 256

Bernard (St) 1
Bernad d'Anjol. 252
Bernard de Luxemb. 179, 180, 181
Bertran, archevêque de Bordeaux, élu pape 11
Bertrand le Hungre 25
Bertrand (Jehan) m° échevin. 32
Bertrant (Catherine, fille Simon) 116
Bessainge (Perrin). 97
Bibra, Briba (Philippe de). 117, 120
Bille d'Aboncourt, veuve Albert Boulay 74
Bitche (le Cte de). 33, 122, 123, 170
Blaize 107, 109, 173, 104
Blamont (le Comte de). 23, 206, 225
Blanchair (Bietrix, f° Jehan). . 206
Blanche, reine de France. . . . 3
Blanche Rose, v. Suffolk. . . . 289
Blanchefort 64
Blancstrain 270
Blanquenheim (Girard de) . . . 37
Blois (le Comte de). 19
Boitalle (Nicolle), m° échevin. 18
Boniface (pape). 9, 10
Boniface (frère), ministre des Cordeliers de la province de France. 204
Boppart, V. Thierry . . . . . .
Borcette (le Ser de) 121, 179, 180, 181
Borchon (Grant), m° échevin. 18
Borgnier (Pierre), m° échevin. 32
Bouchatte (Wiriat), m° échevin. 20
Bouck (Jasper) 121
Boulay (Guichard) 41
Boulay (Auburtin) 50
Boullais (Albert), m° échevin. 23, 59
Boullay (Jean), Sept de la guerre. 79, 82, 105, 110
Boullay, m° échevin 89
Boullai (Jehan), D° Clémence, v° 120
Bouquin (Pierre) dit Chielaron, m° échevin. 14
Bourgogne (duc de) 102, 112, 115, 119
Bourgogne (Marie, duchesse de) 131
Bouxières (de); Perrette, fille, et Jehanne, femme de Jacomin, 177; Jacomin, 220.
Brabant (le duc de). 29, 30
Braidy (seigneur Jean) 31
Brandebourg (le marquis de). 231
Brielle (Abry), de Toul. . . . 207
Brienne (Monseigneur de). . . 110
Broche 130, 107, 219
Brosse (Pierre de La) 8
Brunswick (le duc de). . . 68, 170
Brullefer 230
Brugle (Thiébault), m° échevin. 22

DES NOMS DE PERSONNES. 369

Burdin. 1
Burtal (Pierre), dit Soffroy. . 112,
[208, 285, 314
Burtrand (Jacque), m° échev. 31, 36
Burtrand (Simonin) 130
Burtrand d'Ormendaire 180
Buxey (Monseigneur de). . . . 281
Calabre (le duc de). . . 80, 92, 173
Cambray (le cardinal de). . . . 45
Campobasso (le comte de). . . 118
Capelaire. 140, 150
Capeller (Poltre de Sovenghem) 157
Carel (Martin). 130
Castille (le roi de) 210
Chameurs (Poince), m° échevin 13
Champion (Collin) 223
Chapelle (Nicolle), prieur d'Of-
  fembach 91, 92
Charles (le roi). 15
Charles, roi de France et de
  Naples. 16
Charles V, roi de France. . . . 23
Charles VI, roi de France. . . 40
Charles VII, roi de France. 55, 66,
[82, 86, 96
Charles VIII. 213
Charles de Bohême, empereur
  d'Allemagne. . 20, 22, 32, 70, 71
Charles, duc de Bourgogne . . 107
Charles de Lorraine. 43, 48, 49, 51
[54, 58
Charles, comte d'Anjou 6, 7
Charles, comte de la Marche. 15
Charles, comte de Valois. 7, 8, 9, 16
Chastelet (Philibert du). . . 75, 78
Chastelvillain (le seigneur de). 56
Chauffour (Didier) 51
Chaullon (Nicolle), abbé de
  Saint-Martin. 51
Chaverson (de). Willame, m° éche-
  vin, 50 ; Joffroy, 81 ; Id. m°
  échevin, 93 ; la fille de Joffroy,
  101 ; Jean, m° échevin, 117, 129 ;
  Jean, 140 ; Caillin, f° Nicole Dex,
  140 ; Jean, 150, 154, 160, 172, 173 ;
  Gertrude sa fille, 180, 192 ; Michel,
  201 ; Gertrude, fille de Jean, f°
  Renaut le Gournais, 208 ; Jean et
  Michel, 210 ; Jean, 217 ; Michel,
  218 ; Jean, 219 ; Bonne, f° Charles
  de Beauveau, 220 ; Michel, 224,
  220, 229 ; Jean, 231 ; Michel, son
  fils, 231 ; Janne sa fille, 239 ;
  Michel, 240 ; Barbe f° Jean, 243 ;
  d° Collin, 244 ; Françoise, 280 ;
  Michel, m° échevin, 287 ; Jean, 291 ;
  Michel, 296 ; Joachim, 296 ; Michel,
  301, 307 ; Joachim, m° échevin, 315.
Chavin. V. Xavin.
Cherdat, clerc. 120
Chevallat (Simon) 42
Chevel (François). 276
Chièvres (Monseigneur de) . . 250
Chiffort (le duc de). V. Blanche
  Rose et Suffolk 302, 312
Christophe de Cherisey 154
Clarence (le duc de) 47
Classequin, le messager. . . . 07
Claude d'Euville 150
Claussequin. 300
Claussequin la Barbe. 225
Claussequin, l'hôte de l'Ange . 314
Clebau. 102
Clément, pape. 11, 12, 83
Clercy ou Clerel (frère Jehan) 100
[230
Clermont (Monsr) lieutenant
  de Monsr d'Angouleme. . . 284
Clisson (Ollivier de) 19
Coissy (seigneur de). 86
Collart de Fleville et ses frères, 79,
  81, 82 ; de Mercy, 40, 42 ; du Saulcy,
  83.
Collard (Mergoten Plat) 42
Collat (Guillaume) 121
Collignon Arnoult. 223
Collignon Bonamy 57
Collignon de Scey 105
Collignon le Varcollier. 102
Collin Champion 145
Collin de Boussange, le boucher. 20
Complement (Jean). 97
Colloneis (Mark Anthonne) . . 310
Colonnes (le cardinal des). . . 312
Conrad Baier, évêque de Metz, 42,
[46, 56, 58, 67, 72, 75, 76, 87, 88,
[90, 95, 148, 155
Conrad de Briey, curé de Saint
  Medart 80
Conrad, empereur 3
Conrad, le parmentier de
  Worms. 287
Coppat (Pierre). 213
Corbelz (Sr Jehan). 40
Cornement Russe de Blanche
  Esglize 40
Cosme de Médicis. 69
Cottenat (m°). 103
Couppat (Gérardin), le chan-
  geur. 260
Couppechausse (Jacomin). . . 73
Crance, dit la Grant Barbe. . . 109
Crancel Crantz. . . . 139, 140, 145,
[146, 147

25

Ceants de Griselhem (Hannes et Arnould)......157, 167, 169
Créon (Monseigneur de).... 113
Créhange (Madame de).... 260
Crouellot (Louis), m° échevin. 25
Cuerdefer. Joffroy, m° échevin, 29; Jean, 41; Arnould, m° échevin, 47; Joffroy, 66; Joffroy, m° échevin, 67; Claude, 127; Perette, 109, 314.
Cugnin (Jehan).......... 187
Cugnin Nawelz........... 200
Cumheim (Barbe), f° Regnalt le Gournais;......... 268
Cunemans (Poince), m° échev. 18
Dasy (messire Renaud)..... 23
Dauphine, princesse de Savoye 94
Dediet, curé de Secy...... 86
Dediet (Jean), le notaire... 62
Dedier le Lorrain......... 187
Dedier Noël............. 133
Dedier, prieur de St-Arnoult. 136
Dedier Thiébault......... 178
Delaître (Jacques), m° échevin. 20
Delatte (Pierre), m° échevin.. 23
Demange Pingot.......... 57
Douamy le jeune, m° échevin. 56
Deudeny (Pierre), m° échevin. 50, 93, 101
Desch: Dex. Joffroy, 31; Jean, m° échevin, 31; Jacques, 41, 42; Baudouin, 42; Collignon, 50; Jacques, 60; Joffroy, 66, 74, 76; Philippe, 82; Joffroy, m° échevin, 89; Philpin, m° échevin, 99, 101; Jean, 105, 115; Philippe, 115; Collignon, 117; Nicolle, Philippe, 119; Jean, 123, 128; Nicolle, m° échevin, 134, 135; Isabelle, f° Philippe de Bibra, Philippe, f° Conrad de Serrières, 136; Nicolle, 137, 139; Jacques, m° échevin, 141; Nicolle, 142; Jacques, 143; Jean, 148; Jacques, 143, 150; Jacques, m° échevin, 174; Jean, 175, 184; Comtesse, fille de Nicolas, 186; Jean, 188, 201; Philippe, 204; Françoise, f° Jacques, Jacques, 221; Philippe et Collignon, 224; Collignon, 229, 231; Philippe, fille de Conrad de Serrières, f° Claude Baudoche, 233; Philippe, Nicolle, 238; Barbe, fille de Nicolle, 238; Nicole, dit Collignon, m° échevin, 239, 245; Gertrude, f° Philippe, 251; Nicolle, 250; Comtesse, fille de Jacques, 259; Philippe, 261; Barbe, f° François le Gournais, 267; Nicolas, 290, 312; Philippe, 298, 301, 303.
Didier Collat........... 222
Didier de Landre......... 121
Didier de Liverdun........ 130
Didier de Vaubecourt, charp. 253
Didier, le magnier de Saunerie 261
Didier Lenffant.......... 228
Didier Noche........... 290
Dinare Mangin.......... 111
Domange, religieux de Saint-Arnould................ 274
Dominic de Noweroy (m°)... 60
Dominique (S¹)......... 6, 15
Dommartin (Willame de)... 69
Donvelle.............. 112
Drouin Jean, m° échevin, 22; Nicolle, m° échevin, 24, 31; Jean, m° échevin, 34; Nicole, id., 47; Nicole, 99.
Édouard, roi d'Angleterre.. 9, 16
Édouard, comte de Bar.... 15, 46
Édouard, évêque de Metz.. 22, 23
Emblecol (Jehan).......... 41
Emich de Linange......... 228
Enguerran de Marigny.... 10, 13
Erard de Voulle, abbé de St Arnoult............... 102
Ernaixe (la sœur de Jehan).. 212
Erowin (Jean), m° échevin.. 60
Espagne (le roi d')........ 216
Esternac (M⁹ʳ d')......... 137
Eugène, pape......... 53, 82
Falet, (M⁹ʳ), lieut. de M⁹ʳ d'Alençon............... 284
Falquestaine (le S⁹ʳ de).... 150
Faquenel (Jehan).......... 41
Faucheavoine........... 102
Faulquenelz (Willamme), m° échevin............... 40
Fayt (M⁹ʳ du)..... 170, 185, 215
Faxin Burthe, m° échevin, 23; Jean, m° échevin, 42.
Femir................ 172
Fenestrange (le S⁹ʳ de), 28, 61; Olry, 85; Simon, 78; Arnoult, 118, 140, 157; la fille de Jean, 99.
Ferial (Thiébaut), m° échevin. 16
Ferry, duc de Lorreuue.... 15
Ferry (M⁹ʳ), c¹ᵉ de Vaudémont. 91
Ferry de Boudange........ 50
Ferry de Bousch.......... 50
Ferry de Landre, (le fils de).. 86
Fessaulx, Estenne, 12; Pierre, 30; Pierre, m° échevin, 34, 42; Arnoult, id., 45; Jean, 67.
Fidry, maréchal de Luxembourg 232
Flandres (le comte de), 16, 17, 19, 31

DES NOMS DE PERSONNES. 371

Flandres, Brabant, Hollande (M⁂ le trésorier de) 256
Flaveventre (Jehan) 57
Florhange (S⁂ Robert de), 141; (Madame de), 164; (Monseigneur de), 297, 301.
Fontin. 131
Fortapice, Foraxice (le capit⁂), 50, 69
Foullat (S⁂⁂), abbé de S⁂-Arnoult et S⁂-Clément. 125
Foullat (Messire), abbé de S⁂-Simphorien. 102
Fourelle, clerc des Sept. . . . 45
France (le roi de). 9, 10, 81, 85, 89, [90, 98, 180, 188, 189, 203, 239, 203, 204, 207.
Francequin, le chaudronnier . 124
Francisque, d'Épinal. 164
Francisque de Sickingen. . . . 813
François (saint). 5
François de Valois, duc d'Angoulême. 204, 297
Frédéric, empereur. . . 3, 97, 178
Froway Pierson. 59
Gaillat (Jacques) 117
Gauthier de Chatillon 9
Genesol (S⁂⁂ Jean). 85
Genon, Lombard. 129
Gennon (Messire). 151
George (Jean), aman. 51
Georges de Bade, évêque, 100, 109, [110, 111, 138
George, doien de la ville. . . . 300
Gérard (m⁂ Claude). 228
Gérard de Heraucourt. . . . 150
Gererdin (Willamme), 65; le changeur, 170.
Girard Sapientis 120
Girard des Augustins. 131
Glauddon (Dorothée) 231
Goudexault (Jean). 100
Goulle (Jacque), m⁂ échevin, . 9
Gournais (Le) Jacques, fils de Philippe, m⁂ échevin, 9; Poince, id., 20; Jacques, id. 30; Laurent, Wiry, 34; Jean, 85; Nicolle, m⁂ échevin, 88; Perrin, 41; Jean, id. 43; Poince, id.; Pierre, id. 45; Jean dit Crepy, id. 69; Philippe, Poince, 70; Regnault, m⁂ échevin, 87; Nicolle, abbé de St-Vincent, 91; Michel, 96, 97; Regnault, 99; Jean, m⁂ échevin, 99; Regnault, id., Jean, 101; Maheu, m⁂ échevin, 102; Michel, 105; Perrin, m⁂ échevin, 108; Michel, id. 111; Pierre, 112; Philippe, fils de Michel, 114; Michel, Regnault,

François, 117; Michel, 110; François, 120; Regnault, 121; François, m⁂ échevin, 122; Michel, Jean, 123; Thiébaut, 124; Regnault, fils de Regnault, François, 126; Regnault, m⁂ échevin, 130; Françoise, fille de Maheu; frère Jean, 132; Regnault, François, 134; Michel, Regnault, 135; Jean, fils de Maheu, m⁂ échevin, 137; Maheu, id. 142; Françoise, sa fille, 143; Michel, Jean, François, 146; Michel, Regnault, François, 148; François, Françoise, 149; Michel, Regnault, Jean, 150, 155; Michel, Regnault, 165; Michel, 173; Renault, François, 176; Jean, 178; François, Jean, 180; Michel, Regnault, 181; Regnault, Jean, 185; Jean, 188; Renaut, fils de François, 192; Maheu, 100; Michel, 201; Michel, Regnault, 203; Regnault, fils de François, 204; Michel, 206; Thiébaut, 210; Regnault, 212; François, 213; Regnault, fils de François, 214; Regnault, Thiébaut, 218; Michel, François, 219; Regnault, fils de François, m⁂ échevin, 220; Anne, fille de François, Regnault, Thiébault, Jean, Michel, m⁂ échevin, 224; François, Jean, Thiébault, Regnault, 226; François, Michel, 227; François et ses trois fils, 228; Jean, 229, 230; Thiébault, Barbe, fille de François, 231; Gertrude, fille de François, Regnault, Françoise, f⁂ François, 234; François, 238; Alixotte, f⁂ François, 239; Jean, Barbe, fille de Regnault, 211; Perotte, f⁂ Thiébault, Barbe, f⁂ Jean, Gertrude, fille de François, 244; Michel, fils de Regnault, m⁂ échevin, 218; François, Regnault, 256; Jean, 258; Regnault, 263; Magontin, fille de François, 271; Maheu, 270; François, 285; Jean, Michon, fils de François, 290; Jean, Michel, 298; Regnault, 301; François, 303; Michel, fils de François, m⁂ échevin, 304; François, 305; Jean, 307; Catherine, fille de Michel, f⁂ Jean Xavin, 309.
Govion (Nicolle) 9
Gracian de Guerre, 115, 121, 122, [123, 124, 141, 153, 157, 159
Grant Jehan de Perrepont . . . 131
Grant Jehan, orfèvre. 180

Grèce (le cardinal de). 92
Grégoire, pape. 8
Grongnat, Joffroy, m° échevin, 15 ; Joffroy, 30 ; Nicolle l'ainé, m° échevin, 38 ; Lorent, 40 ; Nicolle, 42 ; id. m° échevin, 48, Nicolle, 61.
Gueldres (le duc de). . . . 29, 183
Guérard le tixerant. 290
Guererdin (Poince). 70
Guery, hérault de France (Berry?). 90
Gui, comte de Flandres. . . . 9
Guienne (le duc de), frère de Louis XI. 100
Guillaume de Dun. 217
Guillaume Bernard (m°), avocat 97
Guillaume, comte de Navarre. 2
Guillaume (S^r), élu abbé de St-Arnoult 102
Guillaume de Flévy 52
Guillaume (frère) des Frères Baudes 59
Guillaume, le clowetour. . . . 179
Guillaume (m°), médecin. . . 145
Guillaume (m°), pensionnaire de la cité. 105
Guiot Caisin. 85
Guise (Monss^r de). 303
Halmessenne (Thiebault de). 24
Hannes de Saint-Julien. . . . 41
Hannes (le petit). 97
Hanrequel. 225
Hanry de Gorse. 121
Hanry de Lorraine, évêque de Metz. 238
Hanry de Morfontaine (m°). . 135
Hanry d'Harcourt. 118
Hanry (le comte). 216
Harant (Jacque), frère prêcheur 238
Haraut (Hugo) 290
Haraucourt (Guillaume de), évêque de Verdun. . 93, 103, 133
Haraucourt (Louis de), évêque de Verdun. 64, 67, 82
Harquestainne (S^r de). 61
Helbrand (Nicolas), soldoieur. 300
Helenne (sainte), mère de Constantin 263
Hennement de Forbach (le c^{te}) 142
Hennequin de Flandres. . . . 75
Hennequin Louviat Estenne. . 120
Henneqin, prévôt de Paris. . 44
Henri d'Ancerville. 25
Henri, roi de France et d'Angleterre. 49
Henry, roi d'Angleterre. . . . 4
Henry, comte de Lucembourg. 12
Henry de Helz. 25
Henry, duc de Normendie. . . 3
Henry le Bahignon. 48
Henzel Lebouel, de St-Avold. 239
Henzelin de Morhange, capitaine de Burlize. 79, 80
Heralx (le capitaine) 284
Herbel (Thibault), m° échevin. 19
Herment, l'orfèvre. 145
Hernex (Jean) 145
Hesse (le landgrave de). . 170, 211
Hesse (messire), abbé de Saint-Martin. 102
Heu (de) Jacques, m° échevin, 11 ; Thiebaut, 12 ; Rogier, 19 ; Nicolle, 31, 36 ; Collignon, 50 ; Jean, m° échevin, 94 ; sa fille, f° Pierre Baudoche, 98 ; Jean, grand aumônier, 101 ; Nicolle, m° échevin, 155 ; Collignon, id. 139 ; Collignon, 121 ; Nicolle, 142, 169, 213, 218, 296.
Heuzelin Stevenin 139
Heuzellin de Bourgogne. . 115, 160
Houdebrant (Jehan). . . . 128, 211
Howin (m° Guillaume), cardinal 91
Huart (Jehan). 237
Huet d'Apremont. 72
Huet, le despencier. 16
Hugue de St Victor. 2
Huguen (Barbe fille de Michel de). 126
Humbercourt (Monss^r de). . . 284
Hunebojat (Hugues), m° échevin 16
Hurtaul, écuyer de Claude de Vaudrey. 134
Huss (Jean). 47
Husson (Jacomin). 109, 112, 122, 137, [217, 293
Innocent, pape. 2, 6
Jacomin de l'astuwe. 202
Jacomin de Bouxières 124
Jacomin de Moyeuvre 233
Jacomin, fils Genat Simon. . . 28
Jacque de Bourbon, évêque de Liége. 102
Jaicque (S^r), argentier du roi. 193
Jaicque de Lyon 225
Jaicquelot. 106
Jamais (Monss^r de). 297
Janette, f° Guidon, l'orfèvre. . 179
Janne d'Evreux, fille du comte Loys. 15
Jasper, le corvixier. 274
Jasper le Pelletier et Gasper de Worms 287
Jean (m°). 167
Jean de Bade, archevêque de

DES NOMS DE PERSONNES. 373

Trèves. . . 94, 155, 156, 160, 161
Jean, archidiacre de Metz . . . 121
Jean, duc de Bourgogne. . . 40, 47
Jean, pape, 1, 8; Jean XXIII, Baltasar, 45.
Jean, duc de Lorraine et de Bar 104
Jean, roi de France. . . 22, 23, 70
Jean d'Ancy, le changeur . . . 71
Jean d'Anowe 137, 227
Jean d'Auboncourt. 225
Jean d'Averne. 178
Jean de Bar. 85
Jean de Bavière, évêque de Liége 41
Jean de Bousse 205
Jean de Briey, le peintre. . . . 199
Jean de Cey. 76
Jean de Chalons. 80, 83
Jean de Chastel. 237
Jean de Havange, abbé de St Martin. 102
Jean de Hettange. . . 137, 222, 231
Jean de La Barre. 200
Jean de Landre, secrétaire . . 97
Jean de La Plaine 85
Jean de La Teple (Teppe). 217, 230
Jean de Liocourt. 165
Jean de Lorey 127, 187
Jean de Luxembourg, clerc des Sept 60, 92
Jean de Mandre, curé de Ste Segolene 86
Jean d'Outreseille 69
Jean d'Ollexey 212
Jean de St Michiel, chancelier de l'église. 64
Jean de St Nihiel . . . 134, 146
Jean de Toloy, aman. 57
Jean de Trinal 124
Jean de Very 25
Jean de Vienne, évêque de Metz. 24
Jean de Waudrevange. . . 40, 41
Jean Du Neufbourg. 74
Jean Du Pont. 136
Jean et François Du Saulcy . . 161
Jean l'Ardénois. 113
Jean le Saulnier 250
Jean le vicaire 57
Jean Philippe, général des Frères mineurs. 127
Jean Thirion 57
Jeanne la pucelle 55, 56
Jeanne, la fausse pucelle . . . 64
Jenin, le racowatier 67
Jennat de Hannonville. 234
Joffroy (Dan), d'Apremont, prieur 77
Joffroy de Luttange. 25
Joffroy le Picard 85
Joffroy, ministre de la Trinité. 48
Johannes d'Ancy, le changeur. 86
Jordain de Lille. 15
Josquin Philippe 71
Josquin, capitaine 83
Juliers (le marquis de). . . . 29
Julius (le duc) 37, 71
Julius (le pape). 270
Lacourt (Jean), mᵉ échevin . . 13
La Grange (Mons. de) 180
Laheurte, 122, 123; (le frère de), 144
Laiey (Marguerite, fille Jehan), fᵉ Nicolas Le Buef. 243
Laitre (Poince de) 70
Lallement (Henri) 79
Lallemant (Pierre). 205
Lambert (Arnould), mᵉ échev. 25
Lambert, curé de St Marcel (Sʳ) 251
Lambert (Martin). 267
Lambert (Thiebault), mᵉ échev. 21
Lambottin, charpentier. . . . 288
Landremont (Jehan de). . 165, 166
Lanonne (Simonin). 51
Lapalisse (Monsʳ de) 284
Lasne (Jehan) 59, 61, 62
Lautel (Francque de). 27
Lebelz. Le Bel (Gilet), mᵉ échevin, 16, 21; Gillet, 166; Gille, clerc des Treize, 71, 245.
Leger (Mahеu, la femme Sʳᵉ). 155
Léon de Médicis 276
Léon (Pierre), pape 2
Lescevoiens (Pierre). 242
Liébault d'Abocourt . 118, 130, 140
Liége (Mᵍʳ l'évêque de). 200, 247, 254
Liénart (Antoine). 180
Liénart (mᵉ). 247
Linange (le comte de). . . . 178
Ligny (le comte de) 35
L'Isle Adam (le Sʳ de) . . . 66
Lisus (Dan Jacque de), abbé de St Arnould 274
Lohier (Geoffroy), mᵉ échevin, 36; Nicolle 27; Jean, 71.
Longueville (le duc de). . . . 284
Lorraine (le duc de). . 28, 29, 36, [113, 119, 127, 151, 173, 203, 208
Lorraine (le président de). . . 223
Lothaire, empereur. 2
Louis VI, roi de France . . . 2
Louis VII 3
Louis, fils du roi Philippe . . 3
Louis (St), roi de France . . 6, 7
Louis, dauphin, roi de France. 95
Louis XI, roi de France. 107, 116, [136

26

Louis XII (le duc d'Orléans). 213, [230, 293
Louis de Chamen, capitaine de Thionville. 96
Louis de Wadres Alverade. . . 152
Louis fils (le cardinal) de Robert, de Bar. 10
Louwe, Lowe. Poince, m° échevin, 32; Nicolle. id., 44; Nicolle, 52, 69; Henri, fils de Nicole, 62; Nicolle, 72, 82, 87; Nicolle, Thiébault, 90; Wiriat, m° échevin, 95; Thiébault, 101; Wiriat, 151; D° Nicolle, f° Wiriat, 124; Perette, f° François Le Gournaix, 116; Marguerite, 199, 212.
Lowiat, prieur de S¹ Vincent . 136
Lowillat. 25
Loxey (Jacomin), 118, m° Pierre, 135
Luxembourg (duc de) 71
Luxembourg (M³ʳ le maréchal) 134, [182, 209
Maheu de Sernay, capitaine de Chateau-Thiery. 76
Maillat (Jehan) 238
Mainfroy, fils de Frédéric . . . 7
Mairtin de Polenne, (S³ʳ) . . . 170
Makehan (Jean), le prêtre. . . 201
Mallatour (Jehan), chevalier. . 26
Mangin de Remberviller. . . . 63
Mangin (George). 162
Mangin (Jehan) 121, 125
Mangin Laiey. 173
Mangin (Willame) 223
Maquerel Zambay, m° échevin. 6
Maradas 200, 205
Marcel (Etienne), prévot des Marchands 23
Marche (de la). Monsᵍʳ., 59; Evrard, 133; Guillaume, 133, 139; Robert, 133, 141, 178, 192, 198, 199, 200, 200, 207, 209, 210, 213, 216, 217; Bonne, f° de Pierre Baudoche, 114, 228; Robert, 247, 292, 297; 307, 310.
Marcoul (Philippe), m° échevin, 18, 64; Nicolle, id., 27.
Marguerite, fille du comte de Provence. 6
Marguerite, reine de Navarre. 12
Marguerite, sœur du roi de France, f° du roi d'Angleterre 9
Marguerite, sœur du roi de Sicile 211
Marguerite de Henault. 12
Marie, fille du duc de Brabant. 8
Marieulle (Jehan de), m° échev. 18

Marquis de Bade (le). V. Bade. 213
Martignon (m°). 239
Martin (m°), clerc des Sept. 134, [110, 118, 180, 181, 182, 190, 206
Martin (George), aman. . . . 52
Martin (Noel). 167
Martin, pape. 8, 47
Matheu Jean, le plaidioulx. . . 62
Maximilien (l'empereur). 263, 284
Mengin, le munier 212
Metry (Thiebaut de), m° échevin, 19; Nicolle, id., 40.
Metz (Monseigneur l'évêque de). 127
Michel, le tripier. 310
Michel, le potier de Worms. . 287
Michiel, le trompette 166
Milan (le duc de). . . 216, 224, 297
Miraubel (Jacque de), m° échev. 58
Mœrs (Mons. le comte de). . . 124
Mondevez (Perrin de) 59
Montquaintin (Madame de) . . 285
Mont, Berg, (Adolphe duc de). 47
Montagu (le S³ʳ de). 225
Montarbys (Jehan de) 224
Mor (le), duc de Millan. . . . 297
Morel Nicolle 31
Morfontaine, soldoyeur. . . . 120
Morhange (S³ʳ Henry de) . . . 35
Mowe (Jean), capitaine. . . . 79
Munsner (Jacob), de Worms . 287
Mynne (Joffroy), m° échevin. . 70
Namur (le comte de). 29
Nassowe, Nassau (M³ʳ le comte de), 43, 119, 177, 256; Philippe, id., 216.
Navarre (le roi de). 22
Nemmery (Jehan), le pelletier. 259
Neufchastel (Monsᵍʳ de). . . . 119
Niclas dit Le Cocq 197
Niclas, prêtre allemand 212
Nicolas, duc de Lorraine. . . . 108
Nicolas, le boucher. 310
Nicolle (François), m° échevin, 23; S³ʳ François, 35.
Nicolle (Gaetan), pape 8
Nicquelloz. 225
Nimes (Joffroy), m° échevin. 22
Nogaret (Guillaume de) 11
Noël Jean. 175
Noël (m° Jean). 180, 182, 188, 202, [203
Noirel (m° Gérard). 241
Noiron (Symon), trésorier de la cathédrale 64
Noiron (Jean), m° échevin. Nicolle, id., 26; Arnoult, id., 33; Jean, 41.
Noitin (Jehan), l'huilier. . . . 281

DES NOMS DE PERSONNES.

Odille, sœur de Thiébault, comte de Blois 3
Olivier, Frère de l'Observance. 201
Orange (le prince d') 58
Orléans (le duc d'), 41; roi de France (Louis XII), 213, 220, 283.
Othon, empereur d'Allemagne. 3, 5
Pagel, le maire 76
Paillat, Burthmon 33
Paillat, Pierre, m° échevin, 13; Burthe, id., 33; Louis, 41; Collin, 55.
Palatin (le fils du comte) . . . 230
Palmaire 25
Pannoncel (S^r de) 71
Paperel, Girard, m° échevin, 23; Jean, id., 51; Nicolle, id., 91; Jean, id., 101; Jean, 114, 135; id., 161; Nicolas, 180; Jean, 230.
Pappemiatte (Burthe), m° échev. 38
Patenostre (Michiel). 57
Paulus (S^r), abbé de St Clement 102
Peltre (Jean), bannerat de St Livier 275
Peltrement (Jehan), l'écrivain. 257
Peltry (Jehan) 200
Peroie, Proie (André, fils de Ferry de). 75, 78
Perpignant, Willemin, m° échevin, 77; Gérard, 117; id., 120; Georgette f^e Gerard, 136; Willamne, 139; Jennette, sa f^e, 129; Claude, f^e Gerard, 177; Gerard, 187; Alixette, fille Gerard, 188.
Perrin de Bourgogne. 127
Perrin de Foucieulx. 29
Perrin George (S^r), 60, 81; m° échevin, 91.
Pestre (Gérard). 83
Petite-Pierre (le S^r de). . . . 27
Petit-Jean Berbiez 152
Petit-Jean, gendarme. . . 225, 227
Pfalzgrave, le comte palatin. . 256
Pichon (Jacomin). . . 67, 103, 128
Pichon (Jean), frère de Simonin. 69
Piedéchaux (Nicolle), m° échev. 19
Piennes (Mgr de). 228, 284
Pierr° (saint) de Clerval. . . . 4
Pierr° de Huzange 224
Pierre, le Mangeur auteur de l'histoire scholastique. . . . 3
Pierre Lombart. 3
Pierre de Luxembourg. 35, 36, 37
Pierson de Taison, charpentier 77
Pierson, le jeune, de Lessy . . 76
Philippe, archiduc d'Autriche, duc de Bourgogne. 226

Philippe, duc de Bourgogne. 56, [66, 87
Philippe de Norroy 42
Philippe le Battart. 283
Philippe, comte du Mans . . . 16
Philippe (le jeune duc) 181
Philippe, fils de Louis le Gros. 2
Philippe-Auguste, fils de Louis, roi de France. 4, 5
Philippe le Hardi, fils de St Louis. 7, 9
Philippe le Bel 12
Philippe le Bon. 15
Philippe, comte de Vallois et d'Anjou 16
Philippe de Valois (le roi). 17, 18,
Plantesaulge (Jean, le fils) . . 21
Poince de Champel, abbé de St Symphorien 102
Poincelet, capit. de Florhange. 289
Poincignon de Lahaye. 121
Poincignon de Gorze. . . 136, 155
Pont (le marquis du). . 82, 93, 195
Pol. Port sur Seille. (Bernard de), 229; Philippe, fils d'Antoine, 261; Anion fille d'Antoine, 275; Margot, fille de Mons^gr de Pol, f° Michel le Gournais, 312.
Poullain de Herwez. 208
Pot de Savigney (Philippe), 79, 80; Philippot, 83.
Pothon de Xaintrailles . . . 63, 64
Praillon (Jennin) 248
Puttelange (Marguerite, fille Michiel le Gournais, f° Arnoult de). 178
Raez Niclasse. 287
Raigecourt (de). Nicolle, m° échevin, 33, 50; Joffroy, 70; Jacomin, m° échevin, 92; Philippe, 113, 120, 121, 123, 124; Isabelle de Ville, f° de Philippe, 223; Philippe, 224, 256; Philippe, Nicolas, son fils, 250; Philippe, 262; Joffroy, 274; Philippe, m° échevin, 294; Philippe. Joffroy, 296; Joffroy, 305, 314.
Ramonet, soldoieur. 311
Ranconval (Henri de). 83, 85, 87, [107
Raoul, duc de Lorraine. . . . 19
Raoul de Coucy, évêque de Metz 38, 43
Raville (Henry S^r de). 232
Regnault (Pierre), frère de la Hire 81
Regnault (m° Jehan), curé de St-Gengoulf. 237

Remi (Pierre de). 17
Remiat Jean, m⁰ échevin, 77; Collignon, 117; Nicolle, 120, 121, 135; Nicolas, m⁰ échevin, 207; Nicolle, 212; Alixatte, fille Nicolle, 214; Guillaume, fils Nicolle, 221; la fille de Nicole, 222; Anon, fille Nicolle, 259; Nicolle, 265, 291.
Remion de Metrey. 30
Remy (Pierre) 15
René, fils du duc René, duc de Bar. 46, 51, 52, 54, 58, 59, 60, 61
René, duc de Lorraine. 60, 62, 98, [156, 160, 161, 170
René de Vaudemont, duc de Lorraine 111
Renée de Bourbon, duchesse de Lorraine. 305
Renguillon Pierre, m⁰ échevin, 23; Jean, id. 38; Jean le jeune, id. 43; Jean, id. 47; Pierre, 60; Pierre, id. 66; Collignon, Jean, 71; Pierre, 88; Nemmery, m⁰ échevin, 90; Pierre, 113; Alixette, 114; Jennette, 122; Nemmery, 162.
Resaucourt (Jehan). 120
Richard, roi d'Angleterre. . . 4
Richard, archevêque de Trèves 263
Richart (le Gros), soldoieur. . 288
Rineck (Andreu de), m⁰ échevin, 108; Andreu, 119, 125, 126, 135, 180, [183, 189, 199, 200, 201, 203, 206, [226, 227, 256, 271, 301, 305, 307
Rineck (le comte de). 263
Robert, archevêque de Trèves. 60
Robert, comte d'Artois. . . . 6, 18
Robert, évêque d'Arras et de Tournai. 4
Robert de Bar. . 24, 26, 27, 28, 42
Robert de Commercy. 49, 61, 65, [66, 68, 69, 72, 75, 76, 77, 79, 81
Robert, c¹⁰ palatin, empereur. 42
Robert de Henviller. 26
Robinet 106
Robinet de Framezelle. 281
Rodemack (le S⁰ʳ de). 58; (Jean de), 66
Rodigo. 58
Rodobaier. 78, 79, 82
Rollegnat (Jacque), m⁰ échevin. 49
Rollin de Visenuef. 295
Romains (le roi des). 35, 36, 170, [181, 195, 215, 216, 217, 231
Romont (Monseigneur de). 115, 119
Roselemme (le marquis de). . 284
Roucel Henry, m⁰ échevin, 15; Nicolle, id. 49; Collignon, id. 75, 76; Nicolle, Warin, m⁰ échevin, 96; Wiriat, 97; Nicolle 98, 104; Warin, 105; Catherine f⁰ Warin, 112; Nicolle (l'ainé), 115; Poince, 118, 121; Wiriat, m⁰ échevin, 121; la f⁰ de Wiriat, 122; Warin, Perrin, 124; Warin, 129, 148; la f⁰ Warin, 146; Perrin, Henriat, 155; Collignon, Wiriat, 164; Warin, 165; Wiriat, 183; Collignon, 186; id. m⁰ échevin, 196; Nicolle, 204; Perette, fille de Perrin, 210; Wiriat, m⁰ échevin, 212; Wiriat, 215; 221; Nicolle, 226, Collignon, 229; Collignon, fils de Warin, 230; Androuin, m⁰ échevin, 232, 235; Jean, 239; Perette, f⁰ Andreu de Rineck, 240; Jean, m⁰ échevin, 243; Wiriat, 250; Nicolle, 256; Androuin, 301; Jean, m⁰ éch., 311
Rouffoux (le). 63, 68, 69
Roussin (Le), capitaine 81
Roussy (le comte de). 106
Ruser (Hannes), de Worms. . 287
S¹ Anthonne (Monseigneur de). 246
S¹ Pol (Jacques de), 10; (le comte de), 29, 36, 37, 40
S¹ Vincent (Monseigneur de). 247
Saladin 4
Salm (le comte de). 19, 21, 27, 43, [61, 151, 179, 208
Salverne (le comte de). 43
Sansonne (le duc de). 3
Sarrebruck (Aymé de). 40
Savoie (le comte de). 31
Saxe (le duc de). 216
Schlichterre, voy. Xeleter.
Sedan (M⁰ʳ de). 254
Sendonnet, gentilhomme bourguignon. 296
Serrières (de) Hutin, 67; Georges, m⁰ échevin, 100; Conrad, id. 105; Claude, fille de Hutin, 118; Conrad, 117; George, 123, 124; Conrad, 135, 148, 164, 165; id. m⁰ échevin; Conrad, 168, 176, 183, 184, 199, 200, 203; Claude, f⁰ Conrad, 206; Conrad, 213; Philippe, fille de Conrad, 214; Conrad, 231; Claude, fille de Conrad, 206; id. f⁰ de Joachim Chaverson, 306.
Servolle (Charles de). 68
Sicile (le roi de), 85, 89, 188, 193, [199, 201, 206, 207, 216, 218, 222, [225; (la reine de), 183.
Sigismond, empereur. . . . 60, 68
Simon (S⁰ʳ), suffragant de Metz 102

TABLE DES NOMS DE PERSONNES.

Simon (Dom), abbé des Chartreux 102
Simon de Chambre, m⁰ échev. 10
Simon (Frère), prieur des Carmes, év. Panadens. . . 92, 94
Simon (S⁺ Jacque), capitaine, id., m⁰ échevin. 74
Simonin Lowy 30
Sorne (le comte de). 170
Sorxey (Monseigneur de). . . 208
Steff, duc de Bavière. 54
Steveny, bourreau de Metz. . 94
Strech (le grand et le petit). . 68
Suffolk (le c⁺ᵉ de). 64, 289, 303, 312
Symonnin Guérard. 224
Syonne (Jehan), de Franconrue. 304
Tanars (m⁰ Gérard). 251
Tannegui (S⁺ʳ) 47
Tex d'Anowe (le Grant). . . . 69
Tiry, le meneuxier 310
Thiebault 306
Thiebaut, c⁺ᵉ de Champagne. 2
Thiebault (le comte). 5
Thiebault de Blamont. . . . 21
Thierry Bayer, évêque de Metz. 25
Thierry Boppart, év. de Metz. 32, 34
Thierry de Graulx. 29
Thiriat dit Nolz (Jehan). . . . 245
Thiriat, Thiriot Quarel, Treize, 89, [146, 148
Thirion (Jean) 200
Thirion le Corrier 187
Thiriot de Landremont. . . . 133
Tompat (François), m⁰ échevin. 18
Tour (de la), Morice, 41 ; Henry, 46, 83 ; Winchelin, 48, 59, 67.
Tournay (Pierre de) 42
Traval, Travault. Jacomin, 122 ; Didier, 130 ; Bernardin et Jean, 136 ; Symonin, 155 ; Jean, l'ainé, 206 ; Martin, 233 ; Michel, Treize, 237 ; le fils de François, 262.
Tresjolly, capitaine 79
Tristenne (le comte de). . 170, 225
Uguette, abbesse de S⁺ᵉ Marie. 286
Uguignon, le boucher et ses complices 20
Urbain (le pape). 28, 33
Varixe. V. Warise.
Vaudemont (le comte de) 46, 60, [61, 69, 98, 104
Vaudrey (Louis de). 220
Velleter, m⁰ bourreau 244
Verdun (Monseigneur de). . . 133
Vergier (S⁺ʳ du). 41
Vigneulles (Philippe de). . . 136

Ville (Henri de), év. de Toul. 65
Viviez (le S⁺ʳ de). 208
Vy, Vit (de Vic). Poince, m⁰ échevin, 21 ; Jean, id., 37 ; Jean, 41 ; Thiebault, 42 ; Jean, 77, 146, 164, 216, 217 ; Catherine, f⁰ de Jean, 212, 227.
Warel (le S⁺ʳ). 60
Warin de Toul, m⁰ échevin. . 46
Warise (de). Joffroy, m⁰ échevin, 45 ; Jean, 62, 66, 67 ; Joffroy, 81, 82 ; Jean, m⁰ échevin, 85 ; Jean, 88 ; id., m⁰ échevin, 89 ; Joffroy, id., 92 ; Joffroy, 98 ; Jean, 101 ; Dᵉ Françoise, 139.
Waudemont. V. Vaudemont.
Waudoncourt (Monsʳ de). . . 256
Waultrin (Clement) 114
Wernembourg (le comte de). 64, [133, 141
Wernepeth (le S⁺ʳ de). . . . 33
Wernert (Messire) 153
Wernerthe 295
Wernoncourt (Eustache de). . 52
Wesselin, duc de Brabant. . 34
Willambey (Willaume), m⁰ échevin 19
Willamme de Chambre. . . . 30
Willamme, le nonnetier de Worms 287
Willegrin 31
Willemin (Marguerite, f⁰ Jehan) 128
Wiriat de Toul, m⁰ échevin. . 82
Wisse (Antoine). 136
Wisse (Jacque), abbé de Gorse. 86
Wisse (Jehan) 178
Wistasse (le duc). 41
Wogenelz (Didier), m⁰ échevin. 63
Wolffang (Monsʳ), fils du comte Palatin 260
Wolffang, le corvixier. . . . 254
Xaffs (Hannes) 308
Xavin. Perrin, 74 ; Jean, 92 ; id. m⁰ échevin, 95, 111 ; Jean, 150, 164, 204 ; Humbert, fils de Jean, 247 ; Anon, fille de Jean, 261.
Xeleter, Xeloter (Philippe) de Erphenstein. 285, 290, 295, 304, [313, 314
Xpalheim, Spanheim (le c⁺ᵉ de) 25
Xapel (S⁺ʳ Nicolle) . . . 60, 62, 63
Ysabelle, fille du roi d'Arragon. 7
Ysabelle, fille du roi de France. 9
Ysabelle de Bavière, duchesse de Luxembourg 66
Ysambart (Jean) Fr. prêcheur. 93

ERRATA

L'impression d'un texte aussi défectueux, à une grande distance et à des intervalles éloignés, devait naturellement multiplier les fautes typographiques : on a cru ne devoir signaler que les plus importantes et notamment celles qui altéraient les noms propres.

Page 9, ligne 3, *au lieu de :* Verbomie,   *lisez :* Nerbonne.
— 15, — 17,   —   jeune,   — Jenne.
— 21, — 7,   —   Damelecourt,   — d'Amelecourt.
— 26, — 6,   —   Metz,   — Helz.
— 35, — 20,   —   Louwy,   — Longwy.
— 37, — 3, *après* puissance et, *ajoutez :* delierent avec plusieurs Ss^{rs} le comte de Nansowe, le Ss^r de Bollay, lesquels ardont grant partie du paiis de Mets et...
— 38, — 8, *après* Baudouche, *ajoutez :* c'on appelloit lou brulant dou paraige St Mertin.
— 41, — 28, Guichard, mettez ce nom entre parenthèses (Guichard).
— 61, — 14, *au lieu de :* Grougnat,   *lisez :* Grongnat.
— 75, — 2,   —   Coudel,   — Condel *pour* Condé.
— 80, — 26, *supprimez :* ceulx.
— 81, — 7, *au lieu de :* Laudre,   — Landre.
— 85, —   —   CLXV.   — CXLV.
— 85, — 1,   —   Plaine,   — Plume.
— 93, —   —   CLXVI,   — CLVI.
— 96, — 3,   —   Ss^r,   — S^t.
— 131, — 6, *Intercalez :* Une nouvelle qui fuit vraie, un homme avoit sa femme mort et faisoit prier à son service : le jour que la prieresse prioit aval l'esglize qu'estait ung dimanche, à la prouppe heur, le curey sy faisoit une semonte pour une aultre femme qu'i reprenoit et ensy estoit duel, joie ensemble.

ERRATA.

Page 132,	ligne	5,	*au lieu de :* Loyneille,	*lisez :*	Loyveille.
— 139,	—		— IIII. XX. II.	—	IIII. XX. V.
		14,	— c. v.	—	c. iiii. xx. v.
— 155,	—	20,	— monier,	—	almonier.
— 177,	—	8.	— Dorney,	—	d'Orny.
— 189.	—		— XIIII,	—	xv.
— 191,	—		— xvi,	—	xv.
— 193,	—		— xiii,	—	xv.
— 277,	—	2,	— Jondreville,	—	Joudreville.
— 282,	—	34,	— chescnus,	—	chescuns.
— 300,	—	17,	— d'Avery,	—	d'Anery.
— 368,	—	57,	— Brugle,	—	Bugle.

www.ingramcontent.com/pod-product-compliance
Lightning Source LLC
Chambersburg PA
CBHW050425170426
43201CB00008B/544